Wendelin Foerster, Christian von Troyes

Christian von Troyes' sämtliche Werke

Zweiter Band: Yvain

Wendelin Foerster, Christian von Troyes

Christian von Troyes' sämtliche Werke
Zweiter Band: Yvain

ISBN/EAN: 9783743657113

Hergestellt in Europa, USA, Kanada, Australien, Japan

Cover: Foto ©Thomas Meinert / pixelio.de

Weitere Bücher finden Sie auf **www.hansebooks.com**

CHRISTIAN von TROYES

SÄMTLICHE ERHALTENE WERKE

NACH ALLEN BEKANNTEN HANDSCHRIFTEN

HERAUSGEGEBEN

VON

WENDELIN FOERSTER

ZWEITER BAND

YVAIN

HALLE

MAX NIEMEYER

1887

DER LÖWENRITTER
(YVAIN)

VON

CHRISTIAN von TROYES

HERAUSGEGEBEN

VON

WENDELIN FOERSTER

HALLE

MAX NIEMEYER

1887

SEINEM FREUND

STEFAN KAPP

ALS

ERINNERUNG

AN DIE

TRAUTEN WIENER YVAIN-ABENDE

WINTER 1870/1.

·

Einleitung.

Der Löwenritter (denn dies ist der vom Dichter selbst gegebene Titel, vgl. 6814: Del CHEVALIER AU LION fine Crestiiens son romanz) ist uns, soviel bis jetzt bekannt geworden, in folgenden Handschriften erhalten:

I. Pariser Handschriften, sämtlich auf der Nationalbibliothek.

1. P = 1433, alt 7526[3], XIII. Jahrhunderts, pergam., enthält Bl. 1—61 den Atre perilleus, und Bl. 61—117 unsern Yvain. Vgl. Cat. des man. fç. I, 225. Die Handschrift, bis jetzt nirgends für Yvain erwähnt, wurde in Paris auf meine Kosten verglichen. Pikardisch.

2. H (zu Ehren Holland's, der ihn abgedruckt*, so bezeichnet) = 794, alt Cangé 73, später 7191[2], XIII. Jahrh. = A meiner Cligés-handschriften, über die Cligés S. XXVII fg. und L einzusehen. Der Yvain steht Bl. 79va—105[rc].

3. F = 1450, alt Cangé 27, später 7534[5], XIII. Jahrh., perg., Bl. 207[v]—218[v]; unvollständig, indem die letzte Zeile mit V. 3974

---

* Die erste Auflage, ein genauer Abdruck von H, mit einigen Varianten von G, einigemal auch von F unter der Zeile, erschien im Jahre 1862. Im Jahre 1876 kündigte ich meine kritische Gesamtausgabe der Christianschen Werke in folgender Reihenfolge an: Yvain, Cligés, Erec, Lancelot, Wilhelm und Lieder, Perceval. Da ich von einer neuen Auflage Hollands hörte, so ließ ich den über ein Drittel gediehenen Yvain liegen und machte mich an meinen Cligés. Diese zweite Hollandsche Ausgabe erschien 1880 und erhielt ebenso wie die im vorigen Jahre (1886) erschienene dritte eine besondere Bedeutung durch A. Tobler, der sowohl zahlreiche auf V und G beruhende Textverbesserungen, als auch wertvolle erklärende Anmerkungen (wobei auch eine energische Interpunktionskorrektur danebenlief) beisteuerte. Der Herausgeber war so gütig, mir die letzte, lange Zeit von dem Verleger, der inzwischen gewechselt hatte, zurückgehaltene Auflage zuzusenden, so daß ich dieselbe für meine Anmerkungen noch benutzen konnte.

der vorliegenden Ausgabe abbricht. Ohne ausgeprägte dialektische Züge, hie und da, aber selten Pikardismen.

4. G = 12560, alt Suppl. fç. 210', XIII. Jahrh., perg., steht auf Bl. 1^{r}b—41^{r}b. Mundart der Champagne, fast identisch mit jener von H. Der Yvain ist nach dieser Handschrift (ungenau) diplomatisch abgedruckt in Lady Guest's Mabinogion I (1838), S. 134—214; blofs der Anfang (bis 665 der vorliegenden Ausgabe) in Tarbé's Tornoiement de l'Antecrist (1851) S. 114—133.

5. S = 12603, alt Suppl. fç. 180, XIII./XIV. Jahrh., pergam., Bl. 72^{r}a—110^{r}a. Herr Abbé Fretté, damals aumônier de l'Asyle de Neuilly, war so liebenswürdig, die erste Hälfte für mich zu vergleichen. Pikardisch.

6. L = 1638, alt 7636, XVI. Jahrh., papier, vgl. Paris, Les Mscrits fçais V, 91 und Cat. des man. fç. I. 277, verwässerte, für Original ausgegebene Überarbeitung des Sala de Lyon. Es war mir gestattet, die Handschrift in Bonn zu benutzen. Ich habe den Anfang (bis 894), Kollege Stürzinger den Rest verglichen. Der Text ist völlig wertlos; ich habe deshalb meine Varia lectio mit diesem Ballast verschont. Widmung und Schluss ist abgedruckt von Guigue in Le livre d'amitié dédié à Jehan de Paris par l'escuyer Pierre Sala. Lyon 1884, S. 48—49.

II. Vaticanische Bibliothek in Rom.

7. V = 1725 Christine, XIII. Jahrh., perg., Bl. 34^{r}c—68^{r}b. Vgl. Keller's Romvart S. 453 fg. und 512 fg. Pikardisch. Der Anfang (bis V. 648) abgedruckt bei Keller a. a. O. S. 513—536, ferner V. 2774—3087 in Toblers „Bruchstück aus dem chevalier au lyon" (Programm, Solothurn 1862) S. 21—23. Durch Rossi's Vermittelung erhielt ich von Kardinal Pitra die Erlaubnis, die Handschrift mitten in den Ferien (1878) vergleichen zu dürfen. Als Kontrolle diente mir eine Abschrift des Kollegen Geijer in Upsala, welche mir derselbe liebenswürdig zur Verfügung gestellt hat.

III. Privatbibliothek des Herzogs von Aumale in Chantilly.

8. A, ohne Nummer, gr. folio, Ende des XIII. Jahrh., perg., pikardisch. Vgl. die Beschreibung der Handschrift in Hippeau's „Le bel Inconnu". S. XXV—XXXI. Nachdem ein erster, von der k. k. österreichischen Botschaft in Paris unterstützter Versuch, die Erlaubnis zu einer Benutzung der Handschrift zu erlangen, erfolglos gewesen, gelang es auf Veranlassung Gaston Paris' der einflufs-

reichen Vermittelung des unermüdlichen Pflegers und Förderers der altfranzösischen Studien, des seither leider der Wissenschaft entrissenen Paulin Paris, die Handschrift nach Paris zu beschaffen, wo ich dieselbe im Herbst 1874 in dem Palast des Herzogs selbst zur freien Verfügung hatte. Ich habe aufser unserem Yvain den Erec, Karrenritter, Guinglain, des Aniaus verglichen und Rigomer und Gunbaut abgeschrieben und will dieselben alle herausgeben.

IV. Bibliothek der medicinischen Fakultät in Montpellier.

9. M = 252, Bruchstück. Es fehlt Anfang und Ende; die uns erhaltenen 12 Blätter entsprechen unseren V. 1531—2158 und 2463—3712. XIV. Jahrh., perg., ohne dialektische Merkmale. Es ist die einzige Handschrift Yvains, welche den Text in Kapitel abteilt, die mit Prosarubriken überschrieben sind. Eine Vergleichung des Textes verdanke ich meinem lieben, seither verstorbenen Freunde Boucherie. Vgl. Cat. gén. des bibl. dép. I. 380.

10. Verschollen scheint die folgende Handschrift zu sein, welche Holland, Crestien von Troies S. 148 also erwähnt: „Eine dem 13. Jahrh. angehörige handschrift der erzählung von Yvain besafs der könig der Franzosen Louis Philippe I. S. Techener, Bulletin du Bibliophile, X⁰. série. Paris 1851. 8⁰. s. 550.“

11. Auf eine andere Handschrift (k) werden wir geführt durch den immer noch* unedirten Abenteuerroman von Cristal (Arsenalbibliothek B. L. Fr. 283, neu 3516), dessen Verfasser das Studium des Löwenritters so weit vertieft hat, dafs eine erkleckliche Anzahl auch längerer Stellen wörtlich in sein Machwerk übergegangen ist. Es sind dies die Zeilen 1369—1374, 3155—3162, 3345—3348, 3365—3368, 3376. 7, 3774—3778, 4017—4023, 4029. 30, 4035—4038, 4837—4850, 5413—5421, 5430—5445, 5448—5452, 5456, 5578—5594, 5657. 8, 5680—5692, 5699. 5700, 6117—6159,

---

* Der selige Dr. Friedrich Apfelstedt († 5. Januar 1884) hatte denselben auf meine Veranlassung abgeschrieben und wurde durch den Tod an der Herausgabe desselben gehindert. Die Arbeit reizte meinen damals wieder in Bonn zu längerem Aufenthalte eingetroffenen Freund Hugo von Feilitzen, der besonders den vielen Entlehnungen (s. meine Bemerkung hierüber in Venus S. 52 fg.) nachspüren wollte. Derselbe machte sich unverzagt an die Arbeit, und wünschte, dafs Mai 1886 mit dem Druck begonnen werde. Verschiedenartige Verzögerung trat ein, bis der gegen die Romanisten so unbarmherzige Tod auch diese hoffnungsvolle Kraft in ihrer Blüte dahinraffte († 19. Januar 1887). Die folgende Zusammenstellung der Yvainentlehnungen stammt aus dessen hinterlassenen Papieren.

6162. 3, 6254—6262, 6263—6265, 6291, 6294. 5, 6297, 6305—6308.*

Die benutzte Handschrift hat grofse Verwandtschaft mit GAS, ohne von ihnen abzustammen.

12. Ein Bruchstück (φ)** einer anderen Handschrift fand Fauchet in einer Buchdruckerei, worüber er in seinem Recueil de l'origine de la langue et poesie françoise, ryme et romans (Paris 1610, Bl. 558ᵣfg.) berichtet und folgende Zeilen (leider meist modernisirt) daraus citirt: 13—32, 98. 99, 116—118, 149—152, 157—170, 2135. 2136, 2143—2147, 3129. 3130, 3173—3180, 3266—3270, 3357. 3358. Holland[3] hat zuerst stellenweise die Lesarten des Bruchstücks, welche der Handschrift eine besondere Stellung anweisen, angezogen.

13. Dazu kommt noch die Lyoner Rolandhandschrift, (λ), die die ersten zehn Zeilen des Yvain an der Spitze trägt; s. meine Beschreibung derselben in Altfrz. Bibliothek VII, S. VII.

———

Was das Abhängigkeitsverhältnis der einzelnen Handschriften anlangt, so liegt dasselbe offen zu Tage und läfst sich in der Hauptsache durch folgendes Schema wiedergeben:

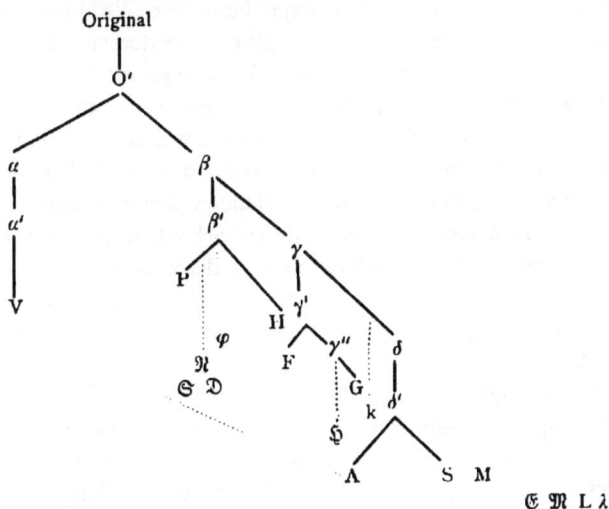

———

* S. Anhang A.
** S. Anhang B.

L, λ gehören, wie alle Handschriften, aufser V, zu β, ohne dafs sich für letztere eine nähere Bestimmung überhaupt finden liefse, während ich für erstere die unnütze Mühe gespart habe. Was φ anlangt, so läfst es sich mit keiner unserer Handschriften in Zusammenhang bringen. Auch dasselbe gehört β an und nach den Varianten von 18. 26. 149. 2144. 2146. 3175. 3269 wahrscheinlich zu einer aus β' stammenden Zwischenstufe.

Dieser Stammbaum ergibt sich auf den ersten Blick aus der blofsen Vergleichung der Lesarten, wie jeder beim Durchlesen der V. L. sich selbst überzeugen kann, daher hier eigens Stellen zur Begründung desselben anzuführen unnütz sein dürfte. Ein Zurückgreifen auf die Fehler, Umstellungen, Lücken u. dgl., was sich sonst als notwendig herausstellt, fiel damit fort. Derlei Kriterien erweisen sich erst als unvermeidlich, wenn man die Handschriften der Gruppe β ordnet. Allein auch hier ergiebt sich die Teilung in β, γ, δ meist von selbst durch den blofsen Kontext der einzelnen Verse. Was bedeutet dies? Wir müssen, glaub' ich, ebenso viele verschiedene Umarbeitungen oder Redaktionen annehmen. Die erste, wenig eingreifende, aber sehr alte Umarbeitung* erfuhr O' in β, die stärkste in γ, wiederum eine geringere in δ. Daraus ergibt sich, dafs der einzige Vertreter von α, unser V, eine ganz besondere Wichtigkeit haben mufs, wenn er — nur nicht so leichtsinnig verdorben wäre einmal durch sehr starke Kürzungen, dann durch eigenmächtiges Ändern am Text. Die eben erwähnten Auslassungen fallen aber in keiner Weise dem Schreiber von V zur Last, sondern müssen in einem frühern Stadium vorgenommen worden sein; denn derselbe V hat mehrere ganz plumpe Einschiebsel sich zu Schulden kommen lassen. Und man kann doch nicht zugeben, dafs ein Schreiber, der nach einem ganz bestimmten Plane hunderte und hunderte sowohl tadellose als auch oft sogar unentbehrliche Verse ausgelassen hat, an andern Stellen überflüssiges, oft ganz unpassendes aus seinem Kram eingeschoben haben sollte.

An Wichtigkeit unserm V mindestens gleich ist die Handschrift P, die eine ganz besondere Stellung einnimmt und die sichere Kontrolle dafür abgibt, ob V α wiedergibt oder (was nicht selten ist) eigenmächtig geändert hat. Diese bevorzugte Stellung erhält er

---

* Unwillkürlich drängt sich einem der Gedanke auf, ob nicht der Verf. selbst eine zweite umgearbeitete Auflage, die deswegen nicht immer die bessere zu sein braucht, veranstaltet habe.

durch die Nichtsnutzigkeit von H, der schlechtesten aller unserer Handschriften, nach welcher der Yvain bis jetzt allein bekannt geworden, da so gut wie niemand zu dem schwer lesbaren Abdruck von G gegriffen hat. H hatte zwar vielleicht eine ebenso vorzügliche Vorlage wie P, allein an derselben wird in der mutwilligsten Weise immer wieder herumgeflickt. Man sieht, daſs der schuldige Kopist (es braucht nicht Guiot gewesen zu sein) mit der klaren Absicht abschreibt, die Vorlage konsequent zu verbessern.

Da wir nun VP besitzen, so könnte es scheinen, als wenn γ, δ für uns völlig überflüssig wäre. Für δ trifft dies allerdings zu; allein γ, besonders G, muſs noch oft herangezogen werden, um V zu kontrolliren, wenn nämlich H eigene Wege geht und P entweder fehlt oder verdorben ist. Und doch leistet A wiederum gegen Erwarten stellenweise gute Dienste. Derselbe ist nämlich sehr stark (oft durch hunderte von nach einander folgenden Zeilen) nach einem α' Kodex (nicht nach V) durchkorrigirt, und kann so unerwartet zur Kontrolle von V selbst dienen. S ist eine sehr späte, im groſsen zu δ, meist auch zu A (wo dieser rein ist) stimmende Handschrift, die aber auch eine Reihe fremder Einwirkungen (oft von α') erfahren hat. Auch G zeigt, trotz seiner durchsichtigen, festen Stellung in γ, stellenweise Einfluſs von α. Einigemal hat S allein einen lesbaren Text, der aber dann wohl emendirt, aber nicht ursprünglich ist. Durchaus wertlos ist M, sicher zu δ gehörend, aber sehr stark von anderen Handschriften beeinfluſst, daher es passiren kann, daſs er manchmal mit seinen Lesarten über γ hinaufkommt.

Allein unser Yvain wäre kein so beliebter, immer wieder begehrter, und deshalb immer wieder abgeschriebener Text gewesen, wenn das Handschriftenverhältnis so einfach, wie eben dargestellt worden, sich bis in die letzte Kleinigkeit verfolgen lieſse. Dasselbe wird auf zwiefache Weise durchbrochen: es gibt einige wenige Stellen (sie sind alle in den Anmerkungen behandelt,) die gegen die Grundlage unseres Stammbaumes sprechen: dieselben muſsten, wenn sie auch gegen die Tausende sicherer Zeilen nicht schwer ins Gewicht zu fallen schienen, dennoch durch eingehende Untersuchung aus der Welt geschafft werden, da man sich wohl nicht leicht entschlieſst, eine besondere Art von Beeinflussung der einzelnen Handschriften von je etwa 7000 Zeilen Länge an so wenigen Stellen anzunehmen. Zweitens aber gehen merkwürdiger Weise die ganz sicheren Grenzen zwischen β, γ, δ einigemale durcheinander, wobei es meist schwer ist, einen sichern Erklärungsgrund dafür anzugeben. Ich führe z. B. an, daſs einigemal (besonders am Anfang) P mit V, dagegen H mit FG geht, was nach dem Stammbaum ausgeschlossen wäre; denn dies verlangte folgendes Verhältnis, das ich auch zuerst angenommen und lange genug zu behaupten versucht habe:

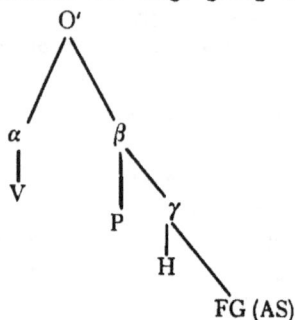

Man nehme 264, wo *se je poïsse* durch VP (AS hier nach α' redigirt) völlig gesichert, dagegen *en servise* in HFG ein unmöglicher Reim ist. 348 ist viel rätselhafter: hier haben VP (A nach α') das falsche, durch den Reim ausgeschlossene *parmi le cor*s (: *forz*), während die übrigen das einzig mögliche *par les deus cor*z bieten. Da P nie von α' beeinfluſst ist, V und P aber übereinstimmen, diese Lesart aber nicht, wie a priori der Fall sein müſste, ursprünglich, vielmehr unmöglich ist, so kann man dieser Schwierigkeit nur durch die Annahme entgehen, daſs sowohl α' als P selbständig auf dieselbe Änderung verfallen sind; diese liegt aber, da beide Schreiber Pikarden sind, auf der Hand, da bei ihnen *corz* und *cors* zusammenfallen.

Ich werde keine weiteren Beispiele anführen: ich habe den ganzen Text, und zwar zu wiederholten Malen, in dieser Weise durchgearbeitet, dabei die auffälligen Stellen zuletzt nochmals im Zusammenhange geprüft. Dabei hat sich mir das an erster Stelle gegebene Schema als durchaus gesichert herausgestellt, wenn man es nicht vorziehen sollte, um ganz genau zu sein, mehre Schemata aufzustellen, da es ja vorgekommen sein mag, daſs Besitzer einer Handschrift dieselbe, wenn sie in den Besitz einer zweiten ganzen oder eines Bruchstückes kamen, stellenweise, je nach Lust und Muſse, wenn sie gerade lasen, verglichen und dann und wann eine entweder mehr zusagende oder sonst wie auffällige Variante in ihrem Exemplar am Rand oder im Texte oder interlineal (dafür

ein klassisches Beispiel die Cligéshandschrift R, von der man einige
Seiten für unsere Philologen photographiren lassen sollte, wenn
manche derselben an eine unerschütterliche, durch keine Einflüsse
getrübte Konsequenz zu glauben scheinen, daher sie sich dann das
noch nicht versuchte Textmachen als einfache mathematische Ope-
ration, etwa eine einfache, nackte Gleichung ersten Grades mit
einer Unbekannten vorstellen) eintrugen. So erklärt er sich, dafs
derlei Störungen des sicher erkannten Handschriftenverhältnisses
meist strichweise, d. h. durch einen gröfseren oder kleineren Abschnitt hindurch einem entgegentreten.

Man sieht aus dem Gesagten, dafs dann, wenn V und P nicht
übereinstimmen, sondern α und β einander gegenüberstehen, und
innerlich beide Lesarten gut sind, sich O' nicht erschliefsen läfst.
Man könnte dann nach der vorzüglichen Stellung von V versucht
sein, ihn stets in den Text einzusetzen; aber wenn man an anderen
zahllosen Stellen, wo er sicher falsches gibt, sieht, wie hier leichtsinnig geändert worden, so kann man sich schwer zu diesem Schritt
entschliefsen, umsomehr, da wir, die wir den Yvain immer nach
H (also β) gelesen haben, obendrein noch durch H unwillkürlich
beeinflufst sein können. Es wäre das beste gewesen, in diesem
Falle konsequent entweder α oder β in den Text zu setzen und
die andere Lesart mit einem = in der V. L. zu versehen.

Aus dem Gesagten ergibt sich ein lehrreiches Beispiel, wie
das Vorhandensein einer einzigen Handschrift (hier V) vom gröfsten
Einflufs sein' kann auf den Stammbaum der übrigen, zufällig recht
reich vertretenen Handschriften. So würde beim Fehlen von V
Jedermann den Stammbaum so ansetzen müssen

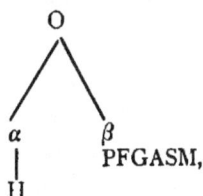

$$\begin{array}{c} O \\ \diagup \diagdown \\ \alpha \qquad \beta \\ | \qquad \text{PFGASM,} \\ H \end{array}$$

wodurch H eine ganz unverdiente Stellung und der Text ein ganz
verschiedenes, dem Hollandschen sehr ähnliches Aussehen erhielte.

*

Über die Abfassungszeit (zwischen 1164 und 1174) des
Löwenritters s. die Ausführung im Cligés III fg.

*

Im Löwenritter sehen wir die höchste Stufe der Kunst, die
Christian erreicht hat. Er ist keine blofse Aneinanderreihung von
Abenteuern wie Erec, wo die dieselben verbindende Idee eine
sehr lose ist und der Dichter ebenso gut noch einige Dutzend
andere anreihen konnte, wie er ebensogut ohne Schädigung der
Komposition nach Belieben davon auslassen konnte (dieser Vor-
wurf trifft in geringerem Mafse auch den Yvain), er hat nicht den
Kompositionsfehler des Cligés, der in zwei selbständige Romane
zerfällt. Vom Lancelot wollen wir hier gar nicht reden; er ist der
Anlage nach der schwächste aller seiner Romane, obendrein mit
mehren klaffenden, nicht überbrückten Fugen, die der Prosaroman
geschickt verbunden hat. Perceval gestattet in dem uns vorliegenden Bruchstück kein Urteil, da wir nicht wissen, welchen Plan der
Dichter eigentlich gehabt hat.

Daher ist es denn nicht zu verwundern, dafs der Löwenritter
sofort den entschiedensten Anklang und rasche Verbreitung gefunden.
Freilich sind wir nicht in der leichten Lage, wie beim Cligés,
die zahlreichen Anspielungen auf denselben ohne weiteres fest-
zusetzen. Denn da Yvain eine stehende Figur in fast allen Artusromanen bildet, so können einzig die Anspielungen hierher gezogen
werden, wo neben dem Namen noch eine weitere bestimmte Anspielung auf irgend ein Ereignis unseres Löwenritters sich findet.
Als solche erweisen sich die in den Anmerkungen behandelten
Stellen aus Hugo von Méry, Claris und dem Lai de l'oiselet; dann
die im Anhang A angeführten Stellen des Cristal. Aus der pro-
venzalischen Litteratur hat Holland in seinem Chrétien de Troies
S. 176 f. bereits Guiraut de Borneil und zwei Stellen aus Flamenca
beigebracht.

*

Wichtiger für uns sind die fremden Bearbeitungen des
Löwenritters, die alle auf Christian zurückgehen:

1. Der Zeit nach steht demselben am nächsten die vor 1204
vollendete mittelhochdeutsche Bearbeitung des Hartmann von
Aue = $. Die einschlägige Litteratur sowie die Frage, die die
Germanisten so sehr beschäftigt, über den Vorzug des Übersetzers vor dem Original und seine „Durchgeistigung" des „übernommenen Stoffes" kann ich als bekannt voraussetzen. Uns inte-
ressirt einfach die Frage, ob der mittelhochdeutsche Text für die
Textkritik des Originals, das er Schritt für Schritt verfolgt, von

irgend welchem Nutzen ist. A priori wird derselbe bei einem Texte,
der durch fast ein Dutzend französischer Handschriften gestützt
ist, zumal es sich nur um den Wortlaut handelt, wenig Nutzen
bringen können; auch die genaueste Übersetzung läfst bei Dingen,
um die es sich wie im vorliegenden Fall handelt, meist im Stich. So
ist es denn auch bei dem Yvain und zwar nicht nur mit $\mathfrak{H}$, sondern
ebenso mit allen folgenden Bearbeitungen. Gleichwohl ist es unschwer, der von $\mathfrak{H}$ benutzten Handschrift im Stammbaum die
richtige Stelle anzuweisen; sie ist mit unserer Handschrift G ganz
nahe verwandt, hat aber nicht deren Fehler, daher beide aus derselben Quelle γ'' stammen. Dr. Rauch* hat das Verhältnis von
V, H und G richtig erkannt und $\mathfrak{H}$ mit den zwei letzten Handschriften in Verbindung gebracht, obwohl alle von ihm beigebrachten
Gründe ausnahmslos unhaltbar sind. Etwas eingehender fafste
Fr. Settegast** denselben Gegenstand von neuem auf und erkannte
trotz seines unzulänglichen Materials die enge Verwandtschaft zwischen G und $\mathfrak{H}$. Auf ganz falschen Bahnen wandelt die mit grofsem
Fleifs, anscheinend wissenschaftlicher Methode und Gründlichkeit und
endlich einem reicheren Material unternommene Untersuchung desselben Gegenstandes von G. Gärtner***, der Settegast's Aufstellung
in der denkbar unglücklichsten Weise angreift und endlich folgendes
unmögliche Schema (in unsere Zeichen übertragen) aufstellt:

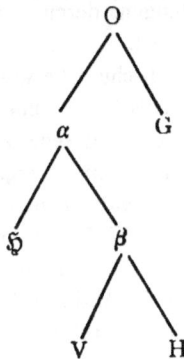

---

* Die wälsche, französische und deutsche Bearbeitung der Iweinsage,
Berlin 1869.

** Hartmanns „Iwein" verglichen mit seiner altfranzösischen Quelle,
Marburg 1873.

*** Der „Ywein" Hartmanns von Aue und der „Chevalier au lyon"
des Crestien von Troies, Breslau 1875.

Er hat dabei vergessen, dafs bei solchen Fragen nicht die Zahl der übereinstimmenden Stellen (so S. 46) addirt, sondern jede Stelle für sich untersucht werden mufs. Von den bei . Settegast angezogenen Stellen sichern folgende* die engste Zusammengehörigkeit von H mit G, da die ersterem zu Grunde liegende Lesart sich einzig und allein in G wiederfindet: 296 H: *üre* = *toriaux* G, Rest *roncins*. 1130 H: *blint* = *avugle* G, *enchante* VHFAS, *decheu* P. 6721 H: *in bekom dâ wîp noch man* = *Ne ne trovent home ne fame* G, Rest *El chastel* [*En rue* AS (H)] *n'a* (d. h. *n'â*) *home ne fame*, während die übrigen Stellen H blofs nach β hin verweisen. Unter den neuen von G. Gärtner beigebrachten Stellen sichern G folgende: 414 H *hôch* = *hauz* G, Rest *biaus*. 1396 H *süeze* = *de si grant doucor est close* G, Rest *Que mervoille est comant ele ose*. Dasselbe läfst sich noch durch andere Stellen erhärten. — Eigentümlich ist H der Exkurs 4528—4715, wo in der Vorlage die Entführung der Königin durch Meleagant mit einer Anspielung auf den Karrenritter sich befindet. Dieses platte Zeug hat Hartmann, der den Lancelot nicht kannte, selbst zusammgestoppelt und man sieht, was er leistet, wenn er auf eigenen Füfsen steht. Etwas anderes ist es, wenn Jemand an einem übernommenen, ausgezeichneten Stoff einige kleine Züge retouchiren und verbessern zu können meint.

Wegen der Überarbeitungen, deren wieder H Gegenstand gewesen, s. Holland a. a. O. 184 f.

2. Darnach ist die nordische Übersetzung des Yvain (N) zu erwähnen, mit der das schwedische (S) und dänische Gedicht (D) in enger Beziehung steht. Über N sehe man Kölbing's Riddarasögur (1872), woselbst sich auch eine Vergleichung des franz. und nordischen Textes findet. S findet man in den Eufemia-Visorna (Efter Gamla Handskrifter af J. W. Liffman och G. Stephens, Stockholm 1849) unter dem Titel: Herr Ivan Lejon-Riddaren, D in C. J. Brandt's Romantisk Digtning fra Middelalderen, Band I S. 1—204. Kölbing hat bereits in der Vorrede seines Werkes S. XII fg. über die Quelle der Ivents Saga und das Verhältnis der Saga zum altschwedischen Herr Ivan Lejon-Riddaren gehandel● Hierauf wurde derselbe

---

* Auf Zahlenunterschiede (z. B. 173 H *zehen* = *dis* G, *set* H, aber von den übrigen *set* noch V, *dis* F, *sis* PS, *cinc* A) ist nie ein Gewicht zu legen, da hier jeder Kopist sich zu Veränderungen berechtigt hält. Die Übereinstimmung kann also beweisen, die Verschiedenheit nie.

Gegenstand von schwedischen Gelehrten behandelt: K. R. Geete in einer Upsalaer Dissertation „Studier rörande Sveriges romantiska medeltidsdiktning. I. Eufemia-Visorna (1875), dann O. Klockhoff Studier öfver Eufemiavisorna, Upsala 1880.

Als heute allgemein angenommenes Resultat darf man annehmen, dafs zuerst 𝔑' aus einer altfranzösischen Yvainhandschrift übersetzt ist, dafs diese nordische Prosaübersetzung die Quelle von 𝔖, dies wieder von 𝔇 gewesen, und 𝔑' endlich durch Kürzung die heutige Form 𝔑 erhalten hat.

Um die Bedeutung von 𝔑 für die Textkritik des Yvain beurteilen zu können, bat ich, der ich meiner Yvainausgabe wegen nicht nordisch lernen mochte, Kollegen Wilmanns, mir Kapitel VI von 𝔑 wortgetreu zu übersetzen. Die Übersetzung des Bruchstückes ergab eine genaue, fast von Vers zu Vers gehende Wiedergabe des französischen Textes und machte in mir den Wunsch nach einer wortgetreuen Übersetzung des ganzen 𝔑 rege, die ich gern als Anhang meiner Ausgabe abgedruckt hätte. Kollege Kölbing, der mir einmal (bei Elie de St. Gilles) in der liebenswürdigsten Weise seine Gelehrsamkeit zur Verfügung gestellt hatte, unterzog sich der nicht gerade anregenden Arbeit in opferwilligster Weise und so konnte ich mich denn, bald im Besitz des ganzen Textes, bei einer eingehenden Vergleichung von Y und 𝔑 überzeugen, dafs die uns erhaltene Version von 𝔑 bald in ihrer ausführlichen Wiedergabe ermüdet, immer kürzer wird und bald nur mehr das Gerippe allein wiedergibt. Und was ich bei allen anderen Übersetzungen bis jetzt immer gefunden, gerade an Stellen, wo man sie am meisten braucht, wo das Original verdorben oder dunkel ist, lassen sie immer im Stich, indem sie die betreffende Stelle auslassen oder allgemein umschreiben.

Der Nutzen von 𝔑 wäre also für die Anfangspartie noch immer ein sehr grofser, wenn die von 𝔑' benutzte französische Handschrift einer in der altfranzösischen Überlieferung vorzüglichen, aber schlecht vertretenen Familie, also in unserem Falle α, angehörte. Allein es stellt sich unschwer mit Evidenz heraus, dafs 𝔑 ebenso wie (den einzigen V ausgenommen) sämtliche Texte und Redaktionen auf β zurückgeht. Es sieht so aus, als wenn α gleich nach dem Erscheinen umgearbeitet worden (= β) und durch das Erscheinen von β sofort α verdrängt worden sei.

Zum Schlufs noch die Bemerkung, dafs zur richtigen Kenntnis

von $\mathfrak{N}'$, d. h. der alten, ursprünglichen Sagenübersetzung auch $\mathfrak{S}^*$ herangezogen werden muſs, da es noch aus der alten, nicht gekürzten Redaktion geflossen und daher an vielen Stellen gegen $\mathfrak{N}$ ein plus bietet. $\mathfrak{D}$ selbst ist wertlos: es ist direkt aus dem fertigen $\mathfrak{S}$ übersetzt.

Daſs nun $\mathfrak{N}$ der β-Familie angehört, zeigt sich auf den ersten Blick; schwieriger ist es, ihm genauer seinen Posten unter den einzelnen französischen Textrecensionen anzuweisen. Es muſs eine gute Handschrift gewesen sein, die mit unserem P nahe verwandt war, aber nicht direkt aus ihm stammt. Vgl. 240, wo P statt *bas mur* ein verlesenes und sinnloses *basme* hat, während $\mathfrak{N}$ den Garten von „Balsam" duften läſst. 267. 8 fehlen VP und $\mathfrak{N}$. Dann 280 hat $\mathfrak{N}$ „wilde Ochsen und Leoparden", also = HFGS, während $\mathfrak{S}$ (vgl. 399) auch noch Löwen hat wie A, und Bären wie GA. (Es scheint auch sonst, als wenn $\mathfrak{S}$ noch eine andere französische Handschrift benutzt hätte). Hier hat P noch den Rest der ursprünglichen Lesart, während $\mathfrak{N}$ ganz zu β fällt. 302 P und $\mathfrak{N}$ allein haben *noir*. 664 schwört Artus nur in P und $\mathfrak{N}$ bei der Seele seines „Bruders."

3. Unser Yvain kam auch nach England, wo das mittelenglische Gedicht Ywaine and Gawin aus demselben entstand, abgedruckt in Ritson's Ancient engleish metrical romanceës I, 1—169.** Es ist ziemlich gekürzt, da es nur 4032 Verse umfaſst. Die vom englischen Bearbeiter benutzte französische Handschrift gehört ebenfalls β an.***

4. Endlich finden wir unsern Yvain in keltischem Gewande, indem eines der Mabinogion ($\mathfrak{M}$) des roten Buches von Hergest denselben Stoff und zwar in unverkennbarer Verwandtschaft mit dem französischen Text behandelt. Es ist die Erzählung Jarlles y Ffynnawn, „die Dame von der Quelle", hrsg. von Ch. Guest in The Mabinogion London 1838 I, 1—38, ins Englische übersetzt daselbst 39—84, daraus ins Deutsche bei San-Marte „Die Arthur-Sage" Quedlinburg 1842, S. 99—125. Über dessen eigentliches Verhältnis

---

* Für einzelne Stellen von $\mathfrak{S}$ gaben mir die Kollegen Kölbing und Wahlund in bereitwilligster Weise jeden erwünschten Aufschluſs.

** Eine neue Ausgabe von G. Schleich erscheint demnächst in Oppeln.

*** Eine Vergleichung der beiden Gedichte s. bei Paul Steinbach: Ueber den Einfluſs des Cresticn de Troies auf die altenglische Litteratur. Leipziger Dissertation 1885.

zum französischen Text werden wir sofort handeln müssen, wenn wir uns nach der Quelle Christians selbst erkundigen.

*

Als Quelle für den Christianschen Löwenritter gilt allgemein eine keltische Sage *, die demselben nach der Ansicht einiger in armorikanischer Fassung zugekommen sein soll. Diese keltische Sage soll nach derselben allgemein, wie es scheint, angenommenen Ansicht bereits ungefähr die Gestalt gehabt haben, die das Christiansche Werk hat, indem man das Mabinogion „die Dame von der Quelle" zuerst als direkte Quelle Christians, dann als aus derselben Quelle, wie Christians Werk, entsprungen sich vorstellte.

Eine letzte Modifizirung, die wenigstens die sonnenklar vorliegende Unmöglichkeit eines keltischen Ursprungs nicht mehr voraussetzt, erhielt diese Ansicht durch Gaston Paris (Rom. X, 468), der die Christian und dem Mabingion gemeinsame Quelle für Yvain, Erec und Perceval ein anglonormannisches Gedicht sein läfst, das er aber, wenn ich recht verstehe, doch wieder auf keltische Elemente, die die keltischen Spielleute den Anglonormannen gebracht, zurückführt, und welche diese dann auf der Grundlage ritterlich-höfischer, den Kelten absolut fremder Lebensauffassung selbständig überarbeitet haben sollen. Also, wenn x die unbekannte, nach den einen armorikanische, nach G. Paris durch anglonormannische Umarbeitung durchgegangene ·keltische (kymrische oder armorikanische? — für uns ist dies, wie wir sehen werden, völlig gleichgültig) Fassung, $\mathfrak{M}$ das Mabinogion, Y den Christianschen Löwenritter bezeichnet,

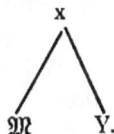

x

/\

$\mathfrak{M}$ Y.

Dagegen habe ich mich bereits im Cligés S. XVI auf das Entschiedenste ausgesprochen, ohne dafs ich dadurch mein dabei im Auge gehabtes Ziel, die Kritik darüber auszuhorchen, erreicht hätte.

---

* Die Litteratur über die keltische Herkunft Yvains findet man beisammen in der kritiklosen und vertrauensnaiven Kompilation von Goossens „Über Sage, Quelle und Komposition des Chevalier au lyon des Crestien de Troyes" (Dissertation, Paderborn 1883), wo Alles was Villemarqué oder sonst ein anderer Keltomane aufstellt, unbesehen als lautere Thatsache angenommen wird.

Meine damalige Bemerkung, die das ganze Resultat meiner Untersuchungen in nuce mitteilte, lautete: „Hier [im „Karrenritter"] haben wir es mit der Quelle eines der keltischen Sage, die vor Kurzem (d. h. in Folge des Erscheinens der Gottfried Monmouthschen Historia Brittonum) in Mode gekommen war, entnommenen Romans zu thun, und Alles, was sich um diese Anfänge dreht, steckt im tiefsten Dunkel, in das bis jetzt nicht der bescheidenste Lichtstrahl gedrungen ist. Aber auch hier [wie beim Cligés] finden wir das Verhältnis ganz anders, wenn wir den Löwenritter zur Vergleichung heranziehen. Dieser gehört auch der bretonischen Sage (besser: Cyklus) an; allein hier läfst sich unschwer dasjenige, was der Dichter fertig vorgefunden, von demjenigen scheiden, was er aus eigenem dazu gethan hat. Sehen wir schärfer zu, so finden wir, dafs, abgesehen von der Örtlichkeit (Broceliande u. s. f.) und den Namen der handelnden Personen, keine Spur von keltischem Stoff zu finden ist, und — vielleicht ist dies ein nicht zu unterschätzendes Moment — es fehlt auch thatsächlich jede Erwähnung und Anspielung auf eine vom Dichter benutzte Quelle. Der Kern des Löwenritters ist vielmehr ein alter Bekannter, der aus weiter Ferne auf vielen Umwegen nach Frankreich gekommen war, nämlich die Sage von der leicht getrösteten Wittwe, die in der Variante der „Matrone von Ephesus" am bekanntesten ist. Um diesen Kern ist alles andere gewickelt. Aber welch eine wahrhaft geniale Kunst, diesen abgedroschenen, plumpen Stoff zu behandeln! Wenn wir sehen, wie der Dichter es versteht, den Knoten derart zu schürzen, dafs wir, ohne uns dessen bewufst zu werden, dazu geführt werden, die Wittwe und ihren Schmerz ernst zu nehmen, wie wir deren Seelenkampf, den der Dichter in unübertroffener Weise dargestellt hat, verfolgen, durch welch sinnige Kombinationen es ihm gelingt, psychologisch die binnen drei Tagen vor sich gehende Wandlung zu motiviren, so dafs wir, nicht etwa empört und abgestofsen, es sogar als ganz natürlich betrachten, dafs die tiefbetrübte Wittwe den Mörder ihres inniggeliebten Gemahls (man beachte, dafs der Dichter sich durch diese Modifikation sein kitzliches Thema noch bedeutend der Vorlage gegenüber erschwert hat) am vierten Tag heiratet, so mufs man sagen, dafs Christian mehr gethan hat, als der Schleifer, der aus einem unscheinbaren Stein den flimmernden und funkelnden Diamant herausschält. Um diesen Kern gruppirt nun Christian den König Artus und seinen Hof, er führt uns an die Zauberquelle

im Wald Broceliande, er führt uns Riesen im Kampfe vor, läfst
uns in die (schon damals existirende) Sklaverei der Fabriken (hier
eine Seidenweberei) einen flüchtigen Blick werfen — aber all
dies ist nichts als Beiwerk, angethan, um sich gewogene Leser
zu verschaffen, die alle den modernsten aller Stoffe, die gröfste
„actualité“, nämlich die Artussage, heifsgierig verlangten.   Allein
um dem Roman die richtige Länge zu geben, greift der Dichter
zu einem von ihm bereits früher (Erec) behandelten Thema, dem
„Verliegen“ des Ritters, das er diesmal (mit Erec verglichen) auf
den Kopf stellt und so läfst er den glücklichen Bräutigam, eben
dafs er sich nicht „verliege“, gleich nach der Hochzeit in die Welt
auf Abenteuer ziehen.“

   Im Folgenden soll demgemäfs gezeigt werden: 1. der Yvain
enthält — abgesehen von der Ortsstaffage und den Namen der
Persönlichkeiten, die durch den Arturstoff gegeben waren, und
dies all zusammen hat mit der Erzählung nichts zu thun,
ist nur äufserer Aufputz — nichts Keltisches; der Yvain ist bis
auf die zu Grunde gelegte, nicht keltische, sondern aus dem Orient
gekommene Sage von der leicht getrösteten Wittwe reine Erfindung
Christians, die unter 1) erwähnten, äufserlich eingefügten, mit dem
Stoff in keiner Beziehung stehenden Mosaiksteinchen abgerechnet.
2. das Mabinogion ist eine freie, etwas gekürzte Übersetzung des
französischen Werkes.

   1. Über die Eigenart der echten keltischen Sagenstoffe kann
man sich wohl ein Urteil aus der Vergleichung der vorhandenen,
gesicherten Proben, wie Melion und den damit eng verwandten Bis-
clavret, Yonec, Corn, Ignaure, Tydorel*, machen.   Allen ist das
Übernatürliche gemeinsam: Wehrwolf, Zaubertrank, Fee u. dgl. oder
grausiger Mord und andere fremdartige Dinge.   Jedermann denkt
sofort an die Zauberquelle, den Zauberring Lunetens (vgl. aber Gyges)
und auch ich habe nichts dagegen, dieses Beiwerk als keltisch
gelten zu lassen ebenso wie den Riesen, den Yvain besiegt.   Zuletzt käme Artus und sein Hof, deren keltischer Ursprung nicht
geläugnet werden kann; man nehme aber statt dessen fränkische,
griechische oder römische Namen und Lokalitäten, und die ganze
Geschichte bleibt dieselbe.   Es ist also rein äufsere Zuthat. — Damit
ist aber auch alles keltische erschöpft, und man mufs zugeben, dafs

---

   * Selbst Tristan kann ich nicht für keltisch halten.

diese Elemente fehlen können, ohne daſs der Yvain darunter litte. Die Quelle von Broceliande gibt dem Dichter bloſs die Gelegenheit, seinen Helden mit der Heldin in Verbindung zu bringen, wie der Galgen und das Grab; er konnte ebensogut ein anderes Mittel wählen. Der Riese ist nur eine Nummer mehr in der Reihe der von Yvain bestandenen Abenteuer und hat mit der Erzählung überhaupt gar nichts weiter gemein. Allein der Kern selbst, daſs nämlich die Heldin den Mörder ihres geliebten Gatten heiratet, scheint keltisch sein zu können: allein es ist, wie ich oben bemerkt, ein internationaler Sagenstoff, der in Frankreich durch die Fabeldichtung längst bekannt war, bevor die matiere de Bretagne anfing, dort Aufnahme zu finden. Doch selbst zugegeben, daſs Christian diesen Stoff durch Vermittlung der bretonischen Legende erhalten haben sollte, hätte er ihn doch selbständig verarbeitet, und sein Verdienst ist daher in beiden Fällen dasselbe. Denn die Art, wie Christian diesen Kern zur Schürzung und Lösung des Knotens verwendet, ist eine solche, daſs sie, inhaltlich betrachtet, keltisch nicht sein kann. Der Held nimmt, um durch Verliegen seinen Ritterwert nicht einzubüſsen, Urlaub von der eben gewonnenen Gattin und zieht auf Abenteuer aus. Er läſst die ihm bewilligte Frist verstreichen und, von der Gattin verstoſsen, wird er wahnsinnig.* Durch eine Zaubersalbe Morgan's der Fee (er konnte natürlich auch anders genesen oder gar nicht wahnsinnig werden: bloſser Zierrat) genesen, erwirbt er sich unter dem fremden Namen des Löwenritters hohen Ruhm und wird endlich, ohne eigentliche Sühne, äuſserlich durch einen Kunstgriff der Zofe, mit seiner Herrin wieder ausgesöhnt.** Diese beiden treibenden Ideen nun: „Verliegen und Ritterehre" sind rein französisch, und können daher ebenso wenig aus der Bretagne (sei es der groſsen und der kleinen) stammen, wie der vom Helden be-

---

* Dieses Motiv kehrt auch sonst in Artusromanen wieder. Ist es keltisch oder hat Christian es zuerst angewandt und so in die Artuslitteratur eingeführt? Fragen, die sich nicht entscheiden lassen, die aber unsere Ansicht nicht beeinträchtigen. Die keltische Legende (wenn es wirklich eine solche gegeben hat, die zu den Franzosen gekommen) kann im besten Fall nur die einzelnen Mosaiksteinchen geliefert haben, daraus dann die französischen Künstler die feinen bunten Gemälde zusammenstellten.

** Dies muſs als ein wirklicher Kompositionsfehler Christians bezeichnet werden.

freite und ihn begleitenden Löwe, der zwar in Nordafrika (Andro-
clus!) vorkommt, aber nicht bei den Kelten.

Nach G. Paris freilich hätte dies Alles nicht Christian, sondern
ein anglonormanischer Dichter gethan. Aber einmal ist außer
anglonormannischen Lais nichts übrig geblieben, was sich hier
anführen ließe, dann ist auch die Zeit für diese Zwischenstufe zu
kurz, wovon später. Allein dies ist alles gleichgültig: mit der Annahme einer (woher immer) unserem Christian zugekommenen Form
unseres Gedichtes x, aus der zugleich 𝔐 stammen soll, wird
Christian's Thätigkeit völlig herabgesetzt und er zu einem nur in
Kleinigkeiten ausschmückenden und völlig beziehungslose Episoden
einschiebenden Übersetzer gestempelt. Wie stimmt eine solche auffällige Ansicht überein mit der (von mir übrigens geteilten) Ansicht
desselben Gelehrten, der Rom. XII, 515 f. unseren Christian den Karrenritter genau so erfinden läßt, wie ich meinerseits stets den Yvain
erklärt habe? Im Karrenritter, der übrigens meiner Ansicht nach
das der Anlage nach mißlungenste, mit Ungereimtheiten überfüllte,
durch beziehungslose Episoden, unerklärte Anspielungen u. s. f.
nicht eben verzierte Werk Christians ist, soll er nun bloß drei oder
vier Punkte (und zwar *par un récit oral*: warum hier kein anglonormannisches Gedicht als Quelle? wohl wegen der von
G. Paris dem Christian zugesprochenen Auffassung der Minne;
aber das Gerippe der ganzen Christianschen Lanceloterzählung ist
ohne die letztere ebenfalls möglich) übernommen haben, der ganze
Rest unseres Dichters Erfindung sein. Im Cligés war ich selbständig
durch die dem Roman zu Grunde liegende Sage genau zu demselben Resultat gekommen. Für den Erec muß es jeder, der sich
der Mühe unterzieht, das Mabinogion mit dem französischen Gedicht zu vergleichen, selbst finden. Hier ist die direkte Anlehnung
und Abhängigkeit des 𝔐 absolut gesichert und zwar noch klarer
als beim Yvain. Warum soll also Christian nur im Yvain* gerade
Übersetzer sein? Daß er nämlich dann nichts anderes gewesen
sein kann, werden wir sofort sehen.

---

* Verschlimmert wird die Sache noch dadurch, daß Christian, der sonst
regelmäßig die von ihm benutzten Quellen anführt, gerade beim Yvain, den er
übersetzt haben soll, keine Quelle anführt, dagegen im Lancelot, der seine
eigene Erfindung sein soll, nach seinem eigenen Geständnis (Karrenritter 29 f.)
die *matière* und den *sens* von der Gräfin erhalten hat und er ihnen in Allem
Punkt für Punkt folgt, aus eigenem nichts gebend als *sa painne* und *s'enten-
cion*. Vgl. weiter unten S. XXVII.

2. Das Mabinogion schmiegt sich nun dem französischen Roman ganz eng an, nicht nur in der Reihenfolge der Begebenheiten, sondern meist auch in der einzelnen Ausführung derselben. Der Held ist hier ebenso Ritter wie im Yvain, er zieht ebenso auf Ruhm und Abenteuer aus: nur das Verliegen fehlt; statt dessen verlangt Artus für Yvain selbst den Urlaub mit der seltsamen Begründung, *that he might shew him to the nobles, and the fair dames of the Island of Britain* (S. 69).* Die Hauptunterschiede bestehen aufser der barrocken keltischen Sprechweise und den mannigfaltigen auf das französische Prachtgewand genähten keltischen Flicklappen nur darin, dafs Artus nicht unmittelbar nach Yvain, sondern erst nach drei Jahren zur Quelle zieht (dann brauchte aber die Erzählung Kynons nicht vor Artus zu geschehen, da dieser nicht reagirt) und dafs die Zahl der Abenteuer Yvains, die er nach der Ungnade seiner Herrin besteht, stark gekürzt ist. Dabei ist der Zweikampf zwischen Yvain und Gauvain, da das denselben bedingende Abenteuer ausgelassen ist, mit der Ankunft Arturs an die Quelle in Verbindung gebracht. Endlich ist die Sühne Yvains, die im französischen Gedicht nur schwach angedeutet ist, hier übersehen und völlig ausgelassen. Man erfährt durchaus nicht, warum sich seine Herrin mit ihm aussöhnt, mithin fehlt die Begründung jener ganzen Serie (Yvains Wahnsinn und Heldenthaten), die sich aber gleichwohl in 𝔐 befindet. Es heifst nämlich einfach, nachdem Yvain Lunete vom Feuertode befreit, *then Owain returned with Luned to the dominions of the Countess of the Fountain.*** *And when he went thence, he took the Countess with him to Arthur's Court, and she was his wife as long as she lived* (S. 81). Hier hat also das französische Gedicht das Ursprünglichere.

Nun ist die Übereinstimmung in den einzelnen Teilen eine so weit gehende, wie sie sich nirgends anders (und wir haben doch

---

* Auch in 𝔐 ist die Lokalität der Quelle und des Schlosses unbestimmt gelassen; hier die einzige Anspielung, die aber vollständig aufser jedem Zusammenhange steht: *So Owain came with Arthur to the Island of Britain* (S. 70). Da sowohl Artus als Yvain beide Insulaner, also in England zu Hause sind, begreift man die Motivirung gar nicht.

** Also gerade so, als wenn sie weit abläge, während die Quelle doch in der Nähe sein mufste, wie aus der kurzen Zwischenzeit, die zwischen dem Ungewitter und der Ankunft des Ritters jedesmal verstreicht, erhellt. In Y ist Lunete in der Kapelle, in 𝔐 in einem Steingewölbe.

viele mittelalterliche Stoffe in mannigfaltigen Überarbeitungen erhalten) nachweisen läfst, es sei denn in einer Übersetzung. Sie
geht soweit, dafs ganze Seiten von 𝔐 hindurch die Aufeinanderfolge
der kleinsten Begebenheiten, sogar der Sprechenden in beiden
Texten identisch ist und dafs dieselben Personen an derselben
Stelle immer inhaltlich dasselbe (in 𝔐 stets gekürzt) sagen. Welche
Rolle will man da dem französischen Dichter zuerkennen? Soll er
sich so sklavisch an seine Vorlage gehalten haben? Wir haben
zu keinem Werke Christians die direkte Vorlage, die er benutzt
hat. Allein beim Perceval sind uns noch mehrere Texte erhalten,
die in enger Beziehung zu Christian stehen und aus deren Vergleichung ergibt sich die selbständig kühne, schöpferische Behandlung des überlieferten Stoffes. Sollte Christian im Y, dem vollen-
detsten seiner Werke, noch sklavischer Übersetzer gewesen sein?

Nun geht die Übereinstimmung einigemal so weit, dafs man in
𝔐 noch wörtlichen Anklang an Y heraushört; z. B. Y 1488
Donne fust ce mervoille fine A esgarder s'ele (die Herrin) *fust liee,
Quant ele est or si bele iriee?* = S. 58 *Truly she would have been the
fairest lady Owain ever saw, had she been in her usual guise.* Eine
andere Stelle ist 963 *Remest dedanz la sale anclos Qui tote estoit cielee
a clos Dorez et paintes les maisieres De buene oevre et de
colors chieres* = S. 56 *And Owain looked around the chamber, and
behold there was not even a single nail in it, that was not painted with
gorgeous colours; and there was not a single pannel, that had not
sundry images in gold portrayed upon it.* Man beachte, dafs
die Stelle nur in β (zu dem also die von 𝔐 benutzte französische
Handschrift ebenfalls gehört haben mufs) steht und dafs sie sicher
(s. meine Anmerkung), schon aus sprachlichen Gründen, interpolirt sein mufs.

Zu diesen auffälligen Übereinstimmungen (ich habe nur zwei
der überzeugendsten herausgesucht) gesellt sich eine andere Stelle,
die mir aus einem Mifsverständnis des keltischen Übersetzers allein
erklärt werden zu können scheint. Nach dem Ungewitter an der
Quelle kommen die Vögel des Himmels und setzen sich so dicht auf
den Baum, *que n'i paroit branche ne fuelle* (462), während es in 𝔐
jedesmal heifst: *When I looked on the tree, there was not a single
leaf upon it* (S. 49), ebenso S. 53 und 66.

Und nun die Namen! Zwar auf Rhangyw S. 67, das nach
Lady Guest aus *yr Angyw = Anjou* verschrieben sein soll, lege ich

kein Gewicht. Der Name kann in $\mathfrak{M}$ (die Handschrift ist ja sehr jung) leicht von einem späteren Kopisten eingeschmuggelt worden sein. Aber ist denn *Lunete*, in $\mathfrak{M}$ Luned keltisch? Und warum heißt Y's Calogrenant in $\mathfrak{M}$ Kynon? Doch nur, weil in der späteren keltischen Tradition jener Name, den Christian irgendwo aufgelesen oder selbst geschmiedet hat, vollständig unbekannt war, während Christian keinen Grund hatte, den Namen der Vorlage, wenn er eine gehabt hätte, zu ändern.*

Dazu halte man noch, daß Christian im Cligés, im Lancelot und im Perceval jedesmal ausdrücklich jenes Buch erwähnt, das er überarbeitet oder, wie im Lancelot, genau Punkt für Punkt** wiedergibt. Hier keine Spur davon: ein einziges Mal (6816) spricht er allgemein von *onques plus conter n'an* (vom Löwenritter) *oï*. Soll das ein bloßer Zufall sein? Auch im Erec (13) sagt er bloß allgemein *trait d'un conte d'aventure une mout bele conjointure*, also die gewöhnliche Formel der frei erfindenden Dichter, die ihrem Lesepublikum, um bei ihm Gehör zu finden, den Stoff stets als einen historischen darstellen mußten, was ja die gleichzeitigen Chansons de geste-Schmiede ebenso thun, die sich z. B. auf Chroniken einzelner Klöster berufen.

Um jedoch meiner Ansicht über das gegenseitige Verhältnis von Y und $\mathfrak{M}$ noch mehr Nachdruck zu geben, will ich noch kurz das Verhältnis der anderen Mabinogion, die das „rote Buch" enthält, berühren. Dieselben zerfallen in zwei durchaus verschiedene Kategorien: 1. die rein keltischen, die sich als solche auf den ersten Blick absolut sicher erkennen lassen, und die mit der ganzen Arturdichtung in gar keiner Beziehung stehen. 2. die auf französischem Ritter- und Lehenswesen aufgebauten Stoffe. Zu diesen gehört die Dame von der Quelle, die wir bis jetzt behandelt haben, Geraint (der Erec Christians) und ·Peredur (Christians Perceval).

---

* Dasselbe gilt von Erec = Geraint, während das französische P e r c e - val nach dem Anlaut vom keltischen Übersetzer mit P e r e d u r wiedergegeben wird.

** Daraus erklärt sich einzig und allein die ganz verschiedene Anlage und der verschiedene Gang der ganzen Erzählung im Lancelot, während Erec und Yvain durchaus gleichartig sind und selbst Perceval noch dieselbe Manier erkennen läßt. Sollte nicht dies der Grund sein, warum Christian, dem durch den ihm gegebenen Auftrag die Hände gebunden waren, endlich voller Mißbehagen über den ihm nicht zusagenden Gang und die ganz fehlende Lösung das Werk hat unvollendet liegen lassen?

Davon ist Geraint, der sogar das Grundmotiv des „Verliegens" wörtlich herübergenommen hat, ganz sicher eine Übersetzung des französischen Werkes, das noch viel treuer als der Yvain wiedergegeben
wird und wobei sichere Anzeichen einer französischen Quelle
vorliegen, während Peredur neben viel Christianischem auch eigen-
tümliches (vgl. noch Tyolet für den Eingang) bietet, und neben
Sir Perceval of Galles eine besondere Stellung einnimmt. Über
diese werde ich seiner Zeit zu berichten haben. Da aber alle drei
ausnahmslos das französische Ritterwesen in seiner raffinirten Gestalt und den Frauendienst (beides den Kelten ursprünglich ganz
fremde Dinge) zu ihrer Voraussetzung haben, mithin sicher dem
12. Jahrhundert angehören, so scheint es mir obendrein noch me-
thodischer zu sein, die Urheberschaft derselben lieber einem be-
rühmten und hoch hervorragenden Franzosen, als einem Anglonormannen oder gar einem unbekannten, die Dinge aus zweiter Hand
entlehnenden oder in plumper Nachahmung behandelnden Kelten
zuzuschreiben, um somehr als die ganzen Erzählungen entweder
gar kein keltisches Gepräge haben oder blofs keltische Einzelheiten,
die zu der Vorlage der Erzählungen in keiner Verbindung stehen,
rein äufserlich verwenden.

Damit stimmt denn, dafs keiner dieser Romane irgend einen
Helden, sei es Artus oder einen seiner Ritter, jemals E. geschicht-
liches, das ihn mit seinem Lande und seinen Nachbaren
in Verbindung brächte, wie es die alten Volksepen alle
thun, ausführen läfst. Artus nämlich thut überhaupt nichts —
er hat genau die Rolle, die Karl der Grofse in den spätern Chansons de Geste hat. Seine Ritter aber betreiben nichts als den
Abenteuersport, eine rein französische Emanation des französischen
Rittertums. Kurz gesagt: die Artusromane sind der Anlage nach
blofser Abklatsch der jüngeren Chansons de Geste, aber inhaltlich
ein neuer Stoff.

Ich weifs, dafs diese meine Meinung gegen die von manchen
Fachgelehrten vorgetragene Lehre: die Dichter jener Zeit erfinden
nichts, ahmen nur nach, verstöfst. Für die mittelhochdeutschen
Dichter mag es stimmen — darüber mafs ich mir kein Urteil an —,
für die französische Litteratur des XII. Jahrhunderts ist sie sicher
falsch. Wir haben sichere Fälle, wo die Dichter nicht nur kleine
Sagenstoffe als Kern einer grofsen, geschickten, inhaltreichen, von
ihnen ganz erfundenen Komposition verwendet, sondern ganze Aben-

teuerromane (und nicht etwa schlechte) absolut aus nichts verfaſst haben.

Dies führt mich denn darauf, ganz allgemein noch die Frage zu berühren, wie die französischen Artusromane überhaupt entstanden sein können. Wenn wie die bis vor Kurzem allgemein, und vielleicht jetzt noch von den meisten geteilte Ansicht, daſs die Franzosen die Artusromane mit Haut und Haaren von den Kelten übernommen haben, bei Seite schieben, so treffen wir eine einzige ernst zu nehmende Ansicht, und diese rührt von dem besten, und vielleicht einzigen Kenner der sehr ausgedehnten, vielfach noch unedirten Litteratur. Gaston Paris nämlich (Hist. litt. XXX 3 fg., vgl. Rom. X) läſst keltische Erzählungen kleinern Inhalts (wie die uns erhaltenen *lais*) zu den Angelsachsen kommen, von diesen zu den Anglonormannen und läſst hier durch Zusammenstellung der einen und denselben Helden behandelnden Stücke (S. 9; man sieht hier nicht ohne Verwunderung die für das Volksepos glücklich abgethane Theorie Gautiers von dem Aneinanderreihen der *cantilènes* wie bei einem Rosenkranz wieder aufleben), eine Art poetische Biographie (also wohl die S. 14 behandelten *romans biographiques*) daraus entstehen. Diese anglonormannischen Romane (merkwürdig: ein so ungeheuer, nichtsnutziger Wust von allem möglichen anglonormannischen Plunder ist auf uns gekommen und von dieser hypothetischen, einen bedeutenden Kunstwert voraussetzenden Zwischenstufe ist kein Rest, nicht einmal eine Anspielung übrig geblieben!)* sind um die Mitte des XII. Jahrhunderts nach Frankreich gekommen und hier entstand durch Umarbeitung derselben die reiche Litteratur der Artusromane.

Ich fasse — und die wichtigsten Gründe sind im vorausgehenden kurz erwähnt — die Sache ein klein wenig anders auf, indem ich alles hypothetische bei Seite lasse und rein mit dem thatsächlichen mich begnüge. Richtig ist durchaus G. Paris' Behandlung der Entstehung der erzählenden *lais*: diese sind wirklich anfangs keltischen Inhalts und mögen in England vielleicht früher von den Franzosen, als auf dem Kontinent bearbeitet worden sein. In dieser Gestalt kamen sie nach Frankreich, mögen aber auch

---

* Während also diese Dichtung ganz rätselhafter Weise vom Erdboden ohne Hinterlassung irgend einer Spur verschwunden sein müſste, hat sie sich auch auf den anderen erhaltenen Gebieten nie zu einem auch nur halb an die französischen Dichter heranreichenden Maſse emporschwingen können.

schon früher durch die Spielleute bekannt geworden sein. Keines
dieser lais hat aber mit Artus und seinen Rittern* Etwas
zu thun! Dieselben können also nicht den Anstofs zur Schöpfung
der Artusromane gegeben haben! Artus ist überhaupt allen alten
Texten fremd. Im sog. Nennius, den man ins IX. Jahrhundert
zurückversetzen will, finden wir überhaupt die erste Erwähnung
des Artus (§ 56). Er hat hier keine andere Stellung als Dutzende
von anderen Leuten. Berühmt und bekannt wurde Artus einzig
und allein durch Gottfried von Monmouth (mag nun dieser keltische
Sagen oder Lais benutzt haben, was ich nur in ganz beschränktem
Mafse zugeben kann: dieser Stoff ist bei ihm sofort zu erkennen,
ist nur episodisch verarbeitet und spielt in der ganzen Anlage und
dem Hauptinhalt seines Buches gar keine Rolle: die Hauptsache
ist von ihm erfunden und die paar keltischen Details sollen nur
nach aufsen hin als Wimpel den Schmuggel der unechten Waare
decken), und wir haben Beweise dafür, dafs selbst in England
lebende Historiker, die im Lande herumreisten und gerade damals
historisches Material sammelten, erst durch dieses Buch überhaupt
den Namen des Artus zum ersten Male gehört haben. Bei dem
durchschlagenden Erfolg, den Gottfrieds knapp vor 1140 erschiene-
ner Prosaroman überall errang, ist es klar, dafs die Spielleute und
Lai-Dichter nun ihre alten, allen zum Überdrufs gewordenen Stoffe
mit Artus äufserlich in Verbindung brachten. Mehr konnten sie nicht
thun, da Gottfried aufser der allgemeinen Glorie und Herrlichkeit
von Artus und seinem Hof nichts zu erzählen weifs.

Unmittelbar darauf (Mitte des XII. Jahrhunderts) sehen wir in
Frankreich die Artusromane auftauchen. Sollen wir zwischen jenen
Spielleuten und den französischen Verfassern der Artusromane ein
Mittelglied ansetzen? Ich kann hierzu nicht den geringsten Anlafs
finden. Vielmehr kam ein genialer Kopf in Frankreich (es kann
dies Christian gewesen sein) auf den glücklichen Einfall, die französische Volksepen, die die gebildeten und höheren Kreise satt
bis zum Überdrufs hatten, zu ersetzen durch eine ganz analog ge-
baute Komposition, die den eben neu aufgekommenen Artus an die
Stelle des alten kindisch gewordenen Karl und die Abenteuersuche,
das Rittertum, die Minne (d. h. die socialen, militärischen und kul-

---

* In jüngeren Bearbeitungen alter Stoffe, z. B. Melion, kann die Erzählung später auch an Artus äufserlich angeknüpft werden.

turgeschichtlichen Faktoren seiner eigenen Zeit) an die Stelle der langweilig gewordenen Kämpfe gegen Heiden und Sarazenen setzte. Hatten doch die späteren Volksepen bereits die Abenteuersucht und manche übernatürliche Wesen in ihr altes Gewebe hineinverwoben, andere wieder orientalische und andere fremde Stoffe bereits chansondegesteartig bearbeitet. Um auch äufserlich die Neuerung handgreiflich zu machen, liefs man das alte, steife Metrum fahren und griff zu dem leichteren, der eleganteren Zeit entsprechenderen, in den fablels, lais, contes u. s. f. bereits angewandten Achtsilbner. — Seinem geistigen Inhalt nach mufs der Artusroman eine französische Schöpfung sein. Es ist französischer Geist in fremdem Kostüm, genau wie die klassische Tragödie des XVII. Jahrhunderts.

Man vergesse nicht, dafs derselbe Christian einen Tristan, und dann wohl vor dem Erec, gedichtet hat. Der im Eingang des Erec gegen die Spielleute befindliche Ausfall ist genau den Chansons de geste nachgemacht. Waces Anspielungen (9994. 10032) treffen eben die bereits die französischen Romane vortragenden Spielleute. Schreibt er doch nach der Schöpfung dieses Romans.

Die Einrichtung dieses Bandes ist dieselbe, die im Cligés eincingeführt worden. Auch diesmal habe ich den Text uniformirt, wiewohl keines meiner im Cligés S. XLVII fg. geäufserten Bedenken seitdem beschwichtigt worden. Ich glaubte dies um so eher thun zu können, als die Handschrift H, deren Orthographie hätte angenommen und vielleicht geregelt werden müssen, bereits dreimal gedruckt worden und daher jedem eine Vergleichung unserer idealen Orthographie mit der faktischen von H offen steht.

Nur in einem Punkte glaube ich, was die Schreibung betrifft, eine Besserung eingeführt zu haben, die ich seit dem Erscheinen des Cligés, durch Suchier aufmerksam gemacht, aus der Schreibung der Handschriften, besonders H, und den Reimen gewonnen zu haben glaube. Es betrifft dies die Entwickelung des Lautes ai. Cligés S. LVIII f. wurde ausgeführt: -$ái$ bleibt (Meigret hörte noch -$\wp i$); 2. -ai+Kons. = $\wp i$, wobei das i-Element im Verschwinden begriffen, 3. ai+Kons.+Kons. = $\wp$. Der zweite Fall ist nun insofern modifizirt und demgemäfs die Schreibung geändert worden, als in Übereinstimmung mit der stark überwiegenden Zahl der Fälle in H, und den Reimen nunmehr geschieden wird zwischen offener und

geschlossener Silbe. In letzterer mufste ja naturgemäfs die Unter-
drückung des ohnedies schwachen *i*-Elements viel rascher vor sich
gehen und war daher früher = *ę*, z. B. *fet, het, ver, tret* gegen *fei-te,
hei-te, vei-re, trei-te*. Zweifelhaft bleibt nur noch *ai*+*n*, wo *ai* kaum
intakt geblieben sein kann. Da hier die Reime gar nichts entscheiden können (*a*+*n* reimt ohne Unterschied mit *ī*+*n*), so richtete
ich mich wieder nach H und den Urkunden, wo *ain* stark über-
wiegt, daher ich die Schreibung nicht antastete. Noch im 16. Jahrhundert ist es diphthongisch gesprochen worden. Weitere Ver-
suche, die Orthographie phonetisch zu machen (so wollte ich im
Inlaut *s* und *ʃ* scheiden, indem ich -*ss*- und -*s*- schreiben wollte),
hätten meine Schreibung immer mehr von der in der damaligen Zeit
üblichen entfernt und ich habe sie aufgegeben. Mit *aqua* bin ich noch
immer nicht im Reinen: ich hatte anfangs *iaue* gesetzt, doch nahm
ich *eve* aus H an. Beide Formen sind sicher champagnisch; aber
was hat Christian gebraucht? Da das Wort nie im Reim steht,
läfst sich die Frage nicht entscheiden. *Escǫte* hat wohl neben urspr.
escǫute existirt; es mufs ja vortonig, wo der Diphthong sich nicht
lange halten konnte, früh bereits zu *escoter* geworden sein und mufs
dann die betonten Formen beeinflufst haben. Ich schreibe noch
immer *de bon' eire*, d. h. fasse *eire* als Fem. auf trotz Diez E. W. I
und der wiederholten Mahnungen der Romania. Sichere Masculin-
formen gibt nur das Provenzalische; daneben kann im Französischen das Wort doch Feminin gewesen sein oder doch zwie-
geschlechtig. Vgl. zu der einen von Godefroy beigebrachten
sicheren Femininstelle noch Barb. III, 359, 49 *honiz soit il et toute
s'aire*. Dem entgegen kenne ich keine einzige gesicherte Masculin-
stelle.

Eine letzte Bemerkung. Ich hatte Cligés S. LXXII § 25 nach
den Reimen die Regel aufgestellt, dafs nach *á* ein -*m* von -*n* geschieden worden, also *pain*, aber *faim*. Suchier teilt mir nun mit,
einer seiner Zuhörer (Träger) hätte folgende Reime gefunden:
Yvain (Holl.) 2877 (neu 2883) *pain : levaim*, Perc. 3585 *sain : faim*
und Wilh. von England S. 57 *main : faim*, S. 111 *plain : daim*. Die
erste Stelle ist, wie die V. L. zeigt, in H verdorben worden, bei
Perc. stimmen, wie mir G. Baist mitteilt, alle Handschriften überein,
mithin der Reim sicher, ebenso die beiden letzten Stellen. Stünden
diese allein da, so könnte man durch Abweis der Christianschen
Autorschaft sich helfen; aber die sichere Stelle des Perc. rät an-

Sachies ſi noire nuit eſtoit
Q' a paines ſes pies veoit
2785 Tonnoit & eſparſt 9 tēpeſte . . . .

———————

2799 Qᵃnt li orages fu acoiſi
Criſtal oi .ı. ml't halt cˡ
p deuant lui en la foreſt
& li ch'r ſans areſt
Si ſadrecha lues v's le cri ¹)
⌊ Cele pt ou il lot oi
Et q̄nt il puint cele pt
Si a troue en .ı. eſſart
Un ch'r a mort naure . . . .

———————

2959 Cosin germaï andui eſtoient (Alimagot et ſon compagnon)
A criſtal chier eſcot g̓toient
Des maches li donēt gᵃns cols ²)
& cil q̇ niert vilains ne ſols
Souēt les rechoit ſor leſcu
Mais tot li ont ſrait & ſendu
Si q̄ poi daie li ſait
Eſcus ne elmes q̄ il ait
Quar qᵃnt en ſon eſcu lataignēt
Treſtot li enbugnēt & fraignēt
& li eſcus pechoie & ſont
9me glace tels trols i ſont
Q' ſes puins i p̓ot on bot'
Ml't ſont andoi a redot'
& il q̄ ſait! des .ıı. malſes
Dire & de honte eſcauſes
Se deffent de tote ſa force
Ml't ſeſu'tue & ml't ſeſforce
De doner gᵃns colps & peſans
Ne ſaillent mie a ſes p'ſans
Car il lor rent & mōte & doble
Or a ſon cuer dolant & troble
Caſcuns des .ıı. q̄ ſi les ſiert
& tant h'diem̄t reg̓ert
Car lui ne ſaut force nalaine
2987 & daus greu' ſorm̄t ſe paine.

———————

2991 Il hauce le bras erraum̄t
De leſpee li ſait p'ſent ●
• Q' la teſte del bu li ret ³)
Si ſoauet q̄ mot nen ſet
Alimagot fu eſbahis . . . .

———————

Cſ. Chev. au lyon ¹) v. 3345.   ²) v. 5578.   ³) v. 5657.

c

3019 Je v9 rench tot cors & auoir
     A faire tot voftre voloir
     Si 9 v9 plaift & bon v9 ert[1])
     & q' m'ci ce & reqert
     Ni doit falir qᵃnt il le rueue
     Se home fans pitie ne trueue
     Ne ie ne mi deffent or pl9
     Ne jamais ne leuerai fus
     De ci por q̄ m'ci nen aie
     Tot me met en vofte manaie
     Di dont fait il q̄ tu otroies
     Q' vencus & recreans foies
     Sire fait il il le pert bien
     Vēcus fui maleoit gre mien
     & recreans ie u9 otroi
     Dont nas tu ore garde de moi
     Fait criftal por voir le te di
     Sire fait il voftre m'chi
     La dame*) & fi enfant venoiēt
     A criftal & fi lacoloient
     Si li dient or feres v9
     Damoifeax & fire de nos
3041 & li ch'r refpondi . . . .

3301 Li ch'r a gᵃnt deduit
     Mlt' fu bn̄ ferui cele nuit
     De la dame & de fon fegnor
     Sachies ml't li font gᵃnt onor
     9 on doit faire a fon bon ofte[2])
     & totes fes armes li ofte
     & ce ne meft (l. nen est) mie del mains
     Q' ele meifme de fes mains
     Li leue col & vis & face
     Tote honor velt q̄ li face
     Ses fire fi 9 ele fait
     Cemife ridee li trait
     Fors dun coffre & braies blāces
     & fil & aguille a fes, mances
     P9 li a vn forcot baillie
     Dun chier famit dalixandrie
     De vne bone pene fine
     Eftoit forre de blanc ermine
     & ap's aporte vn mantel
     Vair defcarlate bon & bel

Cf. Chev. au lyon [1]) v. 5680.   [2]) v. 5413.
*) Die Cristal gerettet hatte.

Al col del ch'r le miſt
De li feruir ml't fentremiſt [1]
Q'l en a hōte & mlt' li poife
Mais la dame eſtot tāt cortoife
& tāt fachant & de bon aire
Q' ele en q́de afes poi faire
Car bñ fet qᵃ fon fegnor plaiſt
Por ce a faire ne li laiſt
Paine foi por luj aaiſier
La nuit fu feruis al māgier
De tant bons mes q̄ tᵒp i ot
& li porters anuier pot
As ferians q́ des mes feruirēt
La nuit mlt' gᵃnt onor li firent
& mlt' a aife le colcierent
Onq̄s p⁹ a lui naprocierent
Q' il lont en fon lit colchie
La cambre li ont tot wdie
& fi lont a deu ꝯmande
Al main qñt dex ot alume [2]
p le mōde fon luminaire
Si maī ꝯ il le pot pl⁹ faire
Q' tot fait fon ꝯmandem̄t
Se leua mlt' ifnelem̄t
Criſtal & p⁹ a pris ꝯgie
A fon hoſte & mlt li m'cie
3347 De lᴄnor q' on li a fait . . . .

—————

3359 Meſſe li canta li h'mite
En lonor de faint eſpite [3]

—————

3479 Il defcent ius del bō deſtrier
Lors fentrefierent & mahaignēt [4]
Les efpees rien ni gaaignēt
Ne li helme ne li efcu
Q' eſtroe ſt' & porfendu
& des efpees li trenchant
Efgrunēt & vont enpirāt
Q'l fentredonēt mlt' gᵃns flas
Del trēcant nō mie des plas
& des poins fe donēt gᵃns colps
Sor les efc⁹ q̄l ont as ᴄols
& for les frons & for les joes
Q' totes ſt' perfes et bloes
La ov li fans qᵃffe de fous

Cf. Chev. au lyon [1] v. 5430.   [2] v. 5448.   [3] v. 5456.   [4] v. 6117.

& les haub's ont t9 derous
& lor efc9 tos depecies
Ni a celui ne foit blecies
& tāt fe painēt & tᵃuaillent
Q' a poi alaines ne lor faillent
Si fe 9batent vne caude
Q' iagonce ne efmeraude
Not for lor elmes atachie
Ne foit mal mife & enpirie
Car des puins fi gᵃns colps fe donēt
Sor lor elmes q̄ tot feftonent
& a poi q́l ne fefcheruelent
Li oeil des chies lor eftincelent
Q'l ont les puins & durs & fors
& les ners lons & gros les os
Si fe donent males groīgnies
A chou q́l tienēt enpoīgnies
Lor efpees q́ gᵃnt aie
Lor font qūt il fierent ahie
Qᵃnt gᵃnt piece fe ft' laffe
Tāt q̄ li helme ft' qᵃffe
& li haub'c tot defmaillie
Tant ont des efpees maillie
& por voir facies fans dotāce
Q'n tor ax eft la t're blance
Des mailles q̄ il ont tᵉnchie
O lor brans as colps defcremie
& li efcu fendu & frait
.I. petit ft' ariere trait
Si laifent repofer lor vaines
& fi repn̄dent lor alaines
Mais ni font mie gᵃnt demore
Ains cort li vns a lautre fore
Pl9 fierem̄t cainc mais ne firent
Maīte gᵃnt retraite ferirent
& trauerfaines & entor cief
Cafcun fait a autre t9 grief
Car mlt' eftoient corageus
Ne fe 9batent mie a geus
p ma foi dift brias li rous
Ch'r mlt' p eftes prous
& de cheualerie plains
Neftes fi eftordi ne vains [1]
Q' io altant ov pl9 ne foie
& fe ie v9 reconiffoie

---

[1] Cf. Chev. au lyon v. 6254.

Efpoir ne v9 greueroit riē
Se ie v9 ai prefte del miē
Biē mē aues rendu le 9te
& del catel & de la mōte
Car fages efties del rēdre
Pl9 q̄ ie neftoie del p'ndre
Onq̇s ne trouai cheualier
3546 Q' v's moi fe pot jufticier . . . .

3563 Criftal li dift bea9 fire chiers
Sachies ie fui .ı. ch'rs
Mais 9m̄t q̄ la cose praigne ¹)
Q̄n̄t v9 plaift q̄ ie v9 apraigne
p q̄l non ie fui apeles
Ja mes nons ne v9 ert celes
Criftal fui p nō apeles
Mes pe arimodas nomes . . . .

3603 & brias q̇ lamor defire
Li dift fire facies de fi
Del tot me met en vo m'ci
Qoutreem̄t vēcu motroi²)
Tot vo plaifir faites de moi
Lors refpondi criftal li prous
Certes molt feroie ore eftous
Se je pl9 v's v9 mefferoie
& je lamende nen p'ndoie
Or v9 dirai q'lle le voeil . . . .

3630 De nule'rien ne voel noiēt
Ains ert vofte je le v9 lais³)
Por auoir vofte amor & pais
& fil v9 plaift ves moi p'fent
De fiance & de facrem̄t
Receues fire mes .ıı. mains
Je me rent 9q's & atains
Car fe ie tot le monde auoie
Sachies q̄ auant le donroie
Ne je nē di rien por lofenge⁴)
Q'l na el mōde fi eftrange
Q̇ ie autretant ne deiffe
Ancois q̄ pl9 de colps ❦ffriffe
Criftal a fa fiance p'fe
3643 La pais ont fait en itel guife . . . .

Cf. Chev. au lyon ¹) v. 6263. ²) v. 6291. ³) v. 6297. ⁴) v. 6305.

3700 Qñt ore fu ſi ſe leuerent
Criſtal mäinēt en vne cābre
Q' tote eſtoit pauee a ambre
La colcha q̄ mlt' eſtoit clere¹)
& la damoiſele & ſa mere
Furent anſdels a ſon colchier
Porce q̄ il tant lot proiſier
& .c. tans pl9 chier ſi leuſent
Se la cortoiſie ſeuſſent
& la gᵃnt proeche de luj
Qñt lont colcie vōt ſent anduj
Si lont lujs apˢs ax ferme
& ſi lont a deu 9mande
Duſqᵃl matin ala jornee
Q' la cambre ſu deſſermee
Lors ſe leua ſans atargier
Sala oir le deu meſtier
& q̄nt il ot la meſſe oie
Criſtal pˡſt a brias 9gie
& a la dame & as puceles
As ſerians & as damoiſeles
En oiant t9 jl lor a dit.
Sire je nai pl9 de reſpit
Ains men irai ſi ne v9 poiſt
Q' pl9 demorer ne mi loiſt
Mes aſaires q̄ iai empˡs
& je p v'ite vos dis
Se ce ne ſuſt chi demoraſſe
Vne ſemaine ains q̄ ialaſſe
Tant bon oſtel troue i ai
3730 Q' jamais ne loblierai. . . . .

────────

4267 Lors voit en vne gᵃnt valee
p deuant lui vn caſtel
Onq̄s ſi bñ fait ne ſi bel
Si rice ne ſi bien aſſis
Not mais veu a ſon auis
Tᵒp i auoit rice doïgion
Q' clos eſtoit tot enuiron²)
De mur eſpes & ſort & haut
Li caſteax ne doutoit aſſaut
De mangonel ne de perriere
Q'l eſtoit fors de gᵃnt maniere
4279 Entor coroit .ɪ. bras de mer. . . .

────────

Cſ. Chev. au lyon ¹) v. 4017.   ²) v. 3774.

6960 Criftal ne le volt refufer
      9tre lui poit p tel v'tu[1])
      & fel fiert fi en fon efcu
      Q'l mift en .ı. mōt ce me fâble
      Ceva & ch'r enfanble
      Q' onq's p9 ne releua
      El ventre li cuers li creua
      & fu p mi lefchine frais
      .I. petit feft ariere tᵃis
      Meffire Criftal & fi dit
      Ch'r alfi dex mait
      Ce poife moi q'ftes blechie
      Mais chou a fait voftre folie. . . .

      ───────

7112 Amors me fait viure a 9traire
      Cop damor a pl9 gñt duree[2])
      Q' cop de lance ne defpee
      Cop defpee garift & faine
      Mlt' toft fe li mire i met paine
      & la plaie damors enpire
      Des q'le eft pl9 p's de fon mire. . . .

Cf. Chev. au lyon [1]) v. 3155. [2]) v. 1369.

───────

Anhang B.

Fauchet's Handschrift (S. X, 12).

In seinem Recueil de l'origine de la langue et poesie françoise, ryme et romans, Paris 1610 (die erste Ausgabe 1581 steht mir nicht zu Gebote) behandelt F a u c h e t im zehnten Kapitel unsern Christian. Nachdem er die be-kannten Stellen aus Hugo von Méry (= Tarbé S. 1, 19—23 und 104, 25—105, 2) angeführt, fährt er also fort: Il y a deux ans qu'allant en vne Imprimerie, ie trouuay que les Imprimeurs fe feruoient à remplir leur timpan d'vne fueille de parchemin bien efcrite: où ayant leu quelques vers affez bons, ie demanday le refte; & lors on me monftra enuiron huit fueilles de parchemin, toutes de diuers cahiers, mais de pareille ryme & fuiect: qui me faifoit croire que c'eftoit d'vn mefme liure. Darauf folgen (meist in modernisirter Schreibweise) Citate aus dem alten Perceval und hierauf folgende Stellen aus dem Yvain:

V. 13—32. Li autre parloyent d'Amors,
Des angoiffes et des dolors,
Et des grans buens que ont fouuent,
Les defciple de fon conuent,
Qui lors eftoit riches et buens,
Mes or y a petit des fuens,
Car bien pres lont tretuit laißié,
Sen eft Amor molt abeßié:
Car cil qui foloient amer,
Se faifoient cortois clamer,
Et prou et large et henorables,
Or eft amors torné en fables,
Porce que cil qui rien n'en fentent
Dient qu'il aiment, et fi mentent:
Et cil fable et menfonge en font
Qui fen vantent et rien n'i ont.
Mais por parler de celz qui furent,
Laiffons celz qui en vie durent,
Qu'encor valt miex, fe m'eft auis,
Vn cortois morts qu'vn vilain vis.

98. 99.   Il ni a cortoifie ne fen
           En plait doifeufe maintenir.

116—118.   Tofiours doit li fumiers puir,
           Et tahons poindre et maloz bruire
           Enuious enuier et nuire.

149—152.   Puis que vos plait or m'efcoutez,
           Cuer et oreilles me preftez:
           Car parolle ouie eft perdue,
           S'elle n'eft de cuer entendue.

157—170.   Qu'as oreilles vient la parolle
           Ainfi com li vens qui vole,
           Mes ni arefte ne demore
           Ains fen part en molt petit d'ore,
           Se li cuers neft fi eueillez
           Qual prendre foit apareillez,
           Et quil la puiffe en fon venir
           Prendre et enclorre et retenir.
           Les oreilles font voie et dois
           Par ou vient iufqu'au cuer la vois:
           Et li cuers prent dedans le ventre
           La voix qui par l'oreille y entre:
           Et qui or me voudra entendre
           Cuer et oreilles me doit tendre.

2135. 2136.   Car molt eft fox qui fe demore
           De fon preu frere (*l.* fere) vne fole hore.

2143—2147.   Et les prieres riens ni grieuent,
           Ains li efmoeuent et foflieuent
           Le cuer a fere fon talent.
           Li cheuaux qui pas ne valent (*l.* va lent),
           S'efforce quant lon l'efperonne.

3129. 3130.   Car ce feroit trop vilain ieux,
           De vn dommage fere deux.

3173—3180.   Car tiex a pauure cuer et lache,
           Quant voit vn preudhom qui entache
           Defor foi tote vne befongne,
           Que maintenant honte et vergongne
           Li cort fus et fi iette fors,
           Le pauure cuer qu'il a el cors:

Et ſi li donne plainement
Cuer de preudhomme et hardement.

3266—3270. Et cil qui chaſſent les deſtranchent,
Et lors cheuaux lor eboëllent,
Les vifz deſor les morts roëllent,
Qui ſ'entrafollent et occident (*sic*),
Laidement ſ'entrecontralient.

3357. 3358. Qu'a venimeux et a ſelon
Ne doit on faire ſe mal non.

Berichtigungen.

Anm. zu 2204 ſ. Wegen *hira* vgl. Rom. XII, 480.
   „   „ 2504   l. n e u frz. *enger.*

ARTUS, li buens rois de Bretaingne,
  La cui proefce nos anfaingne
Que nos foiiens preu et cortois,
Tint cort fi riche come rois
5   A cele fefte qui tant cofte,
Qu'an doit clamer la pantecofte.
La corz fu a Carduel an Gales.
Aprés mangier parmi les fales
Li chevalier f'atropelerent
10 La ou dames les apelerent
Et dameifeles et puceles.
Li un racontoient noveles,
Li autre parloient d'amors,
Des angoiffes et des dolors
15 Et des granz biens qu'an ont fovant,
Li deciple de fon covant
Qui lors eftoit riches et buens;
Mes or i a mout po des fuens,
Que a bien pres l'ont tuit leiffiee,
20 S'an eft amors mout abeiffiee;
Car cil qui foloient amer
Se feifoient cortois clamer

1. Li b. r. A. *PF.* **5.** A une *FG.* **6.** doit nommer *PS,* doit cofter *F,* dit contre *G,* apele *V.* | li *F.* **7.** Li rois *PH.* | cardoeil *V,* cardueil *GS,* cardoel *F,* cardoeil *P,* cardoil *A.* **8.** ces *HFGAS.* **9.** Cil *H.* **10.** V les d. *A.* **11.** Ou . . ou *PHFGA.* **12.** recontoient *PH.* **15.** de *F,* les *G.* | max *F.* | que ont *A,* quil ont *S,* quorent *H.* **16.** de lor *VA.* **17.** l.] *fehlt S* (—1), m'lt *A.* | eftoient *P.* | m'lt dolz et b. *H,* riche et gens *P.* **18.** or] il *P.* | m. po] il poi *A,* petit *P.* **19.** (*fehlt G.*) Que a *VP* (ja *fehlt*), Car *GAS.* | bien pres] pres *A* (treftuit), et apres *F* (+ 1). **20.** eft] ont *V.* | la cours *S.* **21.** Que *G.*

Et preu et large et enorable;
Or eſt amors tornee a ſable

25 Por ce que cil qui rien n'an ſantent
Dïent qu'il aimment, mes il mantent,
Et cil ſable et mançonge an ſont
Qui ſ'an vantent et droit n'i ont.
Mes por parler de çaus qui furent,

30 Leiſſons çaus qui an vie durent!
Qu'ancor vaut miauz, ce m'eſt a vis,
Uns cortois morz qu'uns vilains vis.
Por ce me pleſt a raconter
Choſe qui face a eſcouter,

35 Del roi qui fu de tel teſmoing
Qu'an an parole pres et loing;
Si m'acort de tant as Bretons
Que toz jorz mes durra ſes nons,
Et par lui ſont ramanteü

40 Li buen chevalier eſleü
Qui an enor ſe traveillierent.
Mes cel jor mout ſ'eſmerveillierent
Del roi qui d'antr'aus ſe leva,
S'i ot de teus cui mout greva

45 Et qui mout grant parole· an firent
Por ce que onques mes nel virent
A ſi grant feſte an chanbre antrer

---

23. Et] Que *P*; Et p. et ſage *V*, Larges et preu *A*.   **24.** Or ont *V*;
P: Mais or eſt tout tourne..   **25.** Car tiex y a *P*. | rien] nient *S*, mal *A*. |
ne *G*.   **26.** et ſi mentent *PFS*.   **27.** Icil *S* (an *fehlt*). | et *fehlt P*.   **28.** ſe *A*. |
rien nen ont *F*.   **29.** or parlons *HA*. | cez *H*.   **30.** Si l. *H*. | cez *H*. |
qui ancor *H*.   **31.** Car ml't *H*.   **32.** mauues uis *G*.   **33.** plais *P*. | re-
conter *PHS*.   **34.** qui ſet *V*, *A* (ramenbrer).   **36.** On en parloit *A*. | et
pres *HGAS*.   **37. 38** *stellt um A*.   **37.** ditant *VG*. | barons *FGS*.   **38.** Qua
F, Quau mains *G*. | meis *fehlt VHG*. | uiuera *V*, uiura *G*. | lor nons *V*, li
reuons *H*; *P*: En tant qui nomment des boins les nons.   **39.** Que *A*, Car
F. | pour lui *S*, par aux *P*. | amenteu *HA*.   **41.** Et *A*. | a *HG*, por *V*. | amor
P, bonte *A*.   **42.** Et *S*. | a cel *V*, ce *G*. | mout *fehlt V*. | ſe meru. *HFG*.
43. De chil *P*. | qui eincois *H*.   **44.** Et teus i ot *S*. | mout] en *G*. | peſa
PFGAS.   **45.** p.] murmure *VF*. | tirent *A*.   **46.** qonques *V*. | nel] ne le
V, ne *P*; *FGSA*: Conques (Nonques *G*, Que *A*) mais auenir nel (ne *G*, ne
le *A*) uirent. · **47.** En *P*. | ſi g.] haute *P*, telle *S*. | ioie *F*.

Por dormir ne por repofer;
Mes cel jor einfi li avint
50 Que la reïne le detint,
Si demora tant delez li
Qu'il foblia et andormi.
A l'uis de la chanbre defors
Fu Dodinez et Sagremors
55 Et Keus et mes fire Gauvains
Et avuec aus mes fire Yvains,
Et fi i fu Calogrenanz,
Uns chevaliers mout avenanz,
Qui lor ot comancié un conte,
60 Non de fenor, mes de fa honte.
Que que il fon conte contoit
Et la reïne l'efcoutoit,
Si f'est de lez le roi levee
Et vint for aus fi a anblee,
65 Qu'ainz que nus la poïst veoir
Se fu leiffiee antr'aus cheoir,
Fors que Calogrenanz fanz /plus
Sailli an piez contre li fus.
Et Keus qui mout fu ranponeus,
70 ⊮Fel et poignanz et afiteus,
Li dift: „Par Deu, Calogrenant,

---

48. ne] et *FS.* 49. Et *S.* | ce ior *vor* li *G*, adonc *vor* li *A.* | li *fehlt*
F (— 1), len *A.* 50. retint *PGAS.* 51. Et fi remest *F*, Si foublia *A.* |
dales li *FA*, auoec lui *S.* 52. Que *V*; *A*: Tant demoura quil fendormi. 54. di-
donez *HA*, odinauls *V*, dydoines *S.* | fegremors *V*, faigremors *FS*, fagramors *A.*
55. 56 *stellen um FGS.* 55. Li rois *P.* 56. Auuec eus fu *A*, Et fi fu
pres *P*, Et fi i fu *HFGS.* 57. Et fu auec *P*, Et auoec ax *HFGS.* | qualogrenanz
H, galos grenans *A.* 58. ch. preus et uaillans *AS.* 59. lors *P.* | ot] ont *P*,
a *HFG.* 60. Nient *S.* | fon h. *A.* 61. Coi que *S*, Ainsi que *P* (*fehlt* il). |
que il le conte c. *F*, quil fa bonte c. *A* (— 1), calogrenanz c. *V.* 63. Si
fehlt VF. | de delez *VF*, deuant *S.* 64. uient *HG.* | entreuls *VA*, feule *P.* |
tot a *HG*, fi fest *P.* | celee *H.* 65. Ains *S*, Que ueinz *G* (+1), Q. ains
A (+1), Anchois *P* (puift). 66. Se leffa ele *V.* 67. Et dont *P.* | galos
grenans *A*, calogrenant *F.* 68. Encontre lui est faillis fus *A*, Cil leua encontre
li f. *F.* 69. Kes qui eftoit m. r. *A.* 70. et p.] enprenans *A*, et gaignarz *G*,
et crueus *S.* | aficeus *A*, despiteus *P*, uenimeus *H.* 71. dit *V.* | p. d.] fire *S.* |
qualogrenant *H*, galogr'. *A*, calogrenans *S.*

Mout vos voi or preu et faillant,
Et certes mout m'eft bel que vos
Eftes li plus cortois de nos;
75 Et bien fai que vos le cuidiez,
Tant eftes vos de fan vuidiez;
S'eft droiz que ma dame le cuit
Que vos aiiez plus que nos tuit
De corteifie et de proefce.
80 Ja le leiffames por perefce,
Efpoir, que nos ne nos levames,
Ou por ce que nos ne deignames.
Par ma foi, fire, non feïmes,
Mes por ce que nos ne veïmes
85 Ma dame, ainz fuftes vos levez."
„Certes, Keus, ja fuffiez crevez",
Fet la reïne, „au mien cuidier,
Se ne vos poïffiez vuidier
Del venin don vos eftes plains.
90 Enuieus eftes et vilains
De ranponer voz conpaignons."
„Dame, fe nos ne gaeignons",
Fet Keus, „an voftre conpaignie,
Gardez que nos n'i perdiens mie!
95 Je ne cuit avoir chofe dite
Qui me doie eftre a mal efcrite,
Et je vos pri, teifiez vos an!

72. M. eftes *A*, M. par eftes *S*. | or *fehlt VS*. | preu et uaillant *FG*, legier et faillant *V*, preus et uaillans *AS*. **73.** Et encor *P*. | quant *H; A:* Certes il meft ml't bel que u. **74.** nos] tous *F*. **76.** vos *fehlt S*. | fenz *V*, fens *PFGAS*. | uefdijes *S*. **77.** Ceft *V*. | lotrit *P*. **78.** auez *H*. **80.** Ja le] Ja *PFG*, Nel *V*, Nous *S*. | laiffames or *PS*, laiames nos *F*, leffames nos *G*, laiffiens nos *A*, pas *V*. | por] par *AS*. | proeche *P*. **82.** E efpoir *A*. **83.** Mes par foi *FGA*, M. p. deu *H*, Mais ciertes *S*, En nom dieu *P*. | nous *FP*, nou *AS*, nel *H*. **84.** ne] *fehlt S* (—1), nel *V*. **85.** ains que fuftes *P*, eincois f. *GS*. **86.** Keus ja] kez uos *V*, que ia *F*, aincois *G*, uous f. ia derues *S*. **87.** a mon *V*. **88.** uos ne *G*. **89.** Le u. *G*, Denuie *V*. **90.** Anieus *S*, Anoius *F*. **91.** De tancier a *H*. **92.** ne] ni *HA*. **94.** perdons *VPFGAS*. **95.** Que ie *V* | ch.] vor auoir *V*, clafe *A*. **96.** a] *fehlt P*. | defcrite *F*. **97.** Je uous prie or *P*, Et fil uos pleft *HFGA*, Et fi v. p. *S*. | teifons nos an *H*, talies uos ent *A*.

Il n'a corteiſſe ne ſan
ᴌAn plet d'oiſeuſe maintenir.
100 ᴌCiſt pléz ne doit avant venir,
Ne l'an nel doit plus haut monter.
Mes ſeites nos avant conter
Ce que il avoit comancié,
ᴌQue ci ne doit avoir tancié."

105 A ceſte parole ſ'apont
Calogrenanz et ſi reſpont:
„Sire", ſet il, „de la tançon
N'ai je mie grant cuſançon;
Petit m'an eſt et po la pris.

110 Se vos avez vers moi meſpris,
Je n'i avrai ja nul domage;
Qu'a plus vaillant et a plus ſage,
Mes ſire Keus, que je ne ſui,
Avez vos dit ſovant enui

115 Et bien an eſtes coſtumiers.
Toz jorz doit puïr li ſumiers
Et taons poindre et maloz bruire,
Enuieus enuiier et nuire.
Mes je n'an conterai hui mes,
120 Se ma dame m'an leiſſe an pes,
Et je li pri qu'ele ſ'an teiſe,

98. Il neſt *H,* Car neſt·*VA.* | ſens *VPA.*   **99.** An] De *VHA.* | plez *V.*
100. Cis plais doit bien a bien u. *S.*   **1.** Et on nel *S,* Que nus nel *H,* Non
ne le *F,* Ne ne *P.* | p. h.] plus auant *P,* auant *A,* an pris *H.*   **2.** nos a
aconter *V.*   **3.** Che quil *PHFGA.* | encomancie *HFG,* ains com. *P,* ia com. *A.*
4. Car *HAS,* Mais *F.* | ne d. a.] noie eſtre *A* (— 1).   **5.** ſeſpont *H,*
reſpont *V.*   **6.** Qualogrenanz *H,* Galogrenans *A.* | ſi] chi *P.* | deſpont *V.*
7. Dame ſet il *HF,* D. diſt il *S,* Certes ſire *V.*   **8.** Ni a mie *P,* Nai mie *G,*
Nauerai iou *S,* Ne ſui mie en *H.* | gr.] ia *S.* | encuſencon *G,* ſoſpecon *H,*
meſproiſon *P.*   **9.** et] a *P.* | po la] po le *P,* po men *S,* mł't po *H.*   **10.** Se kex
a enuers *H,* Que ſe k. a uers *F.*   **11.** Ja *AS.* | aura *V,* aures *A.* | mal ne *A,*
doel ne *S,* ia ior *V.*   **12.** A *PHGAS.* | mialz *PHFS.*   **13.** Mien eſcient *G.*
14. dit] ſait *FG.* | ſou. dit *P.* | ſovant] honte et *HGAS.*   **15.** Que *PG,*
Car *HA.* | ſen ieſtes bien *S.*   **16.** T. tans *F.*   **17.** toons *H.* | malaus *G.* |
braire *G,* muire *F,* ruire *A.*   **18.** Et felons *H,* Si doiuent *PGA,* Si deues *S,*
Si doit mł't *F.* | enuieus *P.* | et raire *G,* meſdire *P.*   **19. 20.** *ſtellt um G.*
19. M. ie ne *HFS,* Je ne le *G.*   **20.** men ſoeſre *V,* me laiſt *AS.*

Que ja chofe qui me defpleife
Ne me comant foe merci."
„Dame, treftuit cil qui font ci",
125 Fet Keus, „buen gre vos an favront,
Que volantiers l'efcouteront;
Ne n'an feites vos rien por moi!
Mes foi que vos devez le roi,
Le voftre feignor et le mien,
130 Comandez li, fi feroiz bien".
„Calogrenanz", fet la reïne,
„Ne vos chaille de l'ataïne
Mon feignor Keu, le fenefchal!
Coftumiers eft de dire mal
135 Si qu'an ne l'an puet chaftiier;
Comander vos vuel et priier
Que ja n'an aiiez au cuer ire,
Ne por lui ne leilliez a dire
Chofe qui nos pleife a oïr
140 Se de m'amor volez joïr,
Si comanciez tot de rechief!"
„Certes, dame, ce m'eft mout grief
Que vos me comandez a feire;
Ainz me leilfalle un des iauz treïre,
145 Se correcier ne vos dotalle,
Que hui mes nule rien contalle;
Mes je ferai ce qu'il vos fiet,
Comant que il onques me griet.
Des qu'il vos pleft, or antandez!

---

122. Que la *HPFGAS.* | qui] ml't *P.* | moi *F,*   25. sauroient *V.*
26. Et *HFAS; V:* Qui v. le conte orroient. 27—30. *fehlen S.* 27. Si *VA.* |
vos] or *P,* ia *HAS, nach* Ne *F.* 28. q. dev. a no roi *A.* 31. Qualogrenant
H, Calogrenant *VPF,* Galogrenant *A.* | dift *HS.*   32. laatine *VFAS,* la
haine *P.* 35. Que len *G.* | le *VS.* 38. por ce *VA.* 39. nos] *fehlt P*
(—1), me *A.* | faiche a o. *P,* uiegne a plaifir *S.* 41. Si] Mes *HS,* Ainz
en *V* (tot *fehlt*). 42. Par ma foi dame *F,* Dame fait il *A.* | ml't mest gr. *F.*
44. laiffe *A* (—1), leroie *GS.* | les oils *V,* .i. des dauz *HA.*   45. 46. *stellen
um PA.* 45. cuidaffe *VA,* ofaiffe *F.*   46. Que ie h. m. *H,* Quimais *F.* | h. m.]
vor cont. *VA.* | n. r.] rien lor *H,* nulle cose *F.*   47. dirai puis *V.* | qui *P.*
que *S.*   48. C. q. la chofe me g. *P,* Que que il onques me foit grief *V.*
49—72. *fehlen V.*   49. Puis qui *P.* | efcotez *HAS.*

150 Cuer et oroilles me randez!
Car parole oïe eſt perdue
S'ele n'eſt de cuer antandue.
De çaus i a que ce qu'il öent
N'antandent pas et ſi le loent;
155 Et cil n'an ont mes que l'oïe.
Des que li cuers n'i antant mie,
As oroilles vient la parole
Auſſi come li vanz qui vole;
Mes n'i areſte ne demore,
160 Ainz ſ'an part an mout petit d'ore
Se li cuers n'eſt ſi eſveilliez
Qu'au prandre ſoit apareilliez; ~~~
Que cil la puet an ſon venir
Prandre et anclorre et retenir.
165 Les oroilles ſont voie et doiz .
Par ou ſ'an vient au cuer la voiz;
Et li cuers prant dedanz le vantre
La voiz qui par l'oroille i antre.
Et qui or me voudra antandre
170 Cuer et oroilles me doit randre;
Car ne vuel pas parler de ſonge,
Ne de ſable ne de mançonge,   [172. Holl.
Don maint autre vos ont ſervi,
. Ainz vos dirai ce que je vi.

---

150. Cuers *H.* | i metes *A*, maportez *H*. **51.** Que *G.* | oïe eſt] ſi eſt *FGS*,
eſt tote *HA*. **53.** Or i a tix *P.* | tels *FG(P)*, cez *H.* | q̄ue che qui loent *P*,
qui la choſe o. *H*, de cels qui loent *F*. **54.** Nent. pas che que il oent *P*,
Quil nentandent et ſi la l. *H.* **55.** Icil *S.* | ne uelt *G*, ne quier *A.* | ſors
que *P*, el que *S*, ne mes *H.* **56.** Puis *PF.* **57.** Qas *FA*, Ques *G*, Ca
loreille *S.* **61.** eſtillies *P*, enſagniez *F.* **62.** Qua prandre *GP.* **63.** Car
HF. | ſil *H*, chil *PFGS*, il *A.* | le *PHGS*, len *A.* | puiſſe *A*, puiſt *S.* |
aſſouuenir *S*, ſouuenir *A*, an ſon oir *H.* **64.** P. en oreille *S.* | detenir *F.*
65. uoiz *HG*, huis *A.* | et d.] a vois *P.* **66.** Par coi *A.* | ſan *fehlt FGS*,
A (—1). | duſquau *FGS; P:* Ou par ent y entre la vois. **68.** i *fehlt G.*
69. Car *A.* | me uauroit *S.* **70.** orelle *A.* **71.** Jou ne v. p. *S*, Car ie
ne v. *A.* | parler] ſeruir *P.* **73. 74.** *fehlen HG.* **73.** m. homme *A.*
nos *A.* **74.** Ancois dirai *S*, Ains conterai *P.*

175   IL avint, paſſé a ſet anz,   [173.
        Que je ſeus come païſanz
      Aloie querant avantures,
      Armez de totes armeüres
      Si come chevaliers doit eſtre,
180   Et trovai un chemin a deſtre
      Parmi une foreſt eſpeſſe.
      Mout i ot voie feleneſſe,
      De ronces et d'eſpines plainne;
      A quel qu'enui, a quel que painne,
185   Ting cele voie et cel ſantier.
      A bien pres tot le jor antier
      M'an alai chevauchant iſſi
      Tant que de la foreſt iſſi,
      Et ce fu an Broceliande.
190   De la foreſt an une lande
      Antrai et vi une breteſche
      A demie liue galeſche:
      Se tant i ot, plus n'i ot pas.
      Cele part ving plus que le pas
195   Et vi le baille et le foſſé
      Tot anviron parfont et le,
      Et for le pont an piez eſtoit
      Cil cui la fortereſce eſtoit,
      Sor ſon poing un oſtor müé.
200   Ne l'oi mie bien ſalüé

---

175. Il mauint *H*, Il a ia bien *V*. | pres *PFGS*, plus *H*. | a] *fehlt V*, a de *PHFGS*. | ·vii· *VII*, ·x· *FG*, ·vi· *PS*, ·v· *A*.   **76.** je] *fehlt G* (—1), tos *F*, | ſeus] fui *A*. | come ·i· *G*.   **77.** auenture *S*.   **78.** tote marmeure *S*. **79.** com *FGS*. | deuoit *FGS,P* (+1).   **80.** Si *VAS*. | truis en *A*, tornai *H*. | un] mon *H*. | ſentier *V*.   **81. 82.** *fehlen F*.   **83.** De uerz rains et deſpine *G*, Deſpines et de r. *A*. | plaines *F*.   **84.** A grant anui et a grant *VAS*. | paines *F; P:* A quel ahan et a quel paine. — *V ordnet* 84. 86. 86 (*wiederholt*). 85. 87. —   **85.** Truis *G*, Tout *P*. | ce *HG*.   **86.** Et b. *VS*, Des que *A*. | tot le] demi *G*.   **87.** Ml't *A*. | ala *S*.   **89.** Qui auoit non *V*. | a *G*. | brecheliande *VS*, breſceliande *F*, breceliande *G*.   **90.** Une ſ. *G*.   **91.** Trouai *A*, La trouai ge *V* (et vi *fehlt*) | vi] uers *G*.   **92.** engleſche *V*.   **93.** Se] *fehlt P* (bien plus). **94.** (*fehlt P*) Ileuc men *A*. | plus que] enes *FG*.   **95.** Vi *H*, Trouai *V*. | un b. *V*, le barre *P*, le ualle *S*, la breteſche *H*. | les *S*, .i. *V*. | foſſes *S*.   **96.** Clos *V*. | parſons et les *S*.   **97.** le] ſon *V*. | a pie *S*, toz ſeuls *V*.   **98.** *fehlt P*. **99.** En *V*. | oſtoir *VPFGS*.   **200.** (*wiederholt V*) Ge ne loi mie s. *V*.

Quant il me vint a l'eſtrié prandre, [199.
Si me comanda a deſçandre.

Je deſçandi; il n'i ot el,
Que meſtier avoie d'oſtel;

205 Et il me diſt tot maintenant
Plus de çant foiz an un tenant,
Que beneoite fuſt la voie
Par ou leanz antrez eſtoie.

A^ltànt an la cort an antrames,
210 Le pont et la porte paſſames.

Anmi la cort au vavaſſor,
Cui Deus doint et joie et enor
Tant com il fiſt moi cele nuit,
l'andoit une table; ce cuit

215 Qu'il n'i avoit ne fer ne fuſt
Ne rien qui de cuivre ne fuſt.

Sor cele table d'un martel
Qui panduz ieri a un poſtel
Feri li vavaſſors trois cos.

220 Cil qui amont ierent anclos
Oïrent la voiz et le ſon,
Si faillirent de la meiſon
Et vindrent an la cort aval.

Li un feiſirent mon cheval
225 Que li buens vavaſſors tenoit;
Et je vi que vers moi venoit
Une pucele bele et jante.
An li eſgarder mis m'antante:

201. Com V, Que A. | leſtrieſ V, leſtrier PGFAS. **3.** quil HS. **4.** Car HFAS. **5.** dit VF. **6.** ·vii· PHF. **8.** venus PGFAS. **9.** A itant FG. | el chaſtiel A. | an fehlt FG. **10.** Le plain V. **11.** Dedens S. | au] dun P. **12.** A cui V. | doigne P, face G. | et] fehlt VPGA, hui S, tant F. | grant honor A. **13.** com fiſt o moi S. **14.** ie cuit PFG. **15.** Quil nauoit P (—1), V il nauoit FA. **18.** pendue V, deles PFGAS. | eſt G. | en P. **20.** am.] vor ie. P, leiſſus H, laians FAS, dedenz G. | furent F. **21.** la noiſe GAS. | ton F. **22.** Saillirent ſors G, Siſſirent ſ. HPFS, Cil qui erent en A. **23.** uienent H, acourrurent S. | contreual S, de la tor aval A. **24.** Li un cornerent au P, Li uns corut a FS, Li un corent a A, Li uns en corut au G, Je deſcendi de H. | mon] fehlt PG. **25.** Et uns des ſergenz le prenoit H. **26.** Et puis vi q. a A. **27.** et fehlt F. **28.** En moi deſarmer miſt ſent. V (vgl. 230).

Ele fu grefle et longue et droite.　　　　　[227.

230　De moi defarmer fu adroite,
　　　Qu'ele le fift et bien et bel,
　　　Et m'afubla un chier mantel
　　　Ver d'efcarlate peonace,
　　　Et tuit nos guerpirent la place,
235　Que avuec moi ne avuec li
　　　Ne remeft nuß, ce m'abeli;
　　　Que plus n'i queroie veoir.
　　　Et ele me mena feoir
　　　El plus bel praelet del monde,
240　Clos tot de mur a la reonde.
　　　La la trovai fi afeitiee,
　　　Si bien parlant et anfeigniee,
　　　De tel folaz et de tel eftre,
　　　Que mout m'y delitoit a eftre,
245　Ne ja mes por nul eftovoir
　　　Ne m'an queïffe removoir;
　　　Mes tant me fift la nuit de guerre
　　　Li vavaffors, qu'il me vint querre
　　　Quant de foper fu tans et ore:
250　N'i poi plus feire de demore,
　　　Si fis lués fon comandemant.
　　　Del foper vos dirai briémant
　　　Qu'il fu del tot a ma devife,
　　　Des que devant moi fu affife
255　La pucele qui fi affift.
　　　Aprés foper itant me dift

229. 230. *fehlen V.* **29.** Quele eftoit *H.* | grefle longue *G,* longue et graille *P,* longe graille *F,* bele et longue *H.* | et *fehlt F.* **30.** ml't fefploite *A.* **31.** Que ele *F,* Si *V,* Et fi *A.* | 1. et *fehlt VF.* | ml't bien et ml't b. *V.* **32.** Puis *PFGAS.* | dun *H,* en *P.* | chier] cort *PHFGAS.* **33.** Vert *PS.* **34.** Et fe *H.* | me *FS.* | guerpiffent *A.* **35.** Si quauoec *V.* | et *V.* **36.** membeli *GA.* **37.** Car *AS.* | ne *PS.* **38.** men *F.* **40.** Clos de bas mur *HFS,* C. de fort m. *A,* Tout clos de bafme *P,* Qui le cerchaft *G.* **42.** et] fi *H; A(S):* Si parl. et bien (fi *S*) enf. **43.** cel . . . cel *A.* | femblant *PFGAS.* **44.** i *G.* | delita *S; F:* Comme pucele deuoit e. **45.** nul] uiure *P.* **46.** ie mouoir *A.* **47.** la nuit me fift *P.* **48.** quil] qui *PS.* **49.** du *PS.* | fu] ui *G.* **50.** Ne *VA.* | uoil *F.* **51.** Lor fis *A.* Ains f. *S.* | lors *HG,* toft *P,* tot *AS.* **53.** Que il fu tot *A.* **54.** Puis *FS.* **55.** quiffi a. *F.* **56.** mangier *HAS.*

Li vavaſſors, qu'il ne ſavoit   [255.
Le terme puis que il n'avoït
Herbergié chevalier errant
260 Qui avanture alaſt querant,
S'an avoit il maint herbergié.
Aprés ce me pria que gié
Par ſon oſtel m'an reveniſſe
An guerredon ſe je poïſſe,
265 Et je li dis: „Volantiers, ſire!“,
Que honte ſuſt de l'eſcondire.
[Petit por mon oſte feïſſe,
Se ceſt don li eſcondeïſſe.]
         OUT fui bien la nuit oſtelez,
270 M Et mes chevaus fu anſelez
Lués que l'an pot le jor veoir,
Car j'an oi mout proiié le ſoir;
Si fu bien feite ma proiiere.
Mon buen oſte et ſa fille chiere
275 Au ſaint eſperit comandai,
A treſtoz congié demandai,
Si m'an alai plus toſt que poi.
L'oſtel gueires eſloignié n'oi
Quant je trovai an uns eſſarz
280 Tors ſauvages et eſpaarz
Qui ſ'antreconbatoient tuit

257. ki S, que il F (+ 1).   **58.** termine A. | mes que V, puis *fehlt A.* |
auoit PHGAS.   **59.** cheu. herb. A.   **60.** aloit A.   **61.** Si en A. | il *fehlt*
G (--1), A. | moult S; H: Nen ot piece a nul h.   **62.** Et ap. A. | ce] ſi
G, *fehlt HA.* | repria H.   **63. 64.** *stellt S um.*   **63.** Que p. S (m'an *fehlt*). |
me A.   **64.** guerdon F (—1). | et an ſeruiſe HGF.   **66.** Q.] Car V, *fehlt*
GAS. | hontes PA. | me ſu GA, S (ſuſt).   **67. 68.** *fehlen VP.*   **69.** la n.
bien AS, bien *fehlt* G (—1).   **70.** eſtablez H.   **71. 72.** *fehlen G, stellt*
um H.   **71.** Lors H, Des V, Si toſt con P. | io poi FAS.   **72.** Que H,
Et PF. | ie loi P. | ml't en oi A, ge en oi V (ml't *fehlt*), iou loc bien S.
73. Sin F. | ſu oie A. | la G.   **74.** bon *fehlt* V (—1).   **75.** A PAS. | eſprit
les G, eſpir le A.   **76.** A eſtrous G; V: Et par lor congie men alai, A:
Et a caſcuns congie pris ai.   **77.** Si men parti P, Treſtot au V. | plus toſt]
lues HFA, ains P. | que ie VPHFA: G: a lor congie.   **78.** Mon oſt. gaire
A, Noi g. loſtel eſloignié G.   **79.** Que A. | un F. | .i. eſſart GA, .i. coſſars P.
80. Et tors ſ. F, Ors ſ. A, Trois ors ſ. G, | et eſperars P, ors et lieparz HS,
lions l. A, et .i. l.t G (+1), et l. F.   **81.** ſe comb. A. | treſtuit S (+1), ie cuic A.

       Et demenoient ſi grant bruit   [280.
       Et tel fierté et tel orguel,
       Se le voir conter vos an vuel,
285   Que de paor me tres arriere;
       Que nule beſte n'eſt plus fiere
       Ne plus orguelleuſe de tor.
       Un vilain qui reſſanbloit mor,
       Grant et hideus a deſmeſure,
290   (Einſi tres leide creature,
       Qu'an ne porroit dire de boche),
       Vi je ſeoir ſor une çoche,
       Une grant maçue an ſa main.
       Je m'aprochai vers le vilain,
295   Si vi qu'il ot groſſe la teſte
       Plus que roncins ne autre beſte,
       Chevos meſlez et front pelé,
       S'ot plus de deus eſpanz de le,
       Oroilles moſſues et granz
300   Auteus com a uns olifanz,
       Les forciz granz et le vis plat,
       Iauz de choete et nes de chat,
       Boche fandue come los,
       Dans de ſangler aguz et ros,
305   Barbe noire, grenons tortiz,
       Et le manton aers au piz,

---

282. Car ml'ſ d. g. *A*. | ſi] molt *S*. **83. 84.** *doppelt in F, fehlen in P.*
84. Que ſe *V*, Se ge *G*. | le] ge *V, fehlt II*. | conuiſtre *II*, dire *VG*. | en *fehlt*
VG. **85.** Cune piece *II*. | arrieres *A*. **86.** Kar *SA*. | plus] ſant *HFS*, ſi *VG*;
A: Car dures ces beſtes fieres. *(so)*. **87.** Neſt p. *G*, Ne si *V*. | de] com *V*, que *A*.
88. Vns u.ᵃ *VPIIFAS*. | reſenble *A*. **89.** Granz *PFAS*, Leiz *II*. **90.** Iſſi
VFGS, Et ſi *PA*. **91.** Que nus *P*, Ne p. nus *S*. **92.** Seoit illuec *S*, Il. ſ. *F*,
Se ſeolt la *A*, Si ſe s. *G*, Ichil ſeoit *P*, Aſſis ſeſtoit *II*, | coce *F*, couche *P*,
ſouche *V*, ſouce *S*. **95.** Et *P*. **96.** roncis *FA*, toriaux *G*. **97.** mechiez *II*,
motiers *G*, loquies *F*, ot noirs *P*. **98.** Si auoit *A* (pl. *fehlt*). | pres *II*,
bien *P* (de *fehlt*). | .iii. *V*. | eſpanes *P*. **99.** uelues *FGA*. **300.** Auſſi *P*,
Autretex *V* (a *fehlt*); *FG*: Auſſi lees com eſt .i. uans, *AS*: Auſſi l. come
.i. uans. **1.** noirs *S*. | nes *G*. **2.** Nes *G*, Et nes *F*. | cuete *IIGAS*,
ſuette *V*, kieure *F*. | et *fehlt V*. | els de rat *F; P*: La coulle noire nes de ch.
Nach 302 *wiederholt F* 299. 300. **3.** Goule *V*. | lous *VPHFG*. **4.** rous
VHFG, rons *P*, gros *S*. **5.** noire et *P*, roſſe *II*. | greue a tortins *S*.

Longue eſchine, torte et boçue. [305.

Apoiiez ſu ſor ſa maçue,

Veſtuz de robe ſi eſtrange

310 Qu'il n'i avoit ne lin ne lange,

Ainz ot a ſon col atachiez

Deus cuirs de novel eſcorchiez

De deus toriaus ou de deus bués.

An piez ſailli li vilains lués

315 Qu'il me vit vers lui aprochier.

Ne ſai ſ'il me voloit tochier

Ne ne ſai qu'il voloit anprandre,

Mes je me garni del deſandre

Tant que je vi que il ſ'eſtut

320 An piez toz çoiz, ſi ne ſe mut,

Et ſu montez delſor un tronc,

S'ot bien dis et ſet piez de lonc,

Si m'eſgarda et mot ne diſt

Nient plus qu'une beſte feïſt.

325 Lors cuidai je que il n'eüſt

Reiſon ne parler ne ſeüſt.

Totes voies tant m'anhardi

Que je li dis: „Va, car me di

Se tu ies buene choſe ou non!"

330 Et il me diſt: „Je ſui uns hon."

„Queus hon ies tu? — „Teus con tu voiz.

Je ne ſui autre nule ſoiz."

„Que ſes tu ci?" — „Je m'i eſtois,

307. 308. *fehlen V.* **7.** Corbe *FG*, | corte *G*, corbe *S*. | et *fehlt F.*
8. ert *A*, ſeſt *G*. **9.** V. ſu dune robe eſtrange *A*. **10.** Que *V*, Il *A*. | av.
linge *G*. **11.** atacie *FA*. **12.** eſcorcie *FA*. **13.** Ou de d. tors *H*.
15. de lui *A*, a l. *F*. **16.** Je ne *PF*. | ſeuc *S*, ſoi *P*. | ſi *A*, ſe il *G*. |
uolt *G*, uaut *PF*. **17.** Ne ne ſoi *P*, Ne ſai *GA*, Ne ſeuc *S*. | qui *P*, que
il *GAS*. | ſen aut ap. *F*. **18.** de *PHFGA*. **19.** Et quant iou *S*. | eſtuit *H*.
20. cois *S*, drois *PG*. | et *VF*, ne *H*; *F*: Tos cois em p. **21.** Quant *A*. | deſus
le *A*, deſous un *S*. **22.** .xviii. *V*, .xiiii. *S*. **23.** ne mot *H*. **24.** Ne
HFG. | b.] cuıre *A*. **25.** Et ie quidai *PHFG*. | quen lui n. *A*, quil n.
ſeuſt *H*. **26.** R. parole *V*. | peuſt *AS*; *H*: Parler ne r. point neuſt.
27. Tote uoie *H*. **28.** cor *PA*. **30.** me *fehlt V*. | dit *VF*. | quil ert *H*, quil
eſtoit *V*. **31.** Q. h. di ie *P*. | que tu *A*; *S*: Quels, ſis iou, teus c. tu chi v.
32. 33. *fehlen V.* **32.** Si *H*. **33.** Et que *G* (ci *fehlt*). | ſaite *A*. | ici
meſtois *GF; P*: Et q. ſ. tu ychi tous cois.

Si gart cez beſtes an ceſt bois."   [332.

335   „Gardes? Por ſaint Pere de Rome!
Ja ne conoiſſent eles home.
Ne cuit qu'an plain ne an boſchage
Puiſſe an garder beſte ſauvage
N'an autre leu por nule choſe,

340   S'ele n'eſt liiée ou ancloſe."
„Je gart ſi ceſtes et juſtis
Que ja n'iſtront de ceſt porpris."
„Et tu comant? Di m'an le voir!"
„N'i a nule qui ſoſt movoir

345   Des qu'eles me ¸voient venir.
Car quant j'an puis une tenir
As poinz que j'ai et durs et ſorz,
Si la deſtraing par les deus corz
Que les autres de peor tranblent

350   Et tot anviron moi ſ'aſſanblent
Auſſi con por merci criër,·
Ne nus ne ſ'i porroit fiër
Fors moi, ſ'antr'eles l'eſtoit mis,
Que maintenant ne fuſt ocis.

355   Einſi ſui de mes beſtes ſire:
Et tu me redevroies dire
Queus hon tu ies et que tu quiers."
„Je ſui, ce voiz, uns chevaliers
Qui quier ce que trover ne puis,

334. Et *H*, Jou *S*. | les *HGAS*. | an] de *HGAS*, par *PF*. **35.** Comment
P. | par *G*. **36.** Je *A*, Et *P*. | c. il nul *G*. **37.** Je ne c. *PFAS*. | na p. *P*, ken
liu *S*. | nen b. *FAS*, na b. *P*. **38.** Puiſt *VGFAS*, Puiſſent *P*. | lan *GF*, hō *V*,
fehlt P: **39. 40.** *fehlen P*. **39.** Ci ne aillors *V*. **40.** et *HGA*. **41.** Jes *F*.
certes *F*; *PAS*: Je les g. ſi, *G*: Si les g. | voir et iuſtis *P*, ie uos pleuis *A*,
iou te p. *S*, ie le uos p. *G*. **42.** Ja n'i. fors de *S*. **44.** nule] cheli *PH*,
celui *S*, cole (*st.* coſe) *F*. **45.** que ele me uoit *H*. **46.** (*fehlt G*).
Quant ge en *V*. | lune *P*. **47. 48.** *stellen um V*. *A*. **47.** iou ai d. *S*. |
grans et *A*. | ſorz] gros *S*. **48.** Si leſtraing ſi *H*,*F* (Jo). | parmi le cors
VPA. **49.** autres enuiron *A*. **50.** Totes *A*. | aſſamblent *S*. **51.** Si
comme *S*. **52.** Et *A*, Ke *S*. **53.** nus hom qui entraus fuſt *G*. **54.** ocis
ne ſuſt *G*; *H*: Quil ne ſ. m. o. *F*: Que ia niſtroit de ceſt porpris. **55.** Iſſi
G. | ſui ie des b. *A*. **56.** deueroies *P*, redois or bien *A*. **58.** ſui fait
il *PHF*. **59.** Et *V*, Si *S*. | ne puis trover *P* (*ohne Reim*).

360 Aſſez ai quis et rien ne truis.“　　　　　　[358.
　　 „Et que voudroies tu trover?“
　　 „Avanture por eſprover
　　 Ma proeſce et mon hardemant.
　　 Or te pri et quier et demant,
365 Se tu ſez, que tu me conſoille
　　 Ou d'avanture et de mervoille.“
　　 „A ce“, ſet il, „ſaudras tu bien.
　　 D'avanture ne ſai je rien,
　　 N'onques mes n'an oï parler.
370 Mes ſe tu voloies aler
　　 Ci pres jusqu'a une fontainne,
　　 N'an revandroies pas ſanz painne
　　 Se tu li randoies ſon droit.
　　 Tu troveras ci or androit
375 Un ſantier qui la te manra.
　　 Tote la droite voie va
　　 Se bien viaus tes pas anploiier,
　　 Que toſt porroies deſvoiier,
　　 Qu'il i a d'autres voies mout.
380 La fontainne verras qui bout,
　　 S'eſt ele plus froide que marbres.
　　 Onbre li ſet li plus biaus arbres
　　 Qu'onques poïſt ſeire Nature.
　　 An toz tans la ſuelle li dure,
385 Qu'il ne la pert ſoir ne matin,
　　 Et ſ'i pant uns bacins d'or fin
　　 A une ſi longue chaainne
　　 Qui dure juſqu'a la fontainne.

362. Av.ⁱ *PGA*. **64.** te requier pri et d. *A*. **65.** Que ſe tu s. ſi *S.* |
confoilles *l'PFGAS*. **66.** d'a.ⁱ *P* (+1) | meruoilles *l'FGAS*. **67.** ceſt confoil ſ.
V. | il uoir *S* (tu *fehlt*). **68.** Dauentures *P*, Que da.ᵉ *V* (je *fehlt*). **69.** Ne o.
S (mes *fehlt*). | nen oi mes *GF*. **70.** pooies *S*. **71.** duſca *FS*. **72.** Ne
A. | uenroies mie *FS*. | ſanz grant *A* (pas *fehlt*). **73.** Se ne li *H*, Se tu ne *P*.
74. Chi pres tr. or *PHFGAS*. **76.** Tout droit *P*. | **⬤**. i ua *S*. **77. 78.** *fehlen V*.
77. Se tu *F*. **78.** Car *FAS*. | t.] bien *FG*. | ſoruoier *FA*. **79.** Il *PHG*. |
autres *A*. **81.** Et eſt p. ſ. q. nus *V*. **82.** Ombres *P*. | ſaiſoit .i. b. *A*.
83. former *H*. **84.** En t. iours *S*, Tot adies *A*. | ſa *HFGAS*. **85.** Que
V. | por nul iuer *PHFGAS*. **86.** Et uns b. i pent *A*. | de ſer *PHFGAS*.
88. iusquen *PH*.

Lez la fontainne troveras
390 Un perron tel con tu verras
(Je ne te fai a dire quel,
Car je n'an vi onques nul tel),
Et d'autre part une chapele
l'etite, mes ele eft mout bele.

395 S'au bacin viaus de l'iaue prandre
Et deffor le perron efpandre,
La verras une tel tanpefte
Qu'an ceft bois ne remandra befte,
Chevriaus ne dains ne cers ne pors,

400 Nes li oifel l'an iftront fors;
Car tu verras fi foudroiier,
Vanter et arbres peçoiier,
Plovoir, toner et efpartir,
Que, fe tu t'an puez departir

405 Sanz grant enui et fanz pefance,
Tu feras de meillor cheance
Que chevaliers qui i fuft onques."
Del vilain me parti adonques
Qui bien m'ot la voie moftree.

410 Efpoir fi fu tierce paffee
Et pot eftre pres de midi,
Quant l'arbre et la chapele vi.
Bien fai de l'arbre, c'eft la fins,
Que ce eftoit li plus biaus pins

415 Qui onques for terre creüft.
Ne cuit qu'onques fi fort pleüft

---

389. A *GAS*.   **90.** .i. bachin *A*.   **91. 92.** *fehlen V*.   **91.** Mais
F (te *fehlt*), *P* (a *fehlt*).   **92.** Que *PH*. | ne *AS*. | nul *fehlt G* (—1).   **93.** Et
fi uerras *S*.   **95.** Sel *S*.   **96.** defus *PHGA*, defos *F*.   **97.** Lors *S*, Tu *V*. |
une grant *P*.   **98.** demourra *V*.   **99.** Neïs ch. *V* (ne d. *fehlt*). | ne c. ne d.
HS. | ne d. befte *G*.   **400.** fan] *fehlt V*, an *FG*. | ifteront *V*.   **1.** fort froier *P*.
3. Ton. pl. *VS*. | toner] uerras *G*, uenter *F; P:* Et pour uoir tourner et partir.
5. g. duel et f. grant *G*.   **6.** Trop *P*. | de grignor *FA*.   **7.** qui il *P*. |
que ueiffe onqes *V*.   **9.** Que *V*; Q. mauoit *A*, Q. mot bien *S*, Quil i ot *H*.
10. E. feftoit *A*. | fonnee *S*.   **11.** Si *A*. | fi fut bien p. *S*, pres eftoit *F*. |
miedi *F*.   **12.** la fontainne *H*.   **13.** B. pres *G*.   **14.** hauz p. *G*.   **15.** Conques
defor *V*.   **16.** fi bien *G*. | ne plut *P*.

Que d'iaue i paſſaſt une gote,   [415.
Einçois coloit par deſſus tote.
A l'arbre vi le bacin pandre
420 Del plus fin or qui fuſt a vandre
Onques ancor an nule foire.
De la fontainne poez croire
Qu'ele boloit com iaue chaude.
Li perrons iert d'une eſmeraude,
425 Perciez auſſi com une boz, *l'os*
Et ot quatre rubiz deſſoz
Plus flanboianz et plus vermauz
Que n'eſt au matin li ſolauz
Quant il apert an oriant.
430 Ja que je ſache a eſciant
Ne vos an mantirai de mot.
La mervoille a veoir me plot
De la tanpeſte et de l'orage,
Don je ne me ting mie a ſage;
435 Que volantiers m'an repantiſſe
Tot maintenant, ſe je poïſſe,
Quant je oi le perron croſé
De l'iaue au bacin aroſé.
Mes trop an i verſai, ce dot;
440 Que lors vi le ciel ſi derot
Que de plus de quatorze parz

417. Cònques i *A*, Q. par deſoz en p. *V*. | une] nule *A, fehlt V*. 18. Ains
S. | couroit *V*. | defor *H*, de defors *S*.   19. le] ·i· *G*.   20. con truiſt a *S*.
21. Encor onques *H*. | a *F*.   23. Q' ele boult *V*. | cune yaue *P*.   24. Et li
p. *V* (iert *fehlt*). | ſu *P*.   25. (*fehlt A*) Auſi p. *G;* Perciee *H*, Perciet *S*. |
une bouz *P*, une bous *VFS*, ·ı· bohors *G*.   26. Si ot *FGAS*, Sauoit *P*, Et
ſa *H*. | un *G*, une *V*. | rubins *PA*, rubi *G*, pierres *S*. | ml't biaus *A*, par
dehors *G*.   27. flamboiant et p. uermeil *G*.   28. le ſoleil *G*.   29. Qui
a. au main *A* (+ 1).   30. Et ſachies ia a enſcient *P*.   32. La fontaine *V*. |
a v.] ēnuier *G* (pot).   33. 34. *stellt um V*.   34. je *fehlt A*. | tieg *V*,
tieng *P*, tieig *G*. | por ſage *A*.   35. vol.] maintenant *P*.   36. Mout uolen-
tiers *P*.   35. 36. Que maintenant ſe je p. Ml't uol. men rep. *FGS, A* (Car
uol. . . . M. uol. *so*).   37. crouze *V*, crouſe *GS; P:* Que ioy le p. creue.
38. Et deue *V*. | cel b. *A* (+ 1).   39. Car *A*. | y en *P*.   40. Que] Car *FGS,
fehlt A*. | loes *FG*. | vi] ie vi *P*, nerci *G*. | ſi tot le c. *A*, ſi le c. *F*. | ſi *fehlt*
PFGA. | del tout *G*.   41. Q. *fehlt P*. | *Erstes* de *fehlt F* (—1), *G*. | qua-
toriſme *P;* de parz ·xiiii· parz *G*. | ·xl· *V*.

Me feroit es iauz li efparz,   [440.
Et les nues tot mefle mefle
Gitoient noif et pluie et grefle.
445 Tant fu li tans pefmes et forz
Que çant foiz cuidai eftre morz
Des foudres qu'antor moi cheoient
Et des arbres qui defpeçoient.
Sachiez que mout fui efmaiiez
450 Tant que li tans fu rapaiiez.
Mes Deus tant me raffeüra
Que li tans gueires ne dura
Et tuit li vant fe repoferent.
Quant Deu ne plot, vanter n'oferent.
455 Et quant je vi l'er cler et pur,
De joie fui toz affeür;
Car joie, f'onques la conui,
Fet toft obliër grant enui.
Des que li tans fu trefpaffez,
460 Vi for le pin tant amaffez
Oifiaus (f'eft qui croire m'an vuelle),
Que n'i paroit branche ne fuelle,
Que toz ne fuft coverz d'oifiaus,
S'an eftoit li arbres plus biaus;
465 Et treftuit li oifel chantoient

---

442. Men *F.* | feri *PFA.* | es lais *P*, el uis *A.*   **43.** pelle melle *PG*,
quelle melle *A.*   **44.** noif pl. *P*, pl. n. *H*, pl. et n. *FAS. Nach* **44** *schiebt V
ein:* Li tonoirre et li vent bruioient Si que treftot lair deftruioient.   **45.** iert
S. | li *fehlt P* (—1). | ciels *F.* | pesm.] penix *F*, hisdeus *A.*   **46.** Que
fehlt V. | ç. f.] ie *P.* | bien eftre *VP.*   **47.** qui les *A.*   **48.** quil *V.* |
peceoient *H*, pecooient *FGA.*   **49.** Ml't durement f. *S; V:* Molt fui penez
et trauelliez.   **50.** li cils *F.* | rapefiez *G.*   **51. 52.** *fehlen G ; umgestellt V.*
51. toft me *H; V:* Qui de tot me r.   **52.** Car *V.*   **53. 54.** *fehlen V.*
53. Car *S.*   **54.** Que *S.* | Des que deu plot *H.* | ne forent *G.*   **55.** Et
fehlt A (—1). | Des que *V.*   **56.** Si refui ml't toft *S.*   **57. 58.** *fehlen S.*
57. Que *PHG.*   **58.** tot *H, fehlt FGA.* | maint gr. *A*, ml't g. *FG.*   **59.** Car
des *F*, Jus *H*, Et quant *V*, Quant *S.* | li lais t. *S*, lorages *V.* | paffez *F.*
60. Vi ge *V*, Ot *F.* | foz *V*, fos *A.* | tanz] tant *FGS*, t. *vor* am. *P, fehlt V*,
toz *H*, tors *A.*   **61.** Oifiel *A*, Tant doifeax *V.* | me *FG*, le *HA, fehlt V.*
62. Quil *PHFGAS.* | auoit *FGAS.*   **63.** Qui *A.* | tot *PHFGA, fehlt S.* |
couuerte *S.*   **65** Et tout li *S*, Doucement li *H.* | oifelet *S.*

Si que treſtuit ſ'antracordoient. [464.

Mes divers chanz chantoit chaſcuns;
Qu'onques ce que chantoit li uns
A l'autre chanter n'i oï.

470 De lor joie me reſjoï,
S'eſcoutai tant qu'il orent fet
Lor ſerviſe treſtot a tret; ~~ ~~ ~~
Qu'ainz mes n'oï ſi bele joie,
Ne mes ne cuit que nus hon l'oie,

475 Se il ne va oïr celi
Qui tant me plot et abeli
Que je m'an dui por ſol tenir.
Tant i fui que oï venir
Chevaliers, ce me fu a uis,

480 Bien mon eſciant juſqu'a dis:
Tel noiſe et tel frainte menoit
Uns ſeus chevaliers qui venoit.
Quant je le vi tot ſeul venant,
Mon cheval reſtrains maintenant

485 N'au monter demore ne fis;
Et cil come mautalantis
Vint plus toſt qu'uns alerions,
Fiers par ſanblant come lions,
Et ſi haut com il pot criër

490 Me comança a deſfiër.

466. que ml't bien *HFGAS*. 67. Et *H*. | chanta *F*. 68. Nonques *A*,
Que *S* (y ch.), Si que *V*. | chanta *F*. 69. Onques l. *A*. | ne oi *H*, nen oi *V*,
noi *A; S:* Lautres ne cantoit pas enſi. 70. De la *FGAS*. | men *S*.
71. Seſturent *G*, Satendi *S*. 72. Le *G*. 73. Qonc *V*, Qainc *FS*, Ains
P, Ainc *A*, Que *HG*. | ne ui *S*. 74. m.] ia *H*, ge *V*, *fehlt A*. | croi *V*. |
que mes nus *V*, que n. hom mes *A*. | oie *G*, uoie *A*. 75. nen a *S*. | ueoir
c. *FA*, el leu celui *G*, celui oi *S*. 76. embeli *PGA*. 77. mi *G*, me *PA*. |
poi *F*. | ſos *H; S:* Con nen doit parole t. 78. Si fui t. *A*, Jou i ſ. t. *S*. |
que ioi *PHFG*, que ie ui *A*, coi *S*. 79. Un ch. ce meſt auis *A*. 80. B. cuidai
que il (cuidoie quil *F*) ſuſſent *PHFGAS*. | ſis●*AS*. 81. t. f.] t. fraint *P*
(et *fehlt*), t. eſſrois *F,S* (eſſroit), t. eſſroi *A,G* (t. *fehlt*), t. bruit *H*, t. tempest
V. | demenoit *PHG*. 82. ſeus *hinter* qui *AS*. 84. reſtrainz *V*, reſtraing
HF. 85. Na *HG*, Al *FAS*. | ni *F*. 86. il *VS*. | come] me uint *P*.
87. V. *fehlt P*. | que uns *G*. | alerons *G*, eſmerillons *S*, drois alerions *P*.
88. Senb. fait plus ſ. *A*. | com *VA*. | ·i· lions *V*. 89. De *PHFGAS*. 90. priſt
tantoſt *A*. | eſcrier *S*.

2*

„Vaſſaus", diſt il, „vos m'avez fet   [489.
Sanz deffiance honte et let.
Deſſiër me deüſſiez vos
S'il eüſt querele antre nos,
495 Ou au mains droiture requerre
Ainz que vos me meüſſiez guerre.
Mes ſe je puis, ſire vaſſaus,
Sor vos retornera li màus!
Del domage qui eſt paranz
500 Anviron moi eſt li garanz
De mon bois qui eſt abatuz.
Plaindre ſe doit qui eſt batuz:
Et je me plaing, ſi ai reiſon,
Que vos m'avez de ma meiſon
505 Chacié a foudre et a pluie.
Fet m'avez choſe qui m'enuie
Et dahez ̈ët cui ce eſt bel;
Qu'an mon bois et an mon chaſtel
M'avez feite tel anvaïe,
510 Ou meltier ne m'eüſt aïe
De jant ne d'armes ne de mur.
Onques n'i ot home aſſeür
An fortereſce qui i fuſt
De dure pierre ne de fuſt.
515 Or vos gardez! que des or mes

491. Et diſt *HFGAS*, (dit *P*). | vos] mlʹt *PHFA*. **94.** Se il *HFGAS*. |
guerre *FGAS*, reiſon *H*. | an uos *H*. **96.** Aincois *VA* (uos *fehlt*). | querre *Iʹ*
(*zweite neue Hand am Rand* guerre). **97.** M. par mon cief *FS*, Si mait dex *V*.
98. reuertira *G*, en tornera *FA*, en reuerra *S*, en remanrra *P*. | ciſt *H*. **99.** queſt
F. | aparanz *F*, ſi grans *A*. **500.** Endroit de *S*. | et aparans *A* (+1). **1.** Et
de *G*. | mon los *S*. | queſt *G*. **3.** men *S*. **4.** Qui *F*, Car *AS*. | vos *fehlt*
F. | fors de *F*. **5.** Jete *P*, Jetee *G*, Fors chacie *HA*. | et a *F*, par *V*. |
foudres *PG*, effondre *S*. | a] par *Iʹ*. **6.** Choſe m'a ſ. *G*. **7.** dehe *F*,
dahe *G*, dehait *PAS*. | il eſt *FG*. | mlt bel *V*(+1). **8.** Que mauez fait *G*. |
ne *S*. **9.** Et en mon bois *G*. | fait coſe qui manuie *A; P:* Maues ore fait
tel outrage. **10.** Que *PFGAS*. | ne mi ot a. *F*, nauoie daie *S*. **11.** Les
ienz *A*, Dommes *P*. | gant *F*, genz *GS*. | darme *F; H:* Ne de grant tor ne
de haut m. **12.** Nonques *S*. | oi *A*. | ſeur *V*. **14.** De forte *F*. **15.** Mais
ſachies bien *PHF, G* (bien *fehlt*), *A* (b. s.), *S* (Et). | que ſ ſhlt *FS*. |
ore *FGS*.

N'avroiz de moi triues ne 'pes.“   [514.
A ceſt mot nos antrevenimes,
Les eſcuz anbraciez tenimes,
Si ſe covri chaſcuns del ſuen.
520 Li chevaliers ot cheval buen
Et lance ṛoide et ſu ſanz dote
Plus granz de moi la teſte tote.
Einſi del tot a meſchief fui,
Que je ſui plus petiz de lui
525 Et ſes chevaus meſre del mien.
Parmi le voir, ce ſachiez bien,
M'an vois por ma honte covrir.
Si grant cop con je poi ſerir
Li donai, qu'onques ne m'an ſains,
530 El conble de l'eſcu l'atains,
Si i mis tote ma puiſſance
Si qu'an pieces vola ma lance;
Et la ſoe remeſt antiere,
Qu'ele n'eſtoit mie legiere,
535 Ainz iert plus groſſe au mien cuidier
Que nule lance a chevalicr;
Qu'onques mes ſi groſſe ne vi.
Et li chevaliers me feri
Si roidemant que del cheval
540 Parmi la crope contre val
Me miſt a la terre tot plat,
Si me leiſſa honteus et mat,

---

516. de] o *GS*, a *F*. | triue *FGS*. **17.** cel *VS*. | cop. *V*. | les eſcus preſimes *A*.
18. Et tantoſt nos entreuenimes *A*. **19.** Et ch. ſe c. *A*. **21.** Et *fehlt P*
(—1). | droite *P; A:* Et l. longe raide ſanz d. (+ 1). **22.** Graindres *GA*.
23. Et ſi *V*. **24.** Car je *G*, Et ſi *A*. **25.** greindres *G*, miaudres *H*,
plus fors *PS*, ſortre *F; A:* Et s. ch. ce ſage bien. **26.** uois *V; A:* Fu
ml't plus fors ne ſuſt li miens. **27.** le uoir deſcourir *A*. **28.** ſais còn
F. | ſoffrir *VAS*. **29.** Le feri *F*. | me *A*. **30.** matains *V*. **31.** Si m.
treſtoute *PHGS*. **32.** Tant que en pies *A*. **33.** remaint *V*. **34.** Car
ele *S*, Qui *A*, La quez *V*. | niert *S*. | m. trop *A*. **35.** A. eſtoit groſſe *V*,
A. peſoit plus *HFGA* | a *V*. **36.** Plus que l. de *V*. **37.** Onques mais *A*,
Onques nule *S*, Quainz n. *HF*, Ainz n. *G*, Cains *P*. | ſi g.] tele *S*. | ne] nule
nen *P*. **38.** men ſ. *P*. **39.** durement *H*. | que contreual *S*. **40.** Par ſoz *V*. |
dou cheual *PA; S:* Me mit a tiere du cheual. **41.** *S:* Par la crupe et cair t. p.

        Qu'onques puis ne me regarda,
        Mon cheval priſt et moi leiſſa,
545   Si ſe miſt arriere a la voie.
        Et je qui mon roi ne ſavoie
        Remés corroceus et panſis.
        Delez la fontainne m'aſſis
        Un petit, ſi me repoſai. '
550   Le chevalier ſiure n'oſai,
        Que folie feire dotaſſe.
        Et ſe je bien ſiure l'oſaſſe,
        Ne ſoi je que il ſe devint.
        An la fin volantez me vint
555   Que mon oſte covant tandroie
        Et que par lui m'an revandroie.
        Einſi me plot, einſi le fis,
        Et jus totes mes armes mis
        Por aler plus legieremant,
560   Si m'an reving honteuſemant.
        Quant je ving la nuit a l'oſtel,
        Trovai mon oſte tot autel,
        Auſſi lié et auſſi cortois,
        Come j'avoie fet einçois.
565   Onques de rien ne m'aparçui
        Ne de ſa fille ne de lui
        Que mains volantiers me veïſſent
        Ne que mains d'enor me ſeïſſent
        Qu'il avoient fet l'autre nuit.

---

543. Onques *A*, Que o. *PFS.* | puis] *fehlt PFS*, nus *II.* **44.** Le *G.* | ſi me laiſſa *F.* **45.** m. toz ſeuls *V.* **46.** qui faire *A,S* (ke). | ni *PF.* **47.** Si r. *AS.* | iries *A*, dolans *S*, angoiſſeus *PII.* | maris *F.* **49.** petitet me *F.* ; ſeiornai *II.* **50.** ch. ſi reſongnai *P.* **51.** Car *FS.* | a faire *S.* | quidaiſſe *FGA.* **52.** b. faire *FGS*; *P*: Se apres lui tantoſt alaiſſe. **53.** Si ne *F*, Apres toſt ne *P.* | ſai *VIIGA*, ſeuc *S.* | ie mie *A.* | quil *PA.* | ſe *fehlt PFA.* **54.** A *GA.* | uolentiers men uing *A.* **55.** Qua *PIIAS.* | auoie *A.* **56.** Et *fehlt A.* | a lui *II.* | retorneroie *A.* **58.** Mes *IIP.* | tot. mes armes ius *FA*, m. a. tot. ius *PGS.* **59.** plus aler *II.* | deliurement *S.* **61.** reuing a mon *G.* | la n.] tout droit *P.* | oſtel *HG.* **62.** Si t. *P.* | tot *fehlt P* (—1). **63.** A. loial a. *F.* | c.] ioiant *P.* **64.** Com *GF.* | io *FGS*, il *V.* | auoit eſte *V*, loc trouue *S.* | f. deuant *P.* **66.** feme *F.* **67.** Q. mout *P.* **68.** m.] mon *P.* | doner *V*, damour *S*, deſonnor *P* (me *fehlt*). **69.** Ne q. *P* (+1).

570 Grant enor me porterent tuit   [568.
    Les lor merciz an lor meifon
    Et difoient qu'onques mes hon
    N'iert efchapez, que il feüffent
    Ne que oï dire l'eüffent,
575 De la don j'eftoie venuz,
    Qui ne füft morz ou retenuz.
    Einfi alai, einfi reving,
    Au revenir por fol me ting.
    Si vos ai conté come fos
580 Ce qu'onques mes conter ne vos."

    „PAR mon chief", dift mes fire Yvains,
        „Vos eftes mes cofins germains,
    Si vos devroie mout amer.
    Mes de ce vos puis fol clamer
585 Quant vos le m'avez tant celé.
    Se je vos ai fol apelé,
    Je vos pri qu'il ne vos an poift.
    Car fe je puis et il me loift,
    J'irai voftre honte vangier."
590 „Bien pert qu'or eft aprés mangier."
    Fet Keus qui teire ne fe pot.
    „Plus a paroles an plain pot
    De vin qu'an un mui de cervoife.
    L'an dit que chaz faous f'anvoife.
595 Aprés mangier fanz remuër
    Va chafcuns Noradin tuër.

---

570. portoient *V.*   **71.** La *VFGAS.* | merci *FGAS.* | la *HP.*   **72.** dient
que o. *F.* | nus *S.*   **73.** Nan efchapa *HA,* Sen efchapat *G.*   **74.** quil *P,*
que il *HAS.* | euffent *HAS.*   **76.** Que *P,* Quil *HFG.* | ni *PHG.* | mors *P.* |
et *PF.*   **77.** et e. uing *F.*   **78.** fol *fehlt S* (— 1).   **79.** Ainfi *P,* Or *A.* |
ai *fehlt P.* | fals *F.*   **80.** Ce] Et *P.* | dire *FS.* | vals *F;* *A:* Ce que conter
noi ne uox.   **81.** Certes ce *V.* | dit *V,* feit *HFA.*   **83.** nos *V.* | deuomes
FGA, deuffons *S,* deuons *PH.* | mout *fehlt FGAS.* | entramer *PHFGAS.*
84. de tant *F; V:* Et fi uos p. por f. c.   **85.** Que *PFG.* | tant le m'a. *HFA.*
87. Biax tres dous amis *F.* | uos en p. *A.* | an *fehlt FA.*   **88.** Que *H.*
89. Je vos en cuic ml't bien u. *A.*   **90.** que *H,* quil *PFGAS.* | ceft *H.*
91. Fift *P.*   **92.** Il a pl. parole en un p. *F.*   **93.** mui *fehlt S* (—1).
94. On *PFS.* | li caus fans fen v. *S.*   **96.** noiradin *S,* loradin *HG,* faladin
VA; P: Et puis chafcuns fi ueut tuer.

Et vos iroiz vangier Forré!   [595.
Sont voſtre panel anborré
Et voz chauces de fer froiiees
600 Et voz banieres deſploiiees?
Or toſt, por Deu, mes ſire Yvain,
Movroiz vos an'uit ou demain?
Feites le nos ſavoir, biaus ſire,
Quant vos iroiz a cel martire,
605 Que nos vos voudrons convoiier.
N'i avra prevoſt ne voiier
Qui volantiers ne vos convoit.
Et je vos pri, comant qu'il ſoit,
N'an alez pas ſanz noz congiez.
610 Et ſe vos anquenuit ſongiez
Mauvés ſonge, ſi remanez!"
„Eſtes vos donques forſenez,
Mes ſire Keus", fet la reïne,
„Que la voſtre langue ne fine?
615 La voſtre langue ſoit honie,
Que tant i a d'eſcamonie!
Certes, voſtre langue vos het,
Que tot le pis que ele ſet
Dit a chaſcun qui que il ſoit.
620 Langue qui onques ne recroit
De mal dire ſoit maleoite!
La voſtre langue ſi eſploite

597. ſourre PS, ſoure A.   98. Sor FAS. | penel PGA. | aborre HFS,
elborre V.   99. Sont S.   601. tost or toſt me G. | Yuains P.   2. Mouuerez
VS. | vos fehlt VS, F (—1). | demains P.   3. Laiſſies S. | le me V.   4. an
HG. | ceſt PHG.   5. Car FGAS.   8. Mes PA; Et gardez G. | je] ſi
HF. | que il G,A (vos fehlt).   9. Ni S, Ne A. | moues A. | point S. | mon
congie S. 10. anuit point P, auiees S (ſongie). 11. remenez H. 12. Comant
e. v. H, C. ua e. u. A, Diables e. u. P, Deable e. u. G, Cent dyables ieſtes
u. S, Vos eſtes trop mal F. | donques fehlt PHFGAS. | deſuez G, derues AS,
enganes F. 13. diſt A.   14. Que fehlt FGAS. | la fehlt PH. | onques ne
PHFGAS. 16. U il a tant S. | de felonnie A, de vilonnie S; P (—1): Qui
eſt eſquemenie. 17. h.] ſait P. 18. Car AS. | tot au V. | quele onques A;
P: Le p. q. e. puet ſi fait. 19. de ch. A. | qui] quels S, que F, comant H
(quil); P: Chaſcuns ſi dit quiconques loit. 20. P: Cheſt le l. qui ains ne
r. (+1).   21. meſdire V.   22. l.] ſire V. | tant V, ml't A.

Qu'ele vos fet par tot haïr.   [621.
Miauz ne vos puet ele traïr.

625 Bien fachiez: je l'apeleroie
De traïfon f'ele eftoit moie.
Home qu'an ne puet chaftiier
Devroit an au moftier liier
Come defvé devant les prones."

630 „Certes, dame, de fes ranpones"
Fet mes fire Yvains, „ne me chaut.
Tant fet et tant puet et tant vaut
Mes fire Keus an totes corz,
Qu'il n'i iert ja muëz ne forz.

635 Bien fet ancontre vilenie
Refpondre fan et corteifie,
N'il ne fift onques autremant.
Or favez vos bien fe je mant;
Mes je n'ai cure de tancier

640 Ne de folie ancomancier;
Que cil ne fet pas la meflee
Qui fiert la premiere colee,
Ainz la fet cil qui fe revange.
Bien tanceroit a un eftrange

645 Cil qui tance a fon conpaignon.
Ne vuel pas fanbler le gaignon

---

623. het *S.* | a tos *F*, et veut *S.* | honnir *S.*   **24.** M.] Pis *P.*
25. 26. *stellen um FG.*   **25.** Et *V.* | fai que *A*; *FG* (b.): De traïfon lap.
26. Et bien s. fele e. m. *F* (a); Endroit de moi fele e. m. *G* (a).   **27.** Langue *V.*
28. Deueroit *S.* | len en m. *G*; *V*: Certes deueroit on l.; *A*: D. on mener
au m.   **29.** profnes *F*, proismes *S*; *V*: Que ne deift a uos ramprofne; *P:*
Et li clamer comme prouues.   **30.** de *fehlt G* (— 1). | teus *A*, ceft *V.* |
ramprofnes *F*, ramprofne *V*, paroles *H.*   **31.** men *V*; uos caille *F.*   **32.** puet . . .
fet *HP* (*A*: Car t. p. et fet). | uaille *F.*   **33.** quen t. *A.*   **34.** Ke ia ne doit *A*,
Ne fu onques *S*, Que il niert *P.* | nert ia ne *V.* | muer *A*, muyaus *PFS.*
36. fens *PFGAS*, amor *V.*   **37.** Si *PFGA*, Et fi *S*, Ne *H.* | nel *HFG.* |
ninc *S.*   **38.** Ja *P.* | vos *fehlt G* (— 1), bien *fehlt P* (— 1).   **39.** ne uoeil
mie *V.*   **40.** Ne la *V.* | mellee com. *PFGAS.*   **41.** Car *FGS.* | icil *A* (+1). |
pas *fehlt F* (— 1).   **44.** le feroit contre *A*, corouceroit *G.*   **45.** Cil *fehlt*
PHGAS. | fi t. *A*, rampofne *PH*, corrouce *G.* | a] uiers *S, fehlt PHG.*
46. refembler g. *G.* | waignon *V*, guaignon *P*, gainon *A.*

Qui ſe herice et regringne   [645.
Quant autre maſtins le rechingne."

650   QUE que il parloient iſſi,
       Li rois fors de la chanbre iſſi
Ou il ot ſet longue demore,
Que dormi ot juſqu'a cele ore.
Et li baron quant il le virent,
Tuit an piez contre lui ſaillirent,
655   Et il toz raſſeoir les´ fiſt.
Delez la reïne ſ'aſſiſt,
Et la reïne maintenant
Les noveles Calogrenant
Li raconte tot mot a mot,
660   Que bien et bel conter li ſot.
Li rois les oï volantiers
Et fiſt trois ſeiremanz antiers
L'ame Uterpandragon ſon pere
Et la ſon fil et la ſa mere,
665   Qu'il iroit veoir la fontainne,
Ja ainz ne paſſeroit quinzainne,
Et la tanpeſte et la mervoille
Si que il i vandroit la voille
Mon ſeignor ſaint Jehan Batiſte
670   Et ſ'i prandroit la nuit ſon giſte,
Et dit que avuec lui iront
Tuit cil qui aler i voudront.

---

647. hirice *AS*, corrouce *VG.* | et] ne *V*, ſor *A.* | reſgrigne *V*, reguingne
HF, reſkigne *S*, leſchine *A*, eſgratine *G.*   **48.** uns autres *S*, *P* (+1). | gaingnons
H. | rechine *G*, reſqigne *FA*, grigne *S.*   **49.** Coi *S*, Due *F.* | iſſi *FG.*
51. 52. *umgestellt A.*   **51.** eſte grant d. *A.*   **52.** Car *FGA*, C. il *P*, *fehlt S.*
ot] *fehlt P*, auoit *S.* | ceſte *H.*   **53.** Li chl'r *V.*   **54.** Treſtuit encontre *V.*
c. lui en p. *G.*   **55.** Et li rois *S.* | toſt *P.* | aſooir *G*, acoiſir *A.*   **59.** Lor
F. | reconte *P*, reconta *HFG*, conta *S.* | toutes *S.*   **60.** Qui *V.* Car *FGAS.*
ml't bien raconter *A.* | fere *G.* | le *VGAS*, les *F.* | pot *G.*   **61.** Et li *V.* |
les *fehlt VA.* | loi *V*, ioi *P.* | ml't v. *A.*   **62.** Puis *S.*   **63.** Lune *G.* |
urpandragon *G* (−1), de pandr. *PA.*   **64.** le . . . le *VS.* | ſon frere *P.*
65. ira *S.*   **66.** paſſera *S.*   **67.** le pierron *S.*   **68.** Et ſi *VAS.* | quil
FAS, *fehlt V.* | uenra *PHFAS*, uelleroit *V.* | a la *FS.*   **69.** De m. *A* (+1).
70. i *G.* | prendra *PHFAS.* | ſa *AS.*   **71. 72.** *fehlen V.*   **71.** iroient *H.*
72. uoldroient *H.*

De ce que li rois devifa   [671.
Tote la corz miauz l'an prifa,
675 Car mout i voloient aler
Li baron et li bacheler.
Mes qui qu'an fuft liez et joianz,
Mes fire Yvains an fu dolanz,
Qu'il i cuidoit aler toz feus,
680 S'an fu dolanz et angoiffeus
Del roi qui aler i devoit.
Por ce folemant li grevoit
Qu'il favoit bien que la bataille
Avroit mes fire Keus fanz faille
685 Ainz que il. S'il la requeroit,
Ja veee ne li feroit.
Ou mes fire Gauvains meïmes
Efpoir la demanderoit primes.
Se nus de cez deus la requiert,   -
690 Ja contredite ne lor iert.
Mes il ne les atandra mie,
Qu'il n'a foing de lor conpaignie,
Einçois ira toz feus fon vuel
Ou a fa joie ou a fon duel,
695 Et qui que remaingne a fejor,
Il viaut eftre jufqu'a tierz jor
An Broceliande et querra,
Se il puet, tant qu'il trovera
L'eftroit fantier tot boiffoncus,

---

673. moult *S.* | le *V.* **76.** Li feriant *V*, Li preudome *S.* **77.** M. *fehlt*
V. | q̄ en *V*, en *F.* | foit *PHFGS.* | ne *G.* **79. 80.** *fehlen V.* **79.** i] en *PS.*
cuida laler *F.* **80.** Si *H.* | deftroiz *HF.* | courecous *S.* **82.** Et por *V*, Ice *G.* |
durement *A*, fort *V.* | anuioit *V.* **83.** fauroit (r *unterpunkt.*) *H.* **84.** K.] li
rois *P* (+1) **85.** que nus *A.* | fi *P*; *S*: Se il primes te r. **87—90** *fehlen A.*
88. li *H.* | demandera *PH.* **89.** ces *HFS*, cels *G.* | deus *fehlt G* (requeroit).
90. La *F.* | uee *G.* | li *PFGS.* | feroit *G.* **92.** Car *V*, Il *S.* | nont *S.* | n'a s.]
foigne *P*, na cure *V* (lor *fehlt.*) **693—724** *fehlen V.* **93.** Einz iera *G* (*so*),
Ains fen yra *P.* **94.** Qui quen ait pefance ne d. *G.* **95.** al *A.* **96.** Il]
I *G*; *P*: Il y u. aler ains t. i.; *F*: Yuains i uenra a fon ior. **97.** breceliande
FS, berceliande *G.* | et *fehlt G.* | uerra *A.* **98.** Sil *H.* | que il *HFAS.* uendra
A, uenra *S*, uerra *F.* **99.** Lentroit *G*, En l'e. *A*, A. l. *S.* | tot *fehlt PFGAS.*
boiffonconos *F*, befoigneus *A*, beneurous *G*, perilleus *S*, le chemin fort *P.*

700   Que trop an eſt cuſançoneus,   [698.
      Et la lande et la meiſon fort
      Et le ſolaz et le deport
      De la cortoiſe dameiſele
      Qui tant eſt avenanz et bele,
705   Et le prodome avuec ſa fille,
      Qui an enor feire ſeſſille,
      Tant eſt frans et de buene part.
      Puis verra les torſ an l'eſſart
      Et le grant vilain qui les garde.
710   Li veoirs li demore et tarde
      Del vilain qui tant par eſt lez,
      Granz et hideus et contrefez
      Et noirs a guiſe de ferron.
      Puis verra, ſ'il puet, le perron
715   Et la fontainne et le bacin
      Et les oiſiaus deſſor le pin,
      Si fera plovoir et vanter.
      Mes il ne ſ'an quiert ja vanter,
      Ne ja ſon vuel nus nel ſavra
720   Jusqu'a tant que il an avra
      Grant honte ou grant enor eüe,
      Puis ſi ſoit la choſe ſeüe.
      MES ſire Yvains de la cort ſ'anble
      Si qu'a nul home ne ſ'aſſanble,
725   Mes ſeus vers ſon oſtel ſ'an va.
      Tote ſa meſniee trova,
      Si comanda metre ſa ſele

700. (fehlt P) Car ml't FGAS. | entalenteus S.   1. bande H.   4. Q.
mout HFS.   5. Et del A; P: Et le prodons ſa uoie a prinſe.   6. a H.
7. et en P.   8. uenra PS. | la tor HA, le corps P. | et HAS.   9. le lait
S. | le HA, la F.   10. Car li A; La uoie F. | forment li A (dem. et fehlt).
11. De F.   12. Noirs GA.   13. deſperon H; A: Et le uis engres et ſelon,
S: Et a uiſage de ſelon.   14. F; Et p. u. le noir p.   16. deſus A, deſous S.
17. Ci F. | feraſ H, uerra F.   19. Et F. | ia ſil puet nus S, ſil puet nus A. |
ne le A, ne P.   20. De ſi a t. FS, Juſques adonc A, Juſque tant HP. |
quil A. | an] i PA, fehlt FS. | uenra A.   21. G: Ou g. ioie ou g. honte e.,
A: Honte ou e. aura e.   22. Et puis ſoit S.   24. que n. h. P, ca com-
pagnon PS, quauec lui nus G, quod lui P, que o lui nus A. | ni PS, nen
F. | aſſemble PS, mena enſemble F.   25. Touz s. G. | a ſon GS.   26. La
ou ſa G.   27. 28. ſtellt um G.   27. comande a HAS, P (ohne a).

Et un fuen efcuiier apele [726.
Cui il ne celoit nule rien.
730 „Di va", fet il „aprés moi vien
La fors et mes armes m'aporte!
Je m'an iftrai par cele porte
Sor mon palefroi tot le pas.
Garde ne demorer tu pas,
735 Qu'il me convient mout loing errer.
Et mon cheval fai bien ferrer,
Si l'amainne toft aprés moi,
Puis ramanras mon palefroi.
Mes garde bien, je te comant,
740 S'eft nus qui de moi te demant,
Que tu novele ne l'an dïes.
Se tu de rien an moi te fies,
Ja mar t'i fiëroies mes."
„Sire", fet il, „il an eft pes,
745 Que ja par moi nus nel favra.
Alezl que je vos fiurai ja."
MES fire Yvains maintenant monte
Qui vangera, f'il puet, la honte
Son cofin ainz que il retort.
750 Li efcuiiers as armes cort
Et au cheval, fi monte fus,

728. Tantost fon *G*; Et *fehlt P* (y ap.). **29.** auoec *H*. **31.** me
porte *P*, aporte *S*. **32.** Si *V*. | irai a *G*. **33. 34.** *fehlen P*. **34.** Apres
moi ne *V*. | demore *VF*, demores *A*. | tu *fehlt V*. **35.** Il *F*. | men *S*. |
aler *GAS*. **36.** fai enfeler *PF*. *Nach* **36** *interpolirt G*: Et cil fift a fa
uolente. Quanque fes fire ot comande. Sanz grant ator et fanz efmai.
Onques ni fift trop grant delai. **37. 38.** *fehlen S*. **37.** toi *A*. **38.** Si
VG, Et *PF*. | remenras *V*, ramaine *F*. **39.** Et *V*, Et fi *S* (bien *fehlt*). |
iel *S*, ce *HFG*. **40.** Que nus *PFGAS*. **41.** Q. ia *HA*, Qua la *P*, Garde
V. | noueles *HGS*. | li an *H*. **42.** tu] or *H*, *fehlt VA*. | de r. *hinter* moi
PS. | r. nule en *V*; *A*: de moi nule rien te f. **43.** Ja] Que *G*, *fehlt V*. |
fieras *A*. | iames *VA*. **44.** or en eft *P*, or en foit *S*, or aiez *HF*. **45.** (*fehlt F*)
Car *AS*. | por *A*. | ne *P*. **46.** car *A*, toft *S*. | la *H*. **47.** Mainten. *vor*
mes s. *G*. **48.** Quil *PHGS*, Il *A*. **49.** ancois *S*. | quil *GAS*. | fen r. *GA*.
50. Ses *VS*. | es ar. *A*, maintenant *H*. **51.** Et a *S*, Au boen *H* (2. *manus*). |
et *F*. | monta *PHFS*; *A*: quil ni ot plus.

Que de demore n'i ot plus,   [750.
Qu'il n'i failloit ne fers ne clos.
Son feignor fiut toz les efclos
755 Tant que il le vit defçandu,
Qu'il l'avoit un po atandu
Loing del chemin an un deftor.
Tot fon hernois et fon ator;
Li aporte, fi l'atorna.
760 Mes fire Yvains ne fejorna
Puis qu'armez fu ne tant ne quant,
Einçois erra chafcun jor tant
Par montaingnes et par valees
Et par forez longues et lees,
765 Par leus eftranges et fauvages,
Et paffa mainz felons paffages
Et maint peril et maint deftroit
Tant qu'il vint au fantier tot droit
Plain de ronces et d'ofcurté,
770 Et lors fu il a feürté
Qu'il ne pooit mes efgarer.
Qui que le doie conparer,
Ne finera tant que il voie
Le pin qui la fontainne onbroie
775 Et le perron et la tormante

---

752. Quil *F.* | ni a *P,* ni ot *vor* de d. *F.* | demoree *G,* demourer *P.*
fift *S; A:* Ne dem. puis monte fus; *V:* Que ne li failloit noient plus.   53. Ne
li *V,* Lors ni *P.* | failli *A.*   54. Mon *S.* | fiuft *H.* | toz] par *A,* parmi *P,*
fehlt S (les grans). | galos *HS,* lieus *P; G:* Ses fires fu touz lez lefclos.
55. 56. *stellt um G.*   55. il la aconfeu *V.*   56. Qui *G,* Car il *V,* Ja *S,* Et
F. | l'a. contratendu *V.*   57. Pres *V.*   59. En a porte *H,* Ot aporte *P,* En
atorne *A,* Ot atorne *FGS.* | cil l'a. *H,* et fi monta *FG,* puis fi m. *S,* et puis
m. *A.* 60. ni *FA.* 61. quauoiez fu t. *F.* 63. montaigne *A* (—1). 65. grandes
et *S.* 65. 66. *fehlen V.* 66. Si *P.* | maint *GA,* tant *S.* | mal felon *A* (+1),
diuers *F.*   67. Par . . par *V.* | tant . . tant *S.* | perilz *P.*   68. que il *F*
(tot *fehlt*). | vit le f. *P.* | eftroit *PH; S:* que el f. vint t. d.   69. defpines
V. | dofcurtes *PH,* de coudroit *G.* 70. Et don *G,* Adont *V.* | il affeures *PH,*
a fa uolente *S; A:* Lors fe tint por affeure.   71. Qui *G,* Que il *VF.* |
porroit *PS,* pot *V.* | mie *S.* | efgarder *S,* errer *V.*   72. Cui *V.* | qui *F.* |
il en d. pefer *V; P:* Lors commencha fort a efrer.   73. dus que *V; A:* Ne
f. mais t. quil u., *P:* Ne li chaut mais fors q. il u.   74. qui] ou *F,* lau *P.*

Qui pluct et nege et greſle et vante.   [774.

La nuit ot, ce poez favoir,

Tel oſtel com il voſt avoir;

Car plus de bien et plus d'enor

780 Trova allez el vavaſſor

Qu'an ne li ot conté ne dit,

Et an la pucele revit

De ſan et de biauté çant tanz

Que n'ot conté Calogrenanz;

785 Qu'an ne puet pas dire la ſome

De buene dame et de prodome.

Des qu'il ſ'atorne a grant bonté,

Ja n'iert tot dit ne tot conté,

Que langue ne porroit retreire

790 Tant d'enor con prodon ſet ſeire.

Mes ſire Yvains cele nuit ot

Mout buen oſtel et mout li plot,

Et vint es eſſarz l'andemain, —

Si vit les tors et le vilain

795 Qui la voie li anſeigna;

Mes plus de çant ſoiz ſe ſeigna

De la mervoille que il ot,

Comant Nature ſeire ſot

---

776. Kil *S*, U *F*. | grauſle et pl. *H,F* (grelle). | *1.* et *fehlt A*. | gele grele *I'*, graile et nege *S*, tone greſele *A*, tone et vante *HF*; *P*: Q. tonne et pluye et uente et graille. **77.** Cele *I'*. | ot] *fehlt I'A*. | p. bien *A*. **78.** Os. tel *G*, Ot t. os. *I'*. | oſte *HA*. | il *fehlt I'*. | dut *I'FG*, pot *S*. **79.** Que *I'*, Et *G*. | pus de *G*. **80.** Trueue il *II*. **81.** Que ne uos ai conte et *II*. | dite *P* (*ohne Reim*). **82.** ens en *F* (vit). *Nach* **782** *schiebt P ein:* Grant bien et bonte si quil dit. **83.** De ſenz *I'PFA*, De bien *G*, Donnour *S*. | biautez *G*, bonte *S*. | .ii. t. *F*. **84.** ne li ot C. *G*, nen ot dit C. *A*. **85—90.** *fehlen V*. **85.** On nen pooit *A* (pas *fehlt*). | conter *FS*. **86.** prode *II*, la *A*. | fame *HS*. | ne dou *A*. **87.** Quant il *P*. | que il *A*. | ſatornent *S*. grant *fehlt AS*. **88.** Ne puet eſtre *A*. | tant . . tant *G*. | *2.* tot *fehlt FAS*. | aconte *F*, raconte *S*. **89.** Ne *S*, Car *A*. | lon *FA*. | puet *H*. | pas r. *HFA*. **90.** La bonte *A*, Cou de bien *S*. | que *PAS*. | doit preudon ſ. *S*. **92.** Si *G*. | et bien *I'*, et ſe *S*, come *G*. **93.** Et *fehlt A*. | as *V*, en *I'GS*. | leſſart *I'GS*. | a lend. *A*; *P*: Et quant che uint a l'e. **94.** Si *fehlt GAS*. | les bieſtes *S*, la foreſt *GA*. **96.** (*fehlt F*) Et *S*. | plus *fehlt H* (—1). | de mil *G*.

Oevre fi leide et fi vilainne.   [797.

800 Puis erra jufqu'a la fontainne,
Si vit quanque il voft veoir.
Sanz arefter et fanz feoir
Verfa for le perron de plain
De l'iaue le bacin tot plain.

805 Et maintenant vanta et plut
Et fift tel tans con feire dut.
Et quant Deus redona le bel,
Sor le pin vindrent li oifel
Et firent joie merveilleufe

810 Sor la fontainne perilleufe.
Ainz que la joie fuft remefe,
Vint d'ire plus ardanz que brefe
Li chevaliers a fi grant bruit
Con f'il chaçaft un cerf de ruit,

815 Et maintenant qu'il f'antrevirent,
S'antrevindrent et fanblant firent
Qu'il f'antrehaïffent de mort.
Chafcuns ot lance roide et fort,
Si f'antredonent fi granz cos

820 Qu'andeus les efcuz de lor cos
Percent et les haubers deflicent,
Les lances froiffent et efclicent,
Et li tronçon volent an haut.
Li uns l'autre a l'efpee affaut,

---

799. Si l. cofe *F.*   **801.** Et *S.* | quanques il *PA*, quanquil *HF*, quanque *S* (il *fehlt*). | voloit *HFS.*   **2.** demorer *V.*   **3.** a plein *G.*   **4.** Del b. de l'eue *F.* | tot *vor* le *A.*   **5.** De *P*, Tot *A.* | nega et *S.* | et *fehlt F* (— 1).   **6.** con] que *P.*   **8.** Vind. for *F.*   **10.** Souz *G*, Lonc *V.*   **11.** Et quant *S.* | lor *V.* | fu *S.* | remeife *H.*   **12.** d'ire *nach* ard. *G.* | breife *H*; *P*: Vinrent pl. ard. q. neft b.   **13.** Uns *HGAS.* | a] de *S.*   **14.** en r. *A.*   **15.** que il fe virent *V*; *P*: Lors fafanlerent et fi uinrent.   **16.** Se connurent et *V*, Sanz denrroftrement *G*, Tel chiere et tel *S.* | f. fe f. *S*, affalirent *F*; *P*: Tous deus et ml't grant f. f.   **17.** Que *V.* | fentrehaoient *F.*   **18.** et *fehlt F*; *S*: Lues feflaiffent fans nul deport.   **19.** fen doner ent *V.* | fi] ml't *P.*   **20.** Que tous *P*; *G*: Sor l. e. quil ont au coux.   **21.** Froiffent *V*, Fierent *G.* li hauberc *PHF*, lor elmes *V.* | eflicent *S*, defcirent *G.*   **22.** (*fehlt P*) Lor *V.* | fandent *HFG.* | defcirent *G.*   **23.** en vol. h. *A.*

825   Si ont au chaple des efpees   [823.
        Les guiges des efcuz coupees
        Et les efcuz dehachiez toz
        Et par defus et par defoz
        Si que les pieces an depandent,
830   N'il ne f'an cuevrent ne defandent;
        Car fi les ont harigotez
        Qu'a delivre for les coftez
        Et for les braz et for les hanches
        Se fierent des efpees blanches.
835   Feleneffemant f'antrefpruevent,
        N'onques d'un eftal ne fe muevent
        Nient plus que feïffent dui gres.
        Ainz dui chevalier fi angrés
        Ne furent de lor mort hafter.
840   N'ont cure de lor cos gafter,
        Qu'au miauz qu'il pueent les anploient,
        Les hiaumes anbuingnent et ploient
        Et des haubers les mailles volent
        Si que del fanc affez fe tolent;
845   Car d'aus meïfmes font fi chaut
        Li hauberc que li fuens ne vaut
        A chafcun gueires plus d'un froc.
        Anz el vis fe fierent d'eftoc,

825. 826. *fehlen V.* **25.** font *F.* | au guiges *G.* **26.** guinces *A* (oftees).
27. dehachent *G*, detrencent *S*; *V*: Toft orent lor e. derous.   **28.** defeure
VAS.   **29.** defendent *S.*   **30.** fe *F*; *V*: A euls maumetre ml't entendent.
31. 32. *fehlen V.*   **31.** Que *GS.* | fe font *F*, | haligotes *PFGAS.*   **32.** Car
P. | Que facies que *S.*   **33.** Defor *G*, Car f. *V.* | fus . . fus *A.* | piz *H.* |
manches *A.*   **43.** Affient les *P*, Effaient les *HG.* | franches *V.* **35.** Perilleufe-
ment *P.* | les efpr. *V.*   **36.** Ne dun . . rem. *G*; *S*: Nil ne fe coeurent ne rem.
37. Ne *HFG*; Comme *A.* | que] ke fil *S*, fe ce *A.* | fuffent *AS.*   **38.** Einc
FG, Onc *V*, Que *A.* | mais ch. *A.* | plus *HG.*   **39.** Ne ui mes *G.* | la *A.* | cors
copper *S.*   **40.** Ne ueulent pas lor *P.* | hafter *S.*   **41.** Car au *P* (+1),
Car *A*, Que *H*, Mais *S.*   **42.** Li hiaume *PFA*, Et li h. *G.* | fembuignent *F*,
buignent *A*, embarrent *G*, enbruncherent *P.* | et fi ; *V*: Lor efpiez froiffent
et pecoient.   **42—45.** *fehlen S.*   **43.** del hauberc *F.*   **44.** (*fehlt A*) de *P.*
45. meifme *FA.*   **46.** Lor *H*, Que li lor *V.* | q. li f.] *fehlt V*, que chafcuns
P, qua cafcun *A.* | ne lor *V*; *S*: Car li hauberc ne lor ualoient. **47.** Li funs
ne *A.* | g.] daus nient *S.* | miex *VF.*   **48.** Enz es u. *GS*, Es efcus *F.* |
fentref. *A* (+1).

S'eſt mervoille comant tant dure   [847.
850 Bataille ſi fiere et ſi dure;
     Mes andui ſont de ſi grant cuer
     Que li uns por l'autre a nul fuer
     De terre un pié ne guerpiroit
     Se juſqu'a mort ne l'anpiroit.
855 Et de ce firent mout que preu
     Qu'onques lor chevaus an nul leu
     Ne ferirent ne maheignierent,
     Qu'il ne voſtrent ne ne deignierent;
     Mes toz jorz a cheval ſe tindrent,
860 Que nule foiz a pié ne vindrent,
     S'an fu la bataille plus· bele.
     An la fin ſon hiaume eſcartele
     Au chevalier mes ſire Yvains.
     Del cop fu eſtordiz et vains
865 Li chevaliers, ſi ſ'eſmaia,
     Qu'ainz ſi felon cop n'eſſaia;
     Qu'il li ot deſoz le chapel
     Le chief ſandu juſqu'el cervel
     Si que del cervel et del ſanc
870 Taint la maille del hauberc blanc,
     Don ſi tres grant dolor ſanti
     Qu'a po li cuers ne li manti.
     S'adonc foï, n'ot mie tort,

---

849. Ceſt *V*, Si eſt *FG*. | grant m. *S.* | que *FGAS.* | lor d. *A.* **50.** La b. *FGAS.* | ſi fors *A*, ſi peſme *PGS*, cruex *F.* | et d. *FGSA.* **51.** fier *H*, haut *A*. **52.** por] *fehlt A*, ne *G.* | a] por *A.* **53.** Point de t. *S*, Del champ plain *V*, Por lautre *G.* | un *fehlt VS.* | pie *fehlt S.* | partiroit *V.* **55.** Mais *S.* **56.** cheual *H.* **57.** naurerent *PFGAS.* | empirierent *FG*, nemp. *PAS.* **58.** Que il *P*, Car il *GA* (*ein* ne *fehlt PGA*). **59.** as cheuaus *FA*, ad c. *P.* | tienent *H.* **60.** Ne *A* (en pies). | ni *F.* | uienent *H.* **61.** Se *A.* **62.** A *S.* **64.** eſtonez *H.* **65.** ſi] molt *H.* **66.** Conques *P*, Car ains *A*, (cop *fehlt PA*), Que *V*, Car *FG.* | li paia *G*; *S*: Caint mais ſon pareil ne trouua. **67.** Que il *P* (li *fehlt*). | ot] a *S.* | deſor *G*; *A*: Q. auoit le juſqual ch. **68.** Fendu le *FS.* | cuir *G.* | el] au *HFGA*, a *P.* **69.** Tant *H.* | de ceruele et de *F*, a le cheruele et du *P* (+1). **70.** Tainſt *S*, Toucha *P* (+1). | les mailles *A.* **71.** D. il *P* (tres *fehlt*). | ſouffri *S.* **72.** A *A*, Par *V.* | ſali *S*, parti *F*, le ſenti *P.* **73.** Et ſil *F*, Se puis *S*, Sil ſan *H*, Si *G.* | na *H*, il not *V*, puis not *G.* | pas t. *V*; *A*: Quil ot bien droit ne m. t.; *P*: Si fiſt il puis non m. t.

Qu'il fe fanti naurez a mort; [872.
875 Car riens ne li vaufift defanfe.
Si toft f'an fuit com il f'apanfe
Vers fon chaftel toz efleiffiez,
Et li ponz li fu abeiffiez
Et la porte overte a bandon,
880 Et mes fire Yvains de randon,
Quanqu'il puet, aprés efperonc.
Si con girfauz grue randonc
Qui de loing muet et tant l'aproche
Qu'il la cuide prandre et n'i toche:
885 Einfi cil fuit et cil le chace
Si pres qu'a po qu'il ne l'anbrace
Et fi ne le par puet ataindre
Et f'eft fi pres que il l'ot plaindre
De la deftrefce que il fant;
890 Mes toz jorz au foïr antant,
Et cil del chacier f'efvertue,
Qu'il crient fa painne avoir perdue
Se mort ou vif ne le detient;
Que des ranpones li fovient
895 Que mes fire Keus li ot dites.
N'iert pas de la promeffe quites
Que fon cofin avoit promife,

---

874. Il *A*, Car il *PF* (fent). | naure *FS*.   **75.** Que *VP*, Ne *G*, Il fot noiant ni *F* (li *fehlt*). | ualut *HPA*, ualoit *S*, ualt *F*.   **76.** (*fehlt F*) Molt *S*. | quant *PAS*.   **77.** Enuers *F* (toz *fehlt*). | hoftel *P*.   **78.** Et *fehlt A* (tos ab.). | li perrons fu *P*.   **80.** Et *fehlt A* (tot de), *S* (de grant).   **81.** ap. lui randonne *A*; *G*: Hurte grant aleure apres.   **82.** *G*: Sil uient ateignant de fi pres.   **83.** Quant *A*, Mes *G*. | uient et *P*.   **84.** Tenir la *PGAS*, Ferir nel *F*. | mais *PFGA*. | nel *FS*. | atouche *S*.   **85.** E. *fehlt S*. | fuit chil *PFGA*. | et c.] .Y. *A*, mefire Yuains lenc. *S*.   **86.** Si pres a *PS*, Si que par *G*, Que dufqua *A*, A por un *F*, Et a bien *V.* | po] pres *V*. | cil *G*. | le paffe *V*.   **87.** Et *fehlt G* (—1). | fi] il *F*. | fen *P*. | par p.] pooit *G*, puet pas *P*, pot pas *F*. | rataindre *P*.   **88.** Si eft *PFGA*.   **90.** Et *VS*. | a *HGA*.   **91.** de *HFA*. | fe treffue *P*.   **92.** Qui *FS*, Cor *G*, *fehlt A*. | cr.] *fehlt A*, a il *G*. | p. cuide *A*. | auoir *fehlt G*.   **93.** vif ou m. *VS*. | v.] pris *FA*. | le *fehlt A* (—1). | retient *H*.   **94.** Car *FGAS*.   **96.** Neft *HF*.   **97.** Que a *F*, Ca *PS*, Quil *V*. | av.] *vor* fon *V*; a p. *F*. | promis *A*.

3*

Ne creüz n'iert an nule guiſe　　　　　　[896.
S'anſaingne veraie n'an porte.

900　A eſperon juſqu'a la porte
　　De ſon chaſtel l'an a mené,
　　Si ſont anz anbedui antré,
　　N'ome ne ſame ne troverent
　　Es rues par ou il paſſerent,
905　Et vindrent anbedui d'eſlés
　　Juſqu'a la porte del palés.

LA porte fu mout haute et lee,
　　Si avoit ſi eſtroite antree
　　Que dui home ne dui cheval
910　Sanz anconbrier et ſanz grant mal
　　N'i poïſſent anſanble antrer
　　N'anmi la porte antrecontrer;
　　Qu'ele eſtoit tot autreſi ſeite
　　Con l'arbaleſte qui agueite
915　Le rat quant il vient au forfet,
　　Et l'eſpee eſt an ſon aguet
　　Deſus, qui tret et fiert et prant,

898. Ne] Ja *S*, Qen *V*, Creuz *F*. | cr.] niert *S*, le *G*, nen *F*, nel *V*. | n'i.] creuz *S*, iert *F*, voudroit *G*, creroit *V*. | a nul auis *A*. **99.** Senſeignes *HGS*, Se e.ª *P*. | ueraies *HG*, uraies *P*, vraie *S*. | nen emp. *S*; *A*: Se uraies ens.ª *A*. **900.** (*doppelt in H*) A eſperons *G*, Du perron *P*. | iuſqueſ a *P*, parmi *S*. **1.** la amené *P*. **2.** Et *S*, Il *A*. | laiens andoi *S*. **3. 4.** *stellt um F*. **3.** Home *HAS*, Nuhem (e *aus* o) *G*, Onques nul h. *F* (ne ſ. *fehlt*). | ni t. *VH*, nencontrerent *FA*, ne les contrerer *G*. **4.** Par les *S* (par *fehlt*), Tote la *A* (rue). | par ou] qil *A*. | antrerent *H*, alerent *PA*. **5.** Si *H*, Einz *G*, Puis *V*. | corurent *V*, entrent *G*. | andui *FAS*, *fehlt V*. | de grant e. *V*, dun e. *A*, a e. *FS*. **6.** Deuant *S*, Parmi *VHG*. **7.** (*fehlt F*) mout] ſi *P*, et *G*. | haut leuee *A*; *V*: La p. neſtoit mie l.　·　**8.** Et av. *P*, Et ſi ot *GS*, Ainz av. *V*. | ſi] ml't *GA*. **9.** Si que *A*. | et *VG* (—1) *A*; *P*: Que .ii. chl'rs a ch. **10.** ne *S*; *A*: I ſont entre treſtot ſens m. **11.** Ne *V*. | porroient *P*, pooient *HAS*, poent pas *F*. **12.** Ne doi homme *PFGAS* (—1). | entraconter *V*, entrec. *FAS*. **13.** Car ele *HGS*, Car *FA*. | eſt. *vor* faite *FA*. | tot *fehlt PHG*. | auſſi *S*, auſement *F*. | eſtroite *P*. **14.** Com a. *FG*, Comme l. *A* (+1); *P*: Cune a. il puet droite. **15.** *fehlt F*. **15.** Le rarc *A*. a *A*; *V*: Tant que li rais uiegne en ſ.; *P*; La le rataint a luis fort ſait. **16.** (*fehlt F*) leſpie *VGS*, li pis *A*. | eſt *fehlt G* (—1); *P*; Leſpee tenoit en ag. **17.** De lonc *S*. | q. ſiert et t. *AS*, q. ſ. et gaite *F*, le ſ. et ſache *G*; *P*: En le porte a un tel torment.

Qu'ele efchape lués et deftant   [916.
Que riens nule adoife a la clef,
920   Ja n'i tochera fi foef.
Einfi defoz la porte eftoient
Dui trabuchet qui foftenoient
A mont une porte colant
De fer efmolue et tranchant.
925   Se riens for cez engins montoit,
La porte d'amont defçandoit,
S'eftoit pris et efquachiez toz
Cui la porte ateignoit defoz.
Et tot anmi a droit conpas
930   Eftoit fi eftroiz li trefpas
Con fe fuft uns fantiers batuz.
El droit chemin f'eft anbatuz
Li chevaliers mout fagemant,
Et mes fire Yvains folemant
935   Hurte grant aleüre aprés,
.Si le vint ateignant fi pres
Qu'a l'arçon derriere le tint.
Et de ce mout bien li avint
Qu'il fe fu avant eftanduz.
940   Toz eüft efté porfanduz
Se cefte avanture ne fuft;

918. Quant ele *P* (+1), *A*, Lues quele *G*, Qu'il *V*. | ef.] laiffe *A*. | lues] *vor* Q. *G*, *fehlt A* (—1), lors *H*. | ne *G*. | defcent *HFS*.   **19.** Quant *A*, Car *F*, Lues quen *G*. | r. n.] nus y *S*, noiant *F*, *fehlt G*. | atouche *GA*, natoce *F*, fiert *V*; *P*: Si toft que riens adoife au chief.   **20.** fi] tant *PS,F* (*vor* ni). | ouef *A*.   **21.** d.] defor *G*, defus *VGF*, en fon *A* (la *fehlt*, —1), doi *PS*. | la p.] trebuchet *P*, trebufiet *S*. | eftoit *VFGA*.   **22.** Vns trebufches *V*, Sous le porte *P*, Deffous la porte *S*. | foftenoit *VFGA*, tenoient *S*.   **23.** Defus *G*. | courant *S*, acoulant *P*.   **24.** efmolu *A*. | et *fehlt F*; *G*: Bien e. et bien t. **25.** Quant *PGA*. | for] a *GA*, fus *S*, *fehlt P*. | cel engin *FGASP*. | adefoit *P*, tochoit *G*(*A*).   **26.** defus *A*. | eftendoit *P*.   **27.** morz *V*. | ou *P*. | dehachiez *H*, deftrenchies *PFAS*.   **28.** Que *A*.   **29.** tot entour *P*.   **30.** Seftoit *S*, Par eftoit *G*. | deftrois *A*. | li. pas *G*.   **31—38.** *fehlen G*.   **31.** fe] ce *FA*, fe che *P* (uns *fehlt*). | cemins *F*.   **32.** Tout *S*. | fentier *HFA*, illuec *S*. **36.** Sel *F*. | le *fehlt FA*. | de fi *FA*.   **37.** Qua la porte *P* (+1). | le] *fehlt A* (—1), fe *P*.   **39.** Q. fe] Que fi *P*, Que il *A*, Que fil *G*, Quil fi *S*, Sil ne *V*. | fuft *VPGS*. | av.] *vor* fe *F*, .i. poi *S*. | attendus *S*.   **41.** cele *V*.

Que li chevaus marcha le fuſt   [940.
Qui tenoit la porte de fer.
Auſſi con deables d'anfer
945 Desçant la porte contre val,
S'ataint la ſele et le cheval
Derriere et tranche tot par mi;
Mes ne tocha, la Deu merci,
Mon ſeignor Yvain mes que tant,
·950 Qu'au res del dos li vint reant
Si qu'anbedeus les eſperons
Li trancha au res des talons
Et il cheï toz eſmaiiez,
Et cil qui iert a mort plaiiez
955 Li eſchapa an tel meniere.
Une autel porte avoit derriere
Come cele devant eſtoit.
Li chevaliers qui ſ'an aloit
Par cele porte ſ'an ſoï
960 Et la porte aprés lui cheï.
Einſi fu mes ſire Yvains pris
Mout angoiſſeus et antrepris
[Remeſt dedanz la ſale anclos
Qui tote eſtoit cielee a clos
965 Dorez et paintes les meiſieres
De buene oevre et de colors chieres];
Mes de rien ſi grant duel n'avoit

942. Car *FGAS.* | ſes *PGAS.* | hurta *A.*   **44.** Si c. li *H.*   **45.** p. et
chiet aual *HFGAS.*   **46.** Sentent aitant le c. *A*; *H* (= 910): Sanz en-
conbrier et ſanz grant mal.   **47.** trencha *A*, cope *V.* | tres p. *A.*   **48.** nel
t. *VGA*, natoca *F.* **49.** fors q. t. *PFGS*, dus q. t. *A*, maintenant *H.* **50.** Qua
HG, Que *FAS.* | pres *F*, les *S.* | del] le *AS*, ſon *G.* | uient *G*, uet *V*, ua *F.* |
raiant *P*, raſant *AS*, glacant *G*, cheant *V.* **51.** que anſdeus *F.* **52.** rompi
V. | a res *HFG*, ml't pres *A*, empres *V.* | les *VA.* **53.** cil *VS.* | toz] ml't
HFGAS. **54.** Et] *fehlt VHS.* | C. q. eſtoit *VH*, c. q. eſt *G*, icil ſu *A*, Quil
quida eſtre *S.* | a *fehlt A.* | mors et p. *A.* **55.** Si *A*, Lies *S.* **56.** autre *VA*,
tel *S.* | a. d.] de d. *A.* **57.** Si com *V*, Tes com *A*, Com *S* (c. par). **58.** ſuioit
HPGAS. **59.** Parmi *F* (en). | iſſi *FGAS.* **61.** ſu *nach* Y. *AS.* **63—66.** *fehlen*
V. **63.** ſele *P*, porte *A.* **64.** chelee *PFG*, couuerte *S*; *A*: Q. ſu faite par ml't
grant los.   **65.** Et bien ſont p. *A*, Dorees *G* (+1).   **66.** et *fehlt FS.*

Con de ce que il ne favoit   [966.
Quel part cil an eftoit alez.
970 D'une chanbrete iqui dalez
Oï ovrir un huis eftroit
Que que il iert an cel deftroit, *Yule*
S'an iffi une dameifele
Sole, mout avenanz et bele,
975 Et l'uis aprés·li referma
Quant mon feignor Yvain trova,
Si l'efmaia mout de premiers.
„Certes", fet ele, „chevaliers!
Je criem que mal foiiez venuz.
980 Se vos eftes ceanz veüz,
Vos i feroiz toz defpeciez.
Car mes fire eft a mort bleciez,
Et bien fai que vos l'avez mort.
Ma dame an fet un duel fi fort
985 Et fes janz anviron li crïent
Qui par po de duel ne f'ocïent,
Si vos fevent il bien ceanz;
Mes antr'aus eft li diaus fi granz
Que il n'i pueent or antandre.
990 S'il vos vuelent ocirre ou prandre,
·A ce ne pueent il faillir
Quant il vos vandront affaillir."

968. Come .. quil *FGA* (*nicht H!*). **69.** fen *PA*.   **70.** Quant dune
A, Une *H*. | chambre *FGAS*. | qui *A*, enki *S* (—1), yleuc *P*, iloques *FG*, de *V*.
71. Ouurir vit *P*. | dun *H*. | huiffet *P*. | adroit *A*. **72.** Q. quil eftoit *PGAS*. |
ce *G*, tel *S*, fon *H*.   **74.** Cortoife *V* (—1; ml't *fehlt*), Qui *S* (m. iert); *H*:
Gente de cors et de uis bele. **75.** Mes *V*; *A*: Celui uis a. li frema.
77. du *S*, a *F*. **79.** croi *F*, cuit *G*. | que] vos *A*. | ferez *G*, *A* (*vor* mal); *S*: Ml't
feres chaiens m. u.; *V*: Qui caiens eftes embatuz. **80.** ceanz] *vor* eft. *A*,
y *vor* eft. *S*, *fehlt V*. | eftez *H*. | tenuz *HF*, aperceuz *V*, confeus *S*. **81.** V.
f. ia *S*. **82.** Que *PHG*. | plaiez *HPAS*. **83.** Je fai bien *A*, Et fi croi
b. q. laiez *V*. **84.** Que ma *V* (an *und* fi *fehlen*). | en maine *P*. **85.** fa
gent *F*. | lui *HGA*; *V*: Et totes fes genz fentrocient. **86.** Que *PHG*, *AS*
(*vor* de). | por poi *G*, a poi *FS*, *fehlt V*. | ne f'o.] enuiron lui crient *V*.
89. Quil *VS*. | ores *V*, encore *S*. **90.** Si *H*. | vos *hinter* ou *G*. | ardoir *S*. |
p̄ndre *A*, pendre *Rest*. **92.** uoldront *HFGA*.

      Et mes fire Yvains li refpont: [991.
      „Ja, fe Deu pleft, ne m'ocirront
995 Ne ja par aus pris ne ferai."
      „Non", fet ele, „car j'an ferai
      Avuec vos ma puiffance tote.
      N'eft mie prodon qui trop dote.
      Por ce cuit que prodon foiiez,
1000 Que n'eftes pas trop efmaiiez.
      Et fachiez bien, fe je pooie,
      Servife et enor vos feroie;
      Que vos la feïftes ja moi.
      Une foiz a la cort le roi
1005 M'anvoia ma dame 'an meffage,
      Efpoir fi ne fui pas fi fage,
      Si cortoife ne de tel eftre
      Come pucele deüft eftre;
      Mes onques chevalier n'i ot
1010 Qu'a moi deignaft parler un mot
      Fors vos tot feul qui eftes ci;
      Mes vos, la voftre grant merci,
      M'i enoraftes et ferviftes.
      De l'enor que la me feïftes
1015 Vos randrai ci le guerredon.
      Bien fai comant vos avez non
      Et reconeü vos ai bien:
      Fiz eftes au roi Uriien
      Et avez non mes fire Yvains.
1020 Or foiiez feürs et certains
      Que ja fe croire me volez

---

993. fires *P.* | lor *A, fehlt P.* | **95.** p. deu *G.* **96.** N. fe deu plet *GA,* N. certes *V.* | que *HF.* | ie *A,* ge i *V.* | metrai *V.* **99.** croi *V,* di *G.* **1000.** Que uos *V* (tr. *fehlt*), Car *S.* | nieftes *H.* **1—4.** *wiederholt V nach* 1022 (*V¹*). **1.** que fe p. *G.* **3.** Car *HFGAS.* | le *PFGSV¹.* | a moi *P.* **6.** (*fehlt F*) fi] ge *VS, fehlt P.* | pas] mie *P.* **8.** Com damoifele *V.* | deuoit *P.* **9.** Ne *V.* | cheualiers *HPA.* **10.** Qui a *PGAS* (un *fehlt*). **11.** toz feuls *V.* **14.** vos mi *HFGAS.* **15.** renderai le *A.* | ia le *H.* **17.** Et *fehlt S* (ml't b.), Que ie c. *V.* **18.** le *PGA.* | hurien *G.* **19.** Et fa. *HFS,* Si a. *G.* **21.** Car *S.* | ja] ie *G, fehlt PF* (fe uos).

Ne feroiz pris ne afolez. [1020.

Et ceſt mien anelet prandroiz

Et ſ'il vos pleſt ſel me randroiz

1025 Quant je vos avrai delivré."

Lors li a l'anelet livré,

Si li diſt qu'il avoit tel force

Com a deſor le ſuſt l'eſcorce

Qui le cuevre, qu'an n'an voit point;

1030 Mes il covient que l'an l'anpoint

Si qu'el poing ſoit la pierre ancloſe,

Puis n'a garde de nule choſe

Cil qui l'anel an ſon doi a;

Que ja veoir ne le porra

1035 Nus hon, tant ait les iauz overz,

Ne que le ſuſt qui eſt coverz

De l'eſcorce qui ſor lui neſt.

Ice mon ſeignor Yvain pleſt,

Et quant ele li ot ce dit,

1040 Sel mena ſeoir an un lit

Covert d'une coute ſi riche

Qu'ainz n'ot tel li dus d'Oſteriche,

Et li diſt que ſe il voloit

A mangier li aporteroit,

1045 Et il diſt que li eſtoit bel.

1022. Ni *HFA*, Ja ni *P*. | ſeres ne p. *S*. | mors *F*. | naſ. *PS*, adeſes *A*. *Darnach wiederholt V* 1001—1004. **23.** Car *AS*, Com *V*, Mais *P*. | c. m.] uos ceſt *V*, mon *S*. | anel *P*. | prenderes *PS*. **24.** Et ſe *S*, Se uos uoles *A*; *V*: Et que uos icel me r. **26.** lanel toſt *P*. **27.** Et ſi *V*. | dit *V*, a dit *PFGAS*. | ot *V*, a *PFGAS*. **28.** deſoz *V*, deſus *H*; *FPGAS*: Come (a *PFG*) li fuz dedens (deſos *FP*) leſc. **29.** Quil *V*, Quel *H*. | nel *A*. **30.** il li c. kil *S*. | que on *PF*. **31.** Et *V*. | cloſe *F*. **32.** de] que *V*. *Nach* 1032 *schiebt P ein*: Tant ſoit entre ſes anemis. Ja par eux ne ſera maumiſ. **34.** Car *S*. **36.** Nes *V*, Plus *S*. | li l'*PFGS*, *fehlt A* (—1). | fuz *G*, fus *PFAS*. **37.** la cendre *A*. | qui deſus eſt *A*, quan nen uoit⬤point *H*. **38.** Et che *P*, Cele *A*, *fehlt H*. | a meſire .Y. *P*. | pl.] leſt *A*, ce anioint *H*. **39.** li a *F*. **40.** fur *AS*. **42.** Quainz *HF*, Cainc *A*, Que *PGS*, *fehlt V*. | nauoit *P* (+1). | tele *VPFS*. | rois *F*. | doterriche *G*, doteriche *V*, doſtriche *PS*, daufrice *F*. **43.** Si li *G*, Lors li *A*, La li *PS*, Cele *H*, Ele *F*. | dit *VFA*. | que *fehlt A* (il bien). **45.** dit *VF*. | quil *HF*, ce *A*. | lui *VFS*. | ſeroit *V*, eſt ml't *A*.

La dameifele cort ifnel   [1044.
An fa chanbre et revint mout toft,
S'aporta un chapon an roft
Et un gaftel et une nape
1050 Et vin qui fu de buene grape,
Plain pot d'un blanc henap covert,
Si li a a mangier ofert:
Et cil cui il eftoit meftiers
Manja et but mout volantiers.
1055 QUANT il ot mangié et beü,
Par leanz furent efmeü
Li chevalier qui le queroient,
Qui lor feignor vangier voloient
Qui ja eftoit an biere mis.
1060 Et cele li a dit: „Amis!
Oëz qu'il vos quierent ja tuit?
Mout i a grant noife et grant bruit:
Mes qui que vaingne ne qui voife,
Ne vos movez por nule noife,
1065 Que vos n'i feroiz ja trovez
Se de ceft lit ne vos movez.
Ja verroiz plainne cefte fale
De jant mout anuieufe et male

1046. La d. toft et ifnel P.   **47.** En la PFG, A la S, De la A. | et] fehlt PG, fi F, fen A. | reuient P, ift A. | mout fehlt V (—1) F.   **48.** Si aporte A. | paon S.   **49.** fehlt H (Ersatz nach 1052).   **50.** crape PFS. **51. 52.** fehlen V. **51.** boen G; H: P. p. couert de blanche nape. **52.** Puis S: danach folgt H: Cele qui uolentiers le fert.   **53.** (doppelt H) cil] quit P. | cui il] kil il S, quil en P, qui en G, cui bien H, c. eft A. | en ert F, auoit G, ml't grans A.   **54.** Si m. P (mout fehlt).   **55. 56.** fehlen V. **55.** a F.   **56.** P. la fale A, P. le caftel S. | f.] vor P. HF, font AS. | efpandu H; P: Si furent les gens efmeu.   **57.** ia le V; P: Car le ch. il q. **58.** Que P.   **59.** la P. | bieres H.   **60.** li difoit V.   **61.** Oyez PGAS, Noez F, Veez V. | que S, il A. | ja vor vos S.   **62.** i a nach g. n. F. | grant fehlt P (—1); V: M. a cainnz et n. et b.   **63.** qui] quil P, que G. | que v.] ueigne H (—1), q. ca v. V, ki v. S, quaueigne G. | et HF, qui] fehlt V, qui que HF, que G. **64.** ia p. la HPFG. cofe S. **65.** (doppelt, F¹). **66.** stellt um F.   **65.** Car AS, Ne F¹. | ne HGA.   **66.** Ne S, Que F. | cel F.   **67.** parmi c. G.   **68.** m. a.] angoiffoufe VA (—1).

[1067.

Qui trover vos i cuideront,
1070 Et ſi cuit qu'il aporteront
Par ci le cors por metre an terre,
Si vos comanceront a querre
Et deſoz bans et deſoz liz.
Ce ſeroit ſolaz et deliz
1075 A home qui peor n'avroit
Quant jant ſi avugle verroit;
Qu'il ſeront tuit ſi avuglé,
Si deſconfit, ſi deſjuglé
Que il eſrageront tuit d'ire.
1080 Je ne vos ſai or plus que dire
Ne je n'i os plus demorer.
Mes Deu puiſſe je aorer
Qui m'a doné le leu et l'eiſe
De ſeire choſe qui vos pleiſe;
1085 Que mout grant talant an avoie."
Lors ſeſt arriers miſe a la voie
Et quant ele ſan fu tornee,
Fu tote la janz aünee *. 𝓃𝓮𝒹
Qui de deus parz as portes vindrent
1090 Et baſtons et eſpees tindrent,
S'i ot mout grant foie et grant preſſe
De jant ſeleneſſe et angreſſe,
Et virent del cheval tranchié

1069. Que P. | quideroit F. 70. ge VG. | croi V. | aporteroit F.
71. Le c. p. ci V. | t.] biere S. 72. Et ſi A. | comanderont F. | iront par ci
q. A, c. acquerre P. 73. Par d. . . par ſoz V. 74. Or V, Si HS.
75. Dome . . naueroit F. 76. Que V. | jant] fehlt P. | auuglez H, aueugles
S. | ſe v. P. 78. Et V, Et ſi F. | deſtruit F. | et V, et ſi PA,F (+ 1). |
deſgengle S, gille A, mate P. 79. Quil en V. | errageront VP, anr. HG.
80. Si G, Mais je P (or fehlt). | or] ge G, ore H (que fehlt). 81. Je nen os
ci A, Que ie ne ueul P. 82. deu en PG (+1). 83. et l. et eiſe F.
84. Que ia fait A. 85. Car PFAS. | m. fehlt VG. | bon A. | deſirrier VG.
86. Et l. G, Atant A. | ſi ſeſt GA, ſe reſt F. | ar.] fehlt GA, nach mis V, tot F,
cele S, tantoſt P. 87. Et fehlt A (retornee). | lues quele S. | eſt PFG. |
alee S. 88. aunee] atornee HFGAS; La gent ſe reſt tote aunee V, Si
furent les gens aunee P. 89. dambes V. 91. 92. fehlen V. 91. Si
auoit S; P: Si ot entour li ml't gr. p. 92. gens PG. | ſel.] vor j. F (et fehlt),
maleoite S. 93. Si V, Qui A. | uoient G. | le AS.

Devant la porte la meitié.   [1092.

1095 Lors cuidoient bien eſtre cert,
      Quant li huis ſeroient overt,
      Que dedanz celui troveroient
      Que il por ocirre queroient.
      Puis firent treire a mont les portes
1100 Par quoi maintes janz furent mortes;
      Mes il n'i ot a celui triege
      Tandu ne trebuchet ne piege,
      Ainz i antrerent tuit de front.
      Et l'autre meitié trovée ont
1105 Del cheval mort dalez le ſuel;
      Mes onques antr'aus n'orent oel
      Don mon ſeignor Yvain veïſſent
      Que mout volantiers oceïſſent,
      Et il les veoit eſragier
1110 Et forſener et correcier.
      Et diſoient: „Ce que puet eſtre?
      Que ceanz n'a huis ne feneſtre
      Par ou riens nee ſ'an alaſt,
      Se ce n'iert oiſiaus qui volaſt
1115 Ou eſcuriaus ou ciſemus
      Ou beſte auſi petite ou plus;
      Car les feneſtres ſont ferrees

1094. Dedens *AS*. | la m.] fus le planchie *P* (+1).   95. L. ſi *HFS*,
Et l. ſi *A*. | cuident *A*, quidierent *PS*. bien] *nach* eſtre *P*, *fehlt HFAS*. | cerz *G*,
fis *P*.   96. Que q. *FG*, Et q. *A*. | luis *FA*. | ſeroit *G* (ouerz), auoient *A*, il auront
(*vor* luis) *F*; *P*: Q. ou. fer. li huis.   97. ded.] *vor* tr. *PA*, laienz *V*.
98. deſtruire *G*; *V*: Qui ml't uolentiers ocirroient.   99. Et *V*. | f. t.] ſi
trairent *P*, ſ. fus ſachier *F*, remiſtrent *GA*. | a m.] *fehlt F*.   1100. cui *GA*,
qui *PF*. | mainte gent *F*, ml't de gens *A*.   1. n'i ot] nont *P*. | ſiege *VHA*,
du ſiege *P*.   2. t.] paueillon *H*.   3. A. ſe *A*, Et ſi *F*. | entrent tres *P*,
entrent ia *F*, hurterent *G*, ferirent *A*. | tot *VS*. | dun *PFGAS*.   4. A *S*,
Que *A*. | entree *S*. | trouueront *P*.   5. Le *S*. | deuant *H*, dedens *S*, ſelonc *A*.
6. Ne *V*, | conques *P*.   8. Car *AS*. | loceiſſent *VGAS*.   9. anragier *H*,
corochier *FGAS*.   10. c.] enragier *FG*, eſr. *AS*.   11. d. que p. ce *FG*.
12. Car na c. *V*.   13. Par ent *P*. | r. nule *PHFGS*, nule r. *A*.   14. ce n'iert]
neſtoit *GS*, ne ſuſt *FA*.   15. 16. *fehlen V*.   15. ou un chiſnus *P*.   17. Que
HPFG. | fermees *F*, frumees *S*.

Et les portes furent fermees   [1116.
Des que mes fire an iffi fors.
1120 Morz ou vis eft ceanz li cors,
Que la fors ne remeft il mie:
La fele affez plus que demie
Eft ça dedanz, ce veons bien,
Ne de lui ne veomes rien
1125 Fors que les efperons tranchiez
Qui li cheïrent de fes piez.
Or del cerchier par toz cez angles,
Si leiffomes efter cez jangles!
Qu'ancor eft il ceanz, ce cuit,
1130 Ou nos fomes anchanté tuit
Ou tolu le nos ont maufé."
Einfi treftuit d'ire efchaufé
Parmi la fale le queroient
Et parmi les paroiz feroient
1135 Et parmi liz et parmi bans;
Mes des cos fu quites et frans
Li liz ou il f'eftoit couchiez,
Qu'il n'i fu feruz ne tochiez;
Mes affez ferirent antor
1140 Et mout randirent grant eftor

1118. f.] font fi *F*, eftroit *GS*, ml't bien *PA*. | ferees *F*, fierees *S*.
19. 20. *fehlen S* (*vgl. zu* 1140ᵃ b). 19. Lors *HP*, Des lors *F*. | mefires
PG. | an *fehlt PFG*. 20. Vis ou m. *V*, Ceans eft mors ou v. *A*; *FG*:
Quant (Et *G*) il ot bien arme fon cors; *vgl. zu* 1140. 21. Car *A*, Et *FS*,
Ne *G*. | defors *H*. | remainzift mie *V*. 22. Et la *V* (affez *fehlt*). 23. ca
defors *G*, ca fors *A*. | uoi io *F*, fauons *S*. | nos bien *A*, nos *V*. 24. Mes
GA, Et *S*. | ueons nos *A*, trouons nos *F*, trouomes *H*. | r.] nos *V*. 26. ius
des p. *F*. 27. Or au *HFA*, Alons *P*. | tres tos *A*, parmi *PGS*. | les *VS*.
28. Et fi *FGA*. | laions *F*, leffons *GA*. | les *V*, nos *S*. 29. Encor *PFGA*,
Car encore *S*. | il c.] laiens *S*. | ie *PFAS*. 30. auugle *G*, decheu *P*.
31. ont] a *P*. 32. E. dire tuit *G*. 33. Par treftoz les lieus *V*. 34. ches
PFGAS. | hurtoient *A*. 35. par les . . par les *H*. 36. eft *A*. 37. cil
HS. | fe fu *V*, eftoit *HFGAS*. 38. Que *V*, Si *A*. ne *A*, neft *S* (fu *fehlt*). |
eft *F*. | nel neft *S*. | maillies *A*, brecies *S*. 39. M. ml't *A*. | feroient *GAS*. |
tot entor *A*. 40. Et fi *V*. | randoient *GS*, faifoient *A*. | dur *F*. *Nach*
1140 *schieben FGAS zwei Verse ein:* a) Morz ou uis eft ceenz li cors (= 1120).
b) Car (Quil *F*) il (nen *F*) neft (eft *F*, niffi *A*) pas (mie *A*) iffus (*fehlt A*,
remes *G*) la fors (*vgl.* 1119. 21).

Par tot leanz de lor baftons   [1139.
Com avugles qui a taftons
Va aucune chofe cerchant.
Que qu'il aloient reverchant
1145 Defoz liz et defoz efchames,
Vint une des plus beles dames
Qu'onques veïft riens terriienc.
De fi tres bele creftiiene
Ne fu onques plez ne parole,
1150 Mes de duel feire eftoit fi fole
Qu'a po qu'ele ne f'ocioit.
A la foiiee f'efcrioit
Si haut qu'ele ne pooit plus
Et recheoit pafmee jus.
1155 Et quant ele eftoit relevee,
Auffi come fame defvee
Se comançoit a defcirer
Et fes chevos a detirer.
Ses chevos tire et ront fes dras,
1160 Si fe repafme a chafcun pas,
Ne riens ne la puet conforter,
Que fon feignor an voit porter
Devant li an la biere mort
Don ja ne cuide avoir confort.
1165 Por ce crioit a haute voiz.
L'iaue beneoite et la croiz
Et li cierge aloient devant

1141. l.] fierent FS, batent G, taftent A. | a VA.   42. aueugle VA. |
q.] et A (—1). | as A.   43. Vont V. | querant PFGAS.   44. Ainfi al. P,
Entreus caloient S. | reuerfant A, recierkant S.   47. Que o. F (riens fehlt).
48. Onc de V, Nonques A (+ 1). | fi t.] plus V; G: Ne creftiens ne c.
49. Ne fu pl. tenuz ne p. V, Ne fu o. dont fu p. A.   50. Qui V. | f. fu
fi G.   51. Que por poi que ne V.   52. fi crioit H.   53. quele ne]
com ele HFGAS.   54. Et] Si PS, Puis FA. | p.] a tere FA.   57. Si P. |
deffirier H.   58. detranchier H.   59. 60. stellt um F.   59. S. c.
trait F, S. mains detuert H, Si fegratine A. | ront] tous S.   60. Si fe
defcire F, Si cet rep. A, Et fe r. P, Et fe pafme V (—1), Pafmee chiet G,
Vait defcirant S.   61. nus F. | pot FA.   62. Quant FGS. | ami A.
64. Que V.   66. les HS.   67. clerc F, uefque S. | auant HAS.

Avuec les dames d'un covant   [1166.
Et li texte et li ançanſier
1170 Et li clerc qui ſont deſpanſier
De ſeire la haute deſpanſe
A quoi la cheitive ame panſe.

MES ſire Yvains oï les criz
Et le duel qui ja n'iert deſcriz.
1175 [Que nus ne le porroit deſcrivre
Ne teus ne ſu eſcriz an livre.]
Et la proceſſions paſſa,
Mes anmi la ſale amaſſa
Antor la biere uns granz toauz: /₂ · · ·' ₒ𝑓
1180 Que li ſans chauz, clers et vermauz
Riſſi au mort parmi la plaie,
Et ce fu provance veraie
Qu'ancor eſtoit leanz ſanz faille
Cil qui ſeite avoit la bataille
1185 Et qui l'avoit mort et conquis.
Lors ont par tot cerchié et quis
Et reverchié et remüé
Tant que tuit furent treſſüé
Et de l'angoiſſe et del tooil
1190 Qu'il orent por le ſanc vermoil

1168. nonains V. | dou A: S: Moines et nonnains de. 69. Les textes
F. | t.] cexte A, cierge VS, preſtre P. 71. 72. fehlen S, der dafür interpolirt:
Sour tous menoient grant dolour. Mais la dame iert en grignour plour. 71. A
PFA. 72. cui HA, que F. | laſſe dame G, haute d. V. 75. 76. fehlen V,
stellt um A. 75. Ne HF, Car AS. | nus] on P. 76. Et A. | ueus S. |
el F. 77. porceſſions AS. 78. M. entor A, Enuiron la biere G, La gens
o la biere S. 79. ſale A. | uns] ml't V, ot S. | grant S. | toueil S, olz
P, dieuls V; G: De chl'rs .i. tex ni ot. 80. Car FA, Et G, fehlt S
(Del lanc). | clers H, fres V, fehlt übrigen. | tous ch. et v. PA, tos v. et cals F,
quon vit caut et vermeil S, touz clers en raiot G. 81. Iſſir S, En iſſi A,
Ray P, fehlt G. | a mont F, Au chl'r G, fors A. 82. Cou ſu S. | proueance
A, proeche bien S. | uraie A, bien uraie P. 83. Que cil FA. | iert chil l. P.
84. Cil fehlt PFA. | auoit ſ. PA, ot ſ. HS. | cele ₨ 85. fehlt V. 86. p. t.
fehlt V (c. et remue); A: De recief lont tot par tot quis. 87. (fehlt V)
recerchie A, reherchie P, reuerſe S. | tremue H, tranſmue P. 88. Si H. |
il ſ't t. t. A. | ierent S. | eſſrae P. 89. (fehlt V) Et] Que F, fehlt H
(De grant a.), PAS (—1). | que F. | de H. | doel F. 90. (in V mit 191 zu-
sammengezogen) Et dient p. G. | nouel F.

Qui devant aus fu degotez, [1189.
S'an fu mout feruz et botez
Mes fire Yvains la ou il jut
N'onques por ce ne fe remut.
1195 Et les janz plus et plus defvoient
Por les plaies qui efcrevoient,
Si fe mervoillent por quoi faingnent
Ne ne fevent a quoi f'an praingnent.
Et dit chafcuns et cift et cift:
1200 „Antre nos eft cil qui l'ocift,
Ne nos ne le veomes mie,
Ce eft mervoille et deablie."
Por ce tel duel par demenoit
La dame qu'ele f'ocioit
1205 Et crioit come fors del fan:
„Ha Deus! don ne trovera l'an
L'omecide, le traïtor,
Qui m'a ocis mon buen feignor?
Buen? Voire le meillor des buens!
1210 Voirs Deus, li torz an fera tuens
S'einfi le leiffes efchaper.
Autrui que toi n'an doi blafmer,
Que tu le m'anbles a veüe.
Ainz teus force ne fu veüe
1215 Ne fi lez torz con tu me fes, ⟩

1191. Q. des plaies A. | ert F. | efcreues S; V: Por le fanc qui fu d.
92. Si G, Si en A (+1), Puis H, *fehlt V.* | enpains A. | deboutez V. 94. Mais
onques FS,A (onq. *nach* por ce), Mes ainz HP. | mut FAS. 95. Et fi S,
Li gent et F, Cil tot V. | p. et p.] ades fe V, plus S (—1). | deruoient AS,
deuoient P, crioient H. 97. Si fefm. AS, Ne ne feuent V. | coi] queles V.
98. Si V, Nil H, Car A, Quant G, Queles P. | uoient FGA, trueuent HP. |
de HP, por GS, dont il FA. | coi] qui P. | fe HPFGAS. 1199—1202. *fehlen*
V. 99. d. li uns A, dient tot FS. | cil et HS. 1201. Et P. |
trouuons me P; F: Ne n. ueoir nen poons m., A: Si ne le poons ueoir.
2. Ceft GA (—1), P (merueilles). 3. t. d. p.] fi fort duel A, fi grant S.
4. ne fauoit A, forfenoit HPFG. 5. de f. P. 6. Por diu fi ne A (+1); P:
Dix, fera il trouues chaiens. 8. le mien f. VF, le boen f. G. 9. Bons
u. li mieldres FGS. 10. Voir P, Vrais G. | feroit H. 11. Se tu len
HF,PA (le). 12. Autre VF. | fai GAS, puis F. 13. Car FAS. | me
tous V. 14. Tels meruelle A. 15. fais t. A.

Que nes veoir tu ne me les   [1214.
Celui qui fi eft pres de moi.
Bien puis dire, quant je nel voi,
Que antre nos f'eft ceanz mis
1220 Ou fantofmes ou anemis,
S'an fui anfantofmee tote.
Ou il eft coarz, fi me dote.
Coarz eft il quant il me crient.
De grant coardife li vient
1225 Que devant moi moftrer ne f'ofe.
Ha! fantofmes, coarde chofe!
Por qu'ies vers moi acoardie
Quant vers mon feignor fus hardie?
Chofe vainne, chofe faillie,
1230 Que ne t'ai or an ma baillie!
Que ne te puis ore tenir!
Mes ce comant pot avenir
Que tu mon feignor oceïs
    S'an traïfon ne le feïs?
1235 Ja voir par toi conquis ne fuft
Mes fire, fe veü t'eüft;
Qu'el monde fon paroil n'avoit
Ne Deus ne hon ne l'i favoit,
N'il n'an i a mes nul de teus.
1240 Certes, fe tu fuffes morteus,

1216. Ne tu *G.* | ne le me *HFGS*; *P*: Que v. mie ne me l.; *A*: Cum
noiftre ne ueoir nel l.   **17.** quiffi eft *F*, qui ci e. *V*, q. e. fi *HPA.* | p. de]
deuant *V.*   **18.** Puis bien *G.*   **19.** Quentre nous chi *P.* | f'eft] fa *F.* | c.]
vor entre *V*, ca dedans *A* (+1).   **21.** Si *FGS.* | fui *S*; *A*: V fantofmee fui
ie t.   **22.** fil *S*; *P*: Couars eft il quant il me doute.   **23. 24.** *stellt um P.*
23. Ml't eft couars *P.*   **24.** coardie *VG.*   **25.** Quant *HFGAS*, Et *P.* | d. m.] d.
HA (—1), ci d. *FG.* | uenir nen o. *A.*   **26.** Le *P.* | fantofme *VHFS*, f. eft *P.*
27. coi es *P,A* (+1). | v. moi] fi *P.* | acoardiz *V.*   **28.** es h. *A*; *V*: Trop
fu v. m. s. hardiz.   **29—34.** *fehlen V.*   **29. 30.** *stellt um H.*   **29.** Ta
puiffance fuft ia faillie *H.*   **30.** Por coi ne tai ● *A.* | or] ie *P.*   **31.** Que
ie *A*, Por coi *H.* | or *HA.*   **32.** Et *F.* | che *nach* p. *P.* | puet *PGAS.*   **33.** ad
ochis *P.*   **34.** Se an . . nel *H.* | feris *S.*   **36.** Se m. s. u. *A.*   **37.** m.
chl'r *A.*   **38.** Ne il ne nus *A.*   **39.** Ne il *HG*, Ne cil *S*, Il nen i auoit *V*,
ni auoit *S*, nen iert ia *G*, nen ert ia *A* (—1). | m. *fehlt VS.* | nus *G.* | ditels *V*,
de *fehlt HGA.*

N'ofaffes mon feignor atandre,　　　　　　　[1239.

Qu'a lui ne fe pooit nus prandre."

EINSI la dame fe debat,

Einfi tot par li fe conbat,

1245　Einfi tot par li fe confont.

Et fes janz avuec li refont

Si grant duel que greignor ne pu"eent,

Le cors an portent, fi l'anfueent

Et tant ont quis et tribolé

1250　Que de querre font tuit laffé,

Si le leiffent tuit par anui;

Car ne pueent veoir nelui

Qui de rien an face a mefcroire.

Et les nonains et li provoire

1255　Orent ja fet tot le fervife,

Repeirié furent de l'iglife

Et venu for la fepouture.

Mes de tot ice n'avoit cure

La dameifele de la chanbre.

1260　De mon feignor Yvain li manbre,

S'eft a lui venue mout toft,

Si li dit: „Sire, a mout grant oft

A for vos cefte janz efté.

Mout ont par ceanz tanpefté

1265　Et reverchié toz cez quachez

1242. peuft riens *V*.　43. combat *VG*.　44. Tot e. *A*. | E. la
dame *V*. | debat *VG*.　45. 46. *stellt um A*.　45. Et fi *A*, Et tres *V*. |
fe tourmente et *PFGS*, fe complaint et *A*.　46. fa gent' *F*; *H*: Et
a. lui s. genz r.　47. com il onques p. *F*.　48. Puis prenent le c. *G*. |
et enf. *S*.　49. 50. *stellt um F*.　49. Car *FA*, Quant *P* (ont tant).
50. del *FGS*. | f. faole *H*.　51. 52. *stellt um S*.　51. Si le lefferent *G*,
Quil le laferent *F*, Si lont laifciet *S*. | tot *HS*, *fehlt FG*.　52. Quant
PFGAS, Que *H*. | porent *A*. | trouer *V*. | celui *AS*.　53. Car *S*. | an] *fehlt*
P (—1), fe *A*, i *F*, ne *S*. | fait *S*.　55. Auoient *V* (*fehlt* tot). | *A*: Plorent et
fifent lef.　56. Departi *S*, Et reperoient *V*. | f.] *fehlt V*, fe font *A*.　57. uienent
V. | fus *A*, a *S*.　58. treftot ce *FP*. | chou nen au. *S*.　61. Si e. v. a l. *G*.
62. Se li d. biau *A*, Et d. biau *HP*, Sire fait ele *GS*. | dift *PF*. | mout *fehlt*
FA.　63. Ont *VFGA*. | f. v.] *hinter* gens *S*, ceanz *H,G* (*hinter* gent);
P: A on feur uo tefte cfte.　64. o. deles uous *S*.　65. reuerchiez *HF*,
reuerfe *PA*. | t.] *vor* r. *F*, treftoz *A*. | trachez *V*, clotez *G*, angles *FA*; *S*: Et
recierkict ifnelement.

Plus menuëmant que brachez   [1264.
Ne va traçant perdriz ou caille.
Peor avez eü fanz faille."
„Par foi", fet il, „vos dites voir!
1270 Ja ne cuidai fi grant avoir.
Et neporquant, f'il pooit eftre,
Ou par pertuis ou par feneftre
Verroie volantiers la fors
La proceffion et le cors.''
1275 Mes il n'avoit antancion
N'au cors n'a la proceffion,
Qu'il vofift qu'il fuffent tuit ars,
Si li eüft cofté mil mars.
Mil mars? Voire par foi, trois mile.
1280 Mes por la dame de la vile
Que il voloit veoir le dift.
Et la dameifele le mift
A une feneftre petite.
Quanqu'ele puet, vers lui f'aquite
1285 De l'enor qu'il li avoit feite.
Parmi cele feneftre agueite
Mes fire Yvains la bele dame
Qui dit: „Sire, de la voftre ame
Et Deus merci fi voiremant
1290 Com onques au mien efciant
Chevaliers for fele ne fift

1266. ke b. *vor* men. *S.* | brochez *G.*   **67.** Qui *G.* | tracent *H*, chei-
quant *FGS.* | ne *HPFA.*   **70.** nen *P.* | fi g. *vor* ne *HFGS*; *A*: Tel ne c.
iames a.   **71.** Encor nep. *F*, Encores *HP*, Et encore *S*, Mais uolentiers *A.* |
fe il *HP.* | poift *G*, puet *F.*   **75.** an la meifon *H.*   **76.** Au *FAS.*   **77.** Il
A. | que t. f. *V.*   **78.** cent *H.*   **79.** Mis *A*, Cent *H.* | p. deu *FP*, ce cuit
G, encore *S*, plus de *H.* | .ii. *G*, .x. *S*, cent *HA.*   **84.** pot *F.* | a *FG.*
85. que ia li ot *V*, quele li ot *A.*   **86.** Par *P* (— 1), *F.* | la *S.* | feneftrele *FS*;
V: La damoizele ml't le hete. *Hier schieben VA folgende vier Zeilen ein:*
a) Vet li mouftrer (Vers le mouftier *A*) totes les genz. b) Dont bien (il *A*) i
ot mil (plus *A*) et (de *A*) .v.c. c) Qui le cors orent enterre. d) Et en apres
a (ont *A*) refgarde (regarde *A*).   **88.** dilt *PFS.* | biau f. *HPGS* (la *fehlt*).
89. m. vraiement *S* (— 1).   **90.** Que *P*, Car *S*; *A*: Conques par le m. e.
91. for] en *P.* | fele] cheual *HFGAS.*

Qui de rien nule vos vaufift!   [1290.
De voftre enor, biaus fire chiers,
Ne fu onques nus chevaliers
1295 Ne de la voftre cortoifie.
Largefce eftoit la voftre amie
Et hardemanz voftre conpainz.
An la conpaignie des fainz
Soit la voftre ame, biaus fire."
1300 Lors fe dehurte et fe defcire
Treftot quanque as mains li vient.
A mout grant painne fe detient
Mes fire Yvains, a quoi que`tort,
Que les mains tenir ne li cort.
1305 Mes la dameifele li prie
Et loe et comande et chaftie
Come cortoife et deboneire
Qu'il fe gart de folie feire,
Et dit: „Vos eftes ci mout bien.
1310 Ne vos movez por nule rien
Tant que cift diauz foit abeiffiez,
Et cez janz departir leiffiez
Qui fe departiront par tans.
Se vos contenez a mon fans
1315 Si con je vos lo contenir,
Granz biens vos an porra venir.
Ci poez efter et feoir

1292. Que *PG*. | r. nee *V*, nule r. *G*, bonte *A*. | atainfift *A*. **93.** amour *S*.
95. conpaignie *HGA*.   **96.** Large *G*. | li vo *F*. | uie. *G* (—1).   **97.** Que
nus neftoit *G*.   **98.** A *A*.   **99.** b. douz *HFGAS*.   **1300.** fe deront
H, fe pafme *P* (—1), cai ius *FA*, rechiet ius *GS*. | fi fe *FGAS*. | fe *fehlt*
V (—1). | deffire *H*, defkire *S*.   **1.** De tot *V*. | quanques *A*, quanqua *V*. |
a *PF*, au *G*. | fes .ii. m. *V*. | uint *A*, tient *V*.   **2.** Mes a *GS*, Si qua *V*. |
le *A*. | retient *HF*, detint. *A*.   **3.** coi quil *AS*, que quil *HF*, que que *G*,
quel que *V*.   **4.** Quē fes m. t. ne c. *A* (—1).   **6.** loe quemande *P*.   **7.** C.
gentix *HP*.   **8.** Que *V*.   **9.** dift *S*. | ci e. vos *V*.   **10.** Gardez ne *H*
(nule *fehlt*). 11. cils *VS*, li d. *P*, cift dift *H*. | trefpaffez *V*. **12.** (*fehlt P*) les *F*,
la *S*. 13. Quil *HPS*. 14. Si *VGA*, Sor *HS*. 15. Enfi *F*. | je *fehlt FA*. | los a
maintenir *A*, vous deues c. *P*. **16.** poiroit *G*. **17.** Si *P*. | eftre *G* (- 1),
chi eftre *P*, bien ieftre a *S*; *A*: Vos poes ci eftre a loifir.

Et anz et fors les janz veoir   [1316.
Qui paſſeront parmi la voie,
1320 Ne ja n'iert nus qui ci vos voie,
Si i avroiz grant avantage;
Mes gardez vos de dire outrage.   [1320.
Gardez ſe vos panſez folie   [1325.
Que por ce ne la dites mie.
1325 Li ſages ſon fol panſé cuevre
Et met ſ'il puet le bien a oevre.
Or vos gardez donc come ſages
Que n'i metez la teſte an gages,
Qu'an n'an prandroit pas reançon.
1330 Soiiez por vos an cuſançon
Et de mon conſoil vos ſovaingne!
Soiiez an pes tant que je vaingne!
Que je n'os ci plus demorer.
Je porroie tant ſejorner
1335 Eſpoir que l'an me meſcrerroit
Por ce que l'an ne me verroit
Avuec les autres an la preſſe,
S'an prandroie male confeſſe."

ATANT ſ'an part et cil remaint
1340 Qui ne ſet comant ſe demaint.

1318. ſ. et ens *FAS*, la dehors *P.* | la gent *FS.* | ueir *A.*   **20.** riens *F*, nus hom *H.* | ci *fehlt H*, i *nach* vos *F.*   **21.** i] *fehlt HFGAS.* | auez *VG.* | ml't gr. *HGAS*, ſi g. *F.*   **22.** de faire *F. Danach interpoliren HP:* a) Car qui ſe defroie et formoinne. b) Et doutrage feire ſe poinne. c) Qant il en (nen *P*) a et (ne *P*) eiſe et leu. d) Je lapel plus malues que preu.   **24.** por ce *fehlt A.* | ne li *F*, nel *A.* | faites *PHF*, faites ne dites *A.*   **25.** tot *vor* ſon *F.* | ſa *A.* | fol *fehlt F*, folie *A.* | penſer *S, fehlt A.*   **26.** les biens *V*, le ſan *H*, le ſens *S*; *F:* Et li fols ſi le met a o.   **27.** v. *fehlt F.* | maintenez *V.* | donc] *fehlt VF*, bien *H.* | que uos foies ſ. *F.*   **28.** meties *S*, leſſiez *HA.*   **29.** Que *FA*, Quil *H*, Ja *S.* | nen nen *F.* | panroient *HS.* | pas] *fehlt HFS*, ia *P.*   **30.** S. de boine entencion. *S.*   **31. 32.** *fehlen S.*   **31.** De m. c. ſi *G.*   **32.** Seſtez *HP.* | a *F.* | q. reuiegne *V.* ● **33.** Car *AS.* | je *fehlt FGS.* | nen os *F*, ni os *V.* | ici *GS*, ci *nach* plus *H, fehlt F* (— 1). | areſter *PHGS.*   **34.** Car gi p. *H*, Ja p. *G*, Ci p. *S.* | trop *HG.* | eſter *H*, ci eſter *F*, areſter *A*, demorer *PGS.*   **35.** que l'an] quele *P.* | man *HS.*   **36.** que l'an] quele *P.*   **40.** Que *V*, Quil *PA.* | en que *F*, an quel *HGA.* | conteint *G*, contint *A*

Del cors qu'il voit que l'an anfuet   [1343.
Li poife quant avoir n'an puet
Aucune chofe qu'il an port
Tefmoing qu'il l'a conquis et mort,
1345 Que moftrer puiffe an aparant.
S'il n'an a tefmoing et garant,
Donc eft il honiz an travers.
Tant par eft Keus fel et pervers,
Plains de ranpones et d'anui,
1350 Que ja mes ne garroit a lui;
Toz jorz mes l'iroit afitant
Et gas et ranpones gitant
Aufi com il fift l'autre jor.
Celes ranpones a fejor
1355 Li font el cuer batanz et frefches.
Mes de fon çucre et de fes brefches
Li radoucift novele Amors
Qui par fa terre a fet fon cors,
S'a tote fa proie acoillie.
1360 Son cuer an mainne f'anemie,
S'aimme la rien qui plus le het.
Bien a vangiee et fi nel fet

1341. Que del *H*, Et le *FA*. | que *V*, *fehlt FA*. | v. *fehlt A* (— 1). |
qu'an *H*.   42. Ml't li *G*, M. len p. *A*. | quauoir *GA*. | ne *PG*. 43. qui
len p. *G*.   44. lait *VS*, a *PA*. | ocis *HFA*. | le *A*.   45. 46. *stellt um HP*.
45. m. em *S*. | puift *VS*, poïft *G*. | an] *fehlt S*, a *HF*. | parant *G*, parlemant *H*.
46. ne *GA*, u *S*.   47. Dont *VPF*. | iert il *H*, il eft *V*, fui ie *P*. | il *fehlt S*
(h. tout).   48. Que t. *F*. | par *fehlt PHFGAS*. | et fel *HGAS*. | poruers *G*,
prouers *A*, enuers *V*, cuiuers *F*, engries *S*, ramporners *P*.   49. Tant a *F*. |
ramprofne *V* (—1). | et anui *F*.   50. Quil *H*, *fehlt A*. | ja *fehlt G*. | ja m.
vor a l. *H*. | ne gariroit *G*, ne garroie *S*, ne garra *H*, nara rais *A*; *P*: Q. ia
naroie pais a lui.   51. m. *nach* liroit *V*. | miroit *PS*, men ira *A*. | degabant *V*,
rampronant *FGAS*, bien ietant *P*; *H*: Einz lira forment afeitant.   52. difant *AS*.
53. Si c. il me *S*. | dit *F*.   54. Males *H*, Foles *FG*, Laides *A*. | paroles
A. | cel jor *V*.   55. Si *A*, Qui *S*. | cors *HFAS*. | toutes nouueles. *S*.
56. M. *fehlt FA*. | en *S*. | miel *G*, cuer *HPS*, conuine *F*, couuin *A*. | et de
f. lermes *H*, et de f. teches *A*, penfees beles. *S*.   57. rendoucift *G*, a done
V, ramainne *S*, reuienent *A*. | nouele amor *V*, nouuiles mors *A*; *P*: De ran-
don ist n. a.   58. Car *F*. | la *V*. | ont *A*. | un *HS*, maint *VA*. | tor *V*.
59. Sont *A*. | cueillie *P*; *S*: Sa parole a tote a.   60. c. a o foi *H*.   61. Si
aime ce *F*, Mainc la riens *P*, Sen moine ce *G*. | quele plus h. *PG*.   62. uengie
VPFG, uengiez *S*. | ne *PA*.

La dame la mort fon feignor.　　　　[1365.

Vanjance an a prife greignor

1365　Que ele prandre n'an feüft,

S'Amors vangiee ne l'eüft

Qui fi doucemant le requiert

Que par les iauz el cuer le fiert.

Et cift cos a plus grant duree

1370　Que cos de lance ne d'efpee.

Cos d'efpee garift et fainne

Mout toft des que mires i painne:

Et la plaie d'Amors anpire

Quant ele eft plus pres de fon mire.

1375　Tele plaie a mes fire Yvains

Don il ne fera ja mes fains,

Qu'Amors f'eft tote a lui randue.

Les leus ou ele iert efpandue

Va reverchant et fi f'an ofte.

1380　Ne viaut avoir oftel ne ofte

Se ceftui non, et que preuz fet,

Quant de mauvés leu fe retret

l'or ce qu'a lui tote fe doint.

Ne viaut qu'aillors et de li point;

1385　Si cerche toz les vius ofteus;

S'eft granz honte qu'Amors eft teus

1363. la mor G. 64. feite H, pris V (—1), ia pris A. 65. Quele
PFGA. | ne V, ne len PFG, ne le A. | peuft P. 66. prife ne len e. G,
ne la reconneuft V. 67. 68. fehlen G. 67. li S. 68. Qui FA,
fehlt S (Par coi). | dou V. | cors li S. 69. cis VAS, cil F, a P. | pl. de AS.
70. Q. nait A. 71. C. de lance FG. 72. M. t. fehlt G. | d. q.] quant
V. | li m. G. | fen S, i met VG. 73. Mes V. | pl. a am. P. 75. Cele
HPS, Cefte G, Vne FA. 77. 78. stellt um FA. 77. Amors A, A. que F
(tote fehlt). 78. El leu u e. eft A, Si toft comme e. eft P; F: Car en
fon cors feft refp.; G: Et dou tout fi eft e.; S: Viers lui u ele fe remue.
79. Vet VH, nach rev. A, Si uet F. | reuertant A, recierkant S. | et fi fehlt F
(fon oftel). 80. Ni V. | a. nul autre oftel F. 81. celui V. 82. Qui
G. | lius S, fu A (fe fehlt, —1). 83. (fehlt P) lui del tot fe ioint A.
84. cuit H. | aill. F, que a. V. | ait de lui HFA, de lui ait G, en ait V.
p.] plait P. 85. Einfi V. | c.] en het A. | toz fehlt V. | ces HPFS. | uiex G,
fiens V. 86. Ceft V. | grant FG. | hontes AS, diax H. | quant a H.

Et quant ele ſi mal ſe prueve   [1389.
Qu'an tot le plus vil leu que trueve
Se herberge tot auſi toſt
1390 Com an tot le meillor de l'oſt.
Mes or eſt ele bien venue,
Ci iert ele a enor tenue
Et ci li fet buen demorer.
Einſi ſe devroit atorner
1395 Amors qui ſi eſt haute choſe
Que mervoille eſt comant ele oſe
De honte an ſi vil leu deſçandre.
Celui ſanble qui an la çandre
Et an la poudre eſpant ſon baſme
1400 Et het enor et aimme blaſme
Et deſtanpre çucre de fiel
Et meſle ſuie avueques miel.
Mes or n'a mie Amors fet ceu,
Ainz eſt logiee an un franc leu
1405 Don nus ne li puet feire tort. —
Quant an ot anſoï le mort,
S'an partirent totes les janz.

1387. Et que amors enſi ſe *A*.   **88.** Quel plus *HAS*, Ques p. *P*,
Que el p. *F*. | uilain *A*, deſpit *H*, deſpis *P*. | liex *P*. | quele *HPFGA*, que
ele *S*.   **89.** tot] *fehlt GA* (— 1), ele *HF,S* (—1). | autreſi *HFGA*.
90. Que *P*, Comme *A* (an *fehlt*). | plus bel *V*. | dun *PF*.   **91.** ci ert *V*. |
ele *fehlt VA*. | b. amors *V*, *A* (a. b.).   **92.** Ci eſt *G*, Or eſt *F*, Et y a tele
P. | bien maintenue *HA*, bien ret. *G*.   **93.** Et ſi *V*, Ici *FG*, Et cis *S*,
En tel leu ſ. *P*. | i *V*, le *S*. | ſera *S*. | ſejorner *HP*, hounerer *S*.   **95.** ſi
fehlt S (— 1). | eſt ſi *FG*, eſt molt *H*.   **96.** Car *H*, Ceſt *S* (eſt *fehlt*),
Grant *A*; *G*: Et de ſi grant doucor eſt cloſe.   **97.** Na *G*. | ſi v.] vil
V (— 1), malues *HFGAS*.   **99.** eſtent *G*.   **1400.** Si *V*.   **1.** Et met
le *P*. | ſuie *HGS*, ſjue *A*. | auec *PFG*. | le fiel *P*, miel *HGS*.   **2.** met
F, deſtempre *P*. | cucre *HS*. | auoec *S*, au *P* (— 1). | le miel *F*, fiel *H*,
le fiel *S*; *G*: Et por let douz fet boiure fiel; *A*: Et m. ſi auoc le
uiel.   **3. 4.** *fehlen G*.   **3.** na ele pas *HS*, na ele mie *P* (+1), na il
m. *F*. | Amors *fehlt VHPFS*. | ſ. iceu *V*, ſ. cheu *P*, ſ. cue *H*, ſ. coe *F*,
ſali *S*, ce fet *A*.   **4.** *A. fehlt H*. | ſeſt *PH*. | logiee] *vor* ſeſt *H*. | un *fehlt*
P (—i), *HF*. | alue *H*, aloe *F*; *A*: Ancois ſeſt en ſi bon leu trait; *S*: Car
ele a ſi tres bien coiſi.   **5.** Que *AS*. | on ne len *A*.   **6.** a *F*. | enterre *A*.
7. tote li gant *F*.

Clers ne chevaliers ne ſerjanz [1410.
Ne dame n'i remeſt que cele
1410 Qui ſa dolor mie ne cele.
Mes cele i remaint tote ſole
Qui ſovant ſe prant a la gole
Et tort ſes poinz et bat ſes paumes ·
Et liſt en un ſautier ſes ſaumes
1415 Anluminé a letres d'or.
Et mes ſire Yvains eſt ancor
A la feneſtre ou il l'eſgarde,
Et com il plus ſ'an donc garde,
Plus l'ainme et plus li abeliſt.
1420 Ce qu'ele plorc et qu'ele liſt
Voſiſt qu'ele leiſſié eüſt
Et qu'a li parler li leüſt. ·
An ceſt voloir l'a Amors mis,
Qui a la feneſtre l'a pris;
1425 Mes de ſon voloir ſe deſpoire,
Car il ne puet cuidier ne croire
Que ſes voloirs puiſſe avenir,
Et dit: „Por ſol me puis tenir
Quant je vuel ce que ja n'avrai.
1430 Son ſeignor a mort li navrai,
Et je cuit a li pes avoir?
Par ſoi! ne cuit mie ſavoir,
Qu'ele me het plus orandroit
Que nule rien, et ſi a droit.
1435 D'orandroit ai je dit que ſages,

1408. Clers et chl'r et ſ. A, Clerc et chl'r et ſergent F. **9.** ne
P. | remaint F. **11.** Et S. | ele i F, cele P, ele A, iqui H. | remeſt
HFAS. **12.** Et HF, fehlt A. | prendoit A. | par PAS. **14.** ſautiers G.
15 Enluminees P (+1). | a] de V. **17.** eſgarde FG. **18.** Que F, Mes
GS. | quant PHS, que FA. | ſe GA. **19.** P. li pleſt et li V. | embeliſt GA.
20. Que A. | ele VA. **21.** Vouziſt bien V, Bien v. A, | que VA.
22. que a G. | lui VHGAS. | 2. li fehlt G. | pleuſt PH, peuſt G, euſt A.
23. cel FAS, ce H. | lot A. | amor G. | pris A. **24.** lot A. **25.** M. ne A.
26. Mais F, Que G. **27.** puiſt VGAS. | uenir F. **28.** Puis P. | diſt PFG. | ſos
H. | me doi P; AS: Por ſ. fait il. **29.** uoi A, ain S. **30.** Quant ſ. a m.
naurai A (—1). **31.** croi V. | en A. | a li hinter p. VG. | part A. **32.** ie
ne c. pas H. | ne fai S. **35.** Or. A; P: Dont ai ie d. ore q. ſ.

Que fame a plus de mil corages.
Celui corage qu'ele a ore
Efpoir changera ele ancore,
Ainz le changera fanz efpoir,
1440 Si fui fos quant je m'an defpoir.
.   Et Deus li doint par tans changier!
Eftre m'eftuet an fon dangier
Toz jorz mes des qu'Amors le viaut.
Qui Amor an gre ne requiaut
1445 Des que ele antor lui fe tret,
.   Felenie et traïfon fet.
Et je di (qui fc viaut, fi l'oie!),
Que n'an doit avoir bien ne joie.
Mes por ce ne perdrai je mie,
1450 Ancore amerai m'anemie;
Que je ne la doi pas haïr
Se je ne vuel Amor traïr.
Ce qu'Amors viaut doi je amer.
Et moi doit ele ami clamer?
1455 Oïl voir, por ce que je l'aim.
Et je m'anemie la claim,
Qu'ele me het, fi n'a pas tort;
Que ce qu'ele amoit li ai mort.
Sui je por ce fes anemis?

1436. cent *PHS*. **37.** Ceftui *V*, Et ce *G*. | or *V*. **38.** changeroit
V. | il *A*. | encor *V*. **39.** Ele *V*, Et *S*. | fanz *fehlt V*. **40.** Ge fui *V*,
Ml't f. *II*, Si f. ml't *GA*, Jo f. m. *F*. | qui *FGA,P.* | je *fehlt PFGA*. | me *FGA*. |
defefpoir *P*. **41. 42.** *fehlen G*. **41.** d. ancor *II*. **42.** Queftre *PH*. |
dongier *II*. **43.** des] dus *F*, puis *P*: *A*: T. i. eft maus d. quele u. *A*.
44. amors *VPAS*, ēmors *G*. | me *A*; *S*: Car a. fonge ne r. **45.** que il
GS, quele *VF* (— 1), quile *A* (— 1), que *P*. | li *PIIA*. | fen *F*, la *IIS*, a *P*,
fehlt II. | atrait *P*. **46.** Vilonie *V*. **47. 48.** *stehen G hinter* 1452.
47. Et fi *A*, Et ie le *P*. | dist *A*. | qui] que *S*. | fe] *fehlt PG*, que *FA*, ki
S. | uodra *G*. | moie *P*. **48.** Quil *PA*, Qui *S*. | ne *FGAS*; *II*: Q. cil na
droit en nule i. **49. 50.** *wiederholt G* (*G'*) *hinter den verstellten* 47. 48.
49. par ce nen *G'*. | lerai *GA*, dirai *P*. **50.** Anchois *P*, Quencor *VA*,
Toz iorz *II*. **51.** Car *AS*, Et *V*. | len *A*. **52.** Car *P*. | amor *vor* ne *A*,
amors *VPG*. **53.** Quanque a. *S*. | que a. *A* (+1), quamor *FG*, quele *P*.
54. me d. *PAS*, d. me *IIFG*. **56.** Et ie meifmes le claim. (*so*) *P*.
57. Que ele *F* (fi *fehlt*), Ele *A*. **58.** Car *PAS*. | aïme *A*. **59.** Et dont
f. *PS*, Q' donc? *FG*, Donques f. *II*, por ce *fehlt PIIFGS*.

1460 Nenil certes, mes fes amis,   [1462.
      Qu'onques rien tant amer ne vos.
      Trop me poife de fes chevos
      Qui paffent or, tant par reluifent.
      D'ire m'angoiffent et aguifent
1465 Quant je li voi ronpre et tranchier,
      N'onques ne pueent eftanchier
      Les lermes qui des iauz li chieent:
      Totes cez chofes me deffieent.
      A tot ce qu'il font plain de lermes
1470 Si que n'an eft ne fins ne termes,
      Ne furent onques fi bel oel.
      De ce qu'ele plore me duel,
      Ne de rien n'ai fi grant deftrefce
      Con de fon vis que ele blefce,
1475 Que ne l'eüft pas defervi.
      Onques fi bien taillié ne vi
      Ne fi fres ne fi coloré.
      Et ce me par a acoré
      Que je li voi fa gorge eftraindre.
1480 Certes ele ne fe fet faindre
      Qu'au pis qu'ele puet ne fe face,
      Et nus criftauz ne nule glace
      N'eft fi clere ne fi polie.

1460. Nel fui *HS*. | mes certes *G*, certains *hinter* fes *A*. **61. 62.** *stellt um H*. **61.** Onques *GA*. | rien] mais *P*. | tant riens *S*, t. cofe *A*. **62.** Ml't *FGAS*; Grant duel ai *PH*. | des biaus *FGAS*, de fes biax *PH*. **63. 64.** *fehlen A*. **63.** Qui (Que *H*) fin or pas. t. r. *PHS*. | or pas. *FG*. **64.** mefprennent *PH*. **65.** Que *F*, Car *S*. | les *H*. | ui *A*. **66.** Conques *P*. | ne fe *P*, nen *F*. | porent *GA*, fen puet *S*, fe puet *P*. **67.** Des *A*. **68.** li *VF*. **69.** A ce *G*, Et ce *A*. | que *F*. | font tuit *G*, font fi *A*. **70.** Et *F*. | quil *HFS*. | ne eft *S*, che e. *P*; Conques *A*. **71.** Ainc mais ne f. fi *A*. **73.** nai de r. *F*. | noi *G*. **74.** Que *A*, Come *PH*. | fa face *A*. | quele *PHA*. **75.** Qui *GAS*, Quil *HF*. | neuft p. ce *FGS*, ce neuft p. *A*. **76.** Nonques *F*, Conques *P*, Car onques *A*. | fi biele *A*, fi bele taille *P*(+i). **77.** Ne uis tant f. encolore *A*. **78.** Ice *A*, Car ce *S*, Mes ce *H*, Mes de ce *G*. | ma p. ac. *G*, ma mort et ac. *A*. (*Statt* **79. 80.** *hat H zwei sinnlose Verse*). **79.** Et *P*. | ui *AS*. | la *V*; *H*: Que ele eft a li enemie. **80.** Et . . uelt pas *G*; *H*: Et uoir ele ne fe faint mie. **81.** Que au *A*, Car au *S*. | fe *fehlt AS*. **82.** Ne *PFA*, Voir *S*. | clace *A*. **83.** cl.] bele *P*.

Deus! por quoi fet fi grant folie   [1486

1485   Et por quoi ne fe blefce mains?

Por quoi detort ele fes mains

Et fiert fon vis et efgratine?

Don ne fuft ce mervoille fine

A efgarder f'ele fuft liee,

1490   Quant ele eft or fi bele iriee?

Oïl voir, bien le puis jurer,

Onques mes fi defmefurer

An biauté ne fe pot Nature;

Que trefpaffé i a mefure,

1495   Ou ele efpoir n'i ovra onques.

Comant poïft avenir donques?

Don fuft fi granz biautez venue?

Ja la fift Deus de fa main nue

Por Nature feire mufer.

1500   Tot fon tans i porroit ufer

S'ele la voloit contrefeire,

Que ja n'an porroit a chief treire.

Nes Deus, f'il f'an voloit pener,

N'i porroit, ce cuit, affener,

1505   Que ja mes une tel feïft

Por painne que il i meïft."

EINSI mes fire Yvains devife
Celi qui de duel fe debrife,

1484. que *F*; *A*: Certes ml't f. grande f., *P*: Que fe gorge eft ne f'
onnie.   **85.** Et] Dix *P*. | que *F*; *A*: P. q. ne fe plece ele m.   **86.** qu
F. | d. fes blanches *P*, fes beles *HFGAS*.   **87.** piz *HPGAS*.   **88.** Don
VPFAS. | fu *GAS*. | meruelles *VP*.   **89.** De li ueir *A*.   **90.** eft ele *A*.
or fi] or *fehlt G* (—1), fi tres *P*. | carcie *A*.   **91.** voire com puis *S*, uoir co
poez *FG*.   **92.** Conques *G*. | fans d. *F*.   **93.** puet *P*; Ne fe p. en (de *A*)
b. n. *HAS*, Ne fe p. embatre n. *F*.   **94.** trefpaffee *HF*. | an a *F* | painture
V, fe cure *P*; *S*: Car ele a t. m.; *A*: Car paffe a tote m.   **95.** O efp. que
A. | efp. ele *P* (+ 1). | entra *G*.   **96.** puet che *P*. | avenir] ce eftre *HFGAS*.
97. grant biaute *PHGS*.   **98.** Se *V*, Ainc *A*. | li *S*.   **99.** f. N. *A*.
1500. Tot le mont *G*. | poïft *A*; *S*: Bien i p. fon t.   **1.** Se il *V*. | uaufit *A*.
2. Car *S*. | en peuft *V*, nen feuft *A*.   **3.** Ne dix *PFG*, Nus daus *H*, Neft
hom *A*. | fi *S*. | i v. penfer *A*.   **4.** Ce c. ne p. *H*. | faroit *P*. | ie *PFS*.
raffener *F*; *A*: Que ia i feuft a.   **5. 6.** *in V am Fuss der Seite mit Rec-*
lame.   **5.** ja m.] *fehlt V* (Qune), ja *fehlt S*, mes *fehlt FG*. | nule tel *PH*.
tele *VG*, tel en *FS*. | fere poïft *V*; *A*: Quautre tele contrefefift.   **8.** que por *F*.

Ne mes ne cuit qu'il aveniſt [1511.

1510 Que nus hon qui priſon teniſt
[Tel con mes ſire Yvains la tient
Qui de la teſte perdre crient]
Amaſt an ſi folé meniere,
Don il ne ſera ja proiiere

1515 Ne autres por lui puet cel eſtre.
Tant fu iluec a la feneſtre
Qu'il an vit la dame raler
Et que l'an ot ſet avaler
Anbedeus les portes colanz.

1520 De ce fuſt uns autres dolanz,
Qui miauz amaſt ſa delivrance
Qu'il ne feïſt ſa demorance.
Et il met autretant a oevre
Se l'an les clot, con ſ'an les oevre.

1525 Il ne ſ'an alaſt mie certes
Se eles li fuſſent overtes,
Ne ſe la dame li donaſt
Congié et ſi li pardonaſt
La mort ſon ſeignor buenemant,

1530 Si ſ'an alaſt ſeüremant;
Qu'Amors et Honte le detienent
Qui de deus parz devant li vienent;
Il eſt honiz ſe il ſ'an va,

1509. Nainz *H*; Ne cuic mes *A*, Si ne croit mes *V*. | que *F*, qui il *A*.
10. hon *fehlt A* (—1). 11. 12. *fehlen VPS*. 11. Come m. *A*. 13. itele
m. *F*. 14. ſera *P*; *A*: Ne ia ie cuic nen ſra p. 15. Nautres *A*. | cele *G*,
ſel *S*, ce *V*; che (enſi *A*) puet e. *PA*. 16. T. demora *H*. | il.] Yvains *P*.
17. Que la d. en couint aler *V*. 18. qen euſt *V*, que on eut *P*, que ele
ot *GA*, q. on lot *S*, quele rot *F*. | ſus leuer *S*. 20. fu *FGA*. | .Y. ml't *FA*. |
ſerianz *V*. 21. Car *A*. 22. Que *V*. | la *PHF*. 23. tot autant *H*,
autrement *P*. 24. Que ſon *A*, Son *FGS*. | cloſt *A*. | come *S*, que *A*. | ſe
on *F*, ſe len *G*. les *fehlt V* (—1); *P*: Ne li cautⓔon les ferme ou oeure.
25. Quil *A*. | nen *P*. 26. Se ele *H*, Seles *PA*, Se les portes *V*, Se ades
GS | li *fehlt VA*. | ſ. totes *A*. | aoouuertes *P*. 27. Et *VF*, Non *S*. 30. Ne
F, Puis *P*. 31. *Hier ſetzt M ein*. 31. hontes *A*. | detient *VS*, retienent
FG, retient *HA*, retint *M*. 32. Q. de deſpit *V*, Et dautre part *S*. | lui
M. | uient *VHAS*, uint *M*. 33. Quil *V*, Que h. eſt *S*.

Que ce ne crerroit nus hon ja   [153

1535   Qu'il eüſt cinſi eſploitié.

D'autre part ra tel coveitié

De la bele dame veoir

Au mains ſe plus n'an puet avoir,

Que de la priſon ne li chaut,

1540   Morir viaut ainz que il ſ'an aut.

Mes la dameiſele repeire,

Qui li viaut conpaignie feire

Et folacier et deporter

Et porchacier et aporter

1545   Quanqu'il voudra a ſa deviſe.

Mes de l'amor qu'an lui ſ'eſt miſe

Le trova treſpanſé et vain,

Si li a dit: „Mes ſire Yvain,

Quel ſiegle avez vos hui eü?"

1550   „Tel", fet il, „qui mout m'a pleü."

„Pleü? Por Deu, dites vos voir?

Comant? puet donc buen ſiegle avoir

Qui voit qu'an le quiert por ocire,

S'il ne viaut ſa mort et deſire?"

1555   „Certes", fet il, „ma douce amie,

Morir ne voudroie je mie,

Et ſi me plot mout tote voie

Ce que je vi, ſe Deus me voie,

Et pleſt et pleira toz jorz mes."

1534. Car *F*, Et *AS*. | ice ne *F*, nus de ce nel *G*. | recr. *HS*, quid *
P. | nus h.] *fehlt G*, nus *PS*, on *FA*, en *H*. **35.** Que il . . ſi *FA*. **36**
d. *S* (tel *fehlt*). | a t. *PFG*, a ml't *V*, il a *A*, a ſi *M*. **37.** dame b. *V*;
Au mius de la b. v. **38.** Dame *A*. | ſil *G*. | puis *A*. **39.** Car *
40. ancois quil *M*; *HAS*: Mialz uialt m. **42.** Quil *P*. | uient *M*, uint
43. ſoulagier *PS*. **44.** Et aprochier *P*. **45.** Quanque il *HF*, Quanques *
il li pleſt *M*. | a d. *HFSM*. **46.** Mes *fehlt PHS* (qui en). | li *VP*. | eſt *P*. **47.**
troue *FA*, | treſpenſi *A*, treſpenſiu *S*, trop penſis *M*. **48.** Lors *A*. **49.** v
v (*unterpunktirt*) *V*. | puis *HA*. **50.** qui ma bien *M*, com il ma *V*. **51.** ·
d. *G*, d. men *V*; *P*: Pl. dit. v. ore v. **52.** d.] tout *P*, dont *F*, cil
hom *M*, en *G*. **53.** que len *G*, que *A* (— 1). **54.** S. ne quiert *F*,
ſa m. ne veut *PA*, Cil ainme ſa m. *HG*, Sil maime ſa m. *S*. | et] v *A*
ou *PM*. **56.** ni *H*. **57.** Mes il me *V*. | pleſt *VGASM*. **58.** quay *
uoi *A*, ſui *G*, ueu *M*. **59.** (*fehlt VG*) Et *fehlt M* (a toz i.). | plot *H*

1560   „Or leiffomes treftot an pes",   [1562.
      Fet ele, „que bien fai antandre,
      Ou cefte parole viaut tandre.
      Ne fui fi nice ne fi fole
      Que bien n'antande une parole;
1565   Mes or an venez aprés moi,
      Que je prandrai prochain conroi
      De vos giter fors de prifon.
      Bien vos metrai a garifon,
      S'il vos pleft, anuit ou demain.
1570   Or an venez, je vos an main."
      Et il refpont: „Soiiez certainne
      Que n'iftrai de cefte femainne
      An larrecin ne an anblee.
      Quant la janz iert tote affanblee
1575   Parmi cez rues la defors,
      Plus a enor m'an iftrai lors,
      Que je ne feroie nuitantre."
      A ceft mot aprés li f'an antre
      Dedanz la petite chanbrete.
1580   La dameifele qui fu brete
      De lui fervir fu an efpans,
      Si li fift creance et defpans
      De tot quanque il li covint.

1560. (*fehlt G*) Or le *H.* | laiffons *PHASM.* ⌈t. ce *A*, a itant *PM*, atant *HFS. V schiebt ein:* Et les paroles et les ples.   **61.** cele *HFA.* | car *ASM*, qu *HF.* | fot *F*, fet *HA.*   **62.** Ou uoftre *G.* puet pendre *S*; Ou ceft langage v. lefcendre *M.*   **63.** tant .. tant *A.*   **65.** ore v. *A.*   **66.** Et *F*, Car *ASM.* ;en *VG.* | prendra *G.* | a p. *A* (+1).   **67.** gitier *H*, metre *P.*   **69. 70.** *fehlen P.* **39.** Se *V*, Si *A*, Se il *M* (hui); *M interpolirt hier:* Ou le matin ou au ferain. **70.** v. menroy *M; M interpolirt nun:* A fauuement fans nul deloy.   **71.** cil *V*; *S*: Et fi foies tres bien certains.   **72.** Que] Q. ie *M*, Je *PHGA, fehlt F.* | nen iftrai *PHM*, ne men mourai *A*, ne me m. *G*, Ne mouerai *F.* | de c.] ors de *H*, de *MGA*, defte (!) *F*, cefte *P*; *S*: Nen iftrez pas comme uilains. **73.** ne a *PAS.*   **75.** Emmi *M.* | ces *H*, la *A* (rue). | de la f. *FS.*   **76.** Pl. uolentiers *P.* | a monneur *hinter* is. *M.* | en *V.* | hor *PFGSM.*   **78.** Ap. li \ c. m. *A.* | lui *VPS*, el *M*, fi *G.*   **79.** Deuers *G*, Parmi *A*, En *V.* | fa *A*, une *V.*   **80.** prete *S*, prefte *P.*   **81.** Fu de *PHGA*, Et fut de *M.* | en grant pens *A*, ml't engrans *P*, engrans *M*, a bien pourpens *S.*   **82.** quift *M.* **83.** tot quanques *PA*, tot quanqua *V*, tot ce que *F*, t. ce qui *S.* | il] *fehlt S* (−1), qil *A.* | i c. *F.* | il li] chl'r *V.* | couient *AM.*

        Et quant leus fu, bien li fovint   [1586.
1585 De ce que il li avoit dit,
        Que mout li plot ce que il vit,
        Quant par la fale le queroient
        Cil qui ocire le voloient.
        LA dameifele eftoit fi bien
1590   De fa dame que nule rien
        A dire ne li redotaft,
        A quoi que la chofe tornaft,
        Qu'ele eftoit fa meftre et fa garde.
        Mes por quoi fuft ele coarde
1595 De fa dame reconforter
        Et de f'enor amonefter?
        La premiere foiz a confoil
        Li dift: „Dame, mout me mervoil,
        Que folemant vos voi ovrer.
1600 Cuidiez vos ore recovrer
        Voftre feignor por feire duel?“
        „Nenil“, fet ele, „mes mon vuel
        Seroie je morte d'anui.“
        „Por quoi?“ — „Por aler aprés lui.“
1605 „Aprés lui? Deus vos an defande
        Et aufi buen feignor vos rande
        Si com il an eft poft_is.“
        „Ainz tel mançonge ne deïs,
        Qu'il ne me porroit fi buen randre.“

1584. tans *FA*. | bien fi *P*, fi li *HF*. | fouient *AM*.   **85. 86.** *stelli*
um A.   **85.** chil li *P*.   **86.** ce quele *H*.   **87.** Que *IIG*.   **88.** le
quidoient *A*; *H*: Les genz qui de mort le haoient.   **92.** que q. *HF*. | montaf
PIIGM.   **93.** fa maiftreffe *S*, famie *V*, fa dame *FM*.   **94.** Et *II*. | de *A*.
que *F*, ce *GAM*. | fu *AM*. | chele *P*.   **95.** la *A*. | a rec. *S*.   **96.** Ne *A*. | famor
FGS, feigneur *M*, fon bien *II*. | ameneftrer *A*.   **97.** A *P*. | p. fec (so) *A*.   **98.** S
A. | dit *VF*. | d. ie *SM*. | mefmer. *AS*.   **1600.** Dame cuid. *PH*. | ore *fehlt*
PII, v. donques *M*, v. noient *FS*, i v. rien *G*, v. enfi *A*. | conquefter *FS*.   **1.** mar
V, baron *G*. | a f. *F*, p. uoftre *H*.   **2.** Naie *AS*. | f. e.] certes *V*. | m. s
mon *V*, m. bien *A*.   **3.** je *fehlt MG*. | auoec lui *S*, auecques l. *GM*, encor
hui *F*; *A*: Que ie fuiffe m. apres lui.   **4.** P. qoi puiffe a. *V*.   **6.** Et
fehlt P (—1), Qui *IIA*.   **7.** Si *fehlt A*, il *fehlt F*. | an *fehlt GA*. | poeftis *S*
poefteis *F*, poofteis *G*, uoirs rois pofteis *A*.   **8.** Einc *A*, Onc *M*.   **9.** mer
S. | p. mellor *V*.

1610 „Meillor, ſe le voliiez prandre, [1612.
Vos randra il, ſel proverai."
„Fui! tes! Ja voir nel troverai."
„Si feroiz, dame, ſ'il vos ſiet.
Mes or dites, ſi ne vos griet,
1615 Voſtre terre qui defandra
Quant li rois Artus i vandra
Qui doit venir l'autre ſemainne
Au perron et a la fontainne?
Ja an avez eü meſſage
1620 De la dameiſele ſauvage
Qui letres vos an anvea.
Ahi! con bien les anplea.
Vos deüſſiez or conſoil prandre
De voſtre fontainne defandre,
1625 Et vos ne finez de plorer!
N'i eüſſiez que demorer,
S'il vos pleüſt, ma dame chiere;
Que certes une chanberiere
Ne valent tuit, bien le ſavez,
1630 Li chevalier que vos avez.
Ja par celui qui miauz ſe priſe
N'an iert eſcuz ne lance priſe.
De jant mauveiſe avez vos mout,
Mes ja n'i avra ſi eſtout
1635 Qui a cheval monter an oſt,

1610. Auſſi bon *FGAM*, A. bien *S*. | ſe uos le *VPH*, sel v. *F*, sel
G, se le *SM*, se *A* (—1). | uolez *PHAM*. **11.** rendroit *V*, rendrai *GAM*. | il]
fehlt AM, ſil *G*. | ſel] ſi le *A*, uos *G*, ce *S*, et le *M*. **12.** Fui tent *P*, Fuite
F, Tes toy *M*. | tes *fehlt V*, ja *fehlt G*. | ia mes *V*, ia tel *H*, uoir ia *A*, toi
uoir *G*. | ne *PHS*, ne le *V*. **14.** Or me *V*. | dirai *S*. | et *VF*. **15.** Vo *AS*
(deſendera). **19.** Vos en a. *PS*, Si nauez vos *F*, Nen a. v. *HGAM*. **21.** Que
S. | les l. *F* (en *fehlt*). | v. i *G*. **22.** A. et *G*. | c. buen *A*, comment *P*.
23. deuerieez c. *V*. **25.** ne faites que *F*, meiſme de *S*. **26.** Vos neuſſiez *F*.
27. 28. *umgestellt V und mit Reclamen zurechtgewieſen*. **27.** Si *P*, Le *S*.
28. Car *VSM*. | nis une *P* (+1). **29.** Ne feroit mains *A*, Feroit autant
M. | t.] pas *V*. **30.** Sis ch. *P*, Dun des cheualiers *A*, Con les ch. *M*. |
vos *fehlt AM*. **32.** Ne nert *FG*. | lance ne e. *A*. **34.** M. il *M*; *P*: Qui
ſont couart et ml't eſtout. **35.** Que *S*. | en *FA*, ſeur *PHS*, ſus *M*.

Chriſtian von Troyes II. Yvain. 5

Et li rois vient a fi grant oſt   [1638.
Qu'il ſeiſira tot ſanz deſanſe."
La dame ſet mout bien et panſe
Que cele la conſoille an ſoi;
1640 Mes une ſolor a an ſoi
Que les autres dames i ont
Et a bien pres totes le ſont,
Que de lor folies ſ'ancuſent
Et ce qu'eles vuelent reſuſent.
1645 „Fui", ſet ele, „leiſſe m'an pes!
Se je t'an oi parler ja mes,
Ja mar ſeras mes que t'an ſuies!
Tant paroles que trop m'anuies."
„A bon eür", ſet ele, „dame!
1650 Bien i pert que vos eſtes ſame
Qui ſe corroce, quant ele ot
Nelui qui bien ſeire li lot."
LORS ſ'an parti, ſi la leiſſa;
Et la dame ſe rapanſa
1655 Qu'ele avoit mout grant tort eü.
Mout voſiſt bien avoir ſeü
Comant ele poïſt prover
Qu'an porroit chevalier trover
Meillor qu'onques ne fu ſes ſire.
1660 Mout volantiers li orroit dire,

1636. o ſa S, a ml't G.   37. 38. *stellt um* F.   37. Qui *PGAM*,
Il S, Que F. | prendra treſtout M, uos prendra V, trouera tot S, eſt treſtote F.
38. ſet tres S, ſi ſ. b. *AM*; F: La damoiſele tres bien p.   39. Et quele F. |
a *FGS*.   40. ſolie *PHFGASM*.   41. femmes *PHAM*.   42. a *fehlt* S. |
poi V. | que t. S; H: Treſtotes a b. pr. le ſ.   43. Qui P, Car A, Et S. |
de *fehlt* V. | folie *PHFA*. | ſaccuſent M, les encuſent V, ſ'eſcuſent *PFGAS.*
45. ſ. la dame S. | laie m. p. F, ne dire mais *PGAM*, nel di m. S.   46. te
M. | oc S, voy M.   47. Ja el V; Ja ni ara ſors P, Jo te lo bien F. | mes
fehlt VPF. | que tu t. *VF.*   48. Que tes p. P (que *fehlt*), T. as p. M. | tr.]
tant P, tu S, *fehlt* M; V: Trop p. et tr. m.   49. A beneor H, Et de par
diu P.   50. Jl p. b. F.   52. li ot P.   53. A tant ſ. part *AM.* | ſi
ſen ala P.   54. rapaiſa G, porpenſa *ASM.*   55. ſi g. H. *Statt* 657—660
hat S: Qui ert dont eſt com auoit non. Cil qui li prommet par ſiermon.
57. Quel chl'r M. | porroit *PFGAM.*   58. Quel A, Qui G, Et P. | poïſt V;
M: Et comment el porroit t.   59. que onq. A. | ſuſt *FA.*   60. Se li H. |
vol. *nach* or. *HFGA.* | oiſt V.

Mes ele li a defandu. [1663.
An ceft voloir a antandu
Jufqu'a tant que ele revint.
Mes onques defanfe n'i tint,
1665 Ainz li redit tot maintenant:
„Dame, eft ce ore avenant
Que fi de duel vos ociëz?
Por Deu, car vos an chaftiëz,
Sel leiffiez feviaus non de honte.
1670 A fi haute dame ne monte
Que duel fi longuemant maintaingne.
De voftre enor vos refovaingne
Et de voftre grant jantillefce!
Cuidiez vos que tote proefce
1675 Soit morte avuec voftre feignor?
Çant aufi buen et çant meillor
An font vif remés par le monde."
„Se tu n'an manz, Deus me confonde!
Et neporquant un feul m'an nome,
1680 Qui et tefmoing de fi preudome
Con mes fire ot tot fon aé." age
„Ja m'an favriiez vos mal gré,
Si vos an corroceriiez

1661. felle li ot *S*, el li auoit *M*. **62.** A *AS*. | ce *H*, cel *V*. | penfe *FGAS*, panfer *HM*. | atendu *PHM*. **63.** Jufques a *P* (+ 1), Jusque *HMS*. | donc *A*. | q. cele *FP*. **64.** Que *V*. | nen t. *PHS*, ne uint *G*. **65.** Aincois *V*, Puis *G*, Quel *F*. | li redift *G*, li dit *V*, ne redie *F* (tot *fehlt*). | auenant *A*. **66.** Ha d. *H*, Ah d. *P*. | ce eft *S*, ce *fehlt F*. | ore bien *F*. **67.** Qui fi *HF*, Quenfi *SM*, Queinfint *G*. **69.** Si *PG*, Si le *HM*, Et fi le *S*. | laies *F*, leffefiez *H*. | fe v. n.] uiax *H*, neis *M*. | por *PM*, por uo *S*; *A*: Se ce ne fuft fans plus de h. **70.** Qa *V*. | faite *F*. | femme *PA*. | namonte *F*. **71.** dolor fi longue *F*. | demeigne *VFA*. **73.** grande leefce *M*. **74.** q. uoftre *A*. **76.** Que *H*, Et *G*, .E. ft' *A*, *fehlt M*. | autrefi *HM*, autel *A* (b. *fehlt*). | ou *HF*. | ç. *fehlt H*. **77.** v. r.✎ ce facies *S*; vif *fehlt PHGAM*. | par tot *A*, parmi *PHGM*. **78.** ne *HFAM*, en *GS*, me *P*. | te c. *PFGAS*. **79.** nonp. *SM*, nonporoec *V*. | f. *fehlt M* (anomme). | en *AS*. **80.** daufi *FASM*. **81.** Que *M*. | fires *P* (tot *fehlt*), *VM* (ot *fehlt*). | en f. aage *M*. **82.** Ja ne m. *PG* (mal *fehlt*), Et uos *H*, Dame ia *S* (vos *fehlt*); *M*: Ja le tendriez a outrage. **83.** Et fi *AS*. | uos recor. *H*.

Et m'an meſaeſmeriiez." [1686

1685 „Non ſerai, je t'an aſſeür."

„Ce ſoit a voſtre buen eür

Qui vos an eſt a avenir,

Se il vos venoit a pleiſir.

Et Deus doint ce que il vos pleiſe!

1690 Ne voi rien por quoi je me teiſe,

Que nus ne nos ot ne eſcoute.

Vos me tandroiż ja por eſtoute,

Mes je dirai bien, ce me ſanble,

Quant dui chevalier ſont anſanble

1695 Venu as armes an bataille,

Li queus cuidiez vos qui miauz vaille,

Quant li uns a l'autre conquis?

Androit de moi doing je le pris

Au veinqueor. Et vos que feites?"

1700 „Il m'eſt avis que tu m'agueites,

Si me viaus a parole prandre."

„Par ſoi! vos poez bien antandre

Que je m'an vois parmi le voir,

Et ſi vos pruis par eſtovoir

1705 Que miauz vaut icil qui conquiſt

1684. Et ſi men *VA*, Et moi en *M*, Ne nient miex ne men *S*, Et mauues gre men *G*, Et malgre men *F*. | meſaamerieez *V*, meſaemeries *A*, ameries *S*, meſaſmeriez *M*, remenacerriez *HP*, ſauriez *G*, raueries *F*. **85.** Nou *M*, Nel *HFA*. **86.** Or *H*. | ſait elle a b. e. *S*; *P*: Ele reſpont a boin eur. **87.** Qui uous puiſt tous iours *P*, Que il uos eſt a *G*. | ſoit *M*. **89. 90.** *stellt um M*. **89.** Que *A*. | d. doint ice *V*, vous d. ce *S*, dex ce doint *GA*, che d. dix *P*, diex veille *M*. | il *fehlt V*. **90.** Ni *A*, Je ne *PM*. | rien] *fehlt P*, ci *V*, ci rien *A*, nul *M*. | cui *V*, qui *F*. | je] *fehlt AM*, ne *S*. | man t. *HFS*. **91. 92.** *stellt um S*. **91.** Car *A*, Et *S*. **92.** Car vos *S*. | men *GS*, *fehlt A*. | teries *S*. | t. ia moi *A*. | ja] jo quit *F*. | por] toſt p. *P*, a *V*. | glote *FS*, ſote *P*. **93.** b. puis dire *H*. | b.] uoir *VM*, ia *A*. **95.** a a. *H*, cors a cors *S*, et por ſere *V* (en *fehlt*). **96.** Le quel *FAM*. | que *MS*. **97.** uns l'a. aura *V*. **98.** E. m. en done se *M*. **99.** Celui qui uaint *S*. | et quen dites *M*(—1). **1700.** me g. *FA*, maſites *M*. **1.** Or *M*. **2.** b aprendre *F*. **3.** jen *G*, *fehlt FS*. | m'an *fehlt GAM*. | uoeil aler *GAM*, oltre par *FS*, par *GAM*. | le] droit *G*. **4.** Et ſi le *P*, Si le v. *A*. | leſprueſ *S* pri *M*. **5.** Q. ml't m. v. *S*, Aſſes v. m. *A*, Ne v. m. *M*. | ualut *HG*, cil *P* (—1), *HGA*, celui *M*, *fehlt S*. | qui le c. *S*.

Voftre feignor, que il ne fift: [1708.
Il le conquift et fel chaça
Par hardemant an jufque ça
Si qu'il l'ancloft an fa meifon."

1710 „Or 'oi", fet ele, „defreifon
La plus grant qui onques fuft dite.
Fui! plainne de male efperite,   [1714.
Fui! garce fole et anuieufe.
Ne dire ja mes tel oifeufe,

1715 Ne ja mes devant moi ne vaingnes, [1715.
Por quoi de lui parole taingnes!"
„Certes, dame, bien le favoie
Que ja de vos gre n'an avroie
Et jel vos dis mout bien avant.

1720 Mes vos m'eüftes covenant
Que mal gre ne m'an favriiez
Ne ja ire n'an avriiez.
Mal m'avez mon covant tenu,
Si m'eft or einfi avenu

1725 Que dit m'avez voftre pleifir,
Si ai perdu un buen teifir."

A TANT an la chanbre retorne
La ou mes fire Yvains fejorne,
Qu'ele gardoit a mout grant eife;

1706. Que v. fire *A.* | et il fi f. *G*, ne fefift *A*; *M:* Conques v. feignor
ne fift. 7. Quil *V*, Vns *A.* | le c. *M*, enchaca *V*, enchauca *A.* 8. defi
a ca *F*, et iufques ca *A*, et trofqua ca *S*, entreque ca *M.* 9. Que il *V*,
Et fi *H*; *G:* Dedenz la tor de fa m. 10. uoi *S* (mefproifon); *H:* Or ai
ge oi d. 11. pl. grande *A*, greignor *M.* | que o. *P*, que mes *A*, conques
mes *HGM.* 12. mal *VHA.* 13. 14. *fehlen H, stellt um F.* 13. grate *A.* |
et noifeufe *M* (—1). 14. dites *S*, di *A.* | fi grant oufeufe *A.* 15. ja
fehlt HA (reveingnes), ja m. *vor* ne *P.* 16. que *VF.* 17. Par foi *F.*
18. g. naueroie *A.* 19. Mes j. *V.* | io *FA.* | le v. *F* (ml't *fehlt*). | bien en
auant *M.* 20. Et *VS.* | an couant *HPA.* 21. 22. *stellt um PH.* 21. Q.]
Ne *PH*, *fehlt F* (faueriez). | ia mal *S* (faueriez), ne faueries *A.* 22. Ne]
Que *PH.* | ja] uers moi *V.* | nen aueriez *AS*; *G:* Ne ne men abeteriez.
23. m. c.] couenant *SM.* 24. Or fi m. *P*;men eft or fi *M*, men eft enfi *A.*
ore ci *S.* 25. Et *HA.* 27. Batant *F.* | uers *PHGSM.* | fa *HM*; *A:* Quant
ot ce dit fi fen r. 28. La *fehlt S* (—1). 29. Qui le *F*, Que le *G* (—1),
Que ele *PA*, Cui ele *H*, Ou el le *M.* | garde *PHGAM.* | ml't a efe *M.*

1730   Mes ne voit chofe qui li pleife,
        Quant la dame veoir ne puet,
        Et del plet que cele li muet
        Ne fe garde ne ne fet mot.
        Mes la dame tote nuit ot
1735   A li meïfmes grant tançon,
        Qu'ele eftoit an grant cufançon
        De fa fontainne garantir,
        Si fe comance a repantir
        De celi qu'ele avoit blafmee
1740   Et leidie et mefaefmee;
        Qu'ele eft tote feüre et certe,
        Que por loiier ne por deferte
        Ne por amor que a lui et
        Ne l'an mift ele onques an plet.
1745   „Et plus aimme ele moi que lui,
        Ne ma honte ne mon anui
        Ne me loeroit ele mie;
        Car trop eft ma leaus amie."
        Ez vos ja la dame changiee:
1750   De celi qu'ele ot leidangiee
        Ne cuide ja mes a nul fuer

1730. ni a *P*, ni ot *H*, ne dit *FGM*, ne di *S*.   **31.** Quan la d. trouer nel p. *F*, Qua cief uers la dame ne p. *S*.   **32.** Mais *F*, Que *G*, Ne *A*. | que] dont *A*; *M*: defpleft quelle ne li meut; *S*: Venir de plet quele li m. **33.** fen *PS*. | nen *PHS*. | fe muet *AM*.   **34.** Et *VA*. | eut *M*. *Darnach interpolirt S*: Dire et faire grant fermon.   **35.** lui *G*, foi *A*. | meïfme ot *S*. | tel *M*.   **36.** *(fehlt S)* Si en eft *A*, Et eftoit *G*. | an] a *F*. | foupecon *A*; *P*: Toute uoie fu en c.   **37.** la *GM*. | a gar. *S*, maintenir *A*.   **38.** Dont fe *F*. **39.** cele *GM*, celui *S*.   **40.** laidoiee *V*, lait dit *S*, laidite *A*, ledengiee *M*. | mefafmce *M*, mefamee *PA* (—1), mefaamee *HFG*, mal menee *V*.   **41.** Car ele *P* (+1), Or ele *M*. | bien f. *S* (— 1), et f. *M*.   **43.** loier *G*. | que en li *GS*, qua celui *H*.   **44.** le *F*.   **45.** moi] mi *S*, li *PHM*, lui *G*; *A*: Car ele maime plus q. l.   **46.** fa .. fon *PHGSM*; honte] biaute *P*.   **47.** li *PHGSM*. | l.] cheleroit *P*.   **48.** Que *HFG*, Et *S*; Tant *A*. | tr.] plus *S*, par *A*. | fa *PHGS*; *M*: Quer trop elle bien famie (—1).   **49.** Eftes *P*, Einz *G*. | ja] *fehlt P*, ra *G*, ja *hinter* dame *F*, bien *M*. | changie *FGS*.   **50.** celui *VGS*, ce *AM*. | lot *M*, ot fi *A*. | leidangie *FGS*.   **51.** Que ne *V*. | cuidoit *VS*. ja m.] que *V*. | en fon cuer *G*.

Amer la deüſt de bon cuer,
Et celui qu'ele ot refuſé
A mout leaumant eſcuſé
1755 Par reiſon et par droit de plet,
Que ne li avoit rien forfet,
Si ſe deſreſne tot einſi
Con ſ'il fuſt venuz devant li,
Si ſe comance a pleidoiier.
1760 „Va!“ fet ele, „puez tu noiier
Que par toi ne ſoit morz mes ſire?“
„Ce“, fet il, „ne puis je pas dire,
Ainz l'otroi bien.“ — „Di donc, por quoi
Feïs le tu? Por mal de moi,
1765 Por haïne ne por deſpit?“
„Ja n'aie je de mort reſpit
S'onques por mal de vos le fis.“
„Donc n'as tu rien vers moi meſpris
Ne vers lui n'eüs tu nul tort;
1770 Car ſ'il poïſt, il t'eüſt mort.
Por ce mien eſciant cuit gié
Que je ai bien a droit jugié.“ ,
Einſi par li meïſmes prueve
Que droit, ſan et reiſon i trueve,

1752. Que amer *HG,PFM* (+ 1), | la· doie *PHFGM*, la cuide *A.* | an
ſon c. *HS*, a nul ſuer *G.*   53. ot acuſe *A.*   54. Ra *H.* | durement*M.* |
reſcuſe *G*, encuſe *VA*, refuſe *F*; *S*: A recut tout de ſon gre.   55. P. droit
et p. r. de p. *FS*, P. r. de plet et p. d. *M.*   56. Quil *HFGS*, Que il *A*, Et
cil *M.* | ne li ot *A*, nauoit rien uers lui *F.* | r.] pas *P.* | meſſet *HA.*   57. Se
S, Lors *V.* | li *S.* | demente *G*, demande *S.* | auſi *PS.*   58. Et *G*,
Comme *S* (venuz *fehlt*, − 1).   59. Lors *HFGASM.* | ſi *AM*, ſel *H*, ſen *G*,
le *S.* | apeler *A.*   60. Diua *V* (el), Viax tu donc *H* (p. tu *fehlt*). | ne p. n. *F.*
61. ne fuſt *FM.*   62. ele ne peuz *M* (je *fehlt*). | deſdire *PHF.*   63. dont *F.*
64. Le ſ. *M.* | par *VFG*, en *A.*   65. Ne p. honte *M.*   66. 67. *umgestellt
und durch* || *wieder zurecht gewiesen S.*   66. naie de la m. *G.*   67. Se io *F.*
68. Dont *FA.* | tu pas *V.*   69. Neuuers *A*, Ne enuers *F*, Ne a *V.* | moi
VFGSM. | nas tu *FA*, nas tu fet *V*, nas tu eu *M* (+ 1), nas eu *S.* | point
de t. *A.*   70. Se il p. *S.*   71. Et p. *A.* | mon e. *VF*, meſt auis *A*, ai
mon ſens *M.* | que gie *A*, reuerchie *M.*   72. iai *HM*, iaie *F.* | et dr. *GP.* et
a d. *HM*, a dr. et bien *P*; *A*: En ai ml't bien le d. i.   73. lui *FG.*   74. Et
FS. | ſens *VPFSA*; *A*: Q. ſ. et droite r. i t. (+ 1).

1775 Qu'an lui haïr n'a ele droit,
     S'an dit ce que ele voudroit,
     Et par li meïſmes ſ'alume
     Auſi con la busche qui fume
     Tant que la flame ſ'i eſt miſe,
1780 Que nus ne ſoſle ne atiſe.
     Et ſ'or venoit la dameiſele,
     Ja deſreſneroit la querele
     Don ele l'a tant pleidoiïce,
     S'an a eſté mout leidangiee.

1785 Et ele revint par matin,
     Si recomança ſon latin
     La ou ele l'avoit leiſſié.
     Et cele tint le chief beiſſié,
     Qui a meſſeite ſe ſauoit
1790 De ce que leidie l'avoit;
     Mes or li voudra amander
     Et del chevalier demander
     Le non et l'eſtre et le linage,
     Si ſ'umelie come ſage
1795 Et dit: „Merci criër vos vuel
     Del grant outrage et de l'orguel
     Que je vos ai dit come ſole,
     Si remandrai a voſtre eſcole.

1775. 76. *stellt um* G.   **75.** Que del V, Quel na en GF, Quele na
en S (+1), Et na en M, Quele a enuer li A. | n'a ele] nul GFASM, na e.
nul P (+1).   **76.** Se V, Si P, Sen G, Si an HFS, Sele a A. | quele HAS,
que il FA. | uoloit FA.   **77.** lui VFGS.   **78.** Enſi H. | la] li HA, uerz
V. | b.] ſeus HA.   **79.** Et t. A. | flambe VGM. | i A. | alume S.   **80.** Quant
M. | nus ni AS, n. ne G, n. ne la PH, on la M. | ni a. S, nat. PH, et at. M.
81. Et ſe G.   **82.** Com ſatorneroit G.   **83. 84.** *stellt um* A.   **83.** em-
plaidie G; A: Donc a t. pleidoiie eſtc; S: Dont a ſa dame plaingoie.   **84.** Si
P, Si en G. | ai A. | bien PHG. | laidie G, laidoiee HFA.   **85.** cele
HA.   **86.** recomence PFGAM.   **88.** (*fehlt* P) ele GM. | col M.   **89.** Que
G. | ſantoit HF, tenoit M.   **90.** Pour S. | laidoie VA, ledengie M, laidit
F, lait dit S. | li au. FS.   **91.** demander S, comander H.   **92.** Et *fehlt*
F (et dem.), A (uelt d.). | aparler S.   **93.** et l'c. et] l'e. et I', l'e. et tot F,
et dont eſt S.   **94.** Et M. | en ſon corage A.   **95.** Si FA. | diſt P. |
te V.   **96.** g. ſorfait F.   **97.** ge tai dite V.   **98.** Je A. | reuenrai FS,
me rendrai AG, me tendray M. | a ma parole F.

Mes dites moi fe vos favez,

1800 Li chevaliers don vos m'avez

Tenue an plet fi longuemant,

Queus hon eft il et de quel jant?

Se il eft teus qu'a moi ataingne,

(Mes que de par lui ne remaingne,)

1805 Je le ferai, ce vos otroi,

Seignor de ma terre et de moi.

Mes il le covandra fi feire,

Qu'an ne puiffe de moi retreire

Ne dire: „ „C'eft cele qui prift

1810 Celui qui fon feignor ocift." "

„E non Deu, dame, einfi iert il.

Seignor avroiz le plus jantil

Et le plus franc et le plus bel

Qui onques fuft del ling Abel."

1815 „Comant a non?" — „Mes fire Yvains."

„Par foi, cift n'eft mie vilains,

Ainz eft mout frans, je le fai bien,

Si eft fiz au roi Uriien."

„Par foi, dame, vos dites voir."

1820 „Et quant le porrons nos avoir?"

„Jufqu'a cinc jorz." — „Trop tarderoit,

Que mien vuel ja venuz feroit.

Vaingne anuit ou demain feviaus!"

„Dame, ne cuit que nus oifiaus

1799. or dites fe *V.* 1800. Le ch^r. *PAS,* Del c. *H.* 1. Tenu *VS.* | a *HS.* 2. Dont *S.* | il eft *FS.* | quele *S; A:* Q. eft li hom. 3. que a *G.* | aueigne *S,* taigne *G.* 4. Ne *A,* Ne mes *V.* | deuers *M,* en *V.* 5. ce] io *FS,* iel *AM.* 7. M. or *MA.* | couenrai *A,* conuenroit *P.* 8. Que on *A* (puift). | nel *S.* | de li *V,* a mal *S* (— 1). 9. Et *A; F:* Que io foie cele. 11. En *PGS;* l'ar ma foi *A.* | fi *FG.* | foit *M.* 13. 14. *stellt um S.* 13. (*fehlt P*) gent et *H.* 14. Cainques f. des le tens *A.* 16. il *VA,* cilz *P.* 18. Et feft *HFS,* Il e. *AM,* Quil e. *G.* | le *PGAS.* | hurie G. 20. porrions *V,* porroie *M* (veoir), pores *S.* | uos *S, fehlt VM.* 21. Jufques a *S* (+1), Des que a *P* (+1) Trufqua *VF,* Trefqua *G,* Dedenz *M.* | quint *H,* .viii. *VF,* .iii. *M.* | ior *H.* | t. i auroit *VF,* t. demouroit *P.* 22. Car *FSM,* Quau *V.* | ja *vor* m. *FA.* | mon *HFGASM.* | tenus *A,* o nos *G,* ne uos *M.* 23. Mais v. *S,* Encore *M.* | demain ou an. *A.* | uiaus *ASM.* 24. D. ie *M.* | pas quuns *PH.*

1825 Poïft an un jor tant voler.
     Mes je i ferai ja aler
     Un mien garçon qui mout toft cort,
     Qui ira bien jufqu'a la cort
     Le roi Artu au mien efpoir,
1830 Au mains jufqu'a demain au foir,
     Que jufque la n'iert il trovez."
     „Cift termes eft trop lons affez.   ,
     Li jor font lonc. Mes dites li
     Que demain au foir refoit ci
1835 Et voift plus toft que il ne fiaut;
     Car fe bien efforcier fe viaut,
     Fera de deus jornees une.
     Et anquenuit luira la lune,
     Si refera de la nuit jor.
1840 Et je li donrai au retor
     Quanqu'il voudra que je li doingne."
     „Sor moi leiffiez cefte befoingne,
     Que vos l'avroiz antre voz mains
     Jufqu'a tierz jor a tot le mains.
1845 Et andemantres manderoiz
     Voz janz et fi demanderoiz
     Confoil del roi qui doit venir. .

1825. Ne peut *M.* | tant *vor* an *H.*   **26.** Dame ji *M.* | le f. *A.* | ia]
tant *S.* | mander *A.*   **27.** feriant *V.* | ci toft *P.*   **28.** Qui] .J. *A.* | uendra
V, ua *P.* | bien *vor* ira *M.* | defque a *P.*   **29.** Au *V.* | artur *V.* | le *S,* an
A. | m.] bñ *A.*   **30.** Entreci et *V.* | mais *A.* | a f. *V,* affoir *P,* effoir *G,* efoir *A.*
31. Car *AM.* | iufques *AS,* defque *G,* trefque *M.*   **32.** Cis *VS,* Cilz *P,* Ce *M.* |
daffez *AS,* taccez *M; A:* Trop eft c. t. l. d.   **33. 34.** *fehlen V.*   **34.** Quil *SM*
(refoit *vor* dem.). *Darnach schieben FS,P zwei Zeilen ein:* Que (Ne *PS*) nus
(nule *P*) effoignes (effoigne *P*) nel (ne *P*) retegne. Que maintenant (demain
affoir *P*) ci ne reuiegne (uiengne *P*).   **35.** Et aut *FG,* Et au *P,* Aille *S,*
Ault fen *V; A:* Et plus t. uait.   **36.** Que *G.* | fil *M, fehlt H.* | fefforcera
H, efploitier *S.* | fil *H.*   **37.** fera *vor* une *HGS.*   **38.** Encore nuit *M,*
En cefte n. *A.*   **39.** Si quil *M.* | refface *PHGS,* fera *M;* puet d. l. n. faire *A.*
41. Ce quil *FGASM.*   **42.** Sus *M.*   **43.** Car *MS.* | nos larons *AM.* | a tot
le m. *HFM.*   **44.** (*fehlt P.*) Trefqua *V,* Dedenz *M.* | .iii. iours *M.* | a]
en *V.* | antre uoz mains *HF,* ou efpoir ains *M.*   **45.** Endementiers *GS,* entre-
mentiers *A,* Et au demain *H.* | remanderoiz *H,* manderons *FS.*   **46.** et fi] et
leur *SM,* fi lor *A,* fi uos *V.* | demanderons *FS,* confeillerez *V.*   **47.** Del r.
q. d. ici *V.*

Por la coftume maintenir
De voftre fontainne defandre
1850 Vos covandroit buen confoil prandre.
Et il n'i avra ja fi haut
Qui foft vanter que il_i aut.
Lors porroiz dire tot a droit
Que mariër vos covandroit.

1855 Uns chevaliers mout alofez
Vos requiert; mes vos ne l'ofez
Prandre, fe il nel loent tuit.
Et ce prant je bien an conduit:
Tant les conois je a mauvés

1860 Que por chargier autrui le fes
Don il feroient trop chargié,
Vos an vandront treftuit au pié
Et fi vos an merciëront,
Que fors de grant painne feront.

1865 Car qui peor a de fon onbre,
S'il puet, volantiers fe defconbre
D'ancontre de lance et de dart;
Car c'eft mauvés jeus a coart."
Et la dame refpont: „Par foi,

1870 Einfi le vuel et fi l'otroi
Et je l'avoie ja panfé
Si con vos l'avez devifé,

1849. *fehlt V (dafür* 1850ª). Mes de la f. *M.* **50.** Confeil *vor* vos
A. | couenra *PAS,* en uoudroiz *G.* | b.] tel *GS,* il *F, fehlt A.* | tos pr. *A.*
Danach schiebt V ein: Et ge vos faz ml't bien entendre. **61.** Que *V,* Car
A, Mais *F,* Ja *M.* | ia ni auera *A,* ne cuit quil y ait *M,* uos ne uerres ia *F.* |
baut *V.* **52.** oft dire *F,* ia fe uante *A* (quil). **56.** demande *A.* | et
PFGAS. | v.] fi *F.* **57.** fil nel (ne *P*) uos *HPG,* fil nele *FM.* **58.** Et fil nel *H.* |
preg *V,* praing *F,* pren *G,* preng *AS,* prens *M;* pranent *H* (je b. *fehlt*).
59. Itant *A.* | fent *G.* | je] *fehlt A,* bien *S,* ie ia *G.* **60.** ch. *vor* le *HA.* |
autre *M.* **61.** tuit ch. *H.* **62.** iront *AS,* vouldront *M,* donront *V.* | t.]
chaoir *GAM.* | a p. *G,* congie *V.* **63.** Et ml't ^ **64.** Car *FAS.* | poor
PH. | en iftront *F,* ifteront *A.* **65. 66.** *fehlen V.* **66.** fen *FAS.* **67.** ou
PHGASM. **68.** Que *HG.* | felons *A.* **69—72.** *fehlen V.* **69.** li dit *F.*
70. Ycel *P* (le *fehlt,* —1). | le lo *F,* foit il *A.* | et fi] enfi *H,* io et *FGS,* et ie
M, iel uos *A.* | otroi *FGAS.* **71. 72.** *stellt um F.* **71.** Que *A; S:* Et tout
fi la. enpenfe. **72.** Com *F,* Ainfi c. *M,* Si que *A.* | vos *fehlt P* (—1), *M.* | le
mauez *F.*

Et tot einſi le ferons nos.
Mes ci por quoi demorez vos?
1875 Alez! ja plus ne delaiiez,
Si feites tant que vos l'aiiez,
Et je remanderai mes janz."
Einſi fina li parlemanz.
Et cele ſaint qu'ele anvoit querre
1880 Mon ſeignor Yvain an ſa terre,
Si le fet chaſcun jor beignier
Et bien laver et apleignier.
Et avuec ce li aparoille
Robe d'eſcarlate vermoille
1885 De ver forrée atot la croie.
N'eſt riens qu'ele ne li acroie,
Qui covaingne a lui aceſmer:
Fermail d'or a ſon col fermer,
Ovré a prierres precïeuſes
1890 Qui font les janz mout gracïeuſes,
Et ceinture et aumoſnierre,
Qui fu d'une riche ſeigniere.
Bien l'a del tot apareillié
Et a ſa dame conſeillié
1895 Que revenuz eſt ſes meſſages,

1873. Par foi e. *V.* **74.** Et *F.* | ci *fehlt P* (—1) | que *F.* | ci *vor* d. *M.* | demo-
rons nos *VM.* **75.** ja] i *F,* toſt *S,* et *M.* | p.] tant *V.* | demourez *A.* **76.** (*fehlt P*)
Et *M.* **77.** Et *fehlt VPFGAS.* | manderai pour *M,* remaindrai ouoec *VPFGS,*
men irai auec *A.* | uoz *G,* nos *A.* **78.** Ici *H,* A tant *VS.* | fine *H.* | leur *M.*
79. Et *fehlt HA.* | fait *S,* ſet ſanblant *H.* | quel lenuoit *M,* quel lenuait *G,*
quele enuoie *A,* quelle voiſt *S,* quanuoit *H.* **80.** Meſſires .Y. *M.* **81.** a
ſeior b. *G.* **82.** Et (b. *fehlt*) *PGAM,* Son chief *H.* | aplennïer *PGM,* bien
pignier *S,* apariller *A.* **83.** (*fehlt A ohne Ersatz*) cc] ci *P,* ſi *F.* **85.** De uair
flechie *P,* De uer freſche *G,A* (freches), Et pene uaire *VF.* | a tote *GA.*
86. que ele li *H*; *M*: Quant quel li ſet bien y emploie. **87.** Quil
PFS; *V*: Qua chl'r ſet a., *M*: Riens ne li faut a a. **88.** por ſon *V.*
89. 90. fehlen *V.* **90.** Quil *H.* | ſet *GA.* | l. j.] leanz *H.* | ml't] *vor* les
M, plus *GS.* | glorieuſes *M.* **91.** ceinturete *H,* Sainturette *P* (Et *fehlt*).
92. de ml't r. *S.* | chire *A.* | ſegniere *VG,* ſaigniere *A,* ſauniere *HF,* maniere *S,*
banniere *PM.* **93.** de t. *HFM.* **94.** Lors *V.* | gent *A.* | a conſ. *HFGA,*
la noncie *S.* **95.** eſt *vor* r. *F.* | li *S; A*: Ore ÷ ne li me uen⁹ ÷ li meſages.

Si a eſploitié come ſages.

„Comant?“ ſet ele. „Quant vandra

Mes ſire Yvains?“ — „Ceanz eſt ja.“

„Ceanz eſt il? Vaingne donc toſt

1900 Celeemant et an repoſt

Demantres qu'avuec moi n'eſt nus.

Gardez que n'an i vaingne plus,

Que je harroie mout le quart.“

La dameiſele a tant ſ'an part,

1905 S'eſt venue a ſon oſte arriere;

Mes ne moſtre mie a ſa chiere

La joie que ſes cuers avoit,

Ainz dit que ſa dame ſavoit

Qu'ele l'avoit leanz gardé,

1910 Si l'an ſavoit mout mauvés gre.

„Ne me vaut mes neant celee.

Tant eſt de vos la choſe alee

Que ma dame la choſe ſet,

Qui mout m'an blaſme et mout m'an het

1915 Et mout m'an a achoiſonee.

Mes tel ſeürté m'a donée

Que devant li vos puis conduire

Sanz rien grever et ſanz rien nuire.

1896. Et *VAM.* **99.** eſt ia *V,* ſet elle *M.* | uenuz *V,* uenez *H.* | d. ca *A* (+1), dont *F,* ſi *V, fehlt M.* **1900.** En lareçin *V.* **1.** Dementiers *PS,* Endementres *M,* Entrement's *A.* | que lez *P,* quo *AM.* | nos *V.* | na *M.* **2.** quil *FSM.* | nus ni *G,* ni *FAM.* | entre *V,* remaigne *F,* demeure *M.* | p.] plus nus *A,* nus *HF.* **3.** Car *PASM.* | gi *HP.* | auroie *P.* **4.** ſe *S.* | depart *A* (a t. *fehlt*). **5.** reuenue toſt ar. *AM.* **6.** M. el *M.* | moſtra *HS.* | mie] pas *M.* | a] en *P.* | la *AM* (à *fehlt*). **7.** Ne la *AM.* | quen ſon c. *P,* quau c. *M,* que ele *V* (—1), *A.* **8.** diſt *FG,* faint *P.* **10.** Et ſi *FS* (mal gre); *PHGAM:* Et dit (diſt *PM*) meſire .y. par (pour *P*) de. **11.** Ne me] Ne mi *P,* Nil ni *F,* Or ni *G,* Ni *AMS,* Na *H.* | ualoit m. *S,* mes meſtier *H,* a mez meſtier *P.* | n.] *fehlt P,* riens nule *AM.* **12.** T. a *E; P:* De uous eſt tant. | auant la ch. *M,* la ch. au. *FAS.* **13. 14.** *stellt um A.* **13.** Car *A.* | d. ceanz uos *H,* ml't bien le *FM.* **14.** Que *P.* | durement *F.* | me *HF.* | m. m.] *fehlt F,* m. me *HAM.* **16.** M. ſ. ſi *M.* **17.** uos os mener *A.* **18.** r.] *stellt hinter* gr. *G,* moy *M,* uos de r. *HP,* r. de uos *S.* | et] ne *HPS* (ſanz rien *fehlen*). | r.] vos *M; A:* S. rien nule et ſans nul greuer.

Ne vos grevera rien, ce croi,
1920 Fors tant (que mantir ne vos doi,
      Que je feroie traïfon):
      Avoir vos viaut an fa prifon,
      Et fi viaut fi avoir le cors
      Que nes li cuers n'an foit defors."
1925 „Certes", fet il, „ce vuel je bien,
      Il ne me grevera ja rien.
      An fa prifon vuel je bien eftre."
      „Si feroiz vos, par la main deftre
      Don je vos taing! Or an venez
1930 Et a mon los vos contenez
      Si humblemant devant fa face
      Que male prifon ne vos face.
      Et fi ne vos an efmaiiez!
      Ne cuit mie que vos aiiez
1935 Prifon qui trop vos foit grevainne."
      La dameifele a tant l'an mainne,
      Si l'efmaie et raffeüre
      Et parole par coverture
      [De la prifon ou il iert mis,
1940 Que fanz prifon n'eft nus amis].
      Ele a droit fe prifon le claimme,

1919. a] io *F*, cou ie *S* (+ 1). | cuit *G*.   **20.** q.] don *HFG, fehlt M*
(vos en). | dui *G*.   **21.** Car *FS*.   **22.** Quauoir *HF*, Quelle *P*.   **23. 24.** *fehlen P*.
23. i v. *H*, en v. *FS*. | fi] *hinter* avoir *G, fehlt HFS*, bien *M*.   **24.** nis *F*,
fehlt AM. | lame *M*. | ne *A*, en *G*. | pas fors *V*, mie f. *A*, pas dehors *M*.
25. Par foi *V*. | io le v. *F*, ie v. m'lt *P*, iel v. ml't *GM*.   **26.** Ne ia *F*,
Ce *GA*, Que *P*, Que ce *H*, Et ce *S*. | ja] *fehlt HFS*, de *M*.   **27.** Quan
HFGA, Ca *S*. | fen *S*. | uoeille *S*. | b.] ml't *HF, fehlt S*.   **28.** en fa m. *S*.
29. t. car *S*.   **30.** Mez *PHA*.   **31.** finplement *PHM*.   **32.** Q. fa p.
mal *G*.   **33.** Ne *PHFGASM*. | ja *G*, point *S*, por el *P*, por ce *H*, por
rien *F*, porquant *AM*. | an] *fehlt PHFAM*, nen *S*.   **34.** Je ne quic pas *M*.
35. grieue *P*, uileinne *G*.   **36.** ainfi *PHASM*.   **37.** Si le refm. *S*, Si lefmarri *P*. |
et fel *H*, fi *G*. | lafeure *PG*, affeure *MS*.   **38.** Si *G*, Par *A* (et par).
39. 40. *fehlen V, während FGAM umgekehrt:* Que (Quar *G*, Quen *M*) fanz
(fa *M*) prifon neft nus amis (hons mis *M*). De (En *GM*) la prifon ou il feft (eft
GM) mis. *Statt deffen interpolirt S zwei Zeilen:* Or efteres en fa prifon.
Dont ia nen prendra raencon.   **39.** il eft *P*.   **41.** l'or ca d. *H*, Por ce a d.
P (+ 1), *GAMS*. | fe] qui *F*, que *P, fehlt GAMS*. | le] la *GM*.

Que bien eſt an priſon qui aimme.

L A dameiſele par la main
An mainne mon ſeignor Yvain

1945 La ou ſera mout chier tenuz,

Si cuide il eſtre mal venuz,

Et ſ'il le crient, n'eſt pas mervoille.

Deſor une coute vermoille

Troverent la dame ſeant.

1950 Mout grant peor, je vos creant,

Ot mes ſire Yvains a l'antree

De la chanbre ou il a trovee

La dame qui ne li dit mot;

Et por ce plus grant peor ot,

1955 Si fu de peor eſbaïz,

Qu'il cuida bien eſtre traïz;

Si l'eſtut loing cele part la

Tant que la pucele parla

Et diſt: „Cinc çanz dahez et ſ'ame,

1960 Qui mainne an chanbre a bele dame

Chevalier, quant ne ſ'an aproche

Et qui n'a ne langue ne boche

Ne ſan don acointier ſe ſache"

A ceſt mot par le braz le ſache

1942. Car FS, Quil M. | eſt bien M, huem eſt G, nus neſt A, neſt nus vor qui H. | an] ſanz HA. 45. 46. stellt um AM. 45. Ou il A. ſera] il iert PHFGSM. 46. Mais il S, Qui M. | crient PHM. | il fehlt S. | ml't mal M. | e. retenus S. 47. na pas F. 48. Deſus VGAM, Sor H. | une grant H. 50. Mout fehlt PFGASM. | je] ce PHFM, ot ce G, a ie S. | acreant PFAM. 51. Ot] Ml't G, fehlt S (celle atree). 52. De poor tremble G. | il fehlt GM. | ot FAS, ſot G, ont H, fehlt P (—1). 53. lor PS. | diſt HGAS. 54. Car S. | plus] ml't V, fehlt HM,A (grinnor). | en ot HM. 55. Sen G. 56. Que il M (bien fehlt). 57. Cil V, Et PHA. | tout par ſoy yla M; S: Et puis ſe retrait en encha. 58. qua S. | dit a F. 59. dit VHFAS. | C. c.] .c. A, .Y. GSM. | dahe G (S), mal M. | ſame P, la ſeme A, ſon ame M. 60. Q. maint G, Q. eſt M, Cheualier qui VF (bele fehlt). 61. Entre quant il ne VF. | qui ne PHGAM. 62. nen a S, nen a et V, ne na G. | ne] et V; A: Tant que il ait ne ſens ne b., M: Pour quoy il ait l. ne b. 63. Et V. | ſens VF, ſon P, ſet G, ſai S, ſe A. | doit AM. | aquitier V, aprochir A, eſloingner M. | le FGS, ce A, ſanz M. | doute M. 64. A ces mos S, Maintenant H. | par le poing P, p. les bras S, apres lui G, de ſon doit M. | lembrace S, le boute M.

1965   Et ſi li dit: „Ça vos traiiez,
       Chevaliers, et peor n'aiiez
       De ma dame qu'ele vos morde,
       Mes querez li pes et acorde.
       Et j'an proierai avuec vos
1970   Que la mort Eſclados le ros
       Qui fu ſes ſire vos pardoint."
       Mes ſire Yvains maintenant joint
       Ses mains, ſi ſ'eſt a genouz mis
       Et dit comme verais amis:
1975   „Dame, ja voir ne criërai
       Merci, ainz vos merciërai
       De quanque de moi voudroiz ſeire;
       Que riens ne me pórroit deſpleire."
       „Non, ſire? Et ſe je vos oci?"
1980   „Dame, la voſtre grant merci,
       Que ja ne m'an orroiz dire el."
       „Ainz mes", ſet ele, „n'oï tel,
       Que ſi vos metez a deviſe
       Del tot an tot an ma franchiſe
1985   Sanz ce que ne vos an efforz."
       „Dame, nule force ſi forz
       N'eſt come cele ſanz mantir,
       Qui me comande a conſantir
       Voſtre voloir del tot an tot.

1965. Et *fehlt PHFASM.* | diſt *PG,* a dit *FSM.* | en ſa *PHA.* **66.** ne *II.* **67.** quele ne *A* (+ 1), quel ne *II,* que ne *S.* **68.** la . . lacorde *IIGA.* **69.** ge *A,* iou *S,* je li *G* (por). **70.** eſclados *PHF,* eſcladoc *A,* elcadoc *G,* achadot *M,* acarduel *V,* acardeu *S.* **71.** li p. *V.* **72.** maint. *vor* Mes *AM.* **73. 74.** *stellt (teilweise) um G.* **73.** Les *PM.* | ſi] et *VA.* | ſeſt *vor* mis *A,* eſt *FS; G:* b.) A g. ſeſt uers terre mis. **74.** Ses mains et *G.* a.) | diſt *F,* puis ſi a dit *M.* | con ſes *F,* con *GM.* ¡ urais *G,P* (—1) loiaus *VS, fehlt M.* **75.** uoir ia *HSM,* merci *V.* | uos *V,* ni *G,* ne uos *II.* | crieroie *A,* querrai *II,* req. *S.* **76.** ainz] et *V.* | mercieroie *A.* **77.** v. de moi *A,* uos me v. *PHFGS.* **78.** Car *ASM.* | men *IIA.* **79.** Et *fehlt A.* | ocis *VS.* **80.** merciz *VS.* **81.** Car *A.* **82.** Onc *M,* Onques *V* (el). | dit *P.* **83.** Et *G.* **84.** De *GS.* | deuiſe *G.* **85.** En *A.* | nes *HF,* ie ne *AM.* | an *fehlt M.* | fors *A.* **88.** me *fehlt M* (—1). **89.** *(doppelt F.)* de *PAS; FG:* . . . ſans nul redout.

1990 Rien nule a feire ne redot,
Que moi vos pleife a comander.
Et fe je pooie amander
La mort don je n'ai rien forffet,
Je l'amanderoie fanz plet."

1995 „Et comant?", fet ele. „Or me dites,
Si foiiez de l'amande quites,
Se vos de rien me meffeïftes,
Quant vos mon feignor oceïftes?"
„Dame", fet il, „voftre merci,

2000 Quant voftre fire m'afailli,
Quel tort oi je de moi defandre?
Qui autrui viaut ocirre ou prandre,
Se cil l'ocit qui fe defant,
Dites, fe de rien i mefprant?"

2005 „Nenil, qui bien efgarde a droit.
Et je cuit que rien ne vaudroit,
Quant fet ocirre vos avroie.
Et ce mout volantiers favroie,
Don cele force puet venir,

2010 Qui vos comande a confantir
Tot mon voloir fanz contredit.
Toz torz et toz meffez vos quit.
Mes feez vos, fi nos contez,

1990. Nule rien *A* (a *fehlt*), Nule chofe ie *G*, Ne nule ch. *M.* | a feire] fehlt *GM, P* (—2). **91.** Quil *PM* (—1), Dame que *S.* | moi] me *vor* pl. *V*, il *GA*, ia *F*, fehlt *PSM.* | pleft *S* (a *fehlt*). **92.** ie *fehlt M* (—1). **93. 94.** *stellt um S.* **93.** d.] ou *GASM.* | je] iai *H.* | n. r.] uers uos *H*, nul tort *G.* | meffet *HP*, ne fet *G.* **95.** Et *fehlt PHM,FAS* (—1). | or le me *PHM.* **96.** lamander *M.* **97.** Se nule rien *G*; *F*: Se noiant uers moi forfeiftes. **98.** mon *fehlt F* (—1). | fire *M* (—1). | moceiftes *HA.* **99.** por deu merci *GA.* **2000.** Se *S.* | fegnor *V.* **1.** euc a moi *S* (—1). **2.** Se uoftre fire me uoloit p. *S* (+1). **4.** fe noiant *F*, ie il de r. *M* (i *fehlt*). **5.** N. uoir *A.* | b.] *fehlt A*, i *M.* | i garde *PF*, lefgarde *A*, regarde *M.* | a *fehlt II*; *G*: efgarderoit, *S*: i garderoit. **6.** Et *fehlt S.* croi *V.* | que *fehlt H.* | ni *GA*, ne me *HS.* **7.** f. connoiftre *M.* **8.** Mes ge m. *V*, Iche m. *S*, Neporquant *F.* **9.** celle porte *P*, la f. vous *M.* **10.** Et *M.* | contenir *HFA*, maintenir *G.* **11.** Toz *P* (mes v.⁸), A *HFGASM.* | f. nul refpit *S.* **12.** Tot tort *V*, Tot ce *FGAM.* | tot mesfet *VF.* **13.** Or f. ius *V.* | fil v. plaift or *S.* | me *PHAS.*

Comant vos eftes fi dontez?"

2015 „Dame", fet il, „la force vient
De mon cuer qui a vos fe tient;
An ceft voloir m'a mes cuers mis."
„Et qui le cuer, biaus douz amis?"
„Dame, mi oel." — „Et les iauz qui?"

2020 „La granz biautez que an vos vi."
„Et la biautez qu'i a forfet?"
„Dame, tant que amer me fet."
„Amer? Et cui?" — „Vos, dame chiere."
„Moi?" — „Voire voir." — „An quel meniere?"

2025 „An tel que graindre eftre ne puet,
An tel que de vos ne fe muet
Mes cuers n'onques aillors nel truis,
An tel qu'aillors panfer ne puis,
An tel que toz a vos m'otroi,

2030 An tel que plus vos aim que moi,
An tel, fe vos pleft, a delivre,
Que por vos vuel morir et vivre."
„Et oferiiez vos anprandre
Por moi ma fontainne a defandre?"

2035 „Oïl voir, dame, vers toz homes."
„Sachiez donc bien qu'acordé fomes."

E INSI font acordé briémant.
Et la dame ot fon parlemant

2014. fuftes *A*.   **15.** uint *A*.   **16.** cors *G*. | en *G*.   **17.** Quen *A*.
mont *M*, a *A* | mon cuer *PA*, mes cors *H*, amors *SM*.   **18.** Et qui eft le cuer
P, Cui eft li cuers *G*, Qui eft le cuer *M*, Quex cuer eftce *A* | biaus] mes *F*
douz *fehlt P*.   **19.** D. li *S* | li oil q. *AS*; *M*: D. m. o. qui mont trahis
G: D. uoftres iel uos afi.   **20.** De la b. *S*, Et la b. *M* (vis), *worauf A*
interpolirt: Tantoft ot le mien cuer raui.   **21.** que *M*.   **23.** Et *fehlt A*
(madame).   **24.** En quel fens et *V* | voir *fehlt GM* (—2).   **25.** greignou
il ne peut *M*.   **26** (*fehlt P*). mon cuer ne *M*, nus ne *S* (fen rem.).   **27. 8. 9**
fehlen S.   **27.** Mon cuer *PG*. | onques *F*, ne onque *A* | ne *PA*; *M*: De
vous quaillors penfer ne puis.   **28.** aillors *A*; *M*: Ne nulle heure aillors
nel truis.   **29.** tout *M*.   **30.** plus *vor* que *S*, mius *AM*. | aim vos *F*.
de *A*. *Danach interpolirt S*: En tel que vous en tout me croi (*vgl.* 2029).
31. fe v. p.] que pour uous *P*. | fil *HFGA*.   **32.** Veil cil uous plaift
P | et] ou *PHGAM*.   **33.** oferieez *V* | vos dont *S* | atendre *G*.   **34.** moi
fehlt G. | a *fehlt S*.   **36.** dont *F*, *S* (*vor* S.), de *V*. | bien] *vor* Sach. *A*,
fehlt F, fi *V*. | qu' *fehlt PHM*. | nos acorderomes *F*.   **37.** facorderent *PFM*.

Devant tenu a ſes barons
2040 Et dit: „De ci nos an irons
An cele ſale, ou mes janz ſont,
Qui loé et conſeillié m'ont
Por le beſoing que il i voient,
Que de mari prandre me proient,
2045 Et jel ferai por le besoing.
Ci meïſmes a vos me doing,
Qu'a ſeignor refuſer ne doi
Buen chevalier et fil de roi.“

OR a la dameiſele ſet
2050 Quanqu'ele voloit antreſet,
Et mes ſire Yvains eſt plus ſire,
Qu'an ne porroit conter ne dire;
Que la dame avoec li l'an mainne
An la ſale qui eſtoit plainne
2055 De chevaliers et de ſerjanz.
Et mes ſire Yvains fu ſi janz
Qu'a mervoilles tuit l'eſgarderent.
Et ancontre aus tuit ſe leverent,
Et tuit ſaluent et anclinent
2060 Mon ſeignor Yvain et devinent:
„C'eſt cil qui ma dame prandra.

2039. o *A*. **40.** Si *VM.* | diſt la ſors *G.* | alonz *PG*. **41.** les *A*, ces *H*, ma *GS* (gent). **42.** Q. ilec *M*. | conſeilliee *M*, comande *G*. **43. 44.** *stellt um H*. **43.** beſoigne *F*, grant b. *GASM.* | i *fehlt FGASM*. **44.** Q. *fehlt S*, Tot *F*, Por ce *A*. | de] *fehlt HAM*, a *PS*. | ſeigneur *M*, baron *A*. | a pr. *HM.* prendrent tout *S*. | motroient *PHGASM*. **45.** Et le *M*. | le] lor *P*; *V*: Si com gel ſace par b.; *H* (*hinter 48 von 2 man. auf leergelassener Zeile*): Ne ge nen irai la plus loing. **46.** Ici meiſme *A*. **47. 48.** *fehlen G*. **47.** Que *FM*, Car *AS*. | ſonnor *S*. **49.** Lors *V*. | a] ot *S*; *M*: la dame treſtot ſ. **50.** Quanques *S* (+1); *F*: Ce que v. tot a. **51.** Et *fehlt H*. | plus] tos *A*; *H*: nen ot pas ire. **52.** Que lon ne puet *F*, Que il noſaſt *P*, Plus que il noſt *A*, Ce vos puis bien *H*. | conter] penſer *PGA*. | et *H*. **53.** Car *AS*, Et *PG*. | lui *VFG*. | le m. *A*. **55.** de ſes genz *A*, de granz genz *FSM*, dautres g. *P*. **56.** Et *fehlt F*. | fu ſi] eſt ſi *AM*, eſt tant *G*, qui mlt' ſu *F*. **57.** A. m. *F*, Que a *G* (*fehlt* tuit). | merveille *FAS*. | lagarderent *F*, leſgardoient *G*. **58** (*fehlt V*). contre *P*. | aus] li *P*, lui *GA*, *fehlt SM*. | tuit] *vor* enc. *S*, *fehlt GA*. | leuoient *G*. **59. 60.** *umgestellt S*. **59.** Et *fehlt GM; Sel ſ. V*, Si le ſ. *S*, Tuit le ſ. *GM*. | ſal.] ſe lieuent *P*. | et deuinerent *V*. **60** (*fehlt V*). Et mon *GS*. | et *fehlt GS,P* (dient, — 2). **61.** qui] que *P*.

Dahez et qui li defandra,
Qu'a mervoille fanble prodome.
Certes, l'anpererriz de Rome
2065 Seroit an lui bien mariëe.
Car l'eüft il or afiëe
Et ele lui de nue main,
Si l'efpofaft hui ou demain."
Finfi parolent tuit an ranc.
2070 Au chief de la fale ot un banc,
Ou la dame f'ala feoir,
La ou tuit la porent veoir.
Et mes fire Yvains fanblant fift
Qu'a fes piez feoir fe vofift,
2075 Quant ele l'an leva amont,
Et de la parole femont
Son fenefchal, que il la die
Si qu'ele foit de toz oïe.
Lors comança li fenefchaus
2080 Qui n'eftoit ne reftis ne baus.
„Seignor", fet il, „guerre nos fort.
N'eft jorz que li rois ne f'atort
De quanque il fe puet hafter,
De venir noz terres gafter.
2085 Finçois que la quinzainne paft,

2062. Dahe *GS*, Mal dahe *A*, Mal ait *M*. | ait] il *M*, eft *P*. | qui] ia *VF*. |
li *fehlt A*.   63. Car *PA*. | merueilles *HGM*.   64. lempereres *A*, lem-
pereles *S*.   65. S. ia *V* (bien *fehlt*). | li *PSM*. | 66. or] ia *PHFA*.
efpoufee *I'M*.   67. 68. *fehlen I'*.   67. nuec *S*; tot main a m. *G*,
de main en m. *FA*.   68. (*fehlt P*) Si la preift *M*.   69. Einfint *G*. |
parloient *PHS*, parlent *M*, dient *G*, en vont *V*. | tuit *fehlt VGM*. | an]
dun *H*; *V*: entreuls parlant, *M*: communement, *G*: petit et grant. 70. A *P*,
El *G* | ot] a *FS*, en *PM*. | un b.] deuant *G*.   71. Sen ala la d. f. *GS*.
72. Si que tuit *FGAS*. | le *FSM*.   74. fon pie *F*. | feoir] afir *A*.
75. (*V am Fuss der Spalte nachgetragen*) La dame len *V*.   76. Et *fehlt*
P. | fa *M*. | li femont *P*.   77. Le *P*. | la] lor *FGASM*.   78. Si] Tant *I'S*,
fehlt F (Que ele). | de t.] tres bien *S*.   79. commence *PM*.   80. neftoit
pas *M*, ne fu ne *A*. | ne *fehlt S*. | retis *A*, reftiz *M*, arieftis *S*,
eftolz *H*. | chax *H*, faus *P*.   81. dift *S*.   83. 84. *stellt um F*.
83. quanquil fe p. atorner *H*.   84. De] P'or *PHASM*. | treftous nous g. *M*.
85. femainne *GA*.

Sera tote tornee a gaſt,

Se buen mainteneor n'i a.

Quant ma dame ſe maria,

N'a mie ancor ſet anz parclos,

2090 Si le fiſt ele par voz los.

Morz eſt ſes ſire, ce li poiſe.

N'a or de terre qu'une toiſe

Cil qui tot ceſt païs tenoit

Et qui mout bien i avenoit.

2095 C'eſt granz diauz que po a veſcu.

Fame ne ſet porter eſcu,

Ne ne ſet de lance ferir.

Mout amander et ancherir

Se puet de prandre un buen ſeignor.

2100 Ainz mes n'an ot meſtier greignor:

Loez li tuit que ſeignor praingne

Ainz que la coſtume remaingne;

Qui an ceſt chaſtel a eſté

Plus de ſeiſſante anz a paſſé."

2105 A ceſt mot dïent tuit anſanble,

Que bien a ſeire lor reſanble,

Et treſtuit juſqu'au pié li vienent,

De ſon voloir an grant la tienent,

Si ſe ſet preiier de ſon buen

2086. Sera ele *G*, Auera il *A* | tot *A*, treſtout *M*, treſtote *HFGS*
tornee] *fehlt G*, torne *M*, liuree *P*, alee *HFS*, mis *A*. **88.** Q' *P*. | la d. *V*.
89. 90. *stellt um FGS*. **89.** mie] pas *FASM* | ſet] ·VI· *H*, ·V· *A*, ·II· *M*,
ſi *P*. | anz] ſon *P*. | pc clos *P*, enclos *GAS*, aclos *F*; *G*: Set anz na ancor
pas enclos. **90.** vo *PFAS*; *V*: Si ſe maria el p. u. loz. **92. 91.** *schiebt G*
nach 2108 *ein*. **91.** ſes] mis *V*, no *M*. | ce] ſi *PS*, ml't *G*. | li] len *GS*,
nous *M*. **92.** Or na *S*, Onc not *M*. | pas de *V*. | une *VM*. **93.** Que cil *G*
(tot *fehlt*). **94.** Et que *A*, Cértes qui bien *V*. **95.** Si eſt *F* | granz]
fehlt F, grant *M* | duel *S*, deu *M*. **96.** puet *S*. **98.** amende *M* |
et molt cierir *FSM*, et enduir *P*. **99.** panre *H* | un *fehlt VG*. **2100.**
Einc m. *FA*, Que m. *V*, Onques *GM*. **2.** li] vos *F* | mari *PA*.
3. pais *V*. **4.** Plus a de *GM*. | ·VI· *S*, ·II·ᵐ *M*; Seſſante ans a *A*,
·VII· anz tout plains *F*. | et un eſte *S*, en ceſt eſte *FA*. **6.** bien *nach*
ſaire *P*, biens *S*, ce bien *A*, ml't bien *F* | ſanble *FA*, en ſemble *GM*.
7—12. *fehlen V*. **7.** jus quaus piez *HS*. | len *FM*. **8.** ang.] treſtuit *A*. |
le *AS*.

2110 Tant que aufi con maugré fuen
Otroie ce qu'ele feïft,
Se chafcuns li contredeïft,
Et dift: „Seignor, des qu'il vos fiet,
Cift chevaliers qui lez moi fiet

2115 M'a mout proiiee et mout requife.
An m'enor et an mon fervife
Se viaut metre, et je l'an merci
Et vos l'an merciëz auffi.
N'onques mes certes nel conui,

2120 S'ai mout oï parler de lui.
Si hauz hon eft, ce fachiez bien,
Con li fiz au roi Uriien.
Sanz ce qu'il eft de haut parage
Eft il de fi grant vaffelage

2125 Et tant a corteifie et fan,
Que defloer nel me doit l'an.
De mon feignor Yvain, ce cuit,
Avez bien oï parler tuit,
Et ce eft il qui me requiert.

2130 Plus haut feignor qu'a moi n'afiert
Avrai au jor que ce fera."
Tuit dïent: „Ja ne paffera
Cift jorz, fe vos feites que fage,

2110. Treftot a. *F*, Tout a. *M*, T. autresi *P*, Aufint *GA,S* (—2).
comme *M.* | malcoit gre *A*, maloie gre *G.* **11.** Otroia *F.* | feroit *M.*
12. c. daus li *S.* | contreift *H*, contredifoit *M*, deffendift *S.* **13.** Si d.
M, Et ele dit *V* (feignor *fehlt*), dit *HA.* | puis *A.* **14.** Ciz *V*, Cis *A*,
Ceft *SM*, Ce *P*, Cil *H.* **15.** Qui ml't ma *S.* | m. et priee *M*, forment proie
F. | zweites ml't *fehlt G* (—1), *FSM.* **16.** De *H.* | mamor *F*, mon
voloir *S.* | et *fehlt A* (—1), *S.* | franchife *M.* **17.** et *fehlt FGAS.* | foe
merci *GA*; *M*: Je len rens graces et mercis. **18.** aufis *M.* **20.** On-
ques *VAS*, Quar onques *M.* | certes] *fehlt M*, par deu *F.* | ne le *M.* **21.** Seft
fi *GS.* | hom *fehlt F.* | eft *fehlt GS.* | facies uos *F.* **22.** Come *A* (li
fehlt), Ceft *P*, Quil eft t. *M.* | le r. *PAS.* **23.** Avec *M*, Et fil *S* (—1).
25. Seft *AS*, Sift *F.* | il *fehlt A* (—1). **25.** fens *S.* **26.** ne *PGM.* | an *H.*
27. ie *S*, io *F.* **28.** bien *fehlt M* (treftuit). **29.** ceft il qui ci *A.* **30.** haus
hons eft *AM* | a moi requiert. *S.* **31.** Quant li mariages f. *S*, Se a fignor
le me loera *A.* **33.** Li *VF.*

Que n'aiiez fet le mariage.

2135 Car mout eſt ſos qui ſe demore
De ſon preu ſeire une ſoſe ore.“
Tant li prïent que lor otroie
Ce qu'ele feïſt tote voie,
Qu'Amors a feire li comande

2140 Ce don los et conſoil demande;
Mes a plus grant enor le prant,
Quant le fet au los de ſa jant.
Et les proiieres rien n'i grievent,
Ainz li eſmuevent et ſolievent

2145 Le cuer a feire ſon talant.
Li chevaus qui ne va pas lant
S'efforce, quant an l'eſperone.
Veant toz ſes barons ſe done
La dame a mon ſeignor Yvain.

2150 Par la main d'un ſuen chapelain
Priſe a Laudine de Landuc,
La dame qui fu fille au duc
Laudunet don an note un lai.
Le jor meïſmes ſanz delai

2155 L'eſpoſa et firent lor noces.
Aſſez i ot mitres et croces;
Car la dame i avoit mandez

2134. Qainz *H*, Si *F*. | arez ſ. *F*, ne ſoit fet *VGM*, en faconꝰ *P*. | ceſt m. *AM*. **35.** Ca *P*, Que *HGM*. **36.** ſ. pas ni heure *P*. **37.** li ont proie *S*. | quele *PS*, quel *G*. | lor] ele *HF*, *fehlt PS*. **38.** toutes *S*. **39. 40.** *fehlen S*. **40.** los et] aſaire *A*(+1); Tot ſoit que c. en d. *V*. **42.** Q. en a *F*, Q. ceſt par *A*, Q. elle a *PGS*, Puisquelle a *M*. | au] le *PFGAM*, *fehlt S*. los] congie *S*; *H*: Q. congie en a de ſa gent. **43.** Et *fehlt S*. | paroles *V*. | ne *FA*, ne li *S*. **44.** Aincois *S*. | li e.] ſoushaucent *S*, eſioiſſent *G*, eſſaucent *P*. | ſozlieuent *VAS*, eſlieuent *G*, conſeillent *P*. **46.** pas ne va *HGAS*. | cort *F*. **47.** Sauance *P*. an] len *V*. **48.** les *FG*. | hommes *S*. **50.** de ſon *GAS*, a ſon *F*. **51.** Pris a *PM*, Einſint *G*. | L.] laudune *V*, la dame *PHGASM*. | lauduc *V*, lenduc *G*. **52.** La d.] Lendemain *H*, Gloris *S*, .Y. *M*, Meſire .y. *A*. | qui ſu *fehlt A*. | eſtoit *S*. | le d. *A*. **53** (*fehlt P*). Laudunet *V*, Laududez *H*, Laudonez *G*, Landonnez *M*, Landuces *A*, Laudine *F*, Laudinet *S*. | len *VG*, ont *S*. | fait *S*. **54.** Ce *PG*, Cel *S*, Del *A*. **55.** Furent deuiſees *G*. | furent *A*. | les n. *PFGM*. **57** (*fehlt P*). Que *HGAM*. | madame *A*, la dameiſele *H*. | i av.] ot *H*.

Ses evefques et fes abez.

Mout i ot joie et mout leefce,

2160 Mout i ot jant et mout richefce

Plus que conter ne vos favroie,

Quant lonc tans panfé i avroie.

Miauz me vient teire que po dire. —

Mes or eft mes fire Yvains fire

2165 Et li morz eft toz obliëz.

Cil qui l'ocift eft mariëz

An fa fame et anfanble gifent,

Et les janz aimment plus et prifent

Le vif qu'onques le mort ne firent.

2170 A fes noces bien le fervirent,

Qui durerent jufqu'a la voille,

Que li rois vint a la mervoille

De la fontainne et del perron

Et avuec lui fi conpaignon;

2175 Et treftuit cil de fa mefniee

Furent an cele chevauchiee,

Qu'uns treftoz feus n'an fu remés.

Et fi difoit mes fire Kes:

„Et que eft ore devenuz

2180 Yvains, quant il n'eft ça venuz,

Qui fe vanta aprés mangier

Qu'il iroit fon coufin vangier?

Bien pert que ce fu aprés vin.

2158. Les . . les *HS*, .V. . . .vii. *A*, .V. . . .x. *M*. **2158—2462** *fehlen
M*; **59. 60** *umgestellt PH*. **59.** Et m. i ot *PH*. | et m.] et grant *A*, et
VG(—1),*PH*. | richece *F*. **60.** Et grande *F*, Et de *V*, Et *A*. | jant] ioie *F*,
deduit *V*. | et m. r.] et grant liece *F*, et de r. *V*, de grant noblefce *H*, cumune
fanf deftrefe *A*. **61.** raconter *V* (vos*fehlt*). | porroie *H*. **62.** Se *A*. **63.** Einz *H*. |
men ueil *PHF*. | plus *VH*. **64.** Mes *fehlt V*,*P*(—1). | eft toz *V*. **66.** feft *V*,
fuft *A*. **67.** An] *fehlt H*, A *FGS*, Il et *A*. | fame a *H*. | et *fehlt A*. **68.** li
gent *F*. **69.** plus que le *A*. **70** (*fehlt P*). ces *HA*. | ml't *HFG*. **71.** Qui]
Et *AS*. | durererent *H*, ricement *S* (*Vorlage*: durement). **74.** tuit fi baron
FGA,*S* (li). **75.** Que *H*, Car *P*. **76.** Erent *A*. | conpaignie *A*. **77.** Uns *GA*,
Que *V*. | nes uns *V*. | ni *PFG*. | eft *G*; *S*: Nen remeft nus treftous fes (—1).
78. Et fi a dit *P*. **79.** Et] Ay *P*, Ahi ahi *S*, Hai hai *G*, Por deu *H*. |
queft *PHGS*. | ore] *fehlt GS*, or *P*(—1). **80.** Meffire Y. *H*. | que il *A*, qui *H*. |
ca *fehlt H*. **81.** Quil *A*. **82.** neueu *A*. **83.** ce fu] ceft *S*(—1).

Foïz l'an est, je le devin,
2185 Qu'il n'i osast venir por l'uel.
Mout se vanta de grant orguel.
Mout est hardiz qui vanter s'ose
De ce don autres ne l'alose,
Ne n'a tesmoing de sa loange,
2190 Se ce n'est par fausse losange.
Mout a antre mauvés et preu;
Que li mauvés joste le feu
Conte de lui mout granz paroles,
Si tient totes les janz a soles
2195 Et cuide que l'an nel conoisse.
Et li preuz avroit grant angoisse,
Se il ooit dire a autrui
Les proesces qui sont an lui.
Et neporquant bien m'i acort
2200 Au mauvés, qu'il n'a mie tort,
Se il se prise et il se vante,
Qu'il ne trueve qui por lui mante.
Se il nel dit, qui le dira?
Tuit s'an teisent, nes li hera *Leralol*
2205 Qui des vaillanz crie le ban

2184. 85 *stellt um G*. **85.** Que *V*, Car *S*, Il *G*. **87.** Trop *F*. ' louer *PHS*. **88.** ce] cose *A*. | autres] nus *A*, prodom *V*. | salose *V*. **89.** Et a *V*. | la *AS*. **90.** Se] *fehlt P*. | por *H*, pas *S*. | fausse] force de *P*. **91.** antre] este *A*. | m.] hardi *S*. **92.** Car *FA*, Et *S*, *fehlt G*. | couars *S*. | jouste lez *G*, delez *PF*, selonc *AS*, antor *H*. **93.** Dit *H*, dist *PS*, *fehlt F*. | soi *GA*, lui sait *F*. | mout] les *GA*, unes *PFS*, une *H*. | grant parole *H*. **94.** Sen *G*, Et *VF*. | tote la gent *H*. | por *HS*. | sole *H*. **95.** quident *S*. | con ne les *S*, que ne le *P*. **96.** a ml't g. *G*. **97.** Sil *HA*. | ot *G*(—1). | redire *HA*, nis dire *F*. | a] *fehlt P*(—1),*FS*, nes *A*. | dautrui *S*, de lui *A*. **98.** preeces *G*. **99.** Et] *fehlt HFGAS*. | noup. *V*, neporoc *F*, ne por ce *G*, por ce *P*. | certes bien *PHFA*, que bien *G*, de ce b. *S*. | macort *PHFAS*. **2200.** A *HFA*. | ni a nul *G*. **201. 2.** *umgestellt H und hinter* **206. 201.** Sil *G*(—1),*A*, Et cil *P*. | et] ou *GS*, ne *A*. | il] cil *P*, si *V*; *H*: Fos est qui se prise ne uante. **2.** Quant il *S*. | trueuent *H*. | qui] ou *S*. | por aus *H*, il se *S*, le *GA*. | desmente *GAS*. **3.** Sil *HA*. | ne le *HA*, nen *PGS*. | dist *AS*. | quil *P*. | li *A*, nel *F*, en *PGS*. **4.** Tant *H*. | se‑*PHFA*. | nis *FA*, ne *P*, dax *H*. | hira *FGA*, ira *P*; *S*: Se il sen taist cil sen taira. **5.** Cil qui *V*, Et *P*. | bons *V*, maluais *F*, uilains *A*. | crient *HAS*. | les *FS*. | bans *FS*, banc *H*.

Et les mauvés giete an un van."
Einſi mes ſire Keus parloit
Et mes ſire Gauvains diſoit:
„Merci, mes ſire Keus, merci!
2210 Se mes ſire Yvains n'eſt or ci,
Ne ſavez quel eſſoine il a.
Onques voir tant ne ſ'avilla
Qu'il deïſt de vos vilenie
Tant com il a fet corteiſie."
2215 „Sire", fet Keus, „et je m'an tes.
Ne m'an orroiz parler hui mes
Des que je voi qu'il vos enuie."
Et li rois por veoir la pluie
Verſa de l'iaue plain bacin
2220 Sor le perron deſoz le pin,
Et plut tantoſt mout fondelmant.
Ne tarda mie longuemant
Que mes ſire Yvains ſanz areſt
Antra armez an la foreſt
2225 Et vint plus toſt que les galos
Sor un cheval et gras et gros,
Fort et hardiſ et toſt alant.
Et mes ſire Keus ot talant,
Qu'il demanderoit la bataille,
2230 Queus que an fuſt la definaille.
Il voloit comancier toz jorz

2206. Et tos les *F*. | gieton *G*, gietent *H*. | an un] a tout *P*, au *HFG*,
des *S*. | uant *H*, uent *G*, uans *F*, rans *S*.   **9.** Aiies *S*.   **10.** Se *fehlt PG*. |
ſires *A*. | or] ore *P*, mie *G*, *fehlt A*.   **11.** Nel *S*. | quele *PHG*. | enſoinne *A*,
beſoing *FS*.   **12.** Conques *AS*, Ainc certes *F*. | tant voir *A*. | tant] ſi *H*.
Vor **13** *schiebt S ein:* A nul iour en toute ſa vie (*dafür fehlt* **14**).   **14.** De
tant *P*. | com *fehlt P*(—1). | a *fehlt PH*. | ſet *fehlt A*. | de cort. *HA*.
15. K.] il *PHF*.   **16.** Que ne *V*. | hui m.] iamais *FAS*, mais *V*.   **17.** Puis *F*.
18. ſanuie *H*.   **20.** Sus *A*, Selonc *S*(+1). | deſus *S*, et ſor *F*.   **21.** il plut
toſt *S*. | fondemant *G*, fondannant *PF*, fond'ament *A*, durement *S*.   **22.** Ne
taria *VS*, Nataria *A*, Et ne tarda *F*, Nala *G*. | mie] puis gueires *HG*. | gran-
mant *HF*, demorant *G*.   **23.** Que *fehlt P* (ſenz nul).   **24.** Sen entre *S*.
26. et] molt *H*. | cras *FA*, grant *HS*, bel *P*.   **27.** Preu *V*. | h.] iſnel *A*. |
et combatant *P*.   **29.** demandera *F*.   **30.** Car quiex que *PH*, Quele quen *V*,
Quelle que *S*. | ſoit *F*. | deſeuraille *FS*.

Les batailles et les eſtorz,
Ou il i eûſt grant corroz.
Le roi apele devant toz
2235 Que ceſte bataille li leſt.
„Keus", fet li rois, „des qu'il vos pleſt
Et devant toz l'avez rovee, *hand*
Ne vos doit pas eſtre veee." *and*
Keus l'an mercie, puis ſi monte.
2240 S'or li puet feire un po de honte
Mes ſire Yvains, liez an ſera
Et mout volantiers li fera,
Que bien le reconoiſt as armes.
L'eſcu a pris par les enarmes,
2245 Et Keus le ſuen, ſi ſ'antreſleiſſent,
Chevaus poingnent, les lances beiſſent,
Que il tenoient anpoigniees,
Un petit les ont aloigniees
Tant que par les camois les tindrent,
2250 Et a ce que il ſ'antrevindrent,
De teus cos ferir ſ'angoiſſierent,
Que andeus les lances froiſſierent
Et vont juſqu'anz es poinz ſandant.
Mes ſire Yvains cop ſi peſant
2255 Li dona que par ſon la ſele

2232. Les meſlees *PHG*.   33. 34 *umgestellt F*.   33. i] *fehlt V*,
en *GA*. | trop gr. *V*, granz *AS*.   34. Au pie le roi *H*. | apela *V*, en apiele *A*,
en prie *PF,G* (*in ras.*), uient *H*. | deſor *F*, uoiant *S*, oiant *A*, oianz *G*.
35. cele *VGS*.   36. fiſt *G*, diſt *PFS*. | puis *S*, plus *F*.   37. Que *PG*. | celee *F*.
39. puis] et p. *HAS*, et *G*(—1), lors *V*.   41. Y.] .K. *FA*.   42. Car *F*. | le *V*,
len *P*.   43. Car b. *S*, .Y. *G*. | reconuiſt *H*, reconut *FGA*, raconut *S*.   45. ſen-
trelaiſſent *FA*, ſentreuiennent *S*.   46. Ceual *F*. | p.] corans *A*, corre *V*,
cuerent *PF*, ont boins *S*. | les] lor *S*, et *PHFA*; *G*: A laſembler les l. b.
48. Un poi *P*(—1), Si les ont .1. poi *G*. | abeſſiees *GA*.   49. quamois *H*,
quemois *A*, cauuois *G*, caumois *S*. | tienent *HGA*.   50. a] en *A*. | ſantreui-
enent *HGA*.   51. ferir] andui *G*, ml't *P*. | ſemerueillierent *P*.   52. Can-
deus *S*, Ansdeus *F*, Que *V* (a. *fehlt*), Que les l. an **G***A*. | l. l. es poinz *V*. |
briſierent *G*, pecoierent *P*(+1),*FS*.   53. Et les *S*, Que *V*. | vont] *hinter*
poinz *V*, uindrent *G*. | iusques es *A*, desques au *P*, jusques *VS*, iusquas *F*,
iusquau *G*. | ſandant] *fehlt P*(—2), eſclicant *V*, froiſſant *FAS*.   54. puiſſant
PHFS.   55. Li done *G*, Le ſiert *F*. | par ſor *V*, par mi *S*, par deſos *F*,
deſus *H*, deſor *PG*.

A ſet Keus la torneboele
Et li hiaumes an terre fiert.

Plus d'enui feire ne li quiert
Mes ſire Yvains, einçois deſçant
2260 A la terre et le cheval prant,
S'an ſu mout bel a teus i ot,
Et fu aſſez, qui dire ſot:
„Ahi, ahi! com or giſiez
Vos qui les autres deſpiſiez!

2265 Et neporquant ſ'eſt il bien droiz
Qu'an le vos pardoint çeſte foiz,
Car onques mes ne vos avint."
A tant devant le roi ſ'an vint
Mes ſire Yvains, et par le frain
2270 Menoit le cheval an ſa main
Por ce que il li voloit randre.
„Sire", fet il, „or feites prandre
Ceſt cheval, que je meſſeroie,
Se rien del voſtre retenoie."

2275 „Et qui eſtes vos?" fet li rois.
„Ne vos conoiſtroie des mois,
Se je nomer ne vos ooie
Ou deſarmé ne vos veoie."
Lors ſ'eſt mes ſire Yvains nomez,

2256. En fiſt G.   57. Si que ſes h. V(+1).   58. Plus de mal ⸱
59. 60 fehlen V.   59. einçois] ml't toſt S.   60. Par la regne S. | ⸱
fehlt PS. | le] ſon HG.   61. Si S, Ce HG, Si en F. | ml't] fehlt F. | tel H;
P: m. a tel y ot bel; V: A cele foiz que ſet li ot.   62. Si fu ml't bien F,
Aſſez fu V, Aſ. i ot A. | d. li ſot V; P: Ne ſe pot taire de dire el.   63. Hai
hai G, Ainſi ainſi P.   64. deſpriſiez F.   65. nonp. S, neporoc F. | ſiſt
il F, ſi eſt V.   66. Que on li p. A.   67. Que G, Quant V, Por ce PH. |
onques] quains P, que H. | vos] li A.   68. A itant GS, Entretant PH, El
tre F. | devant] fehlt F, meſire G. | le roi] le roi ·A· F, ·Y· G. | en F, fehlt
PHGS.   69. Deuant le roi et G.   70. Mena PFAS, Meine G, Tenoit V.
71. ce quau roi le G.   72. Si li diſt (dit F) PHF. | or] fehlt PHF.
73. Ce H, Chel P. | car AS.   74. rien] ce V, tant FGS, point A. | dete-
noie H.   76. conoiterai A.   77. 78 umgeſtellt HFGAS.   77. Ou ſe
HFAS, Ou uoſtre non G (nomer nooie).   78. Se FGAS, Au parler ſe H,
Ou ſe ge miex V. | deſarmé] fehlt VH.   79. Che P. | eſt PS. | ·Y· que
chi uees P.

2280 S'an fu Keus de honte abofmez
Et maz et morz et defconfiz,
Qui dift qu'il f'an eftoit foïz.
Et li autre mout lié an font,
Qui de f'enor grant joie font.

2285 Nes li rois grant joie an mena,
Et mes fire Gauvains an a
Çant tanz plus grant joie que nus,
Que fa conpaignie amoit plus
Que conpaignie qu'il eüft

2290 A chevalier que il feüft.
Et li rois li requiert et prie,
Se il li pleft, que il li die,
Comant il avoit efploitié;
Car mout avoit grant covoitié

2295 De l'oïr et mout li conjure
De tot fon oirre l'avanture.
Et il li a treftot conté
Et l'avanture et la bonté
Que la dameifele li fift,

2300 Qu'onques de mot n'i antreprift
Ne rien nule n'i oblia.
Et aprés ce le roi pria

2280. fu] eft *H.* | dol *AS.* | affomez *PFGA*, effomez *H*, acoures *S.*
81. Mais et *S.* | morz] muz *H*, mornes *S.* **82.** Que *S*, Quil *PH.* | dit *V.* | en *S.*
83. grant ioie font *V.* **84.** Que *HFG*, Et *VA.* | de famor *S*, de fa honte *VFA*,
de fon duel *P*, de fa ioie *G.* | grant *fehlt VFGA.* | en ont *V.* **85.** Neis *A*,
Mais *P*, Mefmes *V*, Et *F*, Et nes *G*, *fehlt S.* | rois ·A· *S.* | en *fehlt F.*
ra *G*, a *AS*, ot *V.* **86.** Mes *H*, Et quant *V.* | en ra *S*, lot *V.* **87.** Deus *G.* |
tant *P*; *V*: Sen ot ·c· tanz ioie q. n. **88** (*fehlt P*). Car *FAS.* **89.** Q.
nule quil (que il *S*) onques (en *S*) euft *GS*, Qui a li comp. euft *P.* **90.** En *S*,
Qua *P.* | home mortel *V.* | quil *VA*, que len *H.* | conneuft *A.* **91.** Que fil
VGAS. | il *fehlt FH.* | lui *HFA.* | ne poife *H*, nem poife *F.* | quil *HF.*
lor *H.* **93. 94** *fehlen V.* **94.** ml't lauoit *P*, m. en auoit *S*, m. en a *G.* |
grant *fehlt S.* | defirrie *G.* **95** (a). **96** (b). *umgestellt in PHF.* **95** (a). Et
de loir *VG*, (b). De uoir dire *HF.* | le *VHF*; ●*P*(b): Et comment ileuc
pooit eftre. **96** (b). Que il li die fauenture *A*, (a). De fauoir du tout de
fon eftre *P*, (a). De fauoir tote fauanture *HF.* **97.** li] lor *PH.* **98.** Et
le feruife *HFS*, Le grant feruiche *P.* **300.** Nonques *G*, Onques *PHFS.* |
de riens *PG.* | ni] nen *V.* **1.** Ne onques mot *V.* **2.** en apres le *A.* | li
rois *S*; *F*: Et a. ml't li repria.

Que il et tuit ſi chevalier
Veniſſent o lui herbergier;
2305 Car mout grant enor li ſeroient,
Quant o lui herbergié ſeroient.
Et li rois dit que volantiers
Li feroit huit jorz toz antiers
Enor et joie et conpaignie.
2310 Et mes ſire Yvains l'an mercie,
Ne de demore plus n'i font.
Maintenant montent, ſi ſ'an vont
Vers le chaſtel la droite voie.
Et mes ſire Yvains an anvoie
2315 Devant la rote un eſcuiier
Qui portoit un faucon gruiier,
Por ce que il ne ſoſpreïſſent
La dame et que ſes janz feïſſent
Contre le roi les rues beles.
2320 Quant la dame oï les noveles
Del roi qui vient, a mout grant joie.
N'i a nul qui la novele oie,
Qui n'an ſoit liez et qui ne mont.
Et la dame toz les ſemont
2325 Et prie qu'ancontre lui voiſent;
Mes il ne tancent ne ne noiſent,
Que de feire ſa volanté
Eſtoient tuit antalanté.

2303. il] lui *G*   **4.** Vignent *F.* | o] a *HF.* | por herb. *F.*   **5.** Que *F.*
honor m. gr. *S*; Connor et ioie *PHGA.* | feront *P*, feroit *F.*   **6.** Se il *S,*
Se *A.* | o] a *H.* | h.ˢ feroit *F*, herbergier aloient *A*, ſe hiebegoient *S,*
h. feront *P.*   **7.** li r.] il *V.* | li d. *FA*, diſt *GS.* | que *fehlt FA*, q. ml't *V.*
8. feront *P*, fera *S*, feroit il *H.* | ·VII· *GA.* | toz *fehlt H.*   **9.** Amor *H,*
Joie et honnor *P.*   **11.** Mais *S.* | de] *fehlt PF*, grant *V.* | demoureé
S(+1),*F.* | puis *V*, point *G*, nul point *P.* | ne *G.* | font *P.*   **13.** toute
la voie *S.*   **14.** en] *fehlt H*(—1), le *A.* | convoie *A.*   **15.** D. lui toſt *A.*
16. Et *P.* | portent 1. *m.*, corr. 2. *m. V.* | oſtoir *P.* | muier *PA.*   **17.** ſou-
preïſſent *A*, ſorpreïſſent *HG.*   **18.** et *fehlt P.* | ſa gent *F.*   **19.** ſes *PH.* |
maiſons *PHGAS.*   **20.** entent *V.* | la *S* (ſo); *P*: Et quant il orent l. n.   **21.** molt
a grant *FA*, ſen a gr. *H*, ſen ont g. *P.*   **23.** Qui ne *VG.* | nen *PH.*
25. Et prie *fehlt V*, Et prient *PS.* | Que encontre *V,P*(+1), que contre *HF,*
lui] le roi ſen *V.*   **26** (*fehlt P*). Et *HFA.* | cil *H*, fehlt *S*(—1). | nen *HS.*
nen *S.*   **27.** Car *FS.*   **28.** E. treſtuit apreſte *P.*

2330 ANCONTRE le roi de Bretaingne
S'an vont for granz chevaus d'Efpaingne,
Si faluent mout hautemant
Le roi Artu premieremant
Et puis fa conpaignie tote.
„Bien vaingne", font il, „cefte rote
2335 Qui de fi prodomes eft plainne!
Beneoiz foit cil qui les mainne
Et qui fi buens oftes nos done!"
Contre le roi li chaftiaus tone
De la joie que l'an i fet.
2340 Li drap de foie font fors tret
Et eftandu a paremant,
Et des tapiz font pavemant
Et par les rues les eftandent
Contre le roi que il atandent;
2345 Et refont un autre aparoil,
Que por la chalor del foloil
Cuevrent les rues de cortines.
Li fain, li cor et les buifines
Font le chaftel fi refoner
2350 Qu'an n'i oïft pas Deu toner.
Contre lui dancent les puceles,
Sonent flaütes et freteles,

2329. *Grosse mit Gold verzierte Initiale von sechs Zeilen Lange in H.* **30.** En v. *P*, Vont tuit *HS.* | gr.] les *S.* **31.** Sil *GS*, Si le *P*(+1). **32.** Artur *VP*. **34.** viegnent *S.* **35.** de fi] fi eft de *V*, de tant *HGA*, de tans *F.* | eft *fehlt V.* · **36.** Benois *PS*, Et beneois *A.* | cil] *fehlt A*, il *S.* | amaine *PS.* **37.** fi] les *S.* | bon ofte *F*, boens oftex *H.* | nos] lor *H, fehlt S* **38.** Deuant *F.* | fone *HAF.* **39** (*fehlt P*). on *A.* | li *GS.* **41.** a] por *V*, el *GA.* | paremenz *V*, pauemenz *GA.* **42** (2. m. *auf leer gelassener Zeile H*). pauemenz *V*, parement *FGA.* **43. 44** *fehlen P.* **43.** Que *HGS, fehlt F* (Parmi le rue). **44.** la ioie quil *H.* | qui les *F.* **45.** Et fi r. *A* (un *fehlt*). **46.** Car p. *S*, Contre *A.* | clarte *F*; *H*: Entre le roi et le f. **47.** des *HGAS.* **48.** faint *VAS.* | le *H*; *P*: Li cor et li fon des b., *G*: Li cor fonent et les boifines. **49.** Firent *A* (fi *fehlt*). **50.** Que len *HFG*, Que on *PAS.* noift *H.* | pas *fehlt F.* | deu] *fehlt PGAS.* **51.** Encontre *G*, La ou *H*, Et la ou *PF.* | defcendent *H*, chantent *P*, fonent *A*, ivent *S*, vont *G.* **52.** Sonent] Les *GS*, Et *A.* | fl.] lor timbres *A.* | fr.] les fr. *GS*, uieles *H*, lor u. *A.*

Timbre, tabletes et tabor.

D'autre part refont lor labor

2355 Li legier bacheler qui faillent.

Treftuit de joie fe travaillent

Et a cefte joie reçoivent

Le roi fi con feire le doivent.

Et la dame reft fors iffue

2360 D'un drap anperial veftue,

Robe d'ermine tote frefche,

Sor fon chief une garlandefche

Tote de rubiz atiriee,

Ne n'ot mie la chiere iriee,

2365 Ainz l'ot fi gaie et fi riant

Qu'ele eftoit au mien efciant

Plus bele que nule deeffe.

Antor li fu la preffe efpeffe

Et difoient treftuit a tire:

2370 „Bien vaingne li rois et li fire

Des rois et des feignors del monde!“

Ne puet eftre qu'a toz refponde

Li rois qui vers lui voit venir

La dame a fon eftrier tenir.

2375 Mes ce ne voft il pas atandre,

Ainz fe hafta mout de defçandre,

Si defçandi lués qu'il la vit

Et ele le falue et dit:

2353. Tympre *H*, Timbres *PFGS*, Trompes *V*, Flahutes *A*. | t.] et tables *G*, freteles *H*. | tabors *GAS*. **54** (*fehlt A*). Et d. *P* (font). | labors *GS*. **55.** bach.] failleor *HF*. **58.** Lor feignor *H*. | enfi *A*. | come *V*. | le] *fehlt VHA*. **59.** eft *VS*(—1), en eft *P*, fu *F*. | or veftue *G*. **60.** demperial *G*. **62.** An *HG*. | gallandefche *VA*, galand. *S*, calend. *P*. **63.** aterchie *P*, atornee *F*, acefmee *S*. **64.** Nen not *A*, Ele not pas *P*. **65.** fi gaie] fi fage *A*, fi clere *S*, fi bele *P*, ml't bele *F*, plus gaie *G*, agraable *V*. | fi] plus *G*, ml't *F*, *fehlt V*. **66.** Que ele *A*. | au *fehlt A*, a mon *V*. **67.** dieueffe *P*, diueffe *S*, duceffe *A*, conteffe *H*. **68.** Tot a. *H*. | lui *G*, *fehlt H*. | la ioie *P*. **69.** Et fi *F*. | tuit *F*. | treft. dif. *P*. **72.** Ne pot e. *F*, Neft meruelle *V*. **373—402** *fehlen A*. **73.** uoit uers li *P*. **74.** eftrie *VHG*, eftrief *P*. **75.** Et *PHF*. | ce] il *G*. | uout *V*, valt *F*, veut *PS*, la uolt *G*. | il pas] mie *G*. **76.** hafte *HS*. | m. de] dou toft *V*, tant du *P*. **77.** Quil *P*, Tot mainte-nant *F* (d. *fehlt*). | l. q.] quant il *VS*, com il *F*. **78.** La dame *F*.

„Bien vaingne par çant mile foiz

2380 Li rois, mes fire, et beneoiz

Soit mes fire Gauvains, fes niés.“

„Voftre janz cors et voftre chiés,“

Fet li rois, „bele criature,

Et joie et buene avanture!“

2385 Lors l'anbrace parmi les flans

Li rois come jantis et frans,

Et ele lui tot a plain braz.

Des autres parole ne faz,

Comant ele les conjoï;

2390 Mes onques nus parler n'oï

De nule jant tant conjoïe,

Tant enoree et tant fervie.

De la joie affez vos contaffe,

Se ma parole n'i gaftaffe;

2395 Mes folemant de l'acointance

Vuel feire une brief remanbrance,

Qui fu feite a privé confoil

Antre la lune et le foloil.

Savez de cui je vos vuel dire?

2400 Cil qui des chevaliers fu fire

Et qui for toz fu enorez

Doit bien eftre folauz clamez.

Por mon feignor Gauvain le di,

Que de lui eft tot autrefi

2405 Chevalerie anluminee,

2380. fires *G* (et *fehlt*), fires et benois *P*. **81.** Et mes *G*. **82.** Et voftre
:ors *H*. **83. 84.** *G*: Fet li rois ait boene auenture | Come tres franche
:reature. **84.** grant ioie *FS*. | buene] la b. *P*, grant b. *H*. **85.** Puis
PHGS. | lenbraca *PHF*. **86.** Li r. *fehlt F*. | j.] cortois *HF*. | et come fr. *F.*
87. Et ele tout plains lui a bras *S*. **88.** paroles *G*, aconte *F*. **90.** Ne *S*. |
ius] hom *P*, mes *HG*, *fehlt FS*. | n'oï] nen oi *FS*. **91. 92** *fehlen S.*
91. De nes une *H*. | fi *V*. | ioie *H*. **92.** et *feh* *F*. | et feruie *V*(—t).
93. De la route *F*, Des autres *GS*. | i parlaffe *F*. **94.** ne *PGS*. **95.** M.
.ot fol *F*. | la contenance *F*. **96.** V. io *F*. | une] un *GS*, *fehlt VF*. | b.]
poi de *GS*. | ramembrance *FS*, ramenteuance *V*. **96. 97** *fehlen S.* **99.** S.
vos de *F*. | vos *fehlt F*. **400.** fu] ert *F*. **1.** Et defor toz *V*. | eft *G*. |
:enommes *PG*, reclamez *H*. **2.** fol.] fires *VFGS*. **3.** De *G*. **4.** Car *AS*.

Con li folauz la matinee
Oevre fes rais et clarté rant
Par toz les leus ou il f'efpant.
Et de celi refaz la lune,
2410 Don il ne puet eftre que une
De grant fan et de corteifie.
Et neporuec je nel di mie
Solemant por fon buen renon,
Mes por ce que Lunete a non.
2415 LA dameifele ot non Lunete
Et fu une avenanz brunete,
Tres fage et veziiee et cointe.
A mon feignor Gauvain f'acointe,
Qui mout la prife et mout l'aimme,
2420 Et por ce f'amie la claimme
Qu'ele avoit de mort garanti
Son conpaignon et fon ami,
Si li ofre mout fon fervife.
Et ele li conte et devife,
2425 A con grant painne ele conquift
Sa dame tant que ele prift
Mon feignor Yvain a mari,
Et comant ele le gari
Des mains a çaus qui le queroient;

2406. Come *H.* | li] *fehlt H*, del *A.* | li aiornee *A.* **7.** Aoeure *I* Efpant *P.* | fes rains *P*, fa *F* (rais et *fehlt*). | cler *G.* | et rent *F*, refplent *G* **8.** En *A.* | refpant *F*, refplent *PS*, apent *V.* **9. 10.** *stellt um F.* **9.** celu *GA.* | refait *FAS.* **10.** Dom *H.* | cune *S*(—1). **11.** Une clarte *F.* | fens *I* foi *PH.* | de grant aie *PHF*; *GAS*: Qui (Que *S*) par nuit luift et refplendi (reflambie *G*). **12.** neporquant *GA*, nonporquant *FS*, neporoec *H*, ne por roie *P*, por ce *V.* | ie ne *FGAS*, ne le *V*, *fehlt P.* | dit *S*, di ge *V*, dire *F* **13.** fon] le *PA*, ceft *S.* | b.] grant *H*, lonc *P.* **14.** ot *PHGS.* **16.** Qu ml't fu *V*; *GAS*: Et (*fehlt S*) bien fachiez qu'ele (que molt *S*) fu brete **17.** Molt *H*, Et *S*, *fehlt V.* | faiue *F.* | vifeufe *A*(—1), vefeie *F*, envoifiee *VS* tres noble *P.* | *beide et fehlen F.* | tres cointe *P.* **19.** m.] durement *F.* la p.] laîme *A.* | et qui *H.* | mout *fehlt F.* | aime *F*, le prife *A.* **20.** amie *V A*: la claime famie. **21.** Quel lauoit *G.* | gari *S*(—1). **22.** mari *S* **23.** Et ml't fli o. *P*, Et ouure *A*(—1). | m.] tot *V*, *fehlt P.* **25.** A co ment *G.* | el *G.* [26. La *V.* | tant] ainz *V*, *fehlt A.* | quele *V*(—1),*GS.* le prift *GS*, preift *VA.* **27.** Son *G.* **28.** le g.] garandi *P.* **29.** cez *VHF*

2430 Antr'aus eftoit, fi nel veoient.
       Mes fire Gauvains mout fe rift
       De ce qu'ele li conte, et dift:
       „Ma dameifele, je vos doing
       Et a meftier et fanz befoing
2435 Un tel chevalier con je 'fui.
       Ne me changiez ja por autrui,
       Se amander ne vos cuidiez. ·
       Je fui voftre et vos foiiez
       D'ore an avant ma dameifele!"
2440 „Voftre merci, fire!" fet ele.
       Einfi cift dui f'antracointoient,
       Et li autre f'antredonoient;
       Car dames i ot tes nonante,
       Don chafcune eftoit bele et jante
2445 Et noble et cointe, preuz et fage,
       Dameifele de haut parage;
       Si fe pooient folacier
       Et d'acoler et de beifier
       Et de parler et de veoir
2450 Et de delez eles feoir:
       Itant en orent il au mains.

2430. ert et *H.* | fil ne *P*; *G*: Et por ocirre demandoient. **31.** Et mes *F*
(mout *fehlt*). | fen rift *FA*, en r. *P*, fen rit *GA*, fe rit *H*. **32.** Que *F.* | quel
li conta *V*. **34.** Et a befoing *F.* | fanz] a *VA*. **36.** (*H* 2. *manus auf leer
gelassener Zeile*). Ja ne *F.* | ia *fehlt F.* | nului *PF*. **37. 38.** *fehlen F.*
38. Voftres fui et *H.* | uoftres *PG.* | refoiez *H*. **40.** cele *VS*. **41.** Si com *V.* |
cil *PHFGS.* | fentracointierent *GA*, fentracorderent *S*. **42.** Et] *fehlt A,H* (Li
uns a lautre). | fe donoient *H*, fentredonoierent *A*, fentredonerent *G*, entraus
faafoient *F*, fe reiouoient *V*, ad autres iuoient *P*; *S*: Et li autres as puceles
parlerent. **43.** Que *HFGA*, Lors *P.* | dautres i *H*, des autres i *F*, bien an
i *GA*, b. i en *S*, en i *P.* | tel *H*, plus de *P*, *fehlt F.* | foiffante *P*. **44.** Que
HGA. | aucune *H.* | i ot *H*, fu *V*, ert et *S.* | b.] preuz *VFAS*. **45.** Et *fehlt*
G(—1), Bele *V.* | c.] cortoife *V*, deboinnaire *S.* | preuz] *fehlt S*, et pr. *H*,
biele *A*, france *F*, et gente *G*. | et *fehlt F*. **46.**Damoife *F*(—1), Gentix
dame *H*, Gente femme *P.* | et de *HS.* | lignage *F*. **47.** fe] fi *PHF.* | porront *H*,
porent *PS.* | molt f. *PHS.* | foulagier *S*. **48.** Del a. *G.* | del b. *G*, den-
bracier *A*. — *Nach diesem V.* hat *F eine Zeile, die nichts alt* Itant *enthält*
(*vgl.* 2451). **49.** Li cheualier *S.* | del *S.* | fauoir *F*. **50.** *fehlt F*. **51.** Que
tant *G.* | en] i *F*.

Or a joie mes ſire Yvains
Del roi qui avuec lui demore.
Et la dame tant les enore,
2455 Chaſcun par ſoi et toz anſanble,
Que tes ſos i a, cui il ſanble,
Que d'amor vaingnent li atret
Et li ſanblant qu'ele lor fet.
Et cez puet l'an nices clamer,
2460 Qui cuident qu'an les vuelle amer,
Quant une dame eſt ſi cortoiſe,
Qu'a un maleüreus adoiſe,
Si li fet joie et ſi l'acole.
Fos eſt liez de bele parole,
2465 Si l'a an mout toſt amuſé. —
A grant joie ont lor tans uſé
Treſtote la ſemainne antiere:
Deduit de bois et de riviere
I ot mout qui le voſt avoir.
2470 Et qui voſt la terre ſavoir,
Que mes ſire Yvains ot conquiſe
An la dame que il ot priſe,
Si ſe repot aler eſbatre

2452. ot *A.* | feſte *PHGAS.* **53.** De *A.* | lui] li *PHA,* aus *V.* **54.** les
dames *A.* | toz *VG,* ml't *A.* **55. 56.** *fehlen V.* **55.** ſoi] aus *S.* **56.** tex ſa9 *F,*
teus fols *S,* tes mos *P,* tel fol *HA.* | qui il *FAS,* que che *P;* *G:* A chaſcun
mal eure ſ. **57.** Car *V.* | damors *HGA.* | uienent *VS,* uieigne *G.* | tel a. *G.*
58. Por *A.* | le *GA.* | ſolaz *V.* | que on *S; F:* Que la dame lor avoit fait.
59. Que *S,* Si *F.* | chil ſe *P,* cels *G,* ceaus *S,* tel *A,* ſe *F.* | pueent *P*(+1).
an *HG,* on *S, fehlt PF.* | nice] por nice *F,* por fol *A,* pour ſox *PS,* bien
ſox *G.* **60.** cuide *F.* | con *FA,* que *VPG,* quel *H,* que on *S.* | voeillent
S(+2). **61.** d. eſt] en i a *F.* | ſi] tant *G.* **62.** Que *A,* Sa *V.* | un] uers *A.*
maleueres *A,* maleure *G.* **63.** (*Mit* 2463 *setzt wieder M ein.*) Sel *F,*
Quele *HS.* | ſi] *fehlt V*(—1),*HS,* el *F.* | acole *VHS;* 2463. 64 *fehlen G;*
dafür: Si cuide quel le uueile amer | Celui doit len bien fol clamer.
64. Faux *P,* Fax *F.* **65** (*fehlt A*). an] len *VG;* Si len a *P* (auiſe); *M:*
Ainſi eſt le ſol amuſe. **66.** le *HFG; nach diesem V. schiebt A ein:* Si la
fait ml't auiſe. **68.** Se d. *F,* Deduis *PS.* | et] *fehlt F,* u *S.* **69.** Ne li
faut *A.* | mout *fehlt S.* | les i *S,* en *F.* | voult *V,* volt *FGS,* uaut *P,* fait *A.*
70. qui] ſil *M.* | la terre v. *FGA.* | uout *V,* uolt *FGS,* uoult *M,* ueut *P.* |
ueoir *PHM.* **71.** ot] a *V.* **72.** O *M,* A *GS,* Et *A.* | terre *V.* | quil *S*(—1),*F.*
a *V,* auoit *F.* **73** (*fehlt F*). Et ſi ſe *V.* | repuet *A,* puet *V,* peuent *P,* ſeuiſt *S.*

Ou deus lieues ou trois ou quatre
2475 Par les chaſtiaus d'iluec antor.
Quant li rois ot fet ſon ſejor
Tant qu'il n'i voſt plus demorer,
Si refiſt ſon oirre apreſter.
Mes il avoient la ſemainne
2480 Treſtuit proiié et miſe painne
Au plus qu'il ſ'an porent pener,
Que il an poïſſent mener
Mon ſeignor Yvain avuec aus.
„Comant? Seroiz vos or de çaus",
2485 Ce li diſt mes ſire Gauvains,
„Qui por leur fames valent mains?
Honiz ſoit de ſainte Marie,
Qui por anpirier ſe marie!
Amander doit de bele dame,
2490 Qui l'a a amie ou a fame,
Si n'eſt puis droiz que ele l'aint,
Que ſes los et ſes pris remaint.
Certes ancor ſeroiz iriez
De ſ'amor, ſe vos anpiriez;
2495 Que fame a toſt ſ'amor repriſe,
Ne n'a pas tort, ſ'ele deſpriſe
Celui qui de noiant anpire,

2474. Ou] *fehlt VS,* En *P,* Pres a *G.* | d.] .III. *G,* .V. *A,* .VI. *PH,* .VII. *S,* .VIII. *F.* | lieuees *V,* lieus *P.* | tr.] .V. *PH,* .VII. *F,* a *G.* | ou *fehlt G,* ou en *P.* **75. 76.** *stellt M um.* **75.** le chaſtel *A.* | iloc *FGS,* de la *PH,* et par *A.* | le tor *A.* **76.** a *F.* | ſejor] ator *V.* **77.** Si *V,* Et *S.* | que *H,* il *S.* | ne *MA.* | uouſt *V,* uolt *FGS,* uaut *PA.* | areſter *PHGS.* **78.** a fait *FAM,* fiſt on *P.* | erre *GM.* **80.** Ml't *V.* | proier *S.* | mis grant *GSM,* miſe en *PA,* miſe lor *V.* **81.** Du plus *P,* De quan *G.* | que il *F.* | ſe *GAM, fehlt F.* | forent *V.* **82.** Coment *G,* Quil *V.* | peuſſent *VFASM,* porroient *G.* | remener *V.* **84.** ſeriez *GAM,* ſeroit *P.* | v.] che *P.* | or] donc *V, fehlt GAM,S(—1).* **85. 86.** *stellt um F, stellt um und setzt hinter* 2488 *G.* **85.** li d.] li a dit *V,* diſoit *PHFM.* | mon ſor *V(!)* **86.** Et *G.* **87. 88.** *fehlen M.* **90.** Cil qui *F.* | la *fehlt F,* laime *G* ⬤*fehlt* a amie). | ou *fehlt F(—1),* ou qui la prent *G.* **91.** Et *A,* Ne *PGM,* Que *H,* Cou *S, fehlt F.* | pas *GASM.* | dis *S,* raiſon *F.* | on le plaint. *A.* **92.** Quant *AM.* | pris . . los *PFGA.* **94.** Damor *V,* Se por ſ. *A.* | ſe] es *A.* | en empir. *V.* **95.** Car *AS.* | ſenor *H.* **96.** Si *V.* | quele *V.* | deſpiſe *H,* meſpriſe *FGS.* **97.** deuient de li pire *H,* deuient de lempire *P (s. fg. Vers),* por ſamor emp. *GAS,* de ſamor e. *M.*

Quant il eſt del reaume ſire.
Or primes doit voſtre pris croiſtre!

2500 Ronpez le frain et le chevoiſtre,
S'irons tornoiier moi et vos,
Que l'an ne vos apiaut jalos.
Or ne devez vos pas ſongier,
Mes les tornoiemanz ongier,

2505 Anprandre eſtors et fort joſter,
Que que il vos doie coſter!
Aſſez ſonge qui ne ſe muet.
Certes, venir vos an eſtuet,
Que je ferai an voſtre anſaingne.

2510 Gardez que an vos ne remaingne,
Biaus conpainz, noſtre conpaignie,
Qu'an moi ne faudra ele mie.
Mervoille eſt, comant an a cure
De l'eiſe qui toz jorz li dure.

2515 Biens adouciſt par delaiier,
Et plus eſt buens a eſſaiier
Uns petiz biens que l'an delaie
Qu'unz granz que l'an adés eſſaie.

2498. Sil eſtoit V. | dun V, de FS. | ſires de lempire G; H: El reaume
dom il eſt ſire; P: Sire qui pour ſamour empire. **99.** Primes en P. | uo
honor F, uoſtre honors G. | creſtre S. **500.** cheueſtre VGAS, chaueſtre P.
1. 2. *ſtellt um* S. 1. auec uous P. **2.** Que on PS, Quen M. | tiengne
por M. **3.** Qor F. | vos *fehlt* S(—1),M. | ſeiorner M. **4.** le tournoiement P. |
gaiier S, cerkier A, prouuer M, paier P. **5.** Et p. S, Et emprendre PM,
Et anpanre H, Et aprendre F, Et ſort poindre V. | eſtors] *fehlt* VPHFM. |
et ſ.] et tot fors H, ſouuent A, fort a F, a fort P(—1), et bien GS, a aler M. |
giter H. **8.** Certain M. | en] i AM. **9.** Car ASM, Et FG. | ia H. | ſeroie M,
ferai S, ni aura H. | an] a MF, *fehlt* H,S(—1). | autre HS. | enſagnie F,
eſſoine H; P: Sans uous enuoier autre enſ. **10.** Or g. GAS. | quen GAS.
11. uoſtre AS. **12.** Que en H(+1), Car en S, Que *fehlt* FG. | remanra il
GA,S (il *fehlt*). **13. 14.** *fehlen* V. **13.** an] hons S, om A, il G. | nature P.
14. laiſſe P, leiſſe H, leſe G, leece A, choſe M. | t. j.] tant P. | li *fehlt* A.
15. Bien PHASM, Boen G. | a donc ciſt H, en deuroit A, adurchiſt P. | pour SM,
a G, ou H; F *ſtellt um und ändert:* Biens uilliſt par trop eſſaier | Et radociſt
par delaier. **16.** puis A. | bonne M, dolz HG, duel P. | leſſaier G. **17.** que
on F, quant on S, quant il PHAM. **18.** Quil neſt S. | qui VH, quant FS,
9 A, dont M. | on FS, tot PH. | ades] aſſez M, *fehlt* F. | leſſaie HS, le
raſaie F.

Joie d'amor qui vient a tart
2520   Sanble la vert bufche qui art,
Qui de tant rant plus grant chalor,
Et plus fe tient an fa valor,
Con plus fe tient a alumer.
L'an puet tel chofe acoftumer,
2525   Qui mout eft grevainne a retreire;
Quant an le viaut, nel puet an feire.
Et por ce ne le di je mie,
Se j'avoie fi bele amie,
Con vos avez, fire cònpainz,
2530   Foi que je doi Deu et fes fainz,
Mout a anviz la leifferoie!
Mien efciant fos an feroie.
Mes teus confoille bien autrui,
Qui ne favroit confeillier lui,
2535   Aufi con li preecheor,
Qui font defleal tricheor,
Anfaingnent et dïent le bien
Don il ne vuelent feire rien."

2519. Io di *F.* | damors *HAS,* donnor *P.*   **20.** bufce *F,* buifce *S,* herbe *M.*   **21.** Et *P.* | de tant] dedanz *PHFGAM,* rent dedens *S.* | rant] tient *F.* | plus] fi *FGASM; V:* Car con plus fe tient en c.   **22** (*fehlt S*). puis *A,* defors *G.* | fe] *fehlt G,* fi *A.* | tient] dure *A.* | an] *fehlt A,* tant *G.* | fa] grant *V.* | uigor *F.*   **23.** Quant *H,* Qui *S,* Et *PM.* | plus] *nach* tient *M.* fe tarde *V,* atent *S,* demore *H.* | a] de *P.* | aualer *G.*   **24.** On *PHFAS.*   **25.** Dont len eft m. grief. *M;* | par eft *FGA.* | greueufe *H,* gries *S(—1),GA,* grief *FM,* grieue *P(—1).*   **26.** Et q. *VA.* | len *VG.* | le] *fehlt VFA,* nel *M.* | ne le *F.* | len *V, G setzt es vor* nel.   **27.** Et non *V,* Ne *HF.* | ce] ice *M,* quant *V.* | ge ne di m. *V.* | le *fehlt VM.*   **28.** aufi *F.*   **29.** fire] biax dolz *HGASM,* mes d. *F.* | conp.] amis *GASM.*   **30.** ie *fehlt GA.* | deu] a *S.* | et *fehlt S.* | fes] toz *H,* faint *ASM.* | f.] amis *G,* denis *ASM.*   **31.** enuis *VS.* | le *S.* | l. l.] men priroie *G.*   **32.** Mein *A,* Mon *S,* A *PHF.* | fax *P,* faus *FA.*   **33.** *H:* Tex done boen confoil autrui.   **34.** Quil *P.* | fet pas *A.*   **35.** Aufint *G.* | cil p. *G.*   **36.** defloial *F.* | tricheor] lecheor *HFGASM.*   **37.** Anf.] Senfengnent *P,* Qui enf. *GAS,* Qui dient *F.* | et d.] et moftrent *F,* autrui *A,* faire *G,* a f. *MS.*   **38.** Et fi nen *A.* | v. f.] ne vos feront *G.*

MES fire Gauvains tant li dift
2540   Cefte chofe et tant li requift,
Qu'il li creanta qu'il iroit,
Mes a fa dame le diroit,
S'il an puet le congié avoir.
Ou face folie ou favoir,
2545   Ne leira que congié ne praingne
De retorner foi an Bretaingne.
La dame an a a confoil treite,
Qui del congié pas ne fe gueite,
Si li dift: „Ma tres douce dame,
2550   Vos qui eftes mes cuers et m'ame,
Mes biens, ma joie et ma fantez,
Une chofe me creantez
Por voftre enor et por la moie!"
La dame tantoft li otroie,
2555   Qui ne fet qu'il viaut demander,
Et dit: „Biaus fire, comander
Me poez quanque buen vos iert."
Maintenant congié li requiert
Mes fire Yvains, de convoiier
2560   Le roi et d'aler tornoiier,
Que l'an ne l'apiaut recreant.
Et ele dit: „Je vos creant

2540. Cele V, Et cele M(+1), Et cefte A. | chofe] parole G. | et]
fehlt VASM. | quift GA.   41. li] fehlt PHM. | creante V. | que il M. |
iroit] le diroit PH.   42. M.] Et FS, fehlt PHG. | fame HF. | le d.] et
fi li d. G, et fi (puis) fen iroit P(H), en parleroit V; M: Se fen ou folie
fefoit (cf. 2544).   43. Mes que il puift M; | Se il F. | pooit PA. | le] fehlt
PFAM.   44. Or P. | foit ... foit f. V; M: De la dame a fon vouloir.
45. leiraɪ V, leiraj A.   46. De raler arriere M, Daler toɪnoier A. | foi V
allein. | an la Br. PHFGS.   47. a c. en apele S, a a une part t. M. | trait P.
48. de ce congie H, de laler V, dou confeil G. | pas] fehlt H. | fahait P;
S: Qui molt eftoit cortoife et biele.   49. Et fi A. | li a F. | dit VF. |
chiere PHFS. | amie GM.   50. Vos fehlt M. | et fehlt G. | ma uie GM.
51. Mes cuers A, Mamor M, Et V(—1). | et] fehlt FGASM.   52. macr. HFS.
54. Maintenant cele V.   55. Quel H, Quil AF. | que l'F, qui S.   56. Si M. |
dift PFG; S: Sire, fait elle c.   57. q.] ce qui H, che que PF.   58. Congie
m. H. | congie li] a celi V.   59. Le congie daler V. | tornoier G.   60. Et
daler le roi conuoier G.   61. Quen M. | mapiaut PAS, mapelle M.   62. Et el
li d. F. | Maintenant d. A, Ele refpont P, Et el refpont M, La dame dift G. | iel G.

Le congié juſqu'a un termine.
Mes l'amors devandra haïne,
2565 Que j'ai a vos, ſeūrs ſoiiez,
Certes, ſe vos treſpaſſiiez
Le terme que je vos dirai.
Sachiez que ja n'an mantirai:
Se vos mantez, je dirai voir.
2570 Se vos volez m'amor avoir
Et de rien nule m'avez chiere,
Panſez de revenir arriere
A tot le mains juſqu'a un an
Huit jorz aprés la ſaint Jehan:
2575 Hui an ceſt jor ſont les huitaves.
De m'amor ſeroiz maz et haves, *(handwritten marginalia)*
Se vos n'eſtes a icel jor
Ceanz avuec moi a ſejor."

MES ſire Yvains plore et ſoſpire
2580 Si fort qu'a painnes li puet dire:
„Dame, ciſt termes eſt trop lons.
Se je pooie eſtre colons
Totes les foiz que je voudroie,
Mout ſovant avuec vos ſeroie.
2585 Et je pri Deu que, ſe li pleſt,

2563. Le *fehlt M.* | duſqua *F*, arez tres cun *M.* **64.** deuerroit *S.*
65. en *HFAS.* | ſeur en *P*(+1), toz an *H*, cers en *FGAS*, certain *M.* **66.** C.]
Seurs *H.* | le t. *A*, le treſpaſes *S*, treſpaſſoiez *F.* **67.** S.] termine *GA.* |
ie *fehlt GA.* | donrai *VS.* **68.** S.] Et ſ. *S*, Et uoir *V*, *fehlt PFG.* | que
fehlt FGS. | n'an] ne uous en *P*, uoir ne uos en *G*, un mot ne uos *F.*
69. nieſtes *M.* | ien *P.* | uos di *A.* **70.** uolez *fehlt A*(—2); mamor uolez *F.*
71. riens nee *V*, nule rien *S.* · **72.** retorner *V*, toſt uenir *H.* **73.** *fehlt P.*
74. apres] deuant *S*; *VG*: Juſqua la feſte ſ. i. **75.** Cui *H*, Duy *M*, Et *V.*
an ·fehlt *A.* | en ſont *A.* | huitaiues *F*, octainnes *M.* **76.** ſoiez *H*, ſeries *S*,
vous ſaz *M.* | mous *S.* | aues *VPAS*, aiues *F*; gloire vainnes *M.* **77.** nieſtes
HSM. | iuſqua *HGA*, dedens *F.* | ce *HG,M*(—1), cel *FA.* **78.** C.]
setzt hinter PFG, Auecques *M.* | a] et a *M*, au *H.* | retour *H.* **79.** M. ſ.
fehlt M. | ml't et *M.* | ſopire *HG.* **80.** fort] *fehlt PM.* | paine *FG*, grant
peine *PM.* | li] le *VHAS*, *fehlt P.* | puet] pot *HF*, puet il mot *P*(+1).
81. trop] ml't *HFAM.* **82.** poiſſe *H.* | col.] ovons *P.* **83.** Tote *A.*
84 (*fehlt A*). Avecques vous ſouvent *M.* | av.] a *FS.* | ſ.] revandroie *F*, re-
venroies *S.* **85.** A deu proi ie *S*, Et deu prie *A*, Et deu pri jo *F.* | que
fehlt FG. | ſi *P*, ſe il *FG*, ſil *H.* | lui *VAS*, vos *M.* | leſt *M.*

Ja tant demorer ne me left.

Mes teus cuide mout toft venir,

Qui ne fet qu'eft a avenir.

Et je ne fai que m'avandra,

2590   Se effoines me detandra

De malage ne de prifon;

S'avez de tant fet mefprifon

Que vos n'an avez mis defors

Seviaus l'effoine de mon cors."

2595   „Sire", fet ele, „et je l'i met.

Et neporquant bien vos promet,

Que, fe Deus de mort vos defant,

Nus effoines ne vos atant

Tant con vos fovaingne de moi.

2600   Mes or metez an voftre doi

Ceft mien ancl que je vos preft.

Et de la pierre, queus ele eft,

Vos dirai je tot an apert:

Prifon ne tient ne fanc ne pert

2605   Nus amanz verais et leaus,

Ne avenir ne li puet maus,

Mes que le port et chier le taingne

Et de f'amie li fovaingne;

Einçois devient plus durs que fers.

2586. Que *VFGM.* | mi *F.*   **87.** ml't] *fehlt HGS* (reuenir).   **88.** de-
uenir *S; P:* Q. ne f. que li eft auenir.   **89.** Ne *V,* Car *S.* | m'] *fehlt FGA.* |
qui *P.*   **90.** Se effoine *V,* Quels e. *F,* Ne fe effoigne *M,* Ne f'enfoigne *A.*
retenra *PFAS,* deffendra *V,* tendra *M.*   **91.** Ou de m. ou d. *G;* De ma-
ladie ou *M,* De m. ne *P*(+1).   **92.** fet de tant *FA,* tant fet de *VS.*
93. Quant *HA.* | ne mena *M,* ne maues *PS,* navez *A.* | mife *PA.* | hors *PM,*
fors *V*(—1),*S.*   **94.** Au moins *HM,* Ne mais *S.* | deffoigne *M.*   **95.** et
fehlt FS.   **96.** nonp. *VFS.* | bien] io *FA,* che *S.*   **97.** mal *M.* | v.] me *A.*
98. deffant *H;* Ne foines ne nule atant *A* (*so*).   **99.** Por que *G,* Por coi *A,*
Por quil *F,* Et fi *S.* | fouuenra *PHM.*   **2600.** Metez ores *G.* | metroiz *H.*
1. mien *fehlt F.* | anelet *F.*   **2.** Mais *F.* | quelle *PS,* qui *M.* | ele] el *F,*
y *M.*   **3.** uoel dire *H.*   **4.** Prifons *V.* | nel *VFGA.* | fancs *VA.* | nel *V.*
5. Nul amant *M.* | amis *G.* | ne vrai *M.* | laiaus (*so*) *G; V:* Li aniaus eft v.
et beaus.   **7.** qui *HFA,* quil *PGS,* chier *M.* | porte *HA,* gart *GS.* | tient *H.*
8. Et *fehlt H.* | refouient *H.*   **9. 10.** *fehlen V.*   **9.** Et fi *H.* | plus] *fehlt G.*
que] come *G; A:* Ancois uos ert efcuf et f.

2610 Il vos iert efcuz et haubers.
Et onques mes a chevalier
Ne le vos prefter ne baillier,
Mes vos par chierté le doing gié."
Or a mes fire Yvains congié,
2615 S'a mout ploré au congié prandre.
Et li rois ne voft plus atandre
P'or rien qu'an dire li feüft,
Ainz li tarda qu'an lor eüft
Toz lor palefroiz amenez
2620 Apareilliez et anfrenez.
Des qu'il le voft, mout toft fu fet.
Li palefroi lor font fors tret,
Si n'i a mes que del monter.
Ne fai que vos doie conter,
2625 Comant mes fire Yvains f'an part,
Et des beifiers qu'an li depart,
Qui furent de lermes femé
Et de douçor anbauffemé.
Et del roi que vos conteroie,

2610. Chil *PH.* | uos eft *G*, deuient *F*. **11.** Ne *A*, Mais *F*, Certes *S*, *fehlt G*. | onq. m.] uoir ains m. *PHF*, ains m. voir *A*, ains mais *S*. | a nul ch. *G*; *M*: Et nul homme a ch. (—1). **12.** vols *G*, vouls *V*, vals *F*, vau *P*, vauc *A*, veut *S*, doit *M*. | p.] liurer *G*. **13. 14.** *stellt um A.* **13.** vos] *hinter* le *PHFASM.* | ciere *S*, cefte *A*, amours *PH*, amor *F*. | doing *H*, doins *FAS*, bail *M*, preft *G*. **14.** A tant prent lors Y. congie *M*. **15.** Sot *V*, Sont *P*, ont *setzt hinter* Ml't *H*. | plore ml't *A*; *M*: Et pleure forment de pitie (*ohne Reimvers*), Trop fort pleure au congie prendre. **16.** ni *F*. | ualt *F*. **17.** riens *SM*, proier *V*. | con *PS*, que *GAM*, que len *V*. | dire] *fehlt V*, *vor* qu'an *P*. **18.** tarde *GAS*, tardoit *H*, eft tart *M*, tarde ml't *F*, commanda *P*. | quan li *GSM*, que lors *P*, q. len *H*, quil *F*. **19.** Toz] *hinter* palefr. *G*, Toft *V*, toft *hinter* pal. *S*, Le *M*. | les *FA*, fes *PG*, fon *S*, fien *M*. | palefroi *SM*. | enfelez *G*, enfrainnes *A*. **20.** enfelez *FS*, amenez *GA*, atornez *V*. **21.** D. commande *V*, Quant il le v. *S*. | uolt *G*, ualt *F*, uaut *P*. | ml't] il *H*, fi *F*. | fu toft *PHFGA*, eft t. *M*. **22.** Le *S*, Lor *VM*. | lor] li *GAS*. | furent hors (f.) t. *P(F)*, ont *S*. **23.** Que *V*, Ne *A*. | ot *S*. | que] fors *A*. | de *GA*. **24.** q¹ *A*. | vos] plus *HF*. | coufter *A*. **25.** Comme *M*. | mon for *V*. **26.** Ne des *HF*, Des douz *G*. | q¹ *A*, que *V*, com *PG*. | li] il *G*; *S*: .M. baiffiers ot bien a fa part. **27.** larmes *FA*, foupirs *G*; *S*: Qui aroufe furent de plour; *M*: Si rent fes larmes fi menues. **28.** de dols regars abafme *A*; *S*: Pour lui demenoient tuit dolour; *M*: Des grans douleurs qu'il a eues. **29.** que v.] coment *V*. | nomeroie *F*.

2630 Comant la dame le convoie
　　　 Et ſes puceles avuec li
　　　 Et ſes ſeneſchauz autreſi?
　　　 Trop i feroie grant demore.
　　　 La dame por ce qu'ele plore
2635 Prie li rois de remenoir
　　　 Et de raler a ſon menoir.
　　　 Tant li pria que a grant painne
　　　 S'an retorna, ſa jant an mainne.

MES ſire Yvains mout a anviz
2640 　 S'eſt de la dame departiz
　　　 Et ſi que li cuers ne ſ'an muet.
　　　 Li rois le cors mener an puet,
　　　 Car del cuer n'an manra il point,
　　　 Qui ſi ſe tient et ſi ſe joint
2645 Au cuer celi qui ſe remaint,
　　　 Qu'il n'a pooir que il l'an maint.
　　　 Des que li cors eſt ſanz le cuer,
　　　 Don ne puet il vivre a nul fuer;
　　　 Et ſe li cors ſanz le cuer vit,
2650 Tel mervoille nus hon ne vit.
　　　 Ceſte mervoille eſt avenue;
　　　 Qu'il a la vie retenue
　　　 Sanz le cuer qui eſtre i ſoloit,
　　　 Que plus ſiure ne le voloit.

2630 (*fehlt A*). les *G.* **31.** les p. *V*, li ſeneſcax *FGAS*, ſon ſ. *M.*
32. ſes ſ.] ſi chl'r *P*, tuit li ch. *H*, ſes puceles *FSM*, les p. *GA.* | auſi *H.*
33. feſoient *M.* | gr.] de *HF.* **34.** Et la *S.* | ice que *G*; en icele eure *S.*
35. Pria *FGA.* | remanoir *alle ausser H.* **36.** a] en *PG.* **37.** prie *PHS.* |
qu'a mout *PHAS*, a m. *F.* **38.** En r. *F*, Sont *G.* | retorne *PHGS*, torna *A.* |
et ſa *HAS.* | ſes gens *PH.* **40.** Eſt *HG.* | ſa dame *P*, ſamie *H.* **41.** Ainſi
PHF. | ſe *PHFGA.* **42.** mener le cors *G.* **43.** Que *F*, Mes *HGASM.* |
le cuer *M*, del cors *V.* | p.] mie *P.* **44.** Que *F*, Car *VHGASM.* | ſi]
il *GM.* | ſe tint *A*, ſaert *V.* | ſi et *G.* | ſaïoint *V*, ſe lie *P.* **45.** A *V* (cuer
fehlt). | icele *V*, chele *PM*, de celi *FS*, de cele *G.* | ſe] ſen *P*, la *A*, *fehlt FGS.*
46 (*am Fuss der Spalte mit Verweisung V*). Si *M*, Que *V.* | paour *S.* |
quil le renmaint *P.* **47.** ſon cuer *V.* **48.** Dont ne *VFASM*, Donc ne *G*,
Comment *P.* | eſtre *H.* **50.** Ceſte *V.* | meruoilles *A.* | hom *fehlt V.*
51. Cele *V.* | meruoille *fehlt A*(—3). **52.** Q̵ *V*, Q̶ *G*, Que *HS.* | a] la *GM.* |
la v.] lame *HS.* | eſt r. *G*; detenue *S*, receue *A.* **53.** ki ieſtre ſoloit *S.*
54. Qui *M*, Car *AS.* | ſiudre *H*, ſiure *FG*, ſiurre *S*, ſieure *V*, ſiuier *A*, ſuiuir *M.*

2655 Li cuers a buene remenance,
Et li cors eſt an eſperance
De retorner au cuer arriere,
Si fet cuer d'eſtrange meniere
D'eſperance qui mout ſovant
2660 Traïſt et fauſſe de covant.
Ja, ce cuit, l'ore ne ſavra,
Qu'eſperance traï l'avra;
Car ſe il un ſeul jor treſpaſſe
Del terme qu'il a pris a maſſe,
2665 Mout a anviz trovera mes
A ſa dame triue ne pes.
Je cuit qu'il le treſpaſſera,
Car departir nel leſſera
Mes ſire Gauvains d'avuec lui;
2670 Car au tornoi ſ'an vont andui
Par toz les leus ou l'an tornoie.
Et li anz paſſe tote voie,
· Sel fiſt ſi bien mes ſire Yvains
Tot l'an, que mes ſire Gauvains
2675 Se penoit de lui enorer
Et ſi le fiſt tant demorer
Que treſtoz li anz fu paſſez

2655. cors *V.* | remanance *FGS*, repentance *A*, demorance *V.*
56. cuers *V.* | eſt] vit *PHGS.* 57. Del *A.* | reuenir *P.* | a *A.* | cors *V.*
58. Sa *PH*, Ce *F.* | cuers *V*, cors *FS.* | de france *S.* 59. De ſeſperance
HFS, De leſperence *A.* | qui] *fehlt FAS.* | mout] *fehlt H*, bien *S.* | ſe uant *H.*
60. Traite *H.* | de c.] ſon c. *V*, mainte gent *G*, ml't ſovent *A*; *S*: Auient
il bien cou eſt dolent. 61. ce] ie *PS*, io *F.* | uiure ne ſ. *A.* 63. Que *FG*,
Et *V.* | ſil *H.* | un tot ſ. *H.* | ſeul *fehlt V.* | en tr. *V.* 64. quils *P*, qui *G.* |
a] ont *PH*, eſt *G.* | pris] mis *HGA*, *fehlt P*(—1). 66. En *HFAM*,
Vers *G.* | la *S.* | triues *HAM.* 67. Et ie *PH*, Ce *M.* | croi *V.* | quil *fehlt M.* |
le paſſera *PH*, le terme p. *M*, ſen departira *A.* 68. Que *HG.* | partir *M*,
uenir *F.* | ne *P*, ne le *HSM*, ne len *F*, le *fehlt A.* | leira *HS*, ſofera *A.*
70. Car] *fehlt PH.* | as *PHSM.* | tornois *SM*, tournoiemens *PH.* | ſ'an] *fehlt*
HM, en *FA.* | ambedui *P*(+1),*M.* 71. les] *fehlt H*(—1). | ou l'an] v on *S*,
ou en *A*, ou le *G*, la ou *V*, lau on *P*, la ō *F.* 72. li anz] lan ſi *M.* | paſſa *P.*
73. Sil *G*, Si *M*, Ne *P.* | ſi b.] tot lan *H.* 74. Tout ce *M*, Si bien *H.* |
que] et *FGAS.* 75. Se painne *M*; *G*: De lui ſe p. e. 76. li *F.* | trop d. *A.*
77. tres] *fehlt PH*, li termines *F.* | treſpaſſes *PH.*

Et de l'autre an aprés aſſez,

Tant que a la miaoſt vint,

2680 Que li rois cort a Ceſtre tint.

Et furent la voille devant

Revenu d'un tornoiemant,

Ou mes ſire Yvains ot eſté,

S'an ot tot le pris aporté.

2685 Et dit li contes, ce me ſanble,

Que li dui conpaignon anſanble

Ne voſtrent an vile deſçandre,

Ainz firent lor paveillons tandre

Fors de la vile et cort i tindrent;

2690 Qu'onques a cort au roi ne vindrent,

Einçois vint li rois a la lor;

Qu'avuec aus furent li meillor

Des chevaliers et toz li plus.

Antr'aus ſeoit li rois Artus,

2695 Tant que Yvains ancomança

A panſer, que des lors an ça,

Que a ſa dame ot congié pris,

Ne fu ſi de panſer ſorpris

2678. de l'autre] des autres *M*, de tot lautre *H*, puis de lautre *S*, puis apres de lautre *GA*. | an] *fehlt GASM*. | apres] *fehlt GA*, partie *P*, encor *H*.   **79.** Et tant *V*, Et pries t. *S*. | que a] qua *F*, que *VGAŠM*. | la] li *S*. | mi-aoſt] aus *S*, meiſmes *M*. | auint *FGAM*.   **80.** cort a] artus *S*. | a ceptre *V*, a ſon tref *M*, et ſeſte *H*, ſeſte *S*.   **81.** Et f. dun tornoiement *V*, Et f. reuenu deuant *M*.   **82.** R. la veille deuant *V*, La veille dun t. *M*; d'un] del *HGAS*.   **84.** Se *AS*. | ont *PHS*; *M*: Qui le p. en ot emp.   **85—94** *fehlen V*.   **85.** Ce *HFS*. | diſt *PFS*. | li compains *P*.   **86.** Et *HS, fehlt A*. li] chil *P*. | dui] andui *nach* c. *A*. | conp.] cheualier *H*.   **87.** an] a *F*. | nul lieu *PGS*.   **88.** Si *S*. | paueillon *PHA*.   **89. 90.** *stellt um M*.   **89.** Mes dehors la ville *M*. | et la cort *A*. | i] *fehlt A,PG(—*1); et c. i] ſe *M*.   **90.** Onques *PFG*, Ne *M*. | a la c. *M*. | de roi *PHFGAS*. | ni *F*.   **91.** Eins i *A*.   **92.** Car a. *PHG*. | erent *F*, ſont *PHG*.   **93.** tous *S*, tout *PA*.   **94.** eſtoit *FA*.   **95.** Tant que] Quant *HFM*, Q. meſire *A*, Et .Y. *P*, Meſire *S*. | comenca *A*, tant encomanca *HFM*, lors ſi com. *P*, el penſſe a *S*.   **96.** Tant a p. *A*. | parler *G*. | que] et *G*. | d. l. an ça] treſquen ca *A*, lors ne fina *P*; *M*: Qui le termine leur conta. *S*: Tres le iour que il ſen torna.   **97.** Quil *F*. | de ſa femme *S*.   **98.** ſi] tant *PHGS*, t. *nach* de p. *M*. | ſopris *F*, ſoupris *AM*, ſouſpris *P*, ſouſprins *S*.

Con de celui, que bien favoit
2700 Que covant manti li avoit
Et trefpaffez eftoit li termes.
A grant painne tenoit fes lermes,
Mes honte li feifoit tenir.
Tant panfa que il vit venir
2705 Une dameifele a droiture,
Et venoit mout grant anbleüre
Defor un palefroi bauçant;
Devant le paveillon defçant,
Que nus ne fu a fon defçandre
2710 Ne nus n'ala fon cheval prandre.
Et lués que ele pot veoir
Le roi, fi leiffa jus cheoir
Son mantel et defafublee
S'an eft el paveillon antree
2715 Et tres devant le roi venue,
Et dift que fa dame falue
Le roi et mon feignor Gauvain
Et toz les autres fors Yvain,
Le defleal, le traïtor,
2720 Le mançongier, le jangleor,
[Qui l'a leiffiee et deceüe.

2699. Si come *V*, Come *F*. | de] *fehlt VS*. | celi *A*, cele *G*, cil *V*, ce *F*, icel ior *S*. | qui *VM*, quar *PHAS*. **2700.** de cov. *SM*. | trefpaffe *V*. | li *fehlt VSM*. 1. Et que paffes *S*. | treftous les t. *A*. **2.** a paines put *S*. | retint *G*, tenir *S*. | les *M*. **3.** hont *H*(--1), hontes *PS*. | fet retenir *G*. **4.** penfe *VG*. | que il] quil *H,S*(--1), que a *P*. | voit *VGM*, uirent *H*, lui *P*. **6.** Qui *S*. | uint *PH*. | mout] m. tres *PH*, la *V*, fi *A*. | aleure *HFGASM*. **7.** Sor *PHGAS*, Sus *M*. | pal.] noir p. *HA*, p. noir *PS*, p. uer *GM*. | b.] anblant *A*. **8.** lor *H*. | palefroi *A*. **9. 10.** *umgestellt P*. **9.** Que] Ne *P*, Mais *F*. | fuft *V*, uint *A*; *S*: Quil ni ot ains a f. d. **10.** Ne] Et *A*, Que *P*, ne va *M*, ne ualt *F*; *S*: Nullui ne a f. c. p.; *V*: Et enz el pauellon fen entre. **11.** lors *HFM*. | ele] le roy *P*; *S*: Tantoft com ... **12.** fe *HG*. | a laiffiet *S* (ius *fehlt*); *P*: Laiffa ius fon mantel cheoir. **13.** Le *V*. | que *V*; *P*: Ainfi toute d. **14.** En *PA*. **15.** Si eft d. *FS*. | tres *fehlt V*. | eft venue *V*. **16.** Si *PHAM*. | dit *VG*; *F*: Le roi ml't haltement falue. **17.** Et apres m. *F*. **18.** fanz *Y. G*. **19. 20.** *stellt um HS*. **19.** tr.] tricheor *H*, iangleour *PS*, menteor *F*. **20.** manteeur *M*. | j.] guileour *PH*, trecheour *S*. **21. 22.** *fehlen V*. **21.** Quil *H*. | faifie *A*, gabee *P*, guilee *H*; *M*: Comme vilain la d.

Bien a fa jangle aparceüe,]
Qui fe feifoit verais amerre,
S'eft faus et traïtres et lerre.

2725 „Ma dame a cift lerre fouduite,
Qui n'eftoit de nul mal recuite,
Ne ne cuidoit pas a nul fuer
Qu'il li deüft anbler fon cuer.

Cil n'anblent pas les cuers, qui aimment,
2730 Si a teus qui larrons les claimment,
Qui en amor vont faunoiant
Et fi n'an fevent tant ne quant.

Li amis prant le cuer f'amie
Einfi qu'il ne li anble mie,
2735 Ainz le garde que ne li anblent
Larron qui prodome refanblent.

Et cil font larron ipocrite
Et traïtor qui metent lite.

2722 (*fehlt S*). a] eft *G*. | iancle *F*, gaingle *A*, guile *PH*.   23. Quil
HS. | fi fe *V*. | urais *V*, le urai *P*, loiax *FGASM*.   24. Si eft *G*, Seftoit *PH*,
Le *M*, Et *S*. | fos *H*, fel *G*, defloiax *F*. | et] *fehlt PHFG*, le *M*. | traitres]
fouduianz *H*, foidoians *P*, deflaiaux *GS*, defloial *AM*. | et] *fehlt F*, le *M*.
25. 26. *stehen hinter* 42 *V*.   27. 28. *fehlen V*.   25. Sa *H*. | cif *FA*,
cil *H*, ce *M*. | lieree *M*. | furduite *M*, decute *A*; *P*: Ma d. a chefte raifon
dite, *S*: Cis lerre a ma dame foud.   26. Quil *P*. | nen eftoit *A*. | de nus
max *H*, faufe *A*. | requite *PF*, eftruite *H*, ne cuite *A*, feurdite *M*.   27. Si *F*,
Et *A*. | pas] ele *F*. | qua *M*. | n. f.] fon cuer *A*.   28. le duft *A*. | tolir *G*. |
a nul fuer *A*.   29. naimment *M*. | pas *fehlt S*. | le cuer *GS*. | qui] cil ki *S*. |
aimm.] prēt *P*, feignent *M*; *V*: Si ne font pas icil qui aiment.   30. Tix y a
qui *PM*.   31. Quen *A*, Si en *G*. | en] *fehlt V*. | amor] amer *HFAS*, damors *V*. |
vont] *setzt vor* amor *G*, fi v. *M*, nont *F*, font *PH*, ne fevent *V*. | f.] for-
noiant *S*, noiant *V*, non ueant *PH*, fors le ueant *F*(+1), roant *M*, fi con
uolant *A*.   32. Et] *fehlt GA*, Ou *V*. | fi] il *V*, Cil *A*. | n'an] en *V*. | fevent]
fentent *F*, font *V*. | tant] ne tant *GA*. | ne q.] nes neant *H*, il noient *M*,
ml't poi fachant *V*; *P*: Samblant font damer en deuant.   33—36 *fehlen P*.
33. amans *M*.   34. Et fi *VA*, Et *fehlt M*, Sans che *S*. | que il *MG*, que
VA. | li *fehlt S*(−1), *GA*. | lemble *GS*, lembleroit *A*.   35. li *V*, les *F*, fe
GAM. | gardent *FGM*, garde et cil *H*. | qui *H*, quil *M*, con *S*. | ne *fehlt H*. |
les *HF*. | emble *AS*.   36. Li l. *H*. | p.] voleeurs *M*. | refenble *A*, fanblent *H*.
37. Et cil] Icil *H*, Cil *FAS*, Ce *G*, Si *M*. | et ip. *FGASM*. | ypocrites *M*.
38. tr.] defloial *V*. | quen *G*. | meitent *S*, mainnent *A*, meinte *G*. | lite]
lifte *F*, littes *M*, luite *VPGAS*.

As cuers anbler, don aus ne chaut;
2740 Mes li amis, quel part qu'il aut,
Le tient chier et fi le raporte.

Mes Yvains a ma dame morte,
Qu'ele cuidoit qu'il li gardaſt
Son cuer et fi li raportaſt
2745 Einçois que fuſt paſſez li anz.

Yvains, mout fus or oblianz,
Que ne te pot refovenir
Que tu deüſſes revenir
A ma dame jufqu'a un an.

2750 Jufqu'a la feſte faint Jehan
Te dona ele de refpit,
Et tu l'eüs an tel defpit
Qu'onques puis ne t'an remanbra.

Ma dame paint an fa chanbre a
2755 Treſtoz les jorz et toz les tans;
Car qui aimme, il eſt an porpans,
N'onques ne puet prandre buen fome,
Mes tote nuit conte et afome
Les jorz qui vienent et qui vont.

2760 Sez tu come li amant font?

2739. En *H*, Es *P*, Set *G*. | cuer *G*, fins *M*. | a.] amans *M*. | aus] il *M*, *fehlt AS*. | ne lor *AS*; ou que il aut *G*. **40.** amans *M*. | comment *F*; cui il en chaut *G*. **41.** retient *G*. | bien chier *S*, ch. *fehlt G*. | li *S*; *V*: Prent fon cuer et fi li r. **42.** Mes fire Y. *H,S*(+1)*,A*(+1). | a ma] la *H*. | a morte *H*. *Nach* **42** *stehen* **35. 36.** *in V*. **43.** Que il c. *F*, Ainz c. *V*. | c.] cuidoit bien *V*, li diſt *PS*. | que *VS*. **44.** fi] quil *GSM*. **46.** mlt'] com *G*. | fu *PA*, fuſt *G*. | for *G*. **47.** Quil *PSM*, Quant il *HFGA*. | tan *H*. puet *P*, pot pas *M*. | fovenir *HFGASM*. **48.** deuoies *HM*. **49.** A ma d. au bout de lan *P*(—1). **50.** Jufques la *A*, Defqua la *M*, Jufques au jour de *P*. **51.** ele de] el por uoir *FG*, ele le *A*, de venir *M*. **53.** Caincques *A*, Que onques *PG*. | te *A*. | puis *fehlt S*. | membra *PG*. **54.** p.] point *F*, peint *G*, *setzen hinter* ch. *H* (poinz), *S* (point), *A* (painte). **55.** j.] tans *A*. | t.] iors *A* (*ohne Reim*); *PM*: tout le tens. **56.** il] *fehlt FGASM*, il eſt] *fehlt P*(—1). | en grant *PFGAS,M* (a g.). | efpans *HF*, trefpans *A*, apens *M*. **57.** N'o.] Eſt quil *P*. | ne] puis ne *A*. | pot *G*. | p. pr.] dormi *A*. **58.** Mes] Ainz *V*, *fehlt G*. | conte toz iorz *V*. | aconte *G*; *P*: tourne et retourne. **59.** Et les *P*. | v.] paſſent *A*. | qui] *fehlt P*. **60.** Sez tu] Se tu fes *FASM*, Et des maus *G*, Enfi *H*. | come] *fehlt H*, fi com *V*, que *FGASM*. | li am.] les am. *M*, li leal a. *H*, loial gent *F*. | ont *G*.

Content le tans et la feifon.

N'eft pas venue fanz reifon

Sa conplainte ne devant jor,

Si ne di ge rien por clamor,

2765 Mes tant di que traï nos a

Qui a ma dame t'efpofa.

Yvains, n'a mes cure de toi

Ma dame, ainz te mande par moi

Que ja mes vers li ne revaingnes

2770 Ne fon anel plus ne detaingnes.

Par moi que ci an prefant voiz

Te mande que tu li anvoiz.

Rant li, que randre le t'eftuet."

YVAINS refpondre ne li puet,

2775 Que fans et parole li faut.

Et la dameifele avant faut,

Si li ofte l'anel del doi,

Puis fi comande a Deu le roi

Et toz les autres fors celui

2780 Cui ele leiffe an grant enui.

Et fes enuiz tot adés croift,

Quanque il ot tot li ancroift

Et quanqu'il voit tot li enuie.

2761. Conte *FGAM*, Contre *HS*. **62.** Ni fui *P*(+1). | p.] mie *S*, fehlt *M*(—1). | uenu *S*. | a defreifon *H*. **63.** ne] et *G*. | le j. *G*; *P*: Car uous ai trouue a feiour. **64.** Or *V*. | nen *FGS*. | dirai *V*. | rien] pas *P*. , por] fans *A*; *M*: Ne je ne di pas p. c. **65** (*wiederholt M*). Mes *fehlt P*. | itant *GA*, Tant ten *P*, bien *M*. | di] dit *H*, *fehlt VGA*. | que] bien que *P*, que trop *V*. | traiz *HFAS*, gabez *G*. | as *GSM*. **66.** trefpofa *H*, trefpaffas *S*; *G*: Ma dame quant tu lefpofas; *M*: Qui ma dame a toy donna (—1). **67.** Y.] Elle *S*. | nai *F*. **68.** Ywains demande *S*(—1). | einz *fehlt VFGM*. **69.** ia m. *fehlt A*. | cnuers *A*. | lui *GS*. | pas ne *A*. **70.** plus] pas *AS*. | reteignes *HFGASM*. **71.** Par foi *V*. | ci] tu *VA*. | iloeques v. *V*; *S*: Quelle ne veut mais que tu laies. **72.** Ains *S*. | renuois *V*, renuoies *S*. **73.** Ren *V*. | le *F*. | car *HS*, qua *H*. | li eftuet *A*. **75.** Car *ASM*. **76.** pucele *A*, dame *S* (li faut). **77.** ofta *PF*. **78.** P. fes *A*, Et fi *V*, Et puis *GS*. | fi *fehlt F* (comanda). | que lui *AM*. **80.** Quele *FGASM*. , a *VFS*. | ml't gr. *FGASM*. **81. 82** *stellt um V*. **81.** tot *fehlt GA* (a. li), tous iors li *P*. **82.** Que q. *H*, Et quanque il *P*, Et quanquil *F*. | oit *V*, uoit *PM*, uit *H*. | tot] *fehlt PH*, ml't *M*. | angroift *H*, defploit *M*; *S*: Neft nus deduis qui biaus li foit. **83.** Et quanque il *HG*, Quanque il *S*. | ot *HG*. | tot *fehlt HG*, tot *nach* Et *F*; *P*: Bien uaurroit eftre en tel lieu; *M*: A lui ne chaut de riens quil uoie.

Mis ſe voudroit eſtre a la ſuie
2785 Toz ſeus an ſi ſauvage terre
Que l'an ne le ſeüſt ou querre,
N'ome ne ſame n'i eüſt,
Ne nus de lui rien ne ſeüſt
Nient plus que ſ'il ſuſt an abiſme.
2790 Ne het tant rien con lui meïſme,
Ne ne ſet, a cui ſe conſort
De lui qu'il meïſmes a mort;
Mes ainz voudra le ſan changier
Que il ne ſe puiſſe vangier
2795 De lui qui joie ſ'eſt tolue.
D'antre les barons ſe remue,
Qu'il crient antr'aus iſſir del ſan,
Et de ce ne ſe gardoit l'an,
Si l'an leiſſierent ſeul aler.
2800 Bien ſevent que de lor parler
Ne de lor ſiecle n'a il ſoing.
Et il va tant que il ſu loing
Des tantes et des paveillons.
Lors li monta uns torbeillons
2805 El chief ſi granz que il forſane,

2784. la uoie *M*; *P*: Muchies en un bien ſecre lieu. **85.** Si ſ. *V*.
86. Que on *P*, Q. nus *M*.   **87.** Qome *V*, Home *M* (ne *fehlt*). | nel con-
neuſt *M*; *H*: Ne nus hom ne ſ. ne ſuſt.   **88.** Ne nus] Ne nul qui *GA*,
Qui *HS*. | rien] noueles *H,S* (*vor* de). | ne] ni *F*; *V*: Ne a nul parler nen
leuſt.   **89.** Ne *HFG*.   **90.** Nul h. t. *A*, Ne tant h. *S*, Riens ne h. t. *M*.
c. ſoi *G*. | rien *fehlt A*. | que *A*, fors *S*.   **91. 92** *stellt um S*.   **91.** Si *V*,
Quant *S*. | ne *fehlt F*. | a que *F*, a quoy *SM*, comment *A*. | reconfort *F*.
92. lui] ſoi *A*. | quil meiſme *V*(—ı), meiſmes quil *P* (*M*: m. guerre), qui
ſoi meiſme *HFG*. | a] *fehlt M*; *S*: Sacies qui uoir uolroit la mort. *Nach* **92**
schiebt G **96** *ein, der an seiner Stelle auch vorkommt.* **93. 94.** *nach* **96** *S.*
93. uoldroit *H*. | ſens *FGAS*, ſanc *V*; *P*: Mix ameroit uis erragier.   **94.** ſen
PFS. | peuſt *PH*.   **95.** De ſoi a cui *A*. | ſeſt] *M* (*vor* j.), ſa *HFS,V* (*vor* j.),
a *A*.   **97.** cuide *FGAS*. | eſtre eſſir (*so!*) *A*. | ſens *AS*   **98.** Ne *G*, Mais *AS*.
garde *GA*. | lens *S*.   **99.** le *M*. | laierent *F*, laiſſent *AS*. | tot ſ. *AS*.
800. ſorent *FS*.   **1.** ſiege *A*, gengle *V*.   **2.** Lors ſen ua *V*, Tant ſen ua *A*,
Puis ala *G*. | quil ſu bien *FS*, q. ſu ml't *P*, q. uiunt b. *A*.   **4.** L. ſe li *H*. |
monte *HFGSM*, eſmuet *A*, leua *V*. | eſtorbillons *FGSM*.   **5.** grant *A*. |
kil ſe forſ. *S*.

Lors fe defcire et fe depane
Et fuit par chans et par arees
Et leiffe fes janz efgarees,
Qui fe mervoillent, ou puet eftre.
2810 Querant le vont par treftout l'eftre,
Par les ofteüs as chevaliers
Et par haies et par vergiers,
Sel quierent la ou il n'eft pas.
Fuiant f'an va plus que le pas
2815 Tant qu'il trova delez un parc
Un garçon qui tenoit un arc
Et cinc faietes barbelees
Qui mout ierent tranchanz et lees,
S'ot tant de fan que au garçon
2820 Eft alez tolir fon arçon
Et les faietes qu'il tenoit.
Por ce mes ne li fovenoit
De nule rien qu'il eüft feite.
Les beftes par le bois agueite,
2825 Si les ocit et fi manjue
La veneifon treftote crue.

2806. Si *HGM*, Et fi *F*. | 2. fe *fehlt F,M*(—1). | defpenne *PSM*.
7. Si *G*. | ualees *PS*.   8. laie *F*, leffa *H*. | les *V*; *G*: Et par forez longues
et lees.   9. Lors *G*. | fefmerv. *AS*. | que pot *F*; *V*: Q. le quierent par
treftout leftre.   10. Querre *S*. | parmi cel eftre *F*, par tout lor e *G*, p. toutes
terres(!) *M*, deftre et feneftre *HS*; *V*: Et par la ou il deuoit eftre.
11. 12 *stellt um V*.   11. Et par *V* (les *fehlt*). | tentes *M*.   12. fentiers *M*.
13. Si le *VP*, Et le *M*, Le *FGA*. | plus la *A* (il *fehlt*). | la ou] lau *P*,
ou *VM*. | nert *AS*.   14 (*fehlt ohne Ersatz A*). Et il *PH*.   15. uint *S*(—1). |
felonc *V*, enmi *A*. | fart *A*.   16. .I. garcons *S* (qui *fehlt*, —1). | portoit *PG*.
17. 18 *fehlen S, stellt hinter* 20 *G*.   17. f. en fa main *M*; *P*: Et tout plein
de feetes barbees.   18. longues et *G*: *M*: Vers luy torne mef. .Y.   19. Tant
ot de *FASM*. | fens *VPFGASM*; *H*: Yuains fen ua iufquau g.   20. Sot
aler t. *GS*, Ala t. toft *M*, Taut les faietes *F*, Erraument toli *P*, Cui il uo-
loit t. *H*. | fon a.] et l'a. *F*, l'a. *H,S*(—1).   21. Les f. que il *G*. | la feete *S*.
22. Porquant *H*, Que *V*, Car *F*. | mes] mains *A*, noiant *F*, quil *S*. | refo-
venoit *V*.   23. rien n.] nule r. *GASM*, rien *H*, cofe *F*. | que onques *H*,
que il *FA*. | ot *A*.   24 (*fehlt P*). Par le b. les b. *M*.   25. Et *PFM*,
Puis *G*. | les] lors *P*. | ocift *PGM*. | et fe *H*, et fen *V*, et fes *G*, et puis *A*,
puis fi *FS*, fi les *M*.

Et tant converſa el boſchage
Com hon forſenez et ſauvage,
Qu'une meiſon a un hermite
2830 Trova mout baſſe et mout petite,
Et li hermites eſſartoit.
Quant vit celui qui nuz eſtoit,
Bien puet ſavoir ſanz nul redot
Qu'il n'avoit mie le ſan tot;
2835 Et ſi fiſt il, tres bien le ſot.
De la peor que il an ot
Se feri an ſa meiſonete.
De ſon pain et de ſ'iaue nete
Par charité priſt li prodon,
2840 Si li miſt fors de ſa meiſon
Deſor une feneſtre eſtroite.
Et cil vient la, qui mout covoite
Le pain, ſi le prant et ſ'i mort.
Ne cuit que onques de ſi fort
2845 Ne de ſi aſpre eüſt goſté.
N'avoit mie cinc ſouz coſté
Li feſtiers don fu ſez li pains   [2847.
Qui plus iert egres que levains,

2827. Et *fehlt FS.* ens el *F*, en cel *S.* **28.** Come *GA*, Comment *M.* |
hons *M*, *fehlt G.* | forſene *GM.* | et *fehlt M.* | ſauuages *A*; *S*: Con cil qui
eſtoit plains de rage. **29.** Une *A.* **30.** A trouee *F.* | m. *fehlt VF.* |
baſſete *V.* | m. *fehlt V.* **31.** li prodoms qui *V.* | aſſarcoit *S*, eſracoit *A.*
32. Si uoit *M.* | celui v. *GS.* | uenoit *PG.* **33.** pot *HFGSM.* | croire *V.* | et
ſ. redot *F*, tot a un mot *M.* **34.** Que *V*, Que il not *G*, Quil nert *H.* | mie]
pas *S.* | le] ſon *M*, an ſon *H.* | ſens *VPFGASM.* | treſtout *S*, del t. *H.*
35 (*fehlt M*). Et il ſi fiſt *P*, Et ſin ot il *F*, Et ce que nus ert *A. Darnach
eingeschoben S*: Quant li preudons parchut. **36.** Que de *A.* | la grant p. *G.* | an
fehlt GA. Darnach eingeschoben M: Treſtout au plus toſt que il pot. **37.** Se
muca *A.* **38—40** *fehlen P.* **38.** Dou p. dorge *G.* | leue *GAM*, ſa por-
rete *H.* **39.** boens hom *HGAM.* **40** (*fehlt G*). le *VFS.* **41.** Deſus *PAM*,
Parmi *V.* **42.** uint *FSM.* **43.** et ſi le *P*, et ſi *S*, puis le *A*, ſel *H́*, ſi *VG* (le
fehlt). | taſte *V*(—1), uient la *G.* | et] *fehlt P.* | ſi i *H.* **44.** Jo ne *F,S* (que
fehlt). | quonques *F*, q. mes *M.* | de ſi] dauſi *F*, mais ſi *P*; *V* (*vgl.* **45**): Ne c.
ſi aigre ne ſi f. **45.** aſpre] dur *P.* | *V*: Euſt il onques mes gouſte (*vgl.* **44**).
46. Ne uauoit pas *G.* | .x. *SM*, .xx. *PHFG.* **47.** fetiers *HG.* | ſez fu *V*;
M: Le bley de quoy .. **48—53** *fehlen H.* **48.** Que *P*, Car *A.* | p. fu *F*,
ſu p. *GM*, p. eſtoit furs *P.*

D'orge peſtriz atot la paille,

2850 Et avuec ce iert il ſanz faille

Moiſiz et ſés come une eſcorce.

Mes li fains l'angoiſſe et efforce

Tant que le pou li ſot li pains;

Qu'a toz mangiers eſt ſauce fains   [2848.

2855 Bien deſtranpree et bien confite.

Tot manja le pain a l'ermite

Mes ſire Yvains, que buen li ſot,

Et but de l'iaue froide au pot.

Quant ot mangié, ſi ſe refiert

2860 El bois et cers et biches quiert.

Et li buens hon deſoz ſon toit

Prie Deu, quant aler l'an voit,

Qu'il le defande et qu'il le gart,

Que mes ne vaingne cele part.

2865 Mes n'eſt riens, tant po de ſan et,

Que an leu ou l'an bien li fet

Ne revaingne mout volantiers.

Puis ne paſſa uns jorz antiers,

2849. D'o. iert *P*. | pertris *P*, preſtri *FAS*, peſtri *GM*. | otot *V*, auec
P (la *fehlt*, —1). **50.** A tot ce eſtoit *F*, A t. ice eſt. *A* (il *fehlt*), Auec
(tout +t *S*) che eſt. *P,S*, Que tout ce eſt. *M*. | ſu *G*. **51.** Mufiz *V*, Mufy *P*,
Muifis *F*. | ſec *M*. | plus comme *A*. **52.** langoiſſe et li fains *A*. **53**—**56** *fehlen V*.
53. le] ml't *M*, tout *A*. | pout *P*; *S*: T. con boins li ſanla le p. **54.** Que
tos m. *AM*, Que a touz mes *G*, Car tout mengier *S*. | eſſauce *G*, enſauce *S*,
eſchauſe *M*, eſt ſaule et *A*, eſt force *H*. **55.** Deſatranpree et deſc. *H*;
S: Tant com il fu en cele uie. **56.** Tant m. dou *A*, M. il le *S*. | a] et *G*.
57. que] qui *SM*, et *F*. | buen] boin *P*, boen *HG*, bon *FAM*. | eſtoit ſos *S*;
V: Sen menia tant com il li plot. **58.** Et] Si *M*, *fehlt H*. | but *nach* fr. *H*. |
de *fehlt VM*. | eue *V*. | a un *V*, du *M*. | lot *S*. **59.** Et q. *F*. | a m. *F*, m.
ot *PHGA*. | el bois fiert *F*. **60.** El b. *fehlt F*, Et el b. *A*. | biches et
cers *GA*, bieſtres et c. *S*, c. et dains et biſſes *F*. **61.** prodom *V* (*vgl.* 2839,
2873, 2882). | dedenz ſ. t. *AS*, d. ſ. oit *M*, qui la manoit *V*, ml't le doutoit *P*.
62. ucnir *M*. **63.** len *A*. | mantigne *F*. **64.** Q. m. ne uoiſe *G*, Quil ne
uiengne mais *P*, Quil ne retorne *V*. | ceſte *A*. **65.** Nen eſt *A*. | r.] nus *H*. |
po de] petit *F*. | ſens *VFGASM*; *P*: M. nepourquant coment quil ait. **66.** Q.
el *A*, Qui el *HM*, Que la *FS*, Q. lau *P* (ou *fehlt*). | on *PFAS*. | b. li a *S*,
li a b. *F*, li a le b. *P*. **68.** Ne p. pas *G*, Ne tarda pas *V*. | uns] .ii. *VM*,
.viii. *H*.

[2863.

Tant com il fu an cele rage,
2870   Que aucune befte fauvage
Ne li aportaft a fon huis.
Icefte vie mena puis,
Et li buens hon f'antremetoit
De l'efcorchier et fi metoit
2875   Affez de la veneifon cuire,
Et li pains et l'iaue an la buire
Eftoit toz jorz for la feneftre
Por l'ome forfené repeftre;
S'avoit a mangier et a boivre
2880   Veneifon fanz fel et fanz poivre
Et iaue froide de fontainne.
Et li buens hon eftoit an painne
De cuirs vandre et d'acheter pain
D'orge ou d'avainne ou d'autre grain,
2885   S'ot puis tote fa livreifon
Pain a planté et veneifon
Qui li dura tant longuemant
Qu'un jor le troverent dormant
An la foreft deus dameifeles
2890   Et une lor dame avuec eles,
De cui mefnice eles eftoient.
Vers l'ome nu que eles voient

2870. Quil *FS.* **71.** amenast *V.* **72. 73** *umgestellt F.* **72.** Itele *V,*
Icele *FS; A:* Puis mena cele uie p. **73—80** *fehlen V.* **74.** lui colchier *H.*
75. Adies *A.* **76.** Et le pain *A,* Le pain dorge *G.* | an] et *HF.* | et lij
buiere *A.* **77.** dis *M.* | for] fus *S,* en *GM,* a *HFA.* **78.** P. ce quil i peuft
pries ieftre *S.* **79—87** *fehlen S.* **81.** Bien pres tote une quinzaine *V.*
82. li prodom *VFM.* | ert en grant *A.* **83.** Des *FGAM,* | cuir *H.* | et *fehlt M.*
84—86 *fehlen V, dafür:* Sauint a mon fegnor Yuain. **84.** Fuft dorge *M.* |
de paile ou de gr. *PF(—1), M; H:* D'o. et de foigle fanz leuain. **85. 86.**
stellt M um. **85.** t. fa uenoifon *M,* a plente et foifon *F,* cafcun ior aban-
don *A.* **86.** P. et fontaine *F.* | fanz liuroifon *M.* **87.** Quil *PH,* Qui *GM,*
Que *A,* Et *V,* Si *F.* | dona *H.* | fi *V.* **88.** Tant que *V; S:* Puis auint .i.
iour que d.; *M (interpolirt):* Et tant quil fut en cel torment. Touz iours fon
repere fi fut. Vers lermite qui bons hons fut. Que uous iroie ie contant.
Vne fois fut trouue dormant. **89.** de *M,* .iii. *FGA.* **90.** lor *fehlt M(—1).*
91. De *fehlt F.* | il meifmes *A,* mefmes els *M(—1),* mais nieceles *F.* **92.** Pour *M.* |
lome u *A.* | queles *PAM.* | le u. *A.* | ueoient *PM; S:* Il ne uoit pas mes bien le u.

Cort et defçant l'une des trois, [2887.

Mes mout le regarda einçois

2895 Que rien nule for lui veïft,

Qui reconoiftre li feïft;

Si l'avoit ele tant veü

Que toft l'eüft reconeü,

Se il fuft de fi riche ator

2900 Com il avoit efté maint jor.

Au reconoiftre mout tarda

Et totes voies l'efgarda

Tant qu'an la fin li fu avis

D'une plaie qu'il ot el vis,

2905 Qu'une tel plaïe el vis avoit

Mes fire Yvains; bien le favoit,

Qu'ele l'avoit fovant veüe.

Par la plaie f'eft perceüe

Que ce eft il, de rien n'an dote;

2910 Mes de ce fe mervoille tote

Comant ce li eft avenu

Que fi l'a trové povre et nu.

Mout f'an faingne et mout f'an mervoille,

Mes ne le bote ne n'efvoille,

2893. Sen corut F. | une HGS, li une F; S: Lui fi i ceint une d. t.
94. lefgarderent G. **95.** Se SM. | nule riens P. | fus SM. **96.** Que F.
97. Ja P. **98.** Qui S. | bien FA. **899. 900.** stellt hinter **902. 99.** Sil
fuft ueftis de r. AM, Sil f. en aufi r. F. **900.** Comment il a efte M, Com
el lauoit ueu F, Com ele lot ueu P. **1.** garda S. **2.** Mais F. | tote uoie
HM, nepourquant bien P. | regarda A. **3.** T. qua FA, Que en P. **4.** Pour
la M. | plaiete S(+1). **5.** Une M. | autretele G. | el v.] fehlt G, eu S.
6. quant il uiuoit F, q. lot ueu S. **7** (fehlt S). Sor lui GA. | affez H. |
ueu HA; F: Que ml't fou. l'a. u. **8.** Pour M. | la pl.] ce F. | feft apercue V,
eft aperceue M, feft ele pc. F, reconnut la S, la coneu H. **9.** car r. A, que r. M,
point S. | ne A. | dota S; F: .. fans nule d. **10.** Ml't forment M. | fefmeru.
t. A, a m. eu S. **11.** fehlt S. **12.** Quainfi P, Qui S (fi vor p.), Quant A
(fi fehlt). | le VFAM. | troua V. | ne nu A; G: Se rage el chief ne la tenu.
Nach **12** interpolirt M: Ml't grant pitie en a eu (ohne Reimvers). **13. 14.**
stellt um P. **13.** Forment V. | fe GASM. | et m.] et V, et fi H, ml't FGAS.
f'an m.] fe m. GM, fefm. AS, efm. V; P: Mais ml't li uient a grant merueille.
14. Mes] fehlt P, Ne M, Nele F, Cele H. | ne le] nel F, pour la honte S. |
ne] fehlt H, ne ne P. | n'e.] efveille VA, lefueille PS; H: Cele ne le bote
7 nefuoille (1. m. corr., n in rasura).

2915 Ainz prant fon cheval, fi remonte,   [2909.
Puis vint as autres, fi lor conte
S'avanture tot an plorant.
Ne fai qu'alaffe demorant
Au conter le duel qu'ele fift,
2920 Mes plorant a fa dame dift:
„Dame, je ai Yvain trové,
Le chevalier miauz efprové
Del monde et le miauz antechié,
Mes je ne fai, par quel pechié
2925 Eft au franc home mefcheü.
Efpoir aucun duel a eü,
Qui le fet einfi demener
Qu'an puet bien de duel forfener,
Et favoir et veoir puet l'an
2930 Qu'il n'eft mie bien an fon fan;
Que ja voir ne li avenift
Que fi vilmant fe contenift,
Se il n'eüft le fan perdu.
Car li eüft or Deus randu
2935 Le fan au miauz qu'il eüft onques,
Et puis fi li pleüft adonques
Qu'il remaffift an voftre aïe;
Car trop vos a mal anvaïe
Li cuens Aliers qui vos guerroie.

2915. A fon ch. uint *F*; Ainz] Et *P*. | le *HA*. | et fi m. *FS*. **16.** Et *HASM*. | uient *PHGA*. **17.** L'a. *VM*. | toute *PG*; *F*: Et a fa dame tot pl. **9.** A *PHSM*, Ne *FGA*. | contant *FA*. | q. an *PHM*. **20.** Em *M*. | pl. *vor* ift *V*. **22.** ch. m.] ch. bien *A*, bon ch. *V*. **23.** mont *VFGS*. | lai bien *V*. ifagnie *FG*, enterchie *V*, entichie *P*. **25.** Au f. h. eft *G,M*(—1). | meuenu *G*. **26.** E. il auoit d. eu *A*. **27.** einfi *vor* le *V*. | la *FS*. | fefoit fi *A*. **8.** Que en *A* (bien *fehlt*), An *HGS*, Len *M*; *F*: Quel conuint . . **29.** Et] hlt *P*. | ueoir et cuidier *A*. | p. on bien *P*. **30.** Que il *P*. | mie] pas *M*(—1). | bien an's Ende *P*. **31.** Car *SM*, Ne *FA*. **32.** Q. il *F*, Quil *S*. aintenift *S*, tenift *F*. **33.** n'e. *vor* perdu *H*. | fen *A*. | fens *VPFAS*. **4.** Cor *S*; *F*: C. fuft ore iffi auenu. **35.** Son *FG*. | au m.] aufi *M*, reuft *F*. | que il *HGA*, com il *M*. | lot *FG*, ot *HAM*, eut *P*(—1). **37.** Que *V*. | oftre *M*, uo *F*; *P*: A remanoir en uoftre hoftel. **38.** Que *FM*. | ml't *G*; C. malemant uos a baillie, *P*: En aidant chiaus de uo chaftel. **9.** ailiers *F*, yliiers *M*. | nos *A*.

2940   La guerre de vos deus verroie   [293.

A voftre grant enor finee,

Se Deus fi buene deftinee

Vos donoit que il revenift

An fon fan et f'antremeïft

2945   De vos eidier a ceft befoing."

La dame dift: „Or n'aiiez foing,

Que certes, fe il ne f'an fuit,

A l'aïde de Deu, ce cuit,

Li ofterons nos de la tefte

2950   Tote la rage et la tanpefte.

Mes toft aler nos an covient!

Car d'un oignemant me fovient

Que me dona Morgue la fage,

Et fi me dift que nule rage

2955   N'eft an tefte que il n'an oft."

Vers le chaftel f'an vont tantoft,

Qui pres iert, qu'il n'i avoit pas

Plus de demie liue un pas,

As liues qui el païs font;

2960   Car a mefure des noz font

Les deus une, les quatre deus.

2940. g. uolentiers u. *A.*   **43.** Li *PHS.* | donaft *GSM.* | quil fe *I* q. le *PS.* | remeift *PHS,* li meift *M,* li rendift *F; A:* Se dius le fens en meift. **44.** Et quen f. f. *A.* | An] *fehlt F.* | fon *fehlt V.* | et] fi *P,* et fi *C* et il *M,* et quil *VFS,* il *A.* | remainfift *GASM,* a uos uenift *F.*   **45.** E (A *A*) uoftre aie *FGASM.*   **46.** Ce dift la d. *FG.* | dit *V.* | ia nai ie *A* **47. 48** *stellt um F.*   **47.** Car *ASM; F:* Ains uefpre fe·· **48.** Qu bien li aiderai *F,* Q. la rage fi com *P.* | ge *VPF.*   **49.** fors de *F.*   **50.** Tou' douleur et *P,* La r. et tote *A.*   **51.** ml't t. *G.* | uos *VAM, fehlt G.* | a men *G,* y *P.*   **52.** Que *V.* | de *S.* | l'ongemant *S,* onguement *PF.* **53.** menuoia *V,* madame *S.* | morge *F,* margue *PA,* morgant *G,* morganz *I* **54.** dit *V.* | q. fi grant *HF.*   **55.** Niert *M.* | en le tefte *P,* de nule tefte *S.* que len nen *V,* q. ne len *F,* quil ne len *H,* quil nen *P,* que ele *A,* quil *S.* noft *AS.*   **56.** en *A.* | uienent *G.* | ml't t. *PHFM,* toft *G* (*S:* Lors fe reuont au c. t.).   **57.** Quil *H,* Il *A, fehlt V.* | p. eft *G,* ert p. *A,* feo pres *P,* ert fi p. *H,* ml't ert p. *S,* Si p. *V.* | quil] fi *S,* que il *V,* et *PC* ne *M.* | ni ot *PHS.*   **58.** Apres demie *G,* Le tiers dune *V.* | un] .ij. *V,* nõ *A* au *P.*   **59.** Au *G,* Es *V,* Des *HS.* | que *V.* | du p. *S.*   **60.** Qui *GM* Qua *V.* | la *V.* | des lors *S,* nef *A* (--1). | font *PAM.*   **61.** De *GA,* Des *M.* une] .vi. *M.* | et *FGA,* de *GA,* des *M; S:* Lune des nos liues les .ii.

Et cil remaint dormant toz feus, [2956.
Et 'cele va l'oignemant querre.
La dame un fuen efcrin defferre,
2965 S'an tret la boifte et fi la charge
A la dameifele, et trop large
Li prie que ele n'an foit,
Les tanples folement l'an froit,
Qu'aillors point metre n'an befoingue.
2970 Les tanples folemant l'an oingne
Et le remenant bien li gart,
Qu'il n'a point de mal autre part
Fors que folemant el cervel.
Robe veire, cote et mantel
2975 Li fet porter de foie an grainne.
Cele li porte et fi li mainne
An deftre un palefroi mout buen.
Et avuec ce i met del fuen
Chemife et braies deliiees
2980 Et chauces noires bien taillices,
Atot ice mout toft f'an va.

2962. Et] *fehlt PS*, .Y. *FGA.* | remeft *PGAM.* | la d. *P*, la demou-
rant *S*(+1). **63.** celes *V.* | en ua *M*, uont *V*, ala *PHA.* | l' *fehlt S.* **65.** La
boifte en t. *P.* | treft *G.* | et *fehlt V.* | li *AM.* **66.** A] *fehlt V*(—1),
Et *A.* | et *fehlt FGASM.* **67.** Si li *FGAM.* | ne f. *S*, loint *M*; *FGA*: p.
mi't et caftie. **68.** Le f. et l. t. *V.* | lenfroit *H*; .. treftout le front *M*;
FGA: Que longement (loignement *G*) ne (ni *G*) mete (mefte *G*, tarde *A*) mie.
69. 70 *fehlen S, stellen um FGA.* **69.** Aillors *A.* | na *A*; *M*; Qu'a. il
nen eft pas a. **70.** Fors les *G*, F. es *A*, Fors el *M* (les t. et le *fehlt*). |
folement] et le (el *A*) front *HFGA.* | l'an o.] oigne *G*, onge *A*, ou il a leffoigne *M*;
P: Seulement les t. len oingne. **71.** demorant *M.* **72.** Que *V.* | point]
garde *S.* | de m.] meftier *M.* | dautre *A*, de lautre *S* (mal *fehlt*). **73.** Que
en la tefte et *F.* **75.** A *H.* | fift faire 7 fil de *F.* **76.** Et el li p. et *M*,
Se li p. et *A*, Chele le prent et *P*, Si li charge et *G*(—1), Et auolc ce *F.* |
li] lem *S.* | ameine *FA.* **77.** En d.] hinter pal. *G*, hinter buen *A*, *fehlt F*,
Ouoec *V.* | mout *fehlt G.* | rice et b. *F.* **78.** eftre ce *F.* | il mift *S.* | le f. *F.*
79. Chemifes *V*(+1),*PM* (et *fehlt*). | deliies *F*, bien delies *S*, b. taillies *A.*
Statt **80. 1. 2.** *hat M andere Verse.* **80.** n.] neuues *P*, bones *V.* | bien de-
lies *A*, et dougiees *H*; *M*: Ne fift pas longues ne les lees. **81.** A tot ce *H*,
A treftout che *S*, A tot la boite *G.* | tantoft *A*, fi treftoft *H*, ainfi *P*, einfint *G*,
iffi *F*; *M*: Ne areft tant que a. y.

Ancor celui dormant trova   [2976
La ou ele l'avoit leiffié.
Ses chevaus met an un pleiffié,
2985   Ses atache et lie mout fort
Et puis f'an vient la ou cil dort
Atot la robe et l'oignemant
Et fet mout tres grant hardemant,
Que del forfené tant f'aproche
2990   Qu'ele le menoie et atoche,
Et prant l'oignemant, fi l'an oint
Tant com an la boifte an a point,
Et fa garifon tant covoite
Que de l'oindre par tot efploite,
2995   Si le met treftot an defpanfe,
Que ne li chaut de la defanfe
Sa dame ne ne l'an fovient.
Plus an i met que ne covient,
Mes bien, ce li eft vis, l'anploie.
3000   Les tanples et le front l'an froie
Et tot le cors jufqu'a l'ortoil.
Tant li froia au chaut foloil
Les tanples et treftot le cors

2982. Encore *A*, Quancor *H*. | dorm. c. *HF*, d. le *A*; *M*: Vint qui encor en tal pelain. **83.** Eftoit comme *M*. **84.** Son cheual *M*. | laiffe *S*. | a toft *M*. | atalchie *M*. **85.** Si les *P* (mout *fehlt*); *M*: A un arbre et bien et fort. **86.** Et fen *V*, Si fen *A*, Si *M*, Puis *G*. | uint *GS*, ua *PA*. | ou icil *V*, a celui qui *FGASM*. | fe dort *HGM*. **87.** Otot *V*, Atous *F*. | les dras *FGAM*. **88.** Si *SM*, Et fi *FGA*. | fift *G*, fuft *M*. | .i. ml't *H*. | tres *fehlt HFGA*. **89.** Q.] *fehlt G*, Quant *M*. | f. que ele a. *G*. **90.** Que ele *P,M* (le *fehlt*). | manoie *VFGAS*, manie *M*. | touche *P*. **92.** T. quen *ASM*, a] ot *H*, i ot *A*, nen a *S*, eft a *M*(—1). **93.** Car *PGA*, Que *F*. | tant] *vor* fa *H*, trop *M*. **94.** Et *G*. | fefpl. *PS*. **95.** Si li *M*, Et fi le *G* (tot). **96.** Car *A*. **97.** De fa *M*. | nil ne *F*, nient ne *S*, quil ne *P*, que ne *A*, ne *M*. | li *M*. **98.** Car p. *G*. | an i] y en *P*, en *M*, i *G*. | quil *PHGASM*. | nen y *M*. **2999. 3000** *fehlen V*. **99.** Ml't *H*. | li fanle que *S*; *G*: Quil li eft auis bien l'e.; *M*: Et bien fay que tout li em. **3000—3002** *fehlen P*. **3000.** Le front et la temple *G*. | le uis *F*. | li *G*. **1. 2** *stellt um V, fehlen G*. **1.** Treftot *H, V* (*vor* jufq.). | iufquan lartuel *H*; *S*: . . ce facies bien. **2.** le *F*, en *S*. | frota *SM*. | ce facies bien *S*; *A*: Que la grant force del f. **3** (*fehlt V*). Et le chief *G*. | oint et tot le c. *P*.

Que del cervel li iſſi fors   [2998.

3005 La rage et la melancolie.

Mes del cors oindre fiſt folie,

Qu'il ne l'an eſtoit nus meſtiers.

S'il an i eüſt cinc ſeſtiers,

S'eüſt ele autel fet, ce cuit.

3010 La boiſte an porte, ſi ſ'an ſuit,

Si ſ'eſt vers ſes chevaus repoſte.

Mes la robe mie n'an oſte

Por ce que, ſe Deus le ravoie,

Que apareïlliee la voie

3015 Et que la praingne et que la veſte.

Derriere un grant chaſne ſ'areſte

Tant que cil ot dormi aſſez,

Qui fu gariz et reſpaſſez,

Et rot ſon ſan et ſon memoire.

3020 Mes nuz ſe voit com un ivoire,

S'a grant honte et plus grant eüſt,

Se il ſ'avanture ſeüſt,

Mes n'an ſet plus que nuz ſe trueve.

Devant lui voit la robe nueve,

3025 Si ſe mervoille a deſmeſure,

3004. len *P*. | iſſiſt *V*, treſt ſi *H*, iela *FGSM*, gete *A*. **5.** r. quil auoit el cors *V*. **6.** de tant *M*. | oindre *fehlt H*. | fiſt ele *H*, fait *S*, a ſet *M*, fu *A*. | folage *V*, *der einſchiebt:* De ce ne la tieg mie a ſage. **7.** Q. ne li *PHA*, Que il nen *FG*, Car il nen *SM*. | euſt pas *S*. **8.** i] *fehlt P*(—1). cinc] .i. *AS*, .c. *FGM*. **9.** Sen euſt aut. *GM*. | ie *PFS*; *A*: Se euſt ele ens ce c.; *S*: Sil euſt elle gaſte treſtout ie quit. **10.** prent et ſi *FAM*, p. puis ſi *G*. **11.** Et ſeſt les *F*. | les ch. *FM*, le cheual *A*. **12.** de la *A*. | m. noſte *A*, m. nen porte *V*, nempoſte *M*, pas ne li oſte *G*. **13.** Qil cuide *A*(+1). | que *fehlt S*(—1). | ſe *fehlt FGAM*. | d.] cil *H*. | le] ſe *H*, la li *FGAM*. | enuoie *FGAM*. **14.** Que ap.] Et qu'ap. *A*, Viaut qu'ap. *HFGS*, Et uelt quappareillier *M*. | lenuoie *M*; *P*: Que il le uoie enmi le uoie. **15.** que] quil *PHFGASM*. | et que] et qui *P*, et quil *G*, ſi *HFAM*. | la] ſen *PHFSM*, ſi la *A*. **16.** Derriers *H*, Delez *G*. | gros *M*. **17.** cil] il *P*. **18.** Quil *V*, Et *A*, Si *PFSM*, Lors *G*. **19.** 7 tot *H*, A tot *V*, Et ot *GAM*, Si ot *S*, Et ſi rot tote *F*. | ſens *VPGAS*. | ſa *FS*. **20.** nu *VFS*, ne *A*. | ſe muet *A*. v.] trueue *G*. | une *M, fehlt G*. **21. 22.** *fehlen M*. **21.** Si a *G*(+1). | et *fehlt V*. | greignor *GAS*, forcor *F*. | leuſt *V*. **23.** ne *HSM*. | ſent *F*, ſot *H*. p. q.] por coi *HM*, mot *A*(—1). | nu *VPFGS*. | feſtue *A*. **25.** ſen m. *FS*, ſeſm. *VA*. | grant m. *GA*.

Comant et par quel avanture   [3020.
Cele robe· eſtoit la venue;
Mes de ſa chár que il voit nue
Eſt treſpanſez et eſbaïz,
3030   Et dit que morz eſt et traïz,
S'einſi l'a trové ne veü
Riens nule qui l'et coneü.
Et tote voie ſi ſe veſt
Et regarde par la foreſt,
3035   S'il verroit nule ame venir.
Lever ſe cuide et ſoſtenir,
Mes ne puet tant qu'aler ſ'an puiſſe.
Meſtiers li eſt qu'aïde truiſſe,
Qui li aït et qui l'an maint.
3040   Car ſi l'a ſes griez maus ataint
Qu'a painne puet ſor piez eſter.
Or mes n'i viaut plus areſter
La dameiſele, ainz eſt montee
Et eſt par delez lui alee
3045   Si con ſ'ele ne l'i ſeüſt.
Et cil qui grant meſtier eüſt
D'aïde, ne li chauſiſt quel,
Qui le menaſt juſqu'a oſtel,
Tant que il refuſt an ſa force,

3026 (*fehlt A ohne Erſatz*). C. ne *M*. **28**. Et *H*. **29**. treſtos mas *A*.
30. diſt *PFAM*. | quil eſt m. *AM*.   **31**. Se einſi *AM*, Sen tel guiſe *G*, Se
en tel g. *F*. | lauoit tr. *M*, la le t. *A*, la *F*. | ne] et *S*, *fehlt FGAM*. | veu]
nu *GAM*. **32**. Nule r. *G*, Nus *A*. | qui ia leuſt c. *A*. **33**. totes uoies *PAS*,
toteuoies *GM*. | il ſe *M*, ſe *S*. | reueſt *S*. **34**. Puis *F*. | reſgarde *V*, eſg. *F*.,
uers *HM*. **35**. nul home *PHS*, nule rien *V*. **36**. retenir *FASM*, detenir *G*.
37. M. il *P* (tant *fehlt*), Et eſforchier *F*, Sour ſes pies ſi *S*. | que aler p. *I*.
38. Meſtier *VG*. | quil i t. *S*(—1). **39**. aiſt *HG*, aiut *A*. | le *FA*. **40**. Que
HG. | li *GAM*. | granz *PHFGASM*. **41. 42** *umgeſtellt S*. **41**. paines *PHASM*. |
pot *F*. **42**. Hui *V*, Et *A*. | m.] *vor* pl. *PH*, *fehlt FM*. | ne *HFM*. | ſi v. *F*,
v. pas *M*. | demourer *A*. **43**. Car la d. eſt *A*. **44**. Et] *fehlt G*, Et ſi *A*. |
eſt *nach* lui *HGM*, *fehlt PF*. | par] *fehlt A*. | decoſte *P*, da dalez *F*. | lui]
fehlt F(—1). | en eſt *G*. | alee] paſſee *HFSM*. **45**. Auſſi *VPAS*, *fehlt F*. | con]
fehlt S, come *GM*. | quelle *S*, ſel *VP*, ele *G*, ſe ele *F*. | nel *AM*. **46**. celui
grant *M*. **48**. Quel *G*, Quil *P*. | len *HFAS*. | iuſqu'a] a un *GS*. | loſtel *PAM*.
49. quil *HAM*. | fuſt auques *H*, ſ. un pou *M*, reueniſt *A*. | miex heties *M*.

3050 De li apeler mout ſ'efforce.   [3044.
Et la dameiſele autreſi ,
Va regardant anviron li
Con ſ'ele ne ſache qu'il a.
Eſbaïe va ça et la,

3055 Que droit vers lui ne viaut aler.
Et cil comance a rapeler:
„Dameiſele, de ça! de ça!“
Et la dameiſele adreça
Vers lui ſon palefroi anblant.

3060 Cuidier li fiſt par tel ſanblant
Qu'ele de lui rien ne ſavoit,
N'onques mes veü ne l'avoit,
Et ſan et corteiſie fiſt.
Quant devant lui fu, ſi li diſt:

3065 „Sire chevaliers, que volez
Qui a tel beſoing m'apelez?“
„Ha!“ ſet il, „dameiſele ſage,
Trovez me ſui an ceſt boſchage,
Je ne ſai, par quel meſcheance.

3070 Por Deu et por voſtre creance
Vos pri que an toz guerredons
Me preſtez ou donez an dons
Ceſt palefroi que vos menez.“
„Volantiers, ſire; mes venez

3050. lui *G.* | rapeler *FGAS*; *M*: Il ſeſt de parler efforciez. **51.** La
d. ſait auſi *A*, La d. tot a. *FGM*, Et la pucele t. a. *S*. **52.** Sen uet *F*,
Aloit *M*. | reſgardant *VS*. | entor *FM* | lui *G*. **53. 54** *fehlen V*. **53.** Que
el *F*, Comment ne *M*. | ſeuſt *G*. | quele *A*, que il *F*, quil i *M*. **54.** Apelee
ua *P*, Et cil lapiele *A*, Et appele *M*(—1), Et cele en uait *S*, Souent re-
garde *F*, Et il li diſt *G*. | qui cha qui la *S*, deca deca *G*. **55.** Car d. *S*,
Quadroit *M*, Que ia *V*. | li *VP*. | nen *F*. | noſe raler *S*. **56.** Cil le *F*, Si
la *AM*, Si recom. *G* (apeler). **58.** Et *fehlt M*. | la d. ſad. *M*, la pucele ſ. *G*.
60. Et de lui fiſt *M*. | ſait *P*. | autel *M*, ce *H*. **61.** Con ſe *M*. | de rien de lui
A(+1). | ſeuſt *HM*. **62.** m.] la *H*. | leuſt *HM*. **63.** ſens *VGAS*. **64.** Q.
fehlt A. | li *VPS*. | uint *HAM*. | et ſi *A*. **65. 66** *fehlen V*. **65.** aues *A*.
67. Hai *G* (f. il *fehlt*). | d. tres ſage *G*, courtoiſe et ſage *M*(—1). **68.** cel *V*.
71—73 *zieht V zusammen*: V. pri bele que me preſtez. Le cheual ſor qoi
uos ſeez. **71.** et en *FM*, en tres *G*. | guerredon *G*. **72.** ou] et *G*. | an] un *A*. |
don *GA*. **73.** Ce *HGM*, Chel *PFS*. | tenez *G*. **74.** Montes idonc ſi *S*. |
mes tenes *A*, en uenes *S*, or en u. *F*, mes o moi *V*.

3075 Avuec moi la ou je m'an vois."   [3069
　　　„Quel part?" fet il. „Fors de ceſt bois
　　　Juſqu'a un chaſtel ci felonc."
　　　„Dameiſele, or me dites donc,
　　　Se vos avez meſtier de moi?"
3080 „Oïl", fet ele, „mes je croi
　　　Que vos n'eſtes mie bien ſains.
　　　Juſqu'a quinzainne a̱ tot le mains
　　　Vos covandroit a ſejor eſtre.
　　　Ceſt cheval que je maing an deſtre
3085 Prenez, ſ'irons juſqu'a l'oſtel".
　　　Et cil qui ne demandoit el
　　　Le prant et monte, ſi ſ'an vont
　　　Tant que il vindrent a un pont
　　　Don l'iaue eſtoit rade et bruianz.
3090 Et la dameiſele rue a̱nz
　　　La boiſte qu'ele porte vuide.
　　　Einſi vers la dame ſe cuide
　　　De ſon oignemant eſcuſer,
　　　Qu'ele dira que au paſſer
3095 Del pont einſi li meſchaï
　　　Que la boiſte an l'iaue chaï;
　　　Por ce que deſoz li çopa
　　　Ses palefroiz, li eſchapa

3075. Ca auuec moi *A*, Auecques m. *M.* | m'an *fehlt AM*; *V*: Vos en uendrez tot a reqoi. **76—78** *zieht V in zwei zusammen*: Q. p. ſet il tot ci felonc. A un chaſtel. or dites donc. **76.** Q. p. eſche *P*, Et de quel part *M.* **77.** A un *P.* | dechi felonc *P*, ci deles donc *S*(+1). **78.** Volentiers *G.* **79.** meſtier] beſoing *HFGSM.* **80.** O. uoir ſire *G.* | bien croi *F.* **81.** ne feroiz *G*, ne ſoiez *F.* | bien *fehlt FG.* **82.** Truſqua *V.* | tierz ior *V*, .viii. iors *F*, un mois *G*, un an *AM.* **83.** couenra *AS.* **84.** Ceſt] Le *HFGASM.* **85.** falons *FA*, uenez *M.* | oſtel *VHA.* **87.** ſi *S.* | montent *FG.* **88.** Et t. *A*, Puis *S.* | quil *PHA*, ſen *S.* | uint *V*, uienent *A*, ſont uenus *M.* | iuſqua un *S*, deſor un *V*, enmi le *P*, au *M*(un *fehlt*); aoripont *H.* **89.** ſu *V.* | roide *PHM*, noire *GA.* | et *fehlt V.* **90.** Et] *fehlt P.* | giete *HS.* | dedans *P*(+1). **91.** quen *M.* | portoit *HS*, aportoit *M.* **92.** Quainſi *H*, Que *M.* | v.] a *VM.* | ſa *HFGAM.* | bien ſe *M.* | facuite *A.* **94.** Ele *SM.* **95.** kenſi *S*, ml't fort *M.* **96.** Q. *fehlt M.* | b. dedenz *V.* | li chay *M.* **97. 98** *fehlen V.* **97.** ſoz *FA.* | lui *G.* | acopa *FA.* **98.** Li *S.* | li eſcapa *H* (*moderne Kursiv auf frei gelassenem Raum*).

Del poing la boifte, et a bien pres   [3093.
3100 Que ele ne chaï aprés,
      Mes adonc fuft la perte graindre.
      Cefte mançonge voudra faindre
      Quant devant fa dame iert venue.
      Lor voie ont anfanble tenue
3105 Tant que au chaftel font venu,
      Si a la dame retenu
      Mon feignor Yvain lieemant
      Et fa boifte et fon oignemant
      Demanda a fa dameifele,
3110 Mes ce fu feul a feul; et cele
      Li a la mançonge retreite
      Tele com ele l'avoit feite,
      Que le voir ne l'an ofa dire,
      S'an ot la dame mout grant ire
3115 Et dit: „Ci a mout leide perte
      Et de ce fui feüre et certe
      Qu'ele n'iert ja mes recovree.
      Mes des que la chofe eft alee,
      Il n'i a que del confirrer.
3120 Tele hore cuide an defirrer
      Son bien, qu'an defirre fon mal,
      Si con je qui de ceft vaffal

3099. Des poinz *GA*, Des mains *P*. | b.] *fehlt M*(—1). | li efpies *S*;
V: Et que il fe tint a ml't p.   **100.** failli *H*.   **1.** ad.] einfi *V*, lores *G*.
2. C. m. ueut enfraindre *P*, Enfi uelt la parole f. *A*, Sele fus en liaue efpainte *S*.
4. Enf. ont lor (la *G*) v. *PFGASM*.   **5.** cau *PS*. | el ch. *V*. | en font *PS*.
6. Et la d. a bien receu *FGAS,M* (bien *fehlt* —1).   **7.** bonnement *A*.   **8.** la *A*;
Et la dame f. *V*.   **9.** la *V*.   **10.** Et *F*. | feule a f. *G*, a confeil *P*; *M*: M. ce
fut folie pour elle.   **11.** La m. li a *M*. | la] fa *P*.   **12.** Ytele *P*(+1), Si grant
HFGASM.   **13.** Car *FS*, Conques el *A* (v. *fehlt*). | li *PFA*.   **14.** Si en *F*,
Si *M*. | mout] *fehlt F*, au cuer *V*.   **15.** dift *S*. | male *FGSM*.   **16** (*fehlt F*).
Et] Car *P*, Que *H*, *fehlt G*. | f. ie *HGA*, feure *S* (et *fehlt*), tote *H*; *V*: Et
ce eft ml't bien chofe c.   **17.** retrouee *PG*.   **18.** M.] Et *VM*, *fehlt FGAS*. |
des] puis *P*, Puis *A*, Si *G*. | que] que fi eft *S*, quiffi e. *F*, eft *G*. | eft] *fehlt FS*,
eft fi *A*, einfint *G*.   **19.** Il] Si *HFGASM*. | q.] fors *A*. | conforter *PA*, con-
uerfer *S*.   **20** (*fehlt H, Raum frei gelaſſen*). T. cofe puet *F*. | defider *P*.
21. Sot *H*. | bon *A*.   **22.** Auffi come *P*. | je qui] ie cru *H*, iai fait *FGASM*,
fehlt P.

Cuidoie bien et joie avoir,   [3117

Si ai perdu de mon avoir

3125 Tot le meillor et le plus chier.

Neporquant je vos vuel priier

De lui fervir for tote rien".

„Ha! dame, or dites vos mout bien!

Car ce feroit trop vilains jeus,

3130 Qui feroit d'un domage deus."

A tant de la boifte fe teifent

Et mon feignor Yvain aeifent

De quanqu'eles pueent et fevent,

Sel baingnent et fon chief li levent

3135 Et le font rere et reoignier;

Car l'an li poïft anpoignier

La barbe a plain poing for la face.

Ne viaut chofe qu'an ne li face:

S'il viaut armes, an li atorne,

3140 S'il viaut cheval, an li fejorne,

Bel et grant et fort et hardi.

Tant fejorna qu'a un mardi

Vint au chaftel li cuens Aliers

O ferjanz et o chevaliers

3145 Et miftrent feus et priftrent proies,

Et cil del chaftel totes voies

3123. Cuidoie] Don cuidai *H*, Dont ie cuidoie *M*, Jo en c. *F*, Que
ien c. *GS*, Sen c. *A*. | bien et joie] grant i. *A*, ioie *FGSM*. **24.** tot mon *V*.
26. Et nep. *G*. | je] ml't *P*, bien *HA*. | vos] *fehlt G*. **27.** Que le ferues *F*.
28. Ma *AM*, A ma *S*. | mout *fehlt S*. **29.** Que *HFA*. | ml't *VF*. | maluais *P*.
30. fer. *vor* deus *PFGASM*. **33.** quanque il *GM*, tout ce que *P*. | et] ne
HAM, le *G* (feruent). **34.** Et *V*, Et le *M*, Si le *G* (et *fehlt*), *PA*. | li] *fehlt*
PAM. **35.** Et fel *H*, Sel *A*, Et *FGS*. | rere et] ml't bien *M*, gentement
FGAS. **36.** Que *HFG*. | on *PAS*. | le *S*. | peuft apongnier *P*, pooit
rouignier *A*. **37.** b. iufque for *FS*, *GAM* (fus). **38.** que *G*. **39.** hau-
berz *M*. | lan *V*; *H*: et an li done. **40.** cheuax *PAM*. | lan *V*. **41.** Grant
et ifnel *P*, *G*. et bel *H*. | et f.] f. *P*; Or eft ml't biax et ml't hardis *F*, Et
eft m. b. forz et h². *G*, Or a le cors fort et hi. *S*, Se le uit len fel et h. *A*,
Si fut lonc temps treftout ainfi *M*. **42.** Et y fut tant *M*. | que *GSM*, quen *A*.
mardis *F*. **43.** uient *P*. | ailiers *F*, ylliers *M*. **44.** A . . a *PHFA*, As . .
as *S*, Et . . et *M*. | fes gens *M*. **45.** metent *P*, boutent *M*. | feu *HFASM*,
fehlt A. | prennent *P*. | proie *F*, les proies *A*. **46.** tote *HFG*. | uoie *F*.

Montent et d'armes fe garniffent, [3140.
Armé et defarmé f'an iffent
Tant que les coreors ataingnent
3150 Qui por aus foïr ne fe daingnent,
Ainz les atandent a un pas.
Et mes fire Yvains fiert el tas,
Qui tant ot efté fejornez
Qu'án fa force fu retornez,
3155 Si feri de fi grant vertu
Un chevalier parmi l'efcu
Qu'il mift an un mont, ce me fanble,
Cheval et chevalier anfanble,
N'onques puis cil ne releva,
3160 Qu'el vantre li cuers li creva,
Et fu parmi l'efchine. frez,
Un petit f'eft arriere trez
Mes fire Yvains et fi recuevre,
Treftoz de fon efcu fe cuevre
3165 Et point por le pas defconbrer.
Si toft ne poïft an nonbrer
Et un et deus et trois et quatre
Que l'an ne li veïft abatre [3162.
Plus toft et plus delivremant [3164.

3147. Sarment *G*. **48.** Defarmes et armes *M*. | en *F*; *A*: Quant f't arme adonc f. i. **50.** Et *PM*. | mouoir *H*. | pas ne d. *V*. | ne degnierent *P*. **51.** Eincois *FGAS*, Si *V*. | ataignent *VG*. | al p. *FS*, el *G*, le *A*. **52.** Et *fehlt FGASM*. | fe f. *FAS*, fe met *G*, ifnel *M*. | et pas *M*, *der jetzt* (*statt* **53. 54**) *interpolirt*: Si a demande fon deftrier. Darmes fe fet appareillier. Et monte et fen ua en leftour. Et leffe fa dame en la tour. Qui prie dieu quil ne ramaingne. Mef. .Y. paffe la porte. Sus le cheual qui toft le porte. **53.** a *PHFAS*. **54.** Que en .. eft *A*. **55.** fiert *M*. | par fi *A*. | tres gr. *M*; *V*: f. fi parmi lefcu. **56.** for fon c. *FGA*, defous l'e. *S*, defeur l'e. *P*, defus l'e. *M*; *V*: de grant uertu. **58.** Chl'r et cheual *ASM*. **59.** Onques *FAS*, Conques *G*, Si conques *M*. | fe leua *PH*. | cil *fehlt M* (nen). **60.** Le c. el v. *M*, Car le c. el cors *A*. **61.** Quil *F*. **62.** arrieres *HAM*. **63.** fi fe *M*. **64** (*fehlt P*). Tr.] *fehlt S*, Un poi *F*. | c. ml't bien *S*. **65.** poinft *P*, cort *H*. | tas *V*, parc *A*. | deliurer *GA*. **66.** Si] Plus *HFGAS*. | ne] con len *VM*, com ne *P*, quen ne *FG*, que on ne *AS*. | porroit *PG*, puift *AS*. | nommer *A*, aler *S*. **67.** An preu *H*. **68.** Qui dont li efueift abatre *P*, La li if'to toft ab. *A*. **69. 70** *stellt um H*. **69.** menuement *GA*, ifnelement *F*.

3170 Quatre chevaliers erraumant.   [3163

Et cil qui avuec lui eſtoient   [3165

Por lui grant hardemant prenoient.

Car teus a povre cuer et laſche,

Quant il voit qu'uns prodon antaſche

3175 Devant lui une grant beſoingne,

Tot maintenant honte et vergoingne

Li corent ſus, ſi gietent fors

Le povre cuer qu'il a el cors,

Si li donent ſotainemant

3180 Cuer de prodome et hardemant.

Einſi ſont cil devenu preu,

Si tient mout bien chaſcuns ſon leu

An la meſlee et an l'eſtor:

Et la dame fu an la tor

3185 De ſon chaſtel montee an haut

Et vit la meſlee et l'aſaut

Au pas deſreſnier et conquerre

Et vit aſſez giſanz par terre

Des afolez et des ocis

3190 Des ſuens et de ſes anemis

Et plus des autres que des ſuens.

Car li cortois, li preuz, li buens,

Mes ſire Yvains tot autreſi ᶫᵘ

3170. Qautres *V*. **72.** P. l.] *vor* pren. *FM*, Plus *G*. | gr. *fehlt* *V*. | et pr. *G*, recouroient *V*, faiſoient *S*. **73.** Que *PHFGA*. | a poinne ourer an taſche *H*. **74.** (il *fehlt*) v. prodome qui *FGASM*. | eſtache *M*, alaſche *H* **75.** Entor *V*. | u. gr.] tote une *PH*, metre en tel *M*. **76.** Que *PHFGSM A*: Tantoſt en a h. **77.** keurt *P*, cort *HFGM*. | ſus ſi] ſ. et ſi *PHM*, ſore e ſi *G*, ſus ſi li *F*, ſi li *V*, fus et *S*. | giete *PHFGAM*, traient *V*. **78.** Le mauuai: cuer *G*, Les m. cuers *S*, Ma maluaiſte *F*. | ont es *S*. **79. 80** *fehlen* *V* **79.** done *PHFGAM*. | foutainement *S*, foudainnement *A*, foldainement *F* foſtenemant *H*, foutiuement *M*, tot maintenant *G*, auiuement *P*(—1). **80.** e *fehlt M*. **81.** ſ. tuit cels preus por luy *M*. **82.** Et *V*. | tint *FAS*. | ch. voi m. *HFGAS*. | luy *M*. **83.** En la bataille et *M*, As lances trancans *FGAS*. a *F*. | la tor *H*. **84.** eſt *G*(—1). **85.** an *fehlt F*. **86.** Si *GAS*. | bataille *V* **87.** deſcombrer *G*. **88.** En *F*, Sen *GAS*. | uoit *GAM*, uint *S*. | giſant *A* ieſir *FGS*. | a *FGAS*. **89.** D. naurez et d. deſconfiz *V*, D. aſ. et d. malmis *P* **91.** Mais *PFGASM*. | plus] *nach* aut. *P*. | autrui *G*. **92.** Mes *H*. | preuz] voi cort. *M*, biaus *GS*, plains de bienz *P*. **93.** treſtot auſi *HFAM*, t. enſi *S*

Les feifoit venir a merci [3188.
3195 Con li faucons fet les cerceles.
Et difoient et cil et celes
Qui el chaftel remés eftoient
Et des batailles efgardoient:
„Haï! con vaillant chevalier!
3200 Con fet fes anemis pleiffier,
Con roidemant il les requiert!
Tot autrefi antr'aus fe fiert
Con li lions antre les dains,
Quant l'angoiffe et chace la fains.
3205 Et tuit noftre autre chevalier
An font plus hardi et plus fier,
Que ja, fe par lui feul ne fuft,
Lance brifiee n'i eüft
N'efpee treite por ferir.
3210 Mout doit an amer et cherir
Un prodome, quant an le trueve.
Veez or comant cil fe prueve,
Veez com il fe tient an ranc,
Veez com il portant de fanc
3215 Et fa lance et f'efpee nue,
Veez comant il les remue,

3195. Comme *M* (li *fehlt*). | fet] *vor* li *IIFAS, fehlt M.* | la cercele *A*, la crefele *F*, les teurtereles *M*. **96.** cele *F*. **97. 98** *fehlen* V. **97.** Q. amont *F*. | remes] dedens *P*, en la tor *F*. **98.** Qui *PFASM.* | la bataille *GS*, les batailles *PFAM*. | regard. *PGSM*, les g. *H*. **99.** Hahi *A*, Ahi *PM*, Veez *V*. | fodoier *PHA*, foudaier *G*. **3200.** ploier *PHF*, plaier *G*, proier *A*. 1. faitement *FGAS*, ferement *M*. **2.** Treftot aufi *V*, T. alfement *F*, Con faitement *A*. 3. Aufi con *A* (autre *fehlt*). **4.** angoiffe le chace et f. *GM*, le cage et engoiffe *A*, langors le prent et la *V*, Quant il eft de ieuner uains *F*. **5.** Et neis *M*, Trefuit *A* (autre *fehlt*, —2). | voz autres ch. *M*, li n. ch. *F*. **7—12** *fehlen* V. **7.** Car *AM.* | luy ne feuft *M*. **10.** len *G*. **11.** Un home preuz *G*. | len *A*. **12.** Or ueez *F*. | ore com *GAS*. | il *FGAS*. **13.** V. or *P*. | il *fehlt* VP. | fe fiert *G*, fi tint *A*, fe contient *V*. [an] el *HFGASM*. **14.** Or ueez *H*, Ve elle (= veez le) *A* (com *fehlt*). | il p.] lor portait *V*, eft portains *F*, il eft tains *S*, il porte *G*, emporte *P*, il taint *H*, il fe foille *M*, tot couert *A*. | de] del *S*, le *V*, en *M*. **15.** Et] *fehlt* V,PA(—1), O *M*. | la *G*, lor *V* (lances). | et] a *V*, o *M*. | lefp. *G*. **16.** com toft *G*. | les] fe *FGAS*; *M*: le fer remue (*so*) *M*.

Veez comant il les antaſſe,   [3211.

Com il lor vient, com il lor paſſe,

Com il ganchiſt, com il treſtorne;

3220   Mes au ganchir petit ſejorne

Et po demore an ſon retor.

Veez quant il vient an l'eſtor,

Com il a po ſon eſcu chier,

Que tot le leiſſe detranchier.

3225   N'an a pitié ne tant ne quant,

Mes mout le veomes an grant

Des cos vangier, que l'an li done.

Qui de treſtot le bois d'Argone

Li avroit fet lances, ce cuit,

3230   N'an avroit il nule anquenuit,

Qu'an ne l'an ſet tant metre el fautre

Qu'il nes peçoit et demant autre.

Et veez comant il le ſet

De l'eſpee, quant il la tret!

3235   Onques ne fiſt de Durandart

Rolanz de Turs ſi grant eſſart

An Roncevaus ne an Eſpaingne!

Se il eüſt an ſa conpaingne

Auques de ſi buens conpaignons,

3217. 16 *stellt um VS*. 17. les amaſes (*so*) *A*. 18. c.] et *M*, et come *G*. |
lor] *fehlt G*, les *PS*. | raſſe *V*. 19—22 *fehlen V*. 19. il lor uient *F*. | lor
torne *A*, retorne *H*. 20. Et *GM*, Com *FS*, Et com *A*. | g.] ioſter *F*, *fehlt
A* (petit il lor ſ.). 21. Et ml't d. *PH*, Pou ſeiorne *G* (—1), Et p. ſ. *M*
(deſtour). 22. V. q.] V. com *FAS*, Vez com *M*, Come *G*. | ua *A*, reuient
toſt *G*, r. *M*, fiert *F*. | an] a *P*, par *A*. 23. Et com a por *S*, Il na gueres *V*. |
hier *M*. 24. Com il *HFGAS*, Comment il *M*. | la *F*. | l.] ſait ſort *G*, ſet *M*. |
depechier *P*. 25. Ne p. na ne *A*, De ſoi na p. *V*. 26. M. nos le veons
ml't *A*, M. de ce ſe uoit m. *H*, M. il ſe remet m. *PFGS,M* (remeſt).
27. rendre *A*. | on *PAS*. 28. Que *P*. | tout le b. daragonne *M*. 29. Avr.
fetes *G*, Qui en feroit *P*. | ie *PFA*. 30. Ni *HGS*. | a. nule encore anuit *P*.
31. Con *V*, Car *FGAS*, Et *M*. | l'an] li *P*, nen *FGAM*, ne *S*. | puet *PFGASM*. |
an *HFASM*. 32. Quil] Com *HFGAM*. | nes] ne *V*, en *S*, il *PHFGA*. | pecoie
HFGAS, depieche *P*. | et] *fehlt H*. | demande *PFGAS*, deuant *H*; *M*: Comme
tantoſt lautre (*so*). 33. Voiies *S*, Or oiez *G*, Or eſgardes *AM*. | com *M*. |
il lor *S*. | le] *fehlt A*, la *F*. 35. par *HM*, pas *P*. | durendal *P*; *A*: . . ſi grant
eſſart. 36. des *HFGS*, for *A*; *M*; Nul iour Roll'. . .; *A*: . . de durendart.
39. b.] ſez *HGS*.

3240 Li fel de cui nos nos plaignons
S'an alaft ancui defconfiz
Ou il remaffift toz honiz."
Et dïent que buer feroit nee,
Cui il avroit f'amor donee,

3245 Qui fi eft as armes poiffanz
Et defor toz reconoiffanz
Si con cierges antre chandoiles
Et la lune antre les eftoiles
Et li folauz defor la lune.

3250 Et de chafcun et de chafcune
A fi les cuers que tuit voudroient
Por la proefce qu'an lui voient
Que il eüft lor dame prife,
Si fuft la terre an fa juftife.

3255 EINSI tuit et totes prifoient
Celui don verité difoient,
Car cez de la a fi atainz
Que il f'an fuient qui ainz ainz.
Mes il les an chace de pres

3260 Et tuit fi conpaignon aprés;
Que lez lui font aufi feür
Con f'il fuffent anclos de mur
Haut et efpés de pierre dure.
La chace mout longuemant dure

3240. coi *H*; *G*: Li cuiuerz dont . . **41.** an.] anuit *P*, come *H*, ce cuit *GM*, io quit *F*. **42.** Et fi *V*. | en r. *H*, remanfiffent *P*. | t.] *fehlt PH*. | maris *F*; *M*: Ou con vos hons il remainfift. **43.** Lor *A*. | que] de *P*. | bor *F*, bon *A*, boine *S*(+1), boin iour *P*(+1). **44.** Qui ia *S*. **45.** Que *VG*; Quiffi *F*. | fus autres *M*. **46.** defus *M*; feur tous autres coniffans *P*. **47.** Comment *M*. | cierge entre les *F*. **48.** a.] fue *A* (*so*). **51.** Eft en *M*. le cuer *VS*, leur c. *M*. | il *M*. **53.** la *PFGASM*. | fame *F*. **54.** Et *HG*. lonor *FG*, fires *S*. | de la *S*. | deuife *P*; *M*: Et de la t. fift fa deuife (+1). *Danach interpolirt S*: Et la terre quite tenift. Tout uoirement qu'il auenift. **55. 56.** *fehlen V*. **55.** toutes et tous *S*. | difoient *A*, prioient *M*. **56.** Dou chl'r d. uoir *A*. **57.** Car *VAS*. | ces *FM*, cels *❦*, ceus *A*, caus *S*, chix *P*. **59.** Et *V*. | an *fehlt PHM*, encauce *FGAS*, detient *M*. | fi *FGAS*, de fi *M*, ml't de *PH*. **60.** t. *vor* ap. *GA*. **61.** Qui *F*, Car *SM*. | par lui *A*, por l. *F*, de l. *GSM*. | fi affeur *M*, tot a. *P*. **62.** Come *M*. | a.] clos *M*, tuit c. *H*, dedenz *G*. | en *M*, a *H*, un *G*. **63. 64** *fehlen V*. **64.** m.] fi *A*, tant *GS*. | durement *S*; *M*: Et uont apres celle aleure.

3265   Tant que cil qui fuient eſtanchent   [3259
        Et cil qui chacent lor detranchent
        Toz lor chevaus et eſboelent.
        Li vif deſor les morz roelent,
        Si ſ'antrafolent et ocïent,
3270   Leidemant ſ'antrecontralient.
        Et li cuens tot adés ſ'an fuit
        Et mes ſire Yvains le conduit,
        Qui de lui ſiure ne ſe ſaint.
        Tant le chace que il l'ataint
3275   Au pié d'une ruiſte montee,
        Et ce fu mout pres de l'antree
        D'un fort recet qui eſtoit ſuens;
        Et la fu retenuz li cuens,
        Qu'onques nus ne li pot eidier,
3280   Et ſanz trop longuemant pleidier
        An priſt la foi mes ſire Yvains.
        Car des que il le tint as mains
        Et il furent ſeul per a per,
        N'i ot neant de l'eſchaper
3285   Ne del ganchir ne del defandre,
        Ainz li plevi qu'il ſ'iroit randre

3265. T. *fehlt SM.* | chix q. ſ. *P*, cil q. ſen ſ. *M*, il de ſuir *A*, tot de ſ. *F*, treſtout de ſ. *S*, de ſ. tuit *G*. | ataignent *P*; *V*: T. les chacent que cil e. **66.** Et *fehlt AM.* | quis *S*, qui les *AM.* | ſiuent *M.* | les *PFGASM.* | mehaignent *P*. *Danach interpolirt* *S*: Et ocient ſans demourer. Petit lor en pot eſcaper. **67.** Et *PFGAM*, Car *S.* | les *G.* | lor *PFGASM.* **68.** Et li v. *F*, Li uns *P*, Les uis *HGSM.* | ſor *F*, par ſeur *P*, par ſon *M.* | murs *P*. **69.** Et *V*, Qui *PH.* | ſe combatent *V*. **70.** Et l. ſe cont. *FGAS.* **71.** a droit *M*. **72.** Mes *PHM.* | len *F*, la *S*, pas *H* (ne fuit). **73.** Que *G.* | lui ſi greuer ſe *P*. **74.** T. le chaca *M*, T. la hache *P*, Sel c. tant *V*. **75. 76** *fehlen V*. **75.** roite *GS*, roche *M*, haute *P*. **76.** ſu] eſt *P*, eſtoit *M* (mout *fehlt*). | de] a *F.* | leſtree *M*. **77.** Lez *V.* | buen *A*, un *V*. **78.** Iloc *FGASM*, Iqui *H*, Einſi *V*. **79.** Et que *P.* | nus] riens *HFGAS*, *fehlt M*(—1). | li] ſe *M.* | ot meſtier *G*. **80.** proieir *A*. **81. 82** *fehlen A*. **81.** Le p. la hors *P*. **82.** Que *PHF*, Et *G.* | puis quil a *S.* | taint *S*, priſt *M.* | au *G*. **83.** que il *S*, il y *M.* | ſ.] *fehlt SM*, tot *F*. **84.** Il ni *P.* a *HM.* | nient *P*. **85.** de . . de *VFGS*. **86.** Ancois *F.* | le *A*, *fehlt F.* pleuit *G*, pleuiſt *VH*, iura *F*; *M interpolirt statt* **86**: Pour tout le royaume Alixandre. Sa uie ſaue et en ſa main. Miſt la ſeue et ſiroit rendre. A la dame ſanz plus atendre.

A la dame de Noroifon,   [3281.
Si fe metroit an fa prifon
Et feroit pes a fa devife.
3290 Et quant il an ot la foi prife,
Si li fift fon chief defarmer
Et l'efcu de fon col ofter
Et l'efpee li randi nue.
Cefte enors li eft avenue
3295 Qu'il an mainne le conte pris,
Si le rant a fes anemis
Qui n'an font pas joie petite.
Mes ainz fu la novele dite
Au chaftel que il i veniffent.
3300 Ancontre tuit et totes iffent
Et la dame devant toz vient.
Mes fire Yvains par la main tient
Son prifonier, fi li prefante.
Sa volanté et fon creante
3305 Fift lors li cuens oútreemant '
Et par foi et par feiremant
Et par ploiges l'an fift feüre.
Ploiges li done et fi li jure
Que toz jorz mes pes li tandra
3310 Et fes pertes li reftorra,
Quanqu'ele mofterra par prueves,

3287. Quon apeloit *M.* | norifon *H*, noiroifon *G*, nagrafon *S*, uoir
refon *FA.* 88. uos *A.* | metes *A*, rendroit *VM.* 89. Si *P.* | feres *A.* | pais
vor a *S*, plait *FA*, tout *M.* 90. fa foi *S.* 92. ius del c. *H.* 95 (*fehlt M*).
amaine *F.* 96. Et *M*; *G*: Lez lui auec fes anemis. *Danach interpolirt M*:
A cui mal auoit fet iadis. 97. Quil *P*, Si *M.* 98. M. la n. fu ainz d. *G.*
99. quil *V*, ains quil *PG.* | parueniffent *V.* 300. Enc. eux *PHM.* | tuit] toz *V*;
G: T. et t. contre fen if. 1. t.] eus *ASM*, lui *G.* | uint *M.* 2. en fa *A.* |
tint *M.* 3. Le *HASM.* le *S.* 4. fa *PFAS.* | creance *PA*; *M*: S. v. li acre-
ante. 5. lors] *vor* f. *M*, lues *V*, dont *P.* | fet *M.* | otroiement *M*, par fere-
ment *G*, et fon creant *P.* 6. f. tot outreement *G.* ●7 (*fehlt M*). plege *F.*
la *V*, le *A.* | fait *F.* 8. Ploige *H.* | liure *V*, dona *P.* | et fi] et *P*, fi *M.*
affeure *FS*, liure *P. Danach interpolirt M*: Et par gages li affeure. 9. Qua
FM. | rendra *M.* 10. Et que *H.* | fa perte *PF*, pertes toutes *M.* | li *fehlt*
S(—1),*A.* | reftoera *A*, randra *HM.* 11. 12 *stellt um A.* 11. Tant quele *P*,
Quanque *AM* (ele *fehlt*). | en m. *PH.* | pora mofterer *AM.*

Et refera fes meifons nueves   [3306
Que il avoit par terre mifes.
Quant cez chofes furent affifes
3315 Einfi com a la dame fift,
Mes fire Yvains congié li quift.
Mes ele ne li donaft mie,
Se il a fame ou a amie
La vofift prandre et noçoiier.
3320 Mes nes fiure ne convoiier
Ne fe voft il leiffier un pas,
Ainz f'an parti eneflepas,
Que rien ne li valut proiiere.
Or fe mift a la voie arriere
3325 Et leiffa mout la dame iriee
Que il avoit mout feite liee.
Et con plus liee l'avoit feite,
Plus li poife et plus li defheite
Quant il ne viaut plus demorer;
3330 Qu'ele le vofift enorer
Et fel feïft, fe lui pleüft,
Seignor de quanques ele eüft,
Ou ele li eüft donees
Por fon fervife granz foudees
3335 Teles com il les vofift prandre.
Mes il n'i voft onques antandre

3312. r.] fi fera *FGS*, li fera *A* (*vor* nueves). | les *HGS*. 13. Quil li *G*.
a *M*. | terres *G*. 14. ces *HFA*, les *SM*. 15. Et e. *A* (a *fehlt*). 16. li
len *V*, an *H*. 17. Et *P*, Que *HG*, Quelle fi *M*. | dona *VFA*, ueaft *G*
18. il *fehlt G* (—1). 19. Nel *V*. | ou *G*; *F*: et n. *fehlt* (*ausradirt; ma,
sieht noch* 7 9uoier). 20. Mes ne *V*, M. a *M*, Et ne *A*, Ne *S*, Neïs *HFG*.
ne] na *M*, nis *P*. | reconuoier *S*; *P*: Mefire .Y. nis c. 21. fi *H*, li *S*.
uouzift *VS*. | il] *fehlt S*, a *M*. | un] *fehlt V*; *A*: Ne fe v. il un tot fol [
22. ala ifnel le p. *M*. 23. 24 *umgestellt P*. 23. Conques *PHFGS*, Non
ques *M*, Onques *A*. | r.] *vor* pr. *AM*, *fehlt PF*. | ne li] ne lor *F*, ni *HGASN*.
24. Si *PASM*. | feft mis *A*. | entiere *G*; *V*: Ainz fen parti a lie chiere. 25. S
leffe *V*. | ml't *fehlt G* (—1). 26. m.] *vor* l. *GSM*, fi *vor* l. *F*; *A*: Qu
deuant auoit efte l. 27. Et quant *G*. 28. li defplet et li d. *V*. | li] le S
fe *H*. 29. ni *G*. 30. Que le la *F*, Que le *G*, Car el *VM*, Cor le *H*, O
le *P*, Car ml't le *AS*. | v. ele *PH*, v. ml't *G*. 31. Et fi *P*, Et le *FA*, E
ele *S*(+1), Si le *G*, Si f. el *M*. | fil *FM*, fa *V*. 32. quanque *HGSN*
35. Si grans *PHFGASM*. | ofaft *V*. 36. ne *P*, nen *HAS*. | atendre *PGN*

Parole d'ome ne de fame.   [3331.
Des chevaliers et de la dame
S'eft partiz, mes que bien lor poift,
3340 Que plus retenir ne lor loift.
M ES fire Yvains panfis chemine
   Par une parforde gaudine
Tant qu'il oï anmi le gaut
Un cri mout dolereus et haut,
3345 Si f'adreça lors vers le cri
Cele part ou il l'ot oï.
Et quant il parvint cele part,
Vit un lion an un effart
Et un ferpant qui le tenoit
3350 Par la coe et fi li ardoit
Treftoz les rains de flame ardant.
N'ala pas longues regardant
Mes fire Yvains cefte mervoille.
A lui meifmes fe confoille,
3355 Au quel des deus il eidera,
Et dit qu'au lion fecorra;
Qu'a venimeus et a felon
Ne doit l'an feire fé mal non.
Et li ferpanz eft venimeus,
3360 Si li faut par la boche feus,

3339. Se parti F, Sen p. A, Seft departiz VM, Se departi S. | m. q.]
que S, et V. | biau V. | len H; P: S. p. outre leur defpois; M: S. dep. qui-
quil foit lait. 40. Car PA. | detenir S, demorer G, remenoir HA. | li HG. |
lois P; M: Et au chemin tantoft fe met. Quar il nauoit pas uolente. Dauoir
illec plus feiorne. 42. En FG; P: Tant quil uint en une g. 43. Et P. |
lor oy P, a oi G. | anmi] parmi F, loing en M, en G. | le] un VGSM.
44. merueillous S. 45. fefdrecha P. ¦ l.] leus P, droit V, en F, de M.
46. Maintenant G. | la ou lot M, que il la G. 47. il uint a G. 48. V. vor
en M, Trueue V. 50. et] fehlt PS. 51. Totes PFA, Touz M. | de la M.
fu FG. 52. Ne lala M, Ne ua FGAS. | p. l.] plus l. F, mie lonc A, pas
gaires G, mie ml't PH, mie M. ¦ demorant GS. 53. chefe PHFASM. 54. li F,
foi G. | meifme FAS. 55. As quex A. | daus H. 56. Et] Lors PHG, Il S,
fehlt A. | dift PFS. | au F, que le A. | le fera G, fe tanra HF, aidera P;
M: De la part au lyon fera. 57. Quas A, Car a S, Qua nul M. | urimeus S,
enuious P, mauues M. | et a] ne a HM, ne as A, na S. 58. on PHASM.
59. enuious P. 60. la goule P.

Tant eft de felenie plains.   [3355

Por ce panfe mes fire Yvains

Qu'il l'ocirra premieremant.

L'efpee tret et vient avant

3365   Et met l'efcu devant fa face,

Que la flame mal ne li face,

Que il gitoit parmi la gole

Qui plus eftoit lee d'une ole.

Se li lions aprés l'afaut,

3370   La bataille ne li refaut.

Mes que que l'an avaingne aprés,

Eidier li voudra il adés;

Que pitiez le femont et prie

Qu'il face fecors et aïe

3375   A la befte jantil et franche.

A l'efpee qui foef tranche

Va le felon ferpant requerre,

Si le tranche jufqu'an la terre

Et an deus mitiez le tronçone,

3380   Fiert et refiert et tant l'an done

Que tot le demince et depiece.

Mes il li covint une piece

Tranchier de la coe au lion

Por la tefte au ferpant felon

3385   Qui par la coe le tenoit;

3362. Che fe p. *PGAS*, Ce fapenfa *F*, Si fapenfa *M*. **64.** Sefpee *H*.
trete v. *V*; Lors t. l'e. *FGAS,M*(f'e.). | uint *H*, ua *FG*, met *S*; *M*: . . main-
tenant. **65.** Son efcu met *FGAM*, S. e. par *S*. **67.** giete *M*. **68.** que o. *S*
69. Et fe *F*. | lui faut *S*, le rafaut *F*. **70.** De la *P*. | ne] pas ne *HFGAM*
de lui ne *S* (li *fehlt*). | faut *PHFGASM*. **71.** Mes] *fehlt A*. | que] quoi *PS*.
q.] quil *PHF*, que il *AM*. | l'an] *fehlt M*, en *PF*. **72.** Le lion aidera *A*. | il
tot *V*. | apres *S*. **73.** Car *FASM*. | li *HFAM*, len *PGS*. **74.** f. et] le lion *A*
75. j.] foef *V*. **76.** Lors a *V*. | fefpee *HAM*. | f.] bien *V*; *P*: A l'e. fourbie
et blanche. **77.** Va (uelt *A*) vor req. *FGASM*. | ferp. *radirt A*. **78.** Tot *A*.
li *G*. | trencha *FS*. | iufquanz *H*, iufqua *M*, iufques *PAS*. | la] en *PAS*
enz *H*. **79.** Quen d. *A*(—1), Et lune moitie *M*. | an] les *PH*. | retr. *PHM*
80. t. li *FM*. **81.** Que treftout *M*. | le d.] les menbres *A*. | d.] lamenufe *P*
troncone *G*, porfent *V*, lefmie *M*. | et] li *A*. | defpiece *V*. **82.** couient
HGAM, eftuet *S*; *P*: M. de le keue une pieche. **83.** *P*: Li couuint tren-
chier du leon. **85.** *P*: Qui engoulee li auoit.

Tant con tranchier an covenoit [2380.
An trancha, qu'onques mains ne pot.
Quant le lion delivré ot,
Cuida qu'a lui le covenist
3390 Conbatre et que for lui venist;
Mes il ne le fe panfa onques.
Oez que fift li lions donques!
Il fist que frans et deboneire,
Que il li comança a feire
3395 Sanblant que a lui fe randoit,
Et fes piez joinz li eftandoit
Et vers terre ancline fa chiere,
S'eftut for les deus piez derriere
Et puis fi fe ragenoilloit
3400 Et tote fa face moilloit
De lermes par humilité.
Mes fire Yvains par verité
Set que li lions l'an mercie
Et que devant lui f'umilie
3405 Por le ferpant qu'il avoit mort
Et lui delivré de la mort,
Si li pleft mout cefte avanture.
Por le venin et por l'ordure
Del ferpant effuie f'efpee,
3410 Si l'a el fuerre rebotee,

3386 (*fehlt P*). T. que *AM*. | len *AS*. **87**. Sen *A*, Len *P*. | c'o.] du *A*, au *M*. | mais *P*. | nen *S*, que il *AM*. **89**. Si c. *H*. | qua l. li *PF*, que lui li *S*, que il li *M*, quil li *H*. **90**. que fus li *PH*, qua lui *AM*(—1). | li *VPHS*. **91**. M. uoir il *S* (fe *fehlt*). | fen apenfa *AM*, la fapenfa *F*. **92**. Oiez *PFGAS*. | f. *vor* d. *A*. **93**. Ce *V*, Com *HFGASM*. | q.] com *AM*. | f.] preuz *H*. **94**. Quil *V*, Car *S*, Com *HAM*. | li] *fehlt V*, le *S*, en *G*. ¦ c. tantoft *V*. **95**. rendroit *P*. **96**. Que *H*, Quar *M*. ¦ fes .ii. *V*. | j.] *fehlt V*, ius *M*. **97**. Enuers *F*, Vers *V*. | t.] lui *G*. | enclinoit *G*, enclinee *V*; *P*: Puis fe ua uers tere fichier. **98**. Seftoit *V*, Si feftut *H*, Si feftuet *P*, Et eft. *G*. | fus *M*, defor *A*. | les] *fehlt P*, fes *HM*. | deus *fehlt HGA*. | derrier *P*. **99**. por *HG*, de *M*, fot de *F* (uerte). **403**. S.] *fehlt F*, Voit *VM*. | le *HGM*, ml't len *F*. **4**. que *fehlt FGSM*. | d.] enuers *GA*. | fi f'u. *FGSM*. *Danach interpolirt M*: Et le mercie ml't tres fort. **5. 6** *fehlen FGAS*. **5**. que il a *H*. **6**. *fehlt M*. **7**. plot *F*. | cele *V*. **9**. reffuie *V*. | lefpee *G*. **10**. Et *A*. l'a] lara *FG*, puis *A*. | en fon f. *M*. | botee *FGM*, la b. *A*.

Puis ſi ſe remet a la voie.   [3405.
Et li lions lez lui coſtoie;
Que ja mes ne ſ'an partira,
Toz jorz mes avuec lui ira;
3415   Que ſervir et garder le viaut.
Devant a la voie ſ'aquiaut—
Tant qu'il ſanti deſoz le vant,
Si com il ſ'an aloit devant,
Beſtes ſauvages an paſture,
3420   Si le ſemont ſains et nature
D'aler an proie et de chacier
Por ſa vitaille porchacier;
Ce viaut nature qu'il le face.
Un petit ſ'eſt mis an la trace
3425   Tant que ſon ſeignor a moſtré
Qu'il a ſanti et ancontré
Vant et fier de ſauvage beſte.
Lors le regarde, ſi ſ'areſte,
Que il le viaut ſervir an gre;
3430   Car ancontre ſa volanté
Ne voudroit aler nule part.
Et cil parçoit a ſon eſgart
Qu'il li moſtre que il l'atant.
Bien l'aparçoit et bien l'antant
3435   Que ſ'il remaint il remandra,
Et ſe il le ſiut il prandra

3411 (*fehlt M*). Et *A.* | ſi] *fehlt P.* | remet il *P*, met toſt *GAS.*
12. ſi le c. *M, der danach interpolirt*: qui en ſon cuer a ml't grant ioie.
13. Ne *M.* | le guerpira *G.*   **14.** Mais toz *A*, Treſtoz les *V* (que il uiura).
m. *fehlt G.* | auecques *G*, o *A.* | ſera *PM.*   **15—84** *fehlen V.*   **15.** Car *A.*
17. Si *HA.* | deſus *M.*   **18.** en *HF, fehlt A.* | aloient auant *A.*   **21.** et de]
por *A.*   **22.** Et de *FG.* | uiande *M*; *A*: P. querre ſa proie et ch.   **23.** Si
GM. | que il *HFASM.*   **24.** ſa *F*, ſe *AS.* | miſt *S*, met *A.*   **25.** qua *PHGAM.*
26 (*in F hinter* 3422, *aber zurückgerufen*).   **28.** et ſi *HS.*   **29.** Car *PAM*,
Et *F.* | ſil *S*, ſi *FGA.* | lauoit ſerui *G.* | a *PA.*   **30.** Que *PFGA*, Qui *S.*
31. uoloit *HG*, uelt il *M.* | cele *F.*   **32.** Ce *A*, Si *M* (cil *fehlt*). | aper-
choit *P* (a *fehlt*), paroit bien *M*, uoit b. *G*, uit b. *FS*, uit il b. *A.* | regart
GAM.   **33.** Tant *FGAS.* | lentent *FG*, atent *P.*   **34.** B.] mlt' bien *vor*
et *F.* | aparcoit *FAS.* | b.] *fehlt F*, ſi *A.* | entent *FAS.*   **36.** Et *fehlt GA.* |
ſil *FS*, ſi *PA* (il *fehlt*). | le *fehlt M.* | ſiuſt *H*, ne ſiut *A*, ſiet *P*, ueult *M.* |
il le *FGAS*, il li *M*, que il *P.* | perdra *A.*

La veneiſon qu'il a ſantie.   [3431.
Lors le ſemont et ſi l'eſcrie
Auſi com uns brachez feïſt.
3440 Et li lions maintenant miſt
Le nes au vant qu'il ot ſanti,
Ne ne li ot de rien manti;
Qu'il n'ot pas une archiee alee,
Quant il vit an une valee
3445 Tot ſeul paſturer un chevruel.
Ceſtui prandra il ja ſon vuel,
Et il ſi fiſt au premier ſaut,
Puis ſi an but le ſanc tot chaut.
Quant ocis l'ot, ſi le gita
3450 Sor ſon dos et ſi l'an porta
Tant que devant ſon ſeignor vint,
Qui puis an grant chierté le tint   [3446.
[Et a lui a pris conpaignie
A treſtoz les jorz de ſa uie]
3455 Por la grant amor qu'an lui ot.   [3447.
Ja ſu pres de nuit, ſi li plot
Qu'ilueques ſe herbergeroit
Et del chevruel eſcorcheroit
Tant com il an voudroit mangier.
3460 Lors le comance a eſcorchier,
Le cuir li ſant deſor la coſte,
De la longe un lardé li oſte

3438. le *fehlt* A(—1). | ſe li crie A. **39.** Si A. | come S. | u.] *fehlt* S, un PF, a un A. ¡ brachet PFAS, brochez G. **41.** que il ſ. S, pour le ſentir M. **42.** Et F, Quar M. | uolt M. | de mot G, noiant F. | mentir M. **43.** Que G, Il P. | liue AM. | alee *vor* une G. **44.** Que M, Deuant lui F. | il vit] deuant GA. **45.** Vit FGA. | ſol *vor* un G. | paſturant P. | cheurel HG. **46.** Celui HGA. | ja] a PSM. **47.** fiſt] ot P; H: Si fiſt il . . aſaut. **48.** Et ſi HF, Et puis S. ¡ boit P. **49.** lot oc. S, beu ot A. | ſi] puis F. **50.** Sus M. | col FASM. | et] *fehlt* PA. | ſi] puis M. | le GM, *fehlt* S. | emporta P, laporta S, aporta A. **52.** Et H. | plus M. | a F. **53. 54** *fehlen* PHM. **55.** qua F, quil G. | i ſot G. **56.** Dont M. | ſe H. **57.** Que il. A (ſe *fehlt*), Que ileuc PGM. | herbegeroient A. **58.** le HAM, ſon G. | eſcorcheroient A, detrencheroit G. **59.** T. que A. **60.** L. comenca A. **61.** deſus HM; A: Si ſ. le c. ſelonc leſcorce. **62.** De la longne P, Del coſte G. | lardel P, lardon AS, lart M(—1). | li] en AM.

Et tret le feu d'un chaillo bis,   [3455
Si l'a de feche bufche efpris
3465 Et met an une broche an roft
Son lardé cuire au feu mout toft,
Sel rofti tant que toz fu cuiz.
Mes del mangier fu nus deduiz;
Qu'il n'i ot pain ne vin ne fel,
3470 Ne nape ne coutel ne el.
Que qu'il manja, devant lui jut
Ses lions, qu'onques ne fe mut,
Ainz l'a tot adés regardé
Tant que il ot de fon lardé
3475 Tant mangié que il n'an pot plus.
Del chevruel tot le foreplus
Manja li lions jufqu'as os.
Et cil tint fon chief a repos
Tote la nuit for fon efcu
3480 A tel repos come ce fu;
Et li lions ot tant de fans
Qu'il veilla et fu an efpans
Del cheval garder, qui peiffoit
L'erbe qui petit l'angreiffoit.

3463. fift *A.* | de *A.* | chaillot *H*, caillaus *A*, charbon *P.* | uis *P.*
64. Puis la de *AS*, Sa de la *P.* | bufche feche *HM.* | pris *P.*   **65**. **66**
fehlen P.   **65**. Puis mift *H.*   **66**. lardon *SM.* | c. au f.] met cuire *A.*
en roft *S.*   **67**. **68** *fehlen S.*   **67**. Si *P*, Et *A.* | roftift *H*, roft *A*(—1). |
que il fu *HA*, quil fu touz *GM.* | cuit *M.*   **68**. au m. *M.* | not nul *M*,
ne fu *H* (nus *fehlt*). | delis *F*, delit *M.*   **69**. Que il ni ot ne p. ne fel *PG.*
71. Tant *FS*, Quant *PGA.* | com *F*, il *GA.*   **72**. Sen lion *P*, Le lyon *M.*
onques *PAM*, que ainc *F.* | fen muit *P.*   **73**. Ancois *F* (tot *fehlt*). | lot *G.*
efgarde *G.*   **74**. Quant *G.* | quil *PHAS*, il *G.* | a *FS.* | pris tant du *P*, des
flans del *GA*, du flanc du *S*, de fon gras *H.* | cofte *G.*   **75**. Et t. m. *P*,
Mangie t. *GA.* | que il] quil *P*, come il *G.* | n'an] *fehlt G*(—1), ne *F.* |
uoft *H.*   **76**. Et del *HM.* | treftout le *PS*, le *H.* | fousplus *P*, fourplus
SM,A(—1).   **77**. jus] tant *G.* | ques *M.*   **78**. il *PHSM.* | mift *A.* | an *HGM.*
80. tele aife *G.*   **81**. mania *A.* | apens *S*, enpens *A*; *M*: Que il eftoit a
grant efp.   **84**. Lerbe menue qui croiffoit *A.*

3485 AU matin f'an revont anfanble   [3477.
   Et itel vie, ce me fanble,
   Com il orent la nuit menee,
   Ont anfanble andui demenee
   Pres treftote cele femainne
3490 Tant qu'avanture a la fontainne
   Defoz le pin les amena.
   La por un pò ne forfena
   Mes fire Yvains autre foiiee
   Quant la fontainne ot aprochiee
3495 Et le perron et la chapele.
   Mil foiz las et dolanz f'apele
   Et chiet pafmez, tant fu dolanz;
   Et f'efpee qui fu colanz
   Chiet del fuerre, fi li apointe
3500 As mailles del hauberc la pointe
   An droit le col pres de la joe.
   N'i a maille qui ne defcloe,
   Et l'efpee del col li tranche
   La pel defoz la maille blanche

3485. Au main f. alerent *H*, Einfi al. *V* (ce me famble). | .. enfemble fen uont *M*. **86.** Et *fehlt A*. | autel *PF*, atel *S*, tel *A*. | uie mainne *A*; *V*: Il et li leons tot enfamble; *M*: Autre effoine quife ni ont. **87. 88** *fehlen VP*. **87.** nuit] deuant *S*. | eue *G*; *A*: Ont cele n. andui menee; *M*: Ainz errent toute la iournee. **88.** Ont enfamble andui demenee *F*; O. and. enf. tenue *G*; O. enf. la nuit paffe *S*; Et foir et main et a uefpree *M*, Quil orent fait lautre v. *A*, Remenerent a la v. *H*. **89.** Pres] Puis *FG*, Et puis *ASM*, Et pres que *H*, Jufque bien pres *V*, Menerent *P*. | tres *fehlt PH,S*(—1), treftote *fehlt V*. | cele] icele *G*, une *H*, dune *V*, la *PASM*. | quinzaine *PH*. **90.** T. quil uinrent *FGASM*. **91.** Defeur *P*, Et defoz *G*. | la les *A*. | mena *GA*; *M*: .. enmi le ual, *der nun interpolirt*: La ou abati du cheual. Meff. K. voufift ou non. Prefent le roy et fi baron. Defouz le pin fi farefta. **92.** Las *H*, Lors *M*, La uoie' *FGAS*. | par *PHFG*. | un] *nur V*. | ne forfena *V*, ne fe forfena *PM*, ne reforfena *H*, nefraga *FA*, nen raia *G*, nenraga *S*. **93.** cele f. *H*. **94.** ot] *vor* fa font. *S*, a *HAM*. ●6. las et caitif *FM*, las dolereus *G*. | fe claime *P* (*ohne Reim*). **97.** Et fet *S*. | ml't fu *M*. **98.** ert *H*. **99.** C. a tere *F*. | et fi ap. *V*(—1). **500.** As] Es *HSM*. | fa *S*; *A*: La u la uentaille eft defiointe. **1.** Enpres *HS*, Pres *V*. | dou *V*. | col^o *V*, uis *A*. | entor la *V*, folonc la *F*. **2.** nule *A*, cofe *F*. | quil *P*. | nen *S*. **3.** de col *A*, defor *G*. **4.** La char *PFGASM*.

3505 Si qu'ele an fiſt le ſanc cheoir.   [3497.

Li lions cuide mort veoir

Son conpaignon et ſon ſeignor.

Ainz de rien nule duel greignor

N'oïſtes conter ne retreire,

3510 Qu'il comança tantoſt a ſeire!

Il ſe devoutre et grate et crie

Et a talant que il ſ'ocie

De l'eſpee don li eſt vis

Que ſon ſeignor avoit ocis.

3515 A ſes danz l'eſpee li oſte

Et ſor un fuſt giſant l'acoſte

Et derrier a un tronc l'apuie,

Qu'ele ne ganchiſſe ne fuie

Quant il i hurtera del piz.

3520 Ja fuſt ſes voloirs aconpliz

Quant cil de paſmeiſons revint,

Et li lions ſon cors retint

Qui a la mort toz acorſez

Coroit come pors aorſez

3525 Qui ne prant garde ou il ſe fiere.

3505. Tant *PFGASM*. | quil *PHAS*, que *G*. | le ſ.] *vor* en ſ. *G*, du
ſ. *PG*. | uit *A*. | paroir *V*. **6.** cuida *PS*. **7.** Sen boin ami *P*. **8.** Onc
(Ainc *M*) mes de rien not duel g. *GM*, Onques de nule riens g. *V*, Onques
de rien not duel g. *S*, O. tel dol not ne gr. *A*, Einz de rien not ire g. *H*,
Or not il ainc mais dol g. *F*. **9. 10** *fehlen M, stellt um H*. **9** (*fehlt S*). Noi
tel *H*. | parler *G*; *F*: Nainc noiſtes tel dol ret. **10.** Com il en *FGA*, Car il
en *S*, Que il en *P*. | tantoſt] *fehlt PFGAS*, tel duel *H*; *S interpolirt dar-
nach*: Tel duel con ne porroit reſaire. **11.** Il ſe] Quil *HF*, Si ſe *VM*, Et
ſe *S*. | uoultre *M*(—1), deiete *FS*, detort *PH*. | et] *fehlt VF*. | gr.] bret *GM*.
12. Si *S*. | ſa *PHG*, ſet *M*. | ſemblant *M*. **13.** d.] quil *HFS*, qui *A*, que *M*. |
eſt maris *P*. **14.** Qui *PFA*, Quelle *S*, Quil *H*. | ait ſon boen *HS*, a ſon
b. *PFA*. | auoit] *fehlt PHFAS*, eſtoit *V*, ſe ſoit *M*. **16.** fus *M*, par deles *A*. |
giſ.] *fehlt A*, ſi bien *M*. | ſacoſte *A*. **17.** Et puis *P*. | derriers *HGS*. | a]
fehlt P,*M*(—1). | ſuſt *PFG*. **18.** Quil *M*(*H*). | ne ne *M*; *H*: Quil a peor
quel ne ſan ſ. **19.** i] ſi *S*, la *M*. | puis *M*. **21.** il *M*. | paſmeiſon *A*. | re-
vint *vor* de p. *FG*. **22.** Lors *G*. | li l. *ans Ende FG*. | ſon cop *S* (detint), *M*,
ſ. coup *nach* retint *G*, ſi ſe r. *P*, ſe contretint *A*; *V*: Qui puis en grant
cherte le tint. **23.** Car *V*. | eſcorſez *H*, acheſmes *PGAS*, afilez *M*. **24.** Ve-
noit *G*, MI't toſt uait *F*. | com *F*. | pors] tous *P*. | acorſez *V*, eſſorbez *A*,
abrieuez *M*, ſorſeues *PH*. **25.** Quil *PS*.

Mes fire Yvains an tel meniere   [3518.
Dejofte le perron fe pafme,
Au revenir mout fort fe blafme
De l'an que trefpaffé avoit,
3530   Por quoi fa dame le haoit,
Et dit: „Que fet que ne fe tue
  Cift las qui joie f'eft tolue?
Que faz je, las, qui ne m'oci?
Comant puis je demorer ci
3535   Et veoir les chofes ma dame?
An mon cors por qu'arrefte m'ame?
Que fet ame an fi dolant cors?
S'ele f'an iert alee fors,
Ne feroit pas an tel martire.
3540   Haïr et blafmer et defpire
Me doi voir mout et je fi faz.
Qui pert la joie et le folaz
Par fon meffet et par fon tort,
Mout fe doit bien haïr de mort.
3545   Haïr et ocirre fe doit;
Et je, tant con nus ne me voit,
Por quoi m'efparng que ne me tu?
Don n'ai je ceft lion veü
Qui por moi a fi grant duel fet
3550   Qu'il fe voft m'efpee antrefet

3527. Deuant *H*, Decofte *PM*, Lez *V*. | la fontaine *V*. | pafma *VH*. **28.** m. fort] f. *fehlt VH*, forment *F*, fa uie *S*. | blafma *VH*. **29.** Del terme que paffe *FGS,A* (qui paffes eftoit). **30.** Por que *F*. **31.** que] quil *PM*, qui *S*, quant *H*. **32.** Cil *VHFAS*, Cheli *P* (las *fehlt*). | j. fa t. *FAS*, a j. perdue *M*. **33—62** *fehlen M*. **33.** que *PA*. **34.** os ie *G*, puiffe *A*. **35.** Ne *G*, Por *F*. **36.** p. coi arefte *A,P*(+1), p. c. remaint *HF*. | lame *PF*, ame *HA*. **37.** f. ele an fi las *V*(—1). **38.** Se ele an *H*, Sele en *G* (eftoit). | iert iffue *P*, fuft fui *A*(—1). **39.** Si f. pais *A*. | a *F*. | manire *A*. **40.** Et ml't blafmer et ml't defpire *P*. **41.** Me doit *P*, Se doit *G*. | ml't uoir *V*, io v. *FA*. | fi] li *P*. **42.** fa . . fon *H*. **43.** forfet *FG*. **44.** Il *V*, Bien *S*. | b.] uoir *S*. **45.** Oc. et h. *G*(—1). **46.** je] ia *A*, dont *P*. | t. c.] tant dis c. *V*, tant que *A*, puis que *P*, cuit q. *G*. | nus hom nel v. *A*, il me loift *V*. **47.** P. q. mefpreng *P*, P. q. uic tant *S*, P. q. me plaing *A*, Que faz ie las *V*. | et que fais tu *A*. **48.** Dont *VPFA*, Donc *H*. | ai *A*. | ce *H*, cel *V*. **49.** tel dolor f. *F*. **50.** Que il *F*, Car il *V*, Qui *A*. | voft] uolt *HGS*, ueut *P*, uoloit *VFA*. | mefpee] *fehlt VF*, treftot *A* (t. a net).

10*

Parmi le cors el piz boter?   [3543.
Et je doi la mort redoter
Qui a duel ai joie changiee?
De moi f'eſt la joie eſtrangiee —
3555   Joie? La ques? N'an dirai plus;
Que ce ne porroit dire nus, .
S'ai demandee grant oiſeuſe.´
Des joies fu la plus joieuſe
Cele qui m'iert aſeüree;
3560   Mes mout par m'ot corte duree.
Et qui ce pert par ſon meſſet,
N'eſt droiz que buene avanture et."
Q UE que il einſi ſe demante,
Une cheitive, une dolante
3565   Eſtoit an la chapele ancloſe,
Si vit et oï cele choſe
Par le mur qui eſtoit crevez.
Maintenant qu'il fu relevez
De paſmeiſon, ſi l'apela.
3570   „Deus"! fet ele, „cui oi ge la?
Qui eſt qui ſe demante ſi?"
Et cil li reſpont: „Et vos, qui?"
„Je ſui", fet ele, „une cheitive,
La plus dolante riens qui vive."
3575   Et cil reſpont: „Tes, fole riens!

3551. Meſpee F, Leſpie V. | P.] en F(—1). | le pis el cors PAS, ſon
p. el c. G, le cors V, ſon cors F.   **52.** doi ie S, | refuſer P.   **53.** ai ioie
a ire G, ai ma ioie a d. H, ai ioie a d. P(—1).   **54.** ſa F. | lamors A,
amors S, leeſce H.   **55—58** fehlen V.   **55.** J. uoire G, J. ce A(—1), Et
tuit ſolaz H. | ne GA; P: Mais orendroit nen dirai plus.   **56.** Car A. | diroit
iamais n. A.   **57.** Si ai demande G, Or ai ie dit trop A.   **58.** De ioie PGS, |
ert F, uient S.   **59.** aſauoree A, abandonee F.   **60.** ml't] ele V. | par] fehlt
VPHG. | ot HA. | tres c. G, petite PH.   **61.** Qui pert ioie V. | p. ce F. |
forfet FAS.   **63.** Quoi P, De F. | cil HSM. | guermente M; A: Entremetiers
quil ſe d.   **64.** ml't dol. A.   **66.** Et P, Qui HFGASM. | ceſt PHGASM.
68. Tantoſt com il F.   **69.** paſmiſons PHFASM.   **70.** qui PGASM, que HF.
uoi ie H, eſt ce PFGASM.   **71.** eſt ce qui guermente M; V: . . ſe ua de-
mentant und interpolirt Qui ſi a le ſien cuer dolant.   **72.** il li PASM,
ele F. Danach interpolirt V: Dites le moi uoſtre merci.   **73.** dit V.   **74.** r. q.]
qui or M.   **75.** Et il PAS, Cil li H, Il li G, Et li F, Cil M.   tu es ſ. M.

Tes diaus eſt joie et tes maus biens   [3568.
Anvers le mien don ge languis.
Tant con li hon a plus apris
A delit et a joie vivre,
3580 Plus le deſvoie et plus l'enivre
Diaus, quant il l'a, que un autre home;
Uns foibles hon porte la ſome
Par us et par acoſtumance,
Qu'uns autre de greignor puiſſance
3585 Ne porteroit por nule rien."
„Certes", ſet ele, „je ſai bien
Que c'eſt parole tote voire;
Mes por ce ne ſet mie a croire
Que vos aiiez plus mal de moi;
3590 Et por ce mie ne le croi,
Qu'il m'eſt avis que vos poez
Aler quel part que vos volez,
Et je ſui ci anpriſonee,
Si m'eſt tes ſaeiſons donee
3595 Que demain ſerai ceanz priſe
Et livree a mortel juïſe."
„Ha, Deus!" ſet il, „por quel forſet?"
„Sire", ſet ele, „ja Deus n'et
De l'ame de mon cors merci

3576. Tex *II*, Le tien *M.* | diaus] maus *VFGAS*, mal *M.* | eſt] et *M.*
ieus *F.* | et] *fehlt PHFSM.* | tex *II*, ſi *GAS*, *fehlt M.* | maus] m. eſt *F*, eſt
HGAS, eſt et *M.* **77. 78** *fehlen PS.* **77.** les max *H.* **79.** En . . en *M.* |
d.] honor *V.* | joie a *G*; *P*: Qui a grant ioie te fait uiure. **80.** Tant *A.* | le]
ſe *P.* | et *fehlt F.* | ſenyure *P*, lempire *A.* **81.** Des *M*, Doel *VG*, De *HS.*
quant il a *M*, quanquil a *HS.* | plus cun *AM.* **82.** Li *H.* | hon] *fehlt M.* |
la] grant *FGAS*, plus g. *M.* **83.** Plus (*st.* Par l'us) *A.* **84.** Cun qui eſt *M*,
Que uns hom *V*, Q' autres *P.* | plus grant *H.* **85.** Nel *A.* **86.** Par foi *PHFASM.* |
iel *HGM*, cou *S.* **87.** la p. *M.* | ceſte p. eſt bien *FGAS*, ce eſt fine
choſe et *V.* **88.** M. ice *F*, M. ceſte *G*, Et ce *A*,*M*(—ı). | refet *A.* | mie]
arme *P*; *S*: Et quele fait bien a c. **89. 90** *fehlen V.* **89.** Q. nus hom
ait *A.* | que *M.* **90.** Ice m. ne uous otroi *S.* **93.** ci] ſi *F*, ore *P.*
94. tele *PS*, itels *V.* | ſaeſons *H*, faïſons *F*, facons *V*, liuroiſon(s) *GAM*,
raiſon *S*, ſaiſon *P.* **95.** Q. io ſerai d. *F*, Q. ie ſ. a d. *M.* | ci *FGAS*,
fehlt M. | repriſe *GAS.* **97.** deus *fehlt G* (il et). | par *PAM.* | coi *S.*
98. S. cheualiers *PHFAS.*

3600 Se je l'ai mie defervi! [3592.
Et neporquant je vos dirai
Le voir, que ja n'an mantirai,
Por quoi fui ceanz an prifon:
L'an m'apele de traïfon
3605 Se je ne truis qui me defande
Que l'an demain ne m'arde ou pande."
„Or primes", fet il, „puis je dire
Que li miens diaus et la moie ire
A la voftre dolor paffee;
3610 Qu'eftre porriiez delivree
Par cui que foit de ceft peril.
Don ne porroit ce eftre?" „Oïl.
Mes je ne fai ancor par cui.
Il ne font el monde que dui
3615 Qui ofaffent por moi defandre
Vers trois homes bataille anprandre."
„Comant, por Deu, font il donc troi?"
„Oïl, fire, a la moie foi.
Troi font qui traïtre me claimment."
3620 „Et qui font cil qui tant vos aimment,
Don li uns fi hardiz feroit
Qu'a trois conbatre f'oferoit
Por vos fauver et garantir?"
„Je le vos dirai fanz mantir:

3601. nonp. *VF.* | je] fi *HGSM.* **2.** Ja v. *A, fehlt V.* | q. ja] ne uos *A.* | n'an] en *A,* de mot n. *V.* **3.** que *F,* ce *H.* | ie fui *PFGASM.* | c.] *vor* fui *H;* ci *PFGASM.* **4.** On *PAS,* Quan *H.* **5.** Se] Et *A,* Ne *HSM,* Que *F.* | nen *S.* | me] men *PHFA.* **6.** Que d. on *P,* Que on d. *S,* Quen d. *V,* Que ie d. *M.* | ne mocie *V,* nen arde *M.* **7.** Au *A.* | puiffe *A.* **8.** Q' ma *V.* | d.] mals *G,* dolors *V.* **9.** d.] deuant *M.* **10.** Eftre *V.* | porroiz bien *GS.* **11.** qui *PHFGSM.* **12.** En *A,* Dont *VPF,* Donc *HS.* | puet il bien eftre *G.* | cil *H.* **14.** Quil *V.* | nen *FAM.* | al m. *F,* en m. *M,* ancore *H.* **15.** of.] lofaffent *S,* fen ofaft *P.* | por moi] bataille *F,* uers trois *A.* | enprandre *HFGSM.* **16.** Bat. a trois h. *H,* B. a trois chl'rs *P,* B. contre t. *M,* La b. vers t. *G,* La b. et a tr. *S,* Cefte b. ne *A,* Por moi encontre tr. *F.* | prendre *P,* deffandre *HFSM,* enfemble *G.* **17.** C. fait il *PFGAS,* font il *M.* **18.** O. fait ele *F.* | en la *PGA,* en *F.* **20.** tant] fi *S.* **21.** fi] tant *P.* **22.** Qui contre trois *AM,* Que as t. *S,* Qua trois armes *P,* Qua trois homes *FG.* | fe combatroit *PFGAM,* fe combateroit *S.* **23.** vos garder *GA.* **24.** Jel *A* (ia fens). | Je vos os dire *G.*

3625 Li uns eſt mes ſire Gauvains   [3617.
     Et li autre mes ſire Yvains
     Por cui demain ſerai a tort
     Livree a martire de mort.“
     „Por cui?“ ſet il, „qu'avez vos dit?“
3630 „Sire, ſe Damedeus m'aït,
     Por le fil au roi Uriien.“
     „Or vos ai antandue bien,
     Mes vos n'i morroiz ja ſanz lui.
     Je meïſmes cil Yvains ſui
3635 Por cui vos eſtes an eſfroi;
     Et vos eſtes cele, ce croi,
     Qui an la ſale me gardaſtes,
     Ma vie et mon cors me ſauvaſtes
     Antre les deus portes colanz
3640 Ou ge fui panſis et dolanz
     Et angoiſſeus et antrepris.
     Morz i eüſſe eſté ou pris
     Se ne ſuſt voſtre buene aïe.
     Or me dites, ma douce amie:
3645 Qui ſont cil qui de traïſon
     Vos apelent et an priſon
     Vos ont ancloſe an ceſt reclus?“
     „Sire, nel vos celerai plus
     Dés qu'il vos pleſt que jel vos die.
3650 Voirs eſt que je ne me ſains mie
     De vos eidier an buene ſoi.
     Par l'amoneſtement de moi

3625. Lun en eſt monſ. *M.*   **27.** Par *A.* | d.] *vor* a t. *VA, fehlt F* (liuree a).   **28.** Demain *F.* | m. et a m. *PM.*   **29.** qui *F,* qoi *V,* le quel *H.* | lauez *HA.* | uos *fehlt H.*   **30.** S. ſe dex et ſois *S,* S. fait ele ſe d. *PAM*(+1). **31.** fil le *PGS.*   **32.** entendu ml't *A.*   **33.** Ne *P.* | vos *fehlt SM.* | maures *A.* | ja] mie *SM,* mes *G.*   **34.** meiſme ſire .y. *A.*   **35.** quoy *M.*   **36.** ce] ie *P.*   **37.** me ſaluaſtes *G.*   **38** (*fehlt S ohne Ersatz*). Et ma *V.* | me] *fehlt V,M*(—1), mi *H.*   **40.** Ou] Lau *P.* | ge fui] giere *G.*   **41.** Et] Maſſ (*so*) *F.*   **42.** ou] et *HFS.*   **44.** d. ne me celez mie *V*(+1).   **45.** Quil`*S,* Ou *F.* | cil ſont *H.* **47.** ont et *H.* | reclos *V,* miſe *PM*(—1), mis ci *G.* | ceſt *fehlt H.* | renclus *AS.* **48.** Amis *G.* | ne *PFG.*   **49.** Dus *V,* Puis *P.* | qui *S,* que *VM.* | v. pl.] uolez *V.* | ie *PFAM.* | vos] le *M.*   **50.** Voir *A.* | men *F.* | nel uous celerai mie *M.*   **51.** Que uos aidai *M.* | an] a *PFG.* | mi *P.*

Ma dame a feignor vos reçut,   [3645.
Mon los et mon confoil an crut;

3655 Et, par la fainte Paternoftre,
(Plus por fon preu que por le voftre
Le cuidai feire et cuit ancore,
Itant vos an reconois ore)
S'enor et voftre volanté

3660 Porquis, fe Deus me doint fanté!
Mes quant ç'avint que vos eüftes
L'an trefpaffé que vos deüftes
Revenir a ma dame ça,
Ma dame a moi fe correça

3665 Et mout fe tint a deceüe
De ce qu'ele m'avoit creüe.
Et quant ce fot li fenefchaus,
Uns tel, uns ferre, uns defleaus
Qui grant anvie me portoit

3670 Por ce que ma dame creoit
Moi plus que lui de maint afeire,
Si vit bien que il pooit feire
Antre moi et li grant corroz.
An plainne cort et oiant toz

3675 M'amift que por vos l'oi traïe.
Et je n'oi confoil ne aïe
Fors que moi fole qui favoie

3653. retint *A*, teni *P*. **54.** an tint *A*, crei *P*. **55.** P. la faintifme *S*.
56. por fonor .. la *V*. | noftre *A*. **57.** Bien *M*. | ancor *HF*. **58.** Et
tant *M*, Encor le *G*, Enfi le *S*. | an *fehlt GS*. | or *HF*. **59. 60** *fehlen V*.
59. Biax fire *FA*. **60.** Par cui *A*, Pour qui *M*. | vous d. *M*. **61.** q.] por *S*.
che uint *PFGM*, ce fu *A*, ce ueut *S*. | q. vos *fehlt S*(—2). **62.** Tr. ce
que *A*. **63.** Rev. *vor* ça *V*. **64.** Tantoft *H*. | a m.] lors *M*. **67.** le *M*. |
fot] ot *S*, uit *V*. **68.** .I. *M*, Li *S*. | forz *V*, faus *S*, felon *M*. | uns] *fehlt*
VHSM. | lerre] lerres *VSM*, traitres *H*. | uns] *fehlt HFAM*, li *S*. | defl.]
mortax *H*. **69.** Qui] Si *P*. **70.** De *G*. | mamoit *S*. **71.** Moi] Lui *P*,
Ml't *F*. | quautrui *P*. | dun grant *F*. **72.** Lors *V*, Sil *S*. | fot *GASM*,
penfa *F*. | bien *fehlt FM*. | que or *M*, cor *H*, pour quoi *P*. | porroit *HFGSM*. |
il f. *HM*. **73.** lui *PG*. | grans *FS*. **74** (*doppelt in A*). et] dift *F*. | (oiant *A¹*),
uoiant *PA²*, ueant *H*, deuant *V*. **75.** Me mift *VP*, Me dift *GASM*, *fehlt F*. |
que] fus *P*. | lai *AM*, lauoie *F*. **76.** confort *S*, fecors *V*. | ni *S*. **77.** que]
de *H*, *fehlt FGAS*. | bien f. *FGAS*, difoie *H*.

Qu'onques vers ma dame n'avoie   [3670.
Traïson feite ne panfee,
3680 Si refpondi com effreee ⸮ⸯ
Tot maintenant fanz confoil prandre
Que je m'an feroie defandre
Par un chevalier contre trois."
Onques cil ne fu fi. cortois   ⟩ⸯⸯ
3685 Que il le deignaft refufer,
Ne refortir ne reüfer
Ne me lut por rien qu'avenift.
Einfi a parole me prift,
Si me covint d'un chevalier
3690 Ancontre trois gage baillier
Par refpit de quarante jorz.
Puis ai efté a maintes corz;
A la cort le roi Artu fui,
N'i trovai confoil de nelui,
3695 Ne ne trovai qui me deïft
De vos chofe qui me feïft;
Car il n'an favoient noveles."
„Et mes fire Gauvains chaeles,
Li frans, li douz, ou iert il donques?
3700 A f'aïe ne failli onques
Dameifele defconfeilliee,
Que ne li fuft apareilliee."
„Se je a cort trové l'eüffe,
Ja requerre ne li feüffe

3678. f.] quife *V*, dite *M*. **80.** Sire por deu *H*. | come *S*, li *A*. | non
fenee *V*, deruee *S*. **82.** Dis *H*. | me *GA*. **83.** Dun ch. anc. *H*. **84.** O.] *nach*
fu *F*, Et *G*. | ne fu cil *H*. | fi] tant *FASM*, pas tant *G*. **85.** Que il me *G*,
Quil le me *F*, Cunques li *A*. | uoufift *V*. **86.** Nonques *F*. | repentir *G*, efcon-
dire *M*. | reuerfer *A*, efconfer *P*, tanfer *F*, faufer *M*. **87** (*fehlt M*). man *HFS*. |
poi *H*, vaut *P*. **88.** a occoifon *S*; *M*: Mes des le premier mot me prift.
u. interpolirt Tout ainfi com lauoie dit. **89.** Et *G*, Lors *A*. | un *V*, al *FS*.
90. Mon gage contre tr. *GA*. | a bail. *H*. **91.** Et par *H*. | .xxx. *H*, .lx. *FS*.
92. a] en *PHFASM*. **93** (*wiederholt A*). En *A*. | al *F*. | artur *VP*.
94. Ne *P*. | de] en *H*. **95.** Ne ni t. *HFG*, Ni autrefi *M*. **96.** moi *F*.
97. Que *G*. | nouele *S*. **98.** ch.] feur bele *S*. **99.** Li biaux li preuz *G*,
Li preus li frans *AS*, Li fr. li p. *M*. | eft il *M*, eftoit *PG*. **702.** Quil *FM*;
H: Cil me feïft ioiant et liee. **3.** Sire fa *S*. **4.** requife ne li euiffe *S*.

3705   Rien nule qui me fuſt veeé;   [3697
        Mes la reïne an a menee
        Uns chevaliers, ce me diſt l'an,
        Don li rois fiſt que fors del ſan
        Quant aprés lui l'an anvoia.

3710   Je cuit que Keus la convoia
        Juſqu'au chevalier qui l'an mainne,
        S'an eſt antrez an mout grant painne
        Mes ſire Gauvains qui la quiert.
        Ja mes nul jor a ſejor n'iert

3715   Juſqu'a tant qu'il l'avra trovee.
        Tote la verité provee
        Vos ai de m'avanture dite.
        Demain morrai de mort deſpite,
        Si ſerai arſe ſanz reſpit

3720   Por mal de vos et por deſpit."
        Et il reſpont: „Ja Deu ne place
        Que l'an por moi nul mal vos face!
        Tant con je vive n'i morroiz!
        Demain atandre me porroiz

3725   Apareillié de ma puiſſance,
        De metre an voſtre delivrance
        Mon cors ſi con je le doi feire.
        Mes de conter ne de retreire
        As janz, qui je fui, ne vos chaille!

3730   Que qu'avaingne de la bataille,
        Gardez que l'an ne me conoiſſe!"
        „Certes, ſire, por nule angoiſſe

3705. me] li *V.* | q. onques fuſt uee *M*(+1). **6.** a] eſt *A.* **7.** diſt] dit *VHGSM.* | an *H,* on *M.* **8.** Dont li r. ot grant marriſon *M.* **9.** Q. il *F*(+1). | li *PHSM.* | l'an] li *P.* **10.** Si *FGAS,* Et *H,* Li *P.* | croi *V.* | kex ce cuit *H,* rois ie cuit *P.* **11.** Apres le ch. *P*(+1). | la maine *V.* **12.** Si eſt *M,* Si en eſt *F,* Sen eſt or *P.H.* | ent.] encor *F.* | m. gr.] grant *PH,* male *A. Mit dieſem Verſe ſchlieſſt M.* **14.** un ior *P.* | en repos *G.* **15.** Juſque *HGS,* Juques *P.* | qui *P,* que *V.* **16.** La u. tote *A.* **18.** De maint *G.* **19—24** *fehlen S.* **19.** Et *G.* **20.** cil *VA.* **22.** Qua uous pour *P.* | moi mal v. i *F.* **23.** Ja *PHG.* | que *PHGA.* | puiſe *HA.* | ne *G.* | morras *A.* **24.** porras *A.* **25.** de] lonc *HFGA.* **26.** Por *V.* | a *S, fehlt F* (vos a d.). **27.** Tot ainſi *F.* | come le *P.* **28.** et de *F.* **29.** As janz] *fehlt F* (onques ne), *vor* ne *P.* | ne me *V.* **31.** on *PA,* nus *V.* | mi *H.* **32.** Sire c. *H.*

Voftre non ne defcoverroie.
Einçois la mort an foferroie
3735 Des que vos le volez einfi.
Et neporquant je vos depri ͟   . ͗
Que ja por moi ne reveigniez.
Ne vuel pas que vos anpreigniez
Bataille fi tres feloneffe.
3740 Voftre merci de la promeffe
Que volantiers la feriiez,
Mes treftoz quites an foiiez!
Que miauz eft que je fole muire,
Que je les veïffe deduire
3745 De voftre mort et de la moie.
Ja por ce n'an efchaperoie
Quant il vos avroient ocis,
S'eft miauz que vos remeigniez vis,
Que nos i fuffiens mort andui."
3750 „Mout m'avez or dit grant enui,"
Fet mes fire Yvains, „douce amie!
Efpoir que vos ne volez mie
Eftre delivre de la mort,
Ou vos defpifiez le confort ͜
3755 Que je vos faz de vos eidier.
Ne quier or plus a vos pleidier;
-Que vos avez tant fet por moi,
Certes, que faillir ne vos doi
A nul befoing que vos aiiez.
3760 Bien fai que mout vos efmaiiez,

3734. La mort anchois *PHF.* **35.** Puis *PAS.* **36.** Sire n. *FGAS.* | ie]
ice *H.* | pri *HFGAS*, chafti *V.* **37. 38** *umgestellt S.* **37.** Ne *S.* | ia *fehlt V.* |
ni *HA.* | uos remegniez *V.* **38.** Car ne v. que *A.* **40.** Ml't grans mercis *A.*
41. Car ml't *A.* | le *FG*, uous la *P.* | feroiez *H*, ferieez *VA*, feriez *PFG*, fefiffies *S.*
43. Car *PFGS*, Et *A.* | uaut *V.*   **44.** le *A*, lor *S.* | deftruire *A.* **46.** Que
ia p. chou nefch. *P.*   **47.** Q. v. aueroient *A.* **48** remanez *F*, en ailliez *G.*
49. Que que *V.* | i] *fehlt VP.* | foions m. *F*, moriffions *GA.* | ambedui *P.*
50. aues *PHS.* | or dit] ore *P.* **51.** bele *HA*, chiere *P.* **52.** Mais e. *A.* |
que] *fehlt A*, ou *PHF.* **53.** deliuree *G*(+1). **55.** ie ferai de *A.* **56.** Nan *H*,
Je ne *G* (or *fehlt*). | a] de *P*; *V*: Or ne deuez uos pas p.; *S*: Ne uos quich or
plus pledoier. **57.** Car *A.* **58.** C.] *vor* f. *F, fehlt V* (Q. ia ior). **60.** m.] uos *FS.*

Mes, fe Deu pleſt an cui je croi,   [3753.
Il an feront boni tuit troi.
Or n'i a plus, que je m'an vois
Ou que foit logier an ceſt bois;
3765 Que d'oſtel pres ne fai ge point."
„Sire", fet ele, „Deus vos doint
Et buen oſtel et buene nuit
Et de chofe qui vos enuit
Si con je le defir vos gart!"
3770 Tantoſt mes fire Yvains ſan part
Et li lions toz jorz aprés,
S'ont tant alé qu'il vindrent pres
D'un fort recet a un baron,
Qui clos eſtoit tot anviron
3775 De mur efpés et fort et haut.
Li chaſtiaus ne cremoit afaut
De mangonel ne de perriere,
Qu'il eſtoit forz de grant meniere;
Mes fors des murs eſtoit ſi refe
3780 La place qu'il n'i ot remefe
An eſtant bofde ne meifon.
Affez an favroiz la reifon
Une autre foiz quant leus fera.
Tote la droite voie an va
3785 Mes fire Yvains vers le recet,
Et vaſlet faillent jufqu'a fet
Qui li ont le pont avalé,
Si li font a l'ancoutre alé.

3761. Car F. 63. car AS. | je] or A. 64. l.] looc S. | ce H, iceſt S,
chel PF. 65. Car AS. | del oſtel A (pr. fehlt). ni F. 67. chaſtel P. 69. Ainſi
V (le fehlt). | com il eſt poiſſans F. 70. Tantoſi] A tant FA, nach Y. H.
71. tos tans A. 72. S'o. fehlt G. | erre PA, alerent G. | qui aienent P, que
il uint V. 73. Dou GA. | chaſtel P. 76. doutoit G, criat nul A. 78. de]
a H. 79. del mur F. | res V. 80. Qen la p. ni ot remes V. 81. bordel S.
82. orroiz HS. laqueiſon FGAS. 83. U. fehlt A (l. en). 84. La plus d.
PH, La dame A, La droite GS. | fen PH, fehlt F. | .. tenue a GAS.
85. iufqual FS. | chaſtel P. 86. corent FGAS. | plus de FG; P: Et fet
ualles fort et iſnel. 87. 88 umgestellt P. 87. Si PFS. | li o. vor av. G. |
le] i. PHS. 88 (fehlt S). Si] Et F, fehlt PG. | li f. vor ale FG. | ont A. |
a l'anc.] encoutre F, tantoſt encontre P.

Mes del lion que venir voient [3781.
3790 Avuec lui duremant l'effroient,
Si li dïent que, f'il li pleft,
Son lion a la porte left,
Qu'il ne les afot ou ocie.
Et il refpont: „N'an parlez mie!
3795 Que ja n'i anterrai fanz lui.
Ou nos avrons oftel andui,
Ou je me remandrai ça fors;
Qu'autretant l'aim je con mon cors.
Et neporquant n'an dotez rien!
3800 Que je le garderai fi bien
Qu'eftre porroiz tot afeür."
Cil refpondent: „A buen eür!"
A tant font el chaftel antré
Et vont tant qu'il ont ancontré
3805 Chevaliers et dames uenanz
Et dameifeles avenanz
Qui le falüent et defçandent
Et a lui defarmer antandent,
Si li dïent: „Bien foiiez vos,
3810 Biaus fire, venuz antre nos!
Et Deus vos i doint demorer
Tant que vos an puiffiez torner
A grant joie et a grant enor!"
Des le plus haut jufqu'au menor
3815 Li font joie et formant f'an painnent,

3789. que v.] cauec lui *PFAS.* **90.** Avuec lui] Venir *P,* V. ml't *FS,*
Ml't *A.* | d.] ml't fort *G.* | fen *GA.* | effrcoient *A,* fe doutoient *P.* **91.** fe
VGAS. | lui *VGA.* **92.** S. l. *vor* left *A.* **93.** Que il nes *GA,* Que ne
les *V.* | afolt *FS,* afoft *H,* afout *G,* affole *V,* afront *A.* | et *HS,* ne *A.* **94.** Et
cil *V,* Il lor *AS.* | ne *A.* | doutez *VA.* **96.** l'o.] *vor* and. *A,* loftel *HGS, nach*
nos *A.* **97.** me] *fehlt PFGS.* | me r.] demouerai *A.* | dehors *PFGS.*
98. Caltant *FGS,* Que autant *P,* Car autant *A.* | laime *P(+1),* l'ame *A.* |
je] *fehlt PHA.* | come *PHFGS,* que *A.* **99.** 🔥 *fehlt A* (de r.) | ne *AS.*
800. Car *AS.* | ml't b. *AS.* **1.** Eftre *A.* | en p. *A,* en poez *V.* **2.** Il *G,*
Et cil *P(+1),V,* Ce foit *S.* | dient *V,* font il *S.* **4.** Si *V.* | que il o. troue *A.*
5. et *fehlt HG.* | v.] et fergenz *HG.* **7. 8 und 11—14 fehlen** *V.* **11.** fe-
jorner *H.* **12.** T. com *S.* | aler *A.* **13 fehlt P.* **14.** haut] *fehlt G(—1),* bas
GAS. | fignor *A,* greignor *HGS.* **15.** De fere grant i. *V.* | f'an] fe *V'AS.*

A grant joie el chaſtel le mainnent.   [380ᴇ

Et quant grant joie li ont ſeite,

Une dolors qui les deſheite ˥

Lor refet lor joie obliër,

3820 Si recomancent a criër

Et plorent et ſi ſ'eſgratinent.

Einſi mout longuemant ne finent

De joie feire et de plorer:

Joie por lor oſte enorer

3825 Font ſanz ce que talant n'an aient;

Car d'une avanture ſ'eſmaient

Qu'il atandent a l'andemain,

S'an ſont tuit ſeūr et certain

Qu'il l'avront ainz que midis ſoit.

3830 Mes ſire Yvains ſ'eſbaïſſoit

De ce que ſi ſovant chanjoient

Et duel et joie demenoient,

S'an miſt le ſeignor a reiſon

De l'oſtel et de la meiſon.

3835 „Por Deu,“ ſet il, „biaus, douz chiers ſire,

Ice pleiroit vos il a dire

Por quoi m'avez tant enoré

Et tant ſet joie et tant ploré?“

„Oïl, ſ'il vos vient a pleiſir;

3840 Mes le celer et le teiſir

3816. a loſtel *HFAS.* ¦ l'an *PHS.* **17.** Et] *fehlt A* (tel i. li orent). ¦ tant
g. *H.* ¦ grant] le *P.* **19.** Lors *G.* ¦ refet] ſont toſt *P.* ¦ lor] la *HFGS.*
20. plourer *PGS.* **21.** crient *PG.* ¦ m'l't et *F* (ſi *fehlt*). ¦ ſe gaimentent *G.*
22. Et e. l. *AS.* ¦ ſe tienent *A; G*: E. grant piece ſe dementent. **23.** De dol
A,S (—1). ¦ ne *A; G*: Lors releſſerent le p. **24.** l. o.] honte *S* (—1). **25.** t.]
parole *H.* ¦ n'an] en *PHFG.* **26** (*fehlt A ohne Ersatz*). Que *V*, Mes *G*,
Et *S.* **28.** Si *FS*, Car *A.* ¦ tuit ſ. *A.* **29.** auront *G.* ¦ q. demain *S.*
31. Por *V.* ¦ ſe chaingent *A.* **32.** Et] *fehlt GS*, Que *H*, Lor *A.* ¦ d. et puis
i. *G*, Joie et duel *S*, ioie et lor dol *A.* ¦ ſi ſe d. *S*, demainent *A* (—1).
33. met *V.* **34.** Del chaſtel et *PHS*, Qui hoſtes ert *F. Statt* **34**–**48** *hat*
P: Che ne porroit eſtre que duel. A nul ſuer ſait il ne lairoie. Que ie le
uerite nen oye. **35.** Et p. *FA*, La ſet il p. deu *G.* ¦ ſet li il *V.* ¦ d.] tres
tous *S.* ¦ ch.] *fehlt VFGAS.* **36.** Une choſe *V* (il *fehlt*, +1). ¦ vos pl. *PAS.*
37. P. c. uos *V*, Que uos *F.* ¦ tant] *fehlt V, vor* m'a. *PF.* **38.** Et *fehlt S.* ¦
ioie ſet *S*, ſerui *G.* ¦ et puis *H.* **39.** ſe *V.*

Devriiez miauz affez voloir. [3833.
Chofe qui vos face doloir
Ne vos dirai je ja mon vuel.
Leiffiez nos feire noftre duel,
3845 Si n'an metez ja rien au cuer!"
„Ce ne porroit eftre a nul fuer
Que je duel feire vos veïffe
Et je a mon cuer n'an meïffe;
Ainz le defir mout a favoir,
3850 Quel duel que je an doie avoir."
„Donc," fet il, „le vos dirai giè.
Mout m'a uns jaianz domagiè
Qui voloit que je li donaffe
Ma fille qui de biautè paffe
3855 Totes les puceles del monde.
Li fel jaianz cui Deus confonde
A non Harpins de la Montaingne,
Si n'a jor que del mien ne praingne
Tot quanque il an puet ataindre.
3860 Nus miauz de moi ne fe doit plaindre
Ne duel feire ne duel mener.
De duel devroie forfener,
Que fis fiz chevaliers avoie,
Plus biaus el monde ne favoie,
3865 Ses a toz fis li jaianz pris.
Veant moi a les deus ocis,

3841. Deueries *AS.* | m.] uos *HFS.* | af.] miez *S.* **42.** Quoir *G.* | me *A.* | feift *FAS.* **43.** Ce *G.* | raconterai *V.* | je *fehlt VFA.* | ja *fehlt VGS.* | de bon coer *FGAS.* **44. 45** *fehlen FGAS.* **45.** a cuer *H.* **46.** Ne *A.* **47.** uaufiffe *A.* **48.** Que io *FGAS,* Ne rien *H.* | en *A.* | ne *A.* **49.** Car le *P.* **50.** Quelque *HFG.* | mal *A,* ennui *G.* | que *fehlt F.* | ge i *V,* ien *HG,* ie *A,* en *F.* | deuffe *A.* **51.** Dont *VFA.* **52.** M. ma *vor* dom. *S.* | corecie *F,* fait damage *P (ohne Reim).* **53.** uaufift *A.* **55.** T. celes qui font el *GA.* **56.** que *PF.* **57.** herpins *G,* arpin *P.* **58.** Ja niert iorz *H,* Neft nus i. *PFGA,* Il neft i. *S.* | del m.] de moi ne *F,* ne me*P.* **59.** Treftout *PGA,* De *V.* | quanques *S,* quanquil *PA,* ce que *H.* | prendre *G.* **60.** Nus] *vor* pl. *H,* N. hom fors *G.* | m. de moi *vor* pl. *S.* | fen *GA.* **61. 62** *fehlen V.* **61.** ne] de *F.* | d. m.] demener *AS.* **63.** Car *A.* **64.** El m. pl. b. *GA.* **65.** Si les *FGAS* (fis *fehlt*). **66.** Et u. *GS,* Et deuant *F,* Et de *A.* | a les] en a *PH,* les a *S,* liez *G,* les *A(—1).* | deus *fehlt S.* | et pris *G.*

Et demain ocirra les quatre   [3859.
Se je ne truis qui f'oft conbatre
A lui por mes fiz delivrer,
3870 Ou fe ge ne li vuel livrer
Ma fille; et dit, quant il l'avra,
As plus vius garçons qu'il avra
An fa meifon et as plus orz
La liverra por lor deporz;
3875 Qu'il ne la deigneroit mes prandre.
A demain puis ceft duel atandre
Se Damedeus ne me confoille.
Et por ce n'eft mie mervoille,
Biaus fire chiers, fe nos plorons;
3880 Mes por vos tant con nos poons
Nos refforçons a la foiiec
De feire contenance liee;
Car fos eft qui prodome atret
Antor lui f'enor ne li fet;
3885 Et vos me refanblez prodome.
Or vos ai je tote la fome
Dite de noftre grant deftrefce.
N'an chaftel ne an forterefce
Ne nos a leiffié li jaianz
3890 Fors tant con nos avons ceanz.
Vos meïfmes bien le veïftes

3868. je *fehlt A.* | home qui *A.* | f'oft] *fehlt A*, uoift *S*, falt *F*, fan *H*, fe *G.* | conbate *HG.* **69.** Se uaufi[ft] por aus d. *A.* **71.** dift *FAS, fehlt H*(—1). **72.** Qas *FGS.* | pl. v.] poiors *V.* | faura *PH*, a *S*(—1). **73. 74** *umgestellt.* *A.* **73.** Et as plus uils *V.* | forz *G.* **74.** lor] fes *P.* **75.** Car il *F.* | deueroit *A*, defire *P.* | mes] *fehlt F*, mie *A*(+1). **76.** ce *H.* **77.** d.] dix ou vous *P.* | men *PH*, nos *F.* **78.** neft ce pas *V.* **79.** B. ch. f. *A*, B. douz f. *G.* | poomes *S.* **80.** portant come *A.* | poomes *S.* **81.** renf. *S*, efforcons *V*, refaifons *A*, confortons *F*, reconfortons a la fye *P.* **83.** Que *HG.* | faus *F*, fel *S.* | fet *G.* | quantor lui *G.* **84.** Preudome *G.* **85.** fenbles bien *S.* **86.** en ai *HGS.* | je] *fehlt PHFGAS.* | t.] treftoutp *PF*, dit tote *A*, dite *HS.* **87.** De nos et *A*, Sire *H.* | n.] ma tres *F.* | gr. *fehlt A.* | triftreche *PA*; *S*: Et contee noftre deft. **88.** En *F*, Ne en *S* (fortreffe). **89.** Que ne nos toille *A.* **90.** t. que *S*, cou que *A.* | uos uees *FG*, il en a *H.* **9L 92** *fehlen V.* **91.** la hors poiftes *G*, ueoir p. *FAS*; *P*: Vous et enfement bien v.

Anuit ſe garde vos preïſtes, [3884.
Qu'il n'a leiſſié vaillant un oeſ
Fors de cez murs qui ſont tuit nueſ,
3895 Ainz a treſtot le borc plené.
Quant ce qu'il voſt an ot mené,
Si miſt el remenant le feu.
Einſi m'a fet maint mauvés geu."

MES ſire Yvains tot eſcouta
3900 Quanque ſes oſtes li conta,
Et quant treſtot eſcouté ot,
Si li rediſt ce que lui plot.
„Sire", fet il, „de voſtre enui
Mout iriez et mout dolanz ſui;
3905 Mes d'une choſe me mervoil
Que vos n'an avez pris conſoil
A la cort le buen roi Artu.
Nus hon n'eſt de ſi grant vertu
Qu'a ſa cort ne poïſt trover
3910 Teus qui voudroient eſprover
Lor vertu ancontre la ſoe."
Et lors li deſcuevre et deſnoe
Li riches hon que il eüſt
Buene aïe, ſe il feüſt
3915 Ou trover mon ſeignor Gauvain.
„Cil ne le preïſt mie an vain,
Que ma fame eſt ſa ſuer germainne;

3892. Senuit *H*, Veoir ſe *G*, La fors ſe *A*. | uos an p. *H*. **93.** Car *V*. |
qui uaille *A*. | o.] es *H*. **94.** Dehors *GS*. | des *A* (cez *fehlt*). | ces *H*, les *G*,
ceſt mur *F*. | qui ſont tout *S*, qui tout ſont *P*, qui toſt ſont *F*, q. ſ. treſtot *A*,
q. ſ. remes *H*. **95.** le b. treſtot *S*. | plane *VPFAS*. **96.** Q. ce que *G*,
Quanque il *V*, Quanquil *A*. | uolt *GS*, ualt *FA*, pot *V*. | a *VF*, a tot *A*. |
porte *FG*. **97.** Si i *S*, Et *V*, Sa *A*. | mis *A*. | eſraument *S*. **98** (*in H*
von 2. *Hand auf leer gelassener Stelle*). ſelon *PHFS*. **900.** Et quant *F*.
l. conte li ot *G*. **2.** redit *V*, ra dit *F*, diſt *A*. | que] quil *P*, quanque *F*. |
lui] li *P*, il *F*, il li *A*. | ſot *F*. **3.** Biaus ſire chiers *A*. **4.** ir. et d. *AS*, dol.
et iriez *G*. | mout *fehlt GAS*; *V*: Me poiſe ml't et d. **5.** meſmerueil *AS*.
6. Se *PHG*. | quis *PHAS*. **7.** ſort roi *P*. **8.** Que nus eſt *V*. **9.** la *FGA*.
10. Tel *PF*. | uaurroit bien *P*. **11.** Sa u. enc. *P*, Lor proece contre *F*.
12. Lors ſi *F*, Lors *G*(—1), Et ml't *V*. | deſloie *P*. **16.** Icil *V*. | ne la *F*,
nel *V*, ne len *PH*. | pas *PHFG*. **17.** Car *FGA*.

Mes la fame le roi an mainne   [3910.
Uns chevaliers d'eftrange terre,
3920   Qui a la cort l'ala requerre.
Neporquant ja ne l'an eüft
Menee por rien qu'il feüft,
Ne fuft Keus qui anbricona
Le roi tant que il li bailla
3925   La reïne et mift an fa garde.
Cil fu fos et cele mufarde
Qui an fon conduit fe fia,
Et je fui cil qui ja i a
Trop grant domage et trop grant perte;
3930   Car ce eft chofe tote certe
Que mes fire Gauvains, li preuz,
Por fa niece et por fes neveuz
Fuft ça venuz grant alcüre
Se il feüft cefte avanture;
3935   Mes ne la fet, don trop me grieve,
Por po que li cuers ne m'an crieve;
Ainz eft alez aprés celui
Cui Deus doint et honte et enui,
Quant menee an a la reïne."
3940   Mes fire Yvains onques ne fine
De fofpirer quant ce antant;
De la pitié que il l'an prant

3918. Celui qui la roine *A.* | demaine *G.* **19.** Si *G.* | l'ala *vor* a la c. *FGS*; *A*(—1): Qui la uint de ml't r. **20.** Si lala a la c. *P.* **21.** Ne pour che *P.* **22.** Mene *P* (que il). | peuft *H.* **23.** Mes .k. *G.* | q. en enbr. *G,* q. tant en proia *S.* **24.** qui il *H,* d́uil *G.* | la li *G,* len *V.* | bailla] dona *FA,* carcha *S,* mena *V.* **26.** Si *G.* | fals *F.* | ele *A.* **27. 28** *fehlen P.* **27.** fenfia *A.* **28.** Sacies ie *A.* | refui *HS.* | icil *F.* | ia] or *G, fehlt HFAS.* **29.** Trop] *fehlt G*(—1), Ml't *V.* | et lede *V.* **30.** Que *HG,* Et *PF,* Sacies *A.* | cefte c. eft trop *A.* | certe] aperte *P.* **31.** li douls *V.* **32.** fa fuer *VG,* mere *A.* | neuouls *V.* **33.** ça] ci *V.* **34.** cele *V.* **35.** ne le *F,* il nel *H,* il ne *P,* nel *S,* ne *A,* nen *G.* | f. pas *FAS,* fe (= fai) point *G.* | d.] *fehlt F.* | tant *PHFGA.* **36.** A pou *FG,* Qua poi *S,* Que par po *H.* | que *fehlt H.* | me *HGA.* **37.** Il *S.* **38.** damedix *PH.* | t. et *fehlt PHA.* | h. et] h. et grant *A,* grant *PH.* **39.** Qui *FGAS.* **41.** Del *A.* | q. il ent. *G,* onques ne fine. De foufpirer quant il entent *A.* **42.** la grant *S.* | que il] quant il *A,* quil *S.* | l'an] en *GS,* li *F,* lemprent *V.*

Li refpont: „Biaus, douz fire chiers,   [3935.
Je me metroie volantiers
3945 An l'avanture et el peril
Se li jaianz et voftre fil
Venoient demain a tel ore
Que n'i face trop grant demore;
Car je ferai aillors que ci
3950 Demain a ore de midi
Si con je l'ai acreanté."
„Biaus fire, de la volanté
Vos merci ge," fet li prodon,
„Çant mile foiz an un randon."
3955 Et totes les janz de l'oftel
Redifoient tot autretel.

A tant vint d'une chanbre fors
La pucele, jante de cors
Et de face bele et pleifanz.
3960 Mout vint finple, mate et teifanz,
N'onques fes diaus ne prenoit fin,
Vers terre tint le chief anclin.
Et fa mere revint de cofte,
Que moftrer lor voloit lor ofte
3965 Li fire qui les ot mandees.
An lor mantiaus anvelopees
Vindrent por lor lermes covrir;
Et il lor comande a ovrir

3943. Puis fi refpont S, Lors refpondi A, Li refpondi F, Si refpondi G, Li dit V. | B. d.] biaus P(—1),FGAS, mes tres doz V. **44.** men PHS. **45.** auenture V. | en VG. **47.** Pooient uenir a V. **48.** Qui S. | ne G. | facent S, feiffe V. | t. g.] grant V, longe FG. **49.** Que PHF. **50.** lore G. **51.** Enfi A, *fehlt* G. | come PG. | creante PA. **52.** Sire de uoftre V. **53.** Vos en A. | je *fehlt* A, ce V. | dit V, dift A. **54.** Plus de .c. FG. **55. 56** *fehlen* V. **56.** Li red. aut. PH. **57.** Et quant A. | ift P. | de la c. A, la pucele S. **58.** Qui bele ert et S. **59.** facon HFGAS. | fimple et G, fim F(—1), bele A. | et *fehlt* P. **60.** M. fu P. | fimple et mue H, f. coie V, cele mate G, mate finple S, mate coie F. **61.** Conques PHA, Onques GS. | li prift A, paruint P. **62.** uint P. **63.** li uint en S, li uient en A. **64.** Car A, Qui S. | moft. *nach* vol. S. | lor (*auch* H)] la FG, le A, li PS. uiut a A. | fon PFGAS. **65.** ques auoit G. **67.** lor mantiax V. **68.** lor *fehlt* A. | comanda VGA. | a *fehlt* VG.

Lor mantiaus et les chiés lever [3961.
3970 Et dit: „Ne vos doit pas grever
Ce que je vos comant a feire;
Qu'un preudome mout deboneire
Nos a Deus et buene avanture
Ceanz doné, qui m'afeüre
3975 Qu'il fe conbatra au jaiant.
Or n'alez ja plus delaiant
(?) Qu'au pié ne l'an ailliez cheoir!"
„Ce ne me left ja Deus veoir!"
Fet mes fire Yvains maintenant,
3980 „Voir ne feroit pas avenant
Que au pié me venift la fuer
Mon feignor Gauvain a nul fuer
Ne fa niece. Deus m'an defande
Que orguiauz an moi tant defçande
3985 Que a mon pié venir les les!
Voir ja n'obliëroie mes
La honte que je an avroie;
Mes de ce buen gre lor favroie
Se eles fe reconfortoient
3990 Jufqu'a demain que eles voient
Se Deus les voudra confeillier.
Moi n'an covient il plus proiier,
Mes que li jaianz fi toft vaingne
Qu'aillors mantir ne me covaingne;

3969. Les *PHGAS.* | lor *F.* **70.** dift *G.* **71.** Que uos ai comande *G*, Quil comande uos ai *A.* **72.** Un *FG*, Ceft *A.* | prodome mout] ml't p. et *V*, franc home m. *HFGAS.* **74.** Chaiens tramis *P*, Ci amene *V*, Ca enuoie *A.* *Hier bricht F ab.* **76.** nen ales *PH*, ni alez *GS*, nalez pas *A.* **77.** Que len nailliez au p. ch. *V*, Einz len alez au p. c. *GAS.* **78.** me doint *G.* **80.** Ce *GA*, Car *S.* | mie *PHAS.* **81.** me uiegne a nul fuer *A.* **82.** De m. f. G. la fuer *A.* **83.** la n. d. nel confence *A.* **84.** Norgueil *G*, Corgueil *PHS*, Que tex orguiex *V.* | tant] *fehlt V*, t. ne *PHGS.* | feftenge *P*, feftande *H*; *A*: Que en mon cuer tant dorguel entre. **85.** mes pies *A.* | la *V*, le *A.* **86.** Certes *V*, Je *GA.* | ja] ic *P.* | ne lobl. *GA.* **87.** Ne la *A*, La grant *V.* | gen *V*, *fehlt A*(—1). **88.** de tant *A.* | b. g.] prier *G.* | uos *GAS.* **89.** Seles tant fe *GA.* **90.** que les uerroient *S.* **91.** uoudroit *V.* **92.** ne *HS.* couient *G*, eftuet *V*, eft *A.* pl. *fehlt G*(—1). point depr. *A.* **93.** a tens v. *A.*

3995 Que por rien je ne leiſſeroie   [3987.
Que demain a midi ne ſoie
Au plus grant aſeire por voir
Que je onques poïſſe avoir."
Einſi ne les viaut pas del tot
4000 Aſeürer; car an redot
Eſt que li jaianz ne veniſt
A tele ore que il poïſt
Venir a tans a la pucele
Qui eſt ancloſe an la chapele.
4005 Et neporquant tant lor promet
Qu'an buene eſperance les met.
Et tuit et totes l'an mercïent;
Qu'an ſa proeſce mout ſe fïent
Et mout cuident qu'il ſoit preudon
4010 Por la conpaignie au lion
Qui auſſi doucemant ſe giſt
Lez lui com uns aigniaus feïſt.
Por l'eſperance qu'an lui ont
Se confortent et joie ſont,
4015 N'onques puis duel ne demenerent.
Quant ore fu, ſi l'an menerent
Couchier an une chanbre clere,
Et la dameiſele et ſa mere
Furent andeus a ſon couchier;
4020 Qu'eles l'avoient ja mout chier,
Et cinc çanz tanz plus chier l'eüſſent
Se la corteiſie ſeüſſent

3995. je *vor* por *V*; *G*: Car demain p. r. ne leroie. **96.** Qua miedi dem. *A*, Que ie a midi droit *G*. **97.** A *AS*. **98.** ie peuſſe onques *PA*, ie quidaſſe o. *S*. **99.** le *A*. | uolt *HAS*. **4001.** Jert *S*. **2.** chele *PG*. **3.** chapele *A*. **4.** eſt *nach* encl. *V*, ert *HS*; *A*: Latent encloſe la pucele. **5—14** *fehlen V*. **5.** bien lor *G*. **8.** feſperance *H*. **9.** panſent *H*. **11.** belement *A*, ſimplement *P*. **12.** que .i. *A*. **15.** Onques *V*, Ne onq. . . menerent *A*. **16.** le men. *VG*. **17.** Dormir *V*. | ch. bele *P*. **18.** Et *fehlt V* (—1) | et la *A*. **19.** enſanble *A*. **20.** Car il l'a. ia m. *P*, Por ce que lau. ml't *G*, *P*. ce quil la. m. *A*, P. c. que m. la. *S*. **21.** cent mil *A*, cent mile *PHGS*. | fois *S*. | plus] *fehlt P*. | chier] *fehlt HGS*. | euſſent *G*. **22.** ſa *G*. | compeignie *G*, grant proece *V*.

Et la grant proefce de lui.   [4015.
Il et li lions anbedui
4025 Leanz jurent et repoferent,
Qu'autres janz gefir n'i oferent;
Ainz lor fermerent fi bien l'uis
Que il n'an porent iffir puis
Jufqu'au demain a l'ajorneç.
4030 Quant la chanbre fu deffermee,
Si fe leva et oï meffe
Et atandi por la promeffe
Qu'il lor ot feite jufqu'a prime.
Le feignor del chaftel meïfme
4035 Apele oiant toz, fi li dit:
„Sire, je n'ai plus de refpit,
Ainz m'an irai, fi ne vos poift;
Que plus demorer ne me loift.
Mes fachiez bien veraiemant
4040 Que volantiers et buenemant,
Se trop n'eüffe grant befoing
Et mes afeires ne fuft loing,
Demoraffe ancor une piece
Por les neveuz et por la niece
4045 Mon feignor Gauvain que j'aim mout!"
Treftoz li fans fremift et bout
A la pucele de peor,
Et a la dame et au feignor;
Tel peor ont qu'il ne f'an aut,

4023. cortoifie V. **24.** fes l. auec lui GS; A(—2): Et fis l. les lui.
25. Jur. le HG. **26.** Quautre A, Car autre V, Cauec aus G. | janz *fehlt V.*
noferent G. **27.** fremoient S. **28.** puiffent A. **29.** Al matinet A. | len-
iornee H. **30.** Que VA. **31.** Cil fatendi A. **32.** Et fi remeft A. | fa G,
lor V. **33.** Que il G, Que V. | auoit S. | fet GS; P: Quil ot jufqua leure
de prime. **35.** En mift a refon V. | fi a S. **36.** de loiffier A. **37.** Si m.
i. mais A. **38.** Car A, Ne G. **39** (*fehlt V,* vgl. **43**). M. ce S, Et PH.
uraiement S, chertainemant PH. **40** ff. *ordnet V so:* a) 40. b) 43. c) 41.
d) 42. e) 42ª. f) 44. **41. 42** *fehlen P.* **41.** neuiffent S. **43.** Encor dem. A;
V: D. ueraiement. (42ª) Auoec uos caiens .i. piece. **45.** cui S. **46.** Toz G.
li cuers H, mes fans A. | li fr. et G, el uantre H. **48.** Et] *fehlt PH.* | a
fon feignor P, au uauafor H. **49.** que V.

4050   Qu'il li voloient de fi haut   [4042.
Com il furent au pié venir,
Quant il lor prift a fovenir
Que lui ne fuft ne bel ne buen.
Lors li ofre a doner del fuen
4055   Li fire, f'il an viaut avoir,
Ou foit de terre ou foit d'avoir,
Mes qué ancor un po atande.
Et il refpont: „Deus m'an defande
Que je ja nule rien an aie!"
4060   Et la pucele qui f'efmaie
Comance formant a plorer,
Si li prie de demorer.
Come deftroite et angoiffeufe
Por la reïne glorieufe
4065   Del ciel et des anges li prie
Et por Deu qu'il ne f'an aut mie,
Ainz atande ancore un petit,
Et por fon oncle don il dit
Que il conoift et aimme et prife.
4070   Lors l'an eft mout granz pitiez prife
Quant il ot qu'ele fe reclaimme
De par celui que il plus aimme,
Et de par la dame des ciaus,
Et de par Deu qui eft li miaus

4050. Que *V*, Que il *PHAS*. | uaurrent *P*, uoftrent *HS*, ueullent *A*. **51.** ierent *PG*, eftoit *S*. | a pies *A*, as pies chair *P*. **52.** li *GA*; *H*: Mes il ne lo vout pas fofrir (2. *spätere Hand interpolirt auf leer gelaſſener Zeile*). **53.** Qua li ne *P*, Quil ne li *S*, Quil ne *A*(—1), Que il ne *G*, Que ne *V*. ' len feroit *V*. **54.** L. li prift a ofrir le f. *A*. **56.** ou f. auoir *G*, ou dautre a. *HAS*. **57.** kil *AS*. | remaingne *S*. **58.** cil *V*. | li dift *A*. | m'an] me *HGAS*. deffengne *S*. **59.** ia iou *S*. | riens nule en *P*, r. n. nen *H*, neent dou uoftre *G*. **60.** qui] ml't *GAS*. **61.** Si *GA*, Et *S*. | fort *GAS*, mout f. *PH*. **62.** Et *A*. **65.** Des angles et du chiel *P*. **66.** que *V*. | uoft *S*, uoift *P*. **68.** dont] que *HGA*. **69.** Que il] Quil le *H*, Quil *S*(—1). | conoift et a.] c. a. *P*(—1), conoift et loe *H*, aime (laimme *A*) et conoift *GAS*. **70.** Si *H*. **71.** Q. elle *S*. | que ele fe cl. *V*. **72.** le non *G*, lome *PHA*. | quele *H*, qui il *S*. | tant *A*, ml't *S*. **73. 74** *fehlen V*. **73.** de] *fehlt PH,S*(—1). | royne *PH*. | du chiel *P*. **74.** Et *fehlt H*. | deu] li *H*. | li miex *GS*, le miel *P*, fes fius *A*, li moiax *H*.

4075   Et la douçors de piëté.   [4067.

      D'angoiſſe a un ſofpir gité,

      Que por le reaume de Tarfe

      Ne voſiſt que cele fuſt arfe

      Que il avoit afeüree.

4080   Sa vie avroit corte duree,

      Ou il iſtroit toz vis del fans

      S'il n'i pooit venir a tans;

      Et d'autre part an grant deſtrefce

      Le detient la granz jantillefce

4085   Mon ſeignor Gauvain, ſon ami,

      Que por po ne li fant par mi

      Li cuers quant demorer ne puet.

      Neporquant ancor ne ſe muet,

      Einçois demore et ſi atant

4090   Tant que li jaianz vint batant

      Qui les chevaliers amenoit;

      Et a ſon col un pel tenoit

      Grant et quarré, agu devant,

      Don les aloit fovant botant.

4095   Et il n'avoient pas veſtu

      De robe vaillant un feſtu

      Fors chemiſes fales et ordes,

      S'avoient bien liiez de cordes

      Les piez et les mains, ſi feoient

4100   Sor quatre roncins qui clochoient,

4075. Et de la d. de pitie *P*, Et de d. et de pitie *G*; *V*: Sen a eu ml't grant pite. **76.** Lors en *G*, L. ſi *A*. | jetie *PG*. | **77.** Car por tot *A*(+1). | toute lonnor *S*. | carfe *H*. **78.** uaurroit *PHGA*. | ele *A*. **79.** Qui *V*, Cele quil ot *S*. **80.** Same en *V*. **81.** Ou il en iſſiroit *V*. **82.** Se *V*. **83.** Et *fehlt A*. | a grant *V*, en tel *P*, eſt en grant *A*, autre *H*. **84.** retient *PHAS*. **86.** Que] *fehlt G*; Ca' paines *P*. | par *HG*. | que ne li *G*, quil ne *A*. | part p. mi *H*, eſt parti *G*. **87.** Ses c. *A*, Le cuer *G*. | qui *A*. | ni *P*. **89.** et *fehlt V*. **90.** T. con *S*. | uient *HG*. **91.** Les ch'rs quil *G*. **92.** Et *fehlt S*. | un p. *vor* ten. *H*, un grant p. *S*. **93.** Gros *PGS*. **94.** Si les *V*. | boufoit *H*, batoit *PG*, ua *AS*. | ml't fouuent *PH*, toz dis *V*. | b.] *fehlt PH*, batant *VS*, durement *G*. **95.** Et ſi *V*, Ke il *A*, Ne il *GS*. **96.** robes *P*. **98.** Et orent *S*, Seſtoient fort *A*. | lie *VG*. **99.** et] *fehlt G* (ſes conduifoient). | ſi] et *P*. **4100.** roncis *A*, gingles *P*. | trotoient *AS*.

Foibles et megres et redois. [4093.
Chevauchant vienent lez un bois,
Et uns nains come boz anflez
Les ot coe a coe noez,
4105 Ses aloit coſtoiant toz quatre,
N'onques ne les finoit de batre
D'une corgiee a quatre neuz,
Don mout cuidoit feire que preuz;
Si les batoit ſi qu'il feignoient;
4110 Einſi vilmant les amenoient
Antre le jaiant et le nain.
Devant la porte anmi un plain
S'areſte li jaianz et crie
Au preudome que il deffie
4115 Ses fiz de mort, ſ'il ne li baille
Sa fille, et a ſa garçonaille
La liverra a jaeliſe;
Car il ne l'ainme tant ne priſe
Qu'an li ſe deignaſt avillier.
4120 De garçons avra un millier
Avuec li ſovant et menu,
Qui feront poeilleus et nu
Tel con ribaut et torchepot
Qui tuit i metront lor eſcot.

4101. Foible et megre V(—2), Meigres et foibles H. | ridois V. 2. uinrent PHS. | lez le b. PHS, iufeau dois G. 3. Uns n. fel H. | come bous S, bochus et P. 4. ot] fiert A, fieut V. | c. a c. anoes S, ml't pres apres n. G, de corgies noues S. 5. Si les coftioit treftous q. P. 6. Onques HS. | fina H; V: Si nes finoit onq. de b.; A: Si les aloit fouuent debatre. 7. Dunes H, Des P. | efcorgiee V, corgiees H, corgies P. | .vi. H, .vii. G(—1), .xv. AS, plufeurs P. 9. Ses S, Les H. | batoient G. | ſi] fehlt GA. | que V, que il G, que tuit HAS. | feignent G. 10. Et ml't A. | demenoient A, en amoinent G. 12. le pl. S. 14. riche home V. | quil le G. 15. Ses quatre f. V (de mort fehlt). | ſ'il] fi (= ſ'i) P, ſe V. 16. et a] a G(—1), por V, der interpolirt: Car ne la degneroit mes prendre. A ſes garcons la ſera rendre. 17. a gaelliſe S, ad iaeheliſſe A(+1); VG: Si la menront en a (a G) gaalife (gaelife G); P: La le meteroit a effille. 18. Quil .. ne ne G. 19. Quen lui V, Qua li A, Que il fen G. | aprochier P. 20. Des V. 21. lui HG; A(—1): A. li erent fouent. 22. et lent A. 23. 24 fehlen V. 23. Tix PG, Si H. | r.] garchons P. | torchepos P, torkepos S, toquepot A. 24. Que t. HS, Kaſcuns i metra fon A. | efcos PS.

4125 Por po que li preudon n'efrage   [4117.
      Quant ot celui qui a putage
      Dit que fa fille liverra,
      Ou tantoft fi qu'il le verra
      Seront ocis fi quatre fil;
4130 S'a tel deftrefce come cil
      Qui miauz f'ameroit morz que vis.
      Sovant fe claimme las cheitis
      Et plore formant et fofpire.
      Et lors li ancomance a dire
4135 Mes fire Yvains li frans, li douz:
      „Sire, mout eft fel et eftouz
      Cil jaianz qui la fors f'orguelle;
      Mes ja Deus ce fofrir ne vuelle
      Qu'il et pooir an voftre fille!
4140 Mout la defpift et mout l'aville.
      Trop feroit granz mefavanture
      Se fi tres bele criature
      Et de fi haut parage nee
      Iert a garçons abandonee.
4145 Ça mes armes et mon cheval!
      Et feites le pont treire aval,
      Si m'an leiffiez outre paffer!
      L'un an covandra ja verfer,
      Ou moi ou lui, ne fai le quel.
4150 Se je le felon, le cruël,

4125. Por] Par *HGS*, A *P*. | nerrage *V*, nenrage *HG*. **26.** Qui *HA*,
celui ot *A*, il entent *V*, fa fille *G*. | que a *V*, qua *G*(—1). **27.** Dift *P*.
que *fehlt A*. | li liuera *A*, li metra *H*, metera *P*. **28.** Or *P*, Et *VA*.
tantoft] que tantoft *G* (fi *fehlt*), orandroit *H*. | que il le *A*(+1), quel *H*
30. S'a] A *P*. **31.** Que *G*. **32.** Ml't *H*, Ml't fouuent *PGAS*. | claiment *P*.
l.] *fehlt PGAS*, dolanz *H*. **33.** Si *V*, Et fi *S*, Et ml't *G*. | f. et] ml'
et *A*(—1),*S*, et fouent *G*, et f. fi *P*. **34.** comencha *PGAS*. **35.** li fr
et *A*, con fr. et *H*. **36.** m. par eft or eft. *V*. **37.** la fors] forment *F*
38. ce] *vor* ne *V*, *vor* dex *G*, fi *P*. **39.** an] de *H*, feur *P*. **40.** defpi
PA, defpite *V*, honift *G*. **43.** Qui *G*. | fi tres haute gent *V*. | eft nee *G*
44. Fuft *S*, Eftoit *P*. | as *A*. | ab.] ia donee *P*. **46.** Si *GA*. | metre *AS*
47. Et *A*. | me *PGAS*. **48. 49** *fehlen V*. **48.** De nos .ii. *H*, Lui
ou lautre *G*. | uerroiz *G*. | ja *fehlt HGA*. | auerfer *A*, laffer *H*
laiffier *P*.

Qui fi vos va contraliant, [4143.
Pooie feire humeliant
Tant que voz fiz vos randift quites
Et les hontes qu'il vos a dites
4155 Vos venift ceanz amander,
Puis vos voudroie comander
A Deu, f'iroie an mon afeire."
Lors li vont fon cheval fors treîre
Et totes fes armes li baillent,
4160 De lui armer mout fe travaillent
Et bien et toft l'ont atorné.
A lui armer n'ont fejorné
Se tot le mains non que il porent.
Quant bien et bel atorné l'orent,
4165 Si n'i ot que de l'avaler
Le pont et del leiffier aler.
L'an li avale et il f'an ift;
Mes aprés lui ne remaffift
Li lions an nule meniere.
4170 Et cil qui font remés arriere
Le comandent au fauveor;
Car de lui ont mout grant peor
Que li maufez, li anemis,
Qui maint prodome avoit ocis
4175 Veant lor iauz anmi la place,
Autretel de lui ne reface;
Si prient Deu qu'il le defande
De mort, et vif et fain lor rande,

4151. 52 *umgestellt* G. 51. Q. ci H. | nos H. 52. Se le puis A.
53. quite P. 54. le P. | honte P, hōmes A. | qui P, que VA. | a] nos A.
dite P. 55. uenoit S. 56. Lors G, Ge V. 57. firai A. | a HS.
58. Puis G. | font GA. | fors *vor* f. ch. A. 60. A V, Et de G. | armer]
bien feruir H. | mout] *fehlt* G, bien P. 61. Et ml't toft lont bien GAS.
62. demore G. 63. Sa H, Si toft le mius quil onques A. 64. Q. la porte
ouerte li V. 65. ni a A. | ot mais q. daualer A. 66. et de l. VGS, fi le
laiffent A. 67. En HS, On P. 69. Ses VG. 70. q. remainent V. 72. Et
ont de lui V. 73—76 *fehlen* G. 74. mains homes V. | av. *vor* maint H.
75. Deuant A. 76. Cautretel P; Qautretel de celui ne face V, De l. tot
aut. ne f. A. 77. qui P, que V. 78. fain et v. GA, fauf et uif P. | le GS.

Et le jaiant li doint ocirre.   [417.

4180 Chafcuns fi com il le defirre
An prie Deu mout doucemant.
Et li jaianz mout fieremant
Vint vers lui, fi le menaça
Et dift: „Cil qui t'anvea ça

4185 Ne t'amoit mie par mes iauz!
Certes, il ne fe pooit miauz
De toi vangier an nule guife.
Mout a bien fa vanjance prife
De quanque tu li as meffet.‟

4190 „De neant es antrez an plet!‟
Fet cil qui ne le dote rien,
„Or fai ton miauz! et je le mien,
Que parole oifeufe me laffe.‟
Tantoft mes fire Yvains li paffe

4195 Cui tarde qu'il f'an foit partiz.
Ferir le va anmi le piz
Qu'il ot armé d'une pel d'ors.
Et li jaianz li vient le cors
De l'autre part atot fon pel.

4200 Anmi le piz li dona tel
Mes fire Yvains que la pel fauffe,
El fanc del cors an leu de fauffe
Le fer de la lance li moille;

4179. li let *V.*   **80.** Tot einfi com *V.* | ch.] *nach* come *H*, cil *V.*
fi] enfi *AS(V).* | il *fehlt H*, le *fehlt A.* | deuife *A.*   **81.** Sen prient *V*, S
prient *S*, Deprient *A.*   **82.** Et cil par fon fier hardemant *H.*   **83.** V. a *V.*
fi li (*fehlt G*) demanda *AS(G —1).*   **84.** dit *VHGAS.* | cil *fehlt AS.* | c
tenueia *G*, ta enuoie ca *AS.*   **86.** fen *A.* | pooit] poift *HG*, peuft *S*
88. Bien en a fa *A.* | iouftife *G.*   **89.** fourfait *PH.*   **90.** Por *A.* | an] el *F*
91. cil] .Y. *GAS.* | nel *HAS*, ne *G.* | de rien *H.*   **92.** Or *fehlt A*, Mes *V.*
m. ie ferai *A.*   **93.** Tes paroles *P(+1)*, Les paroles *A*, Et p. *G.* | ufeufe *A*
oifeufes *P*, doifeufe *G.* | me *fehlt GA(S).* | laiffe *PGA(S)*; *S*: Et huimais le
ramprofnes laife.   **94.** Et *G.* | m. f. Y.] uers le gaiant *S.* | feflaiffe *PS*, *G*(—1
fe laiffe *A.*   **95.** Qui *G*, Quil *AS.* | tart eft *V*, garde *A.* | f'an] en *V*; *P*: E
de che li feft d.   **96.** Feriz *G.*   **97.** piax *P.* | dorfe *G.*   **98.** reuient *G*, reuin
PAS, li mut *H.* | la corfe *G.*   **99.** fon] un *VGAS*, le *P.*   **200.** li] len *A*
1. piax *HG.*   **2.** En *A.*   **3.** roelle *S.*

Et li jaianz del pel le roille [4196.

4205 Si que trestot ploiier le fet.

Mes sire Yvains l'espee tret

Don il savoit ferir granz cos.

Le jaiant a trové desclos

Qui an sa force se fioit

4210 Tant que armer ne se deignoit.

Et cil qui tint l'espee treite

Li a une anvaïe feite.

Del tranchant, non mie del plat,

Le fiert si que il li abat

4215 De la joe une charbonee.

Et cil li ra tele donee

Del pel que tot le fet brunchier

Jusque sor le col del destrier.

A cest cop li lions se creste,

4220 De son seignor eidier s'apreste,

Si faut par ire et par grant force,

S'aert et fant com une escorce

Sor le jaiant la pel velue,

Desoz la pel li a tolue

4225 Une grant piece de la hanche,

Les ners et les braons li tranche.

Et li jaianz li est estors,

Si bret et crie come uns tors;

Que mout l'a li lions grevé.

4230 A deus mains a le pel levé

Et cuide ferir, mes il faut.

4204. le pel *S*, de duel *P*. | li roelle *S*, les roulle *P*. **5.** Sel fiert si *S*, Si fort *H*. | tot *VH*. | embrunchier *V* (*vgl.* 17). **8.** Que le *V*. | a *fehlt VG*. | troua *V*. | des cox *P*, bien desclos *G*. **10.** Si *A*. | uoloit *H*. **11.** tient *A*. **13.** ne mie *G*. | de *A*. **14.** Le f. si bien quil *P*, Si le f. si quil *GS*, Tel li donne quil *A*. **15.** Del lardel *S*. **16.** il *HS*. | len a *A*, len ra *PHS*. | une *PHAS*. **17.** Si que *GAS*, Si quil *P*, Tel que *H*. | tot] trestot *AS,P* (*nach* fait). | fist *S*. | pronchier *S*, ambrunchier *HG*, ploier *A*. **18.** fus *AS*. | col] dos *P*. **19.** A ce c. *H*, Entretant *A*. **21.** Et *HAS*. | grant] *fehlt VG* (—1). **22.** Sache *G* (—1), Et ront *P*. | une *fehlt P* (—1). **24.** Si que d. *H* (la p. *fehlt*). | defor *AS*. **25.** Une partie *V*. **26.** le braon *PGS*. **27.** li] lor *P*. **28.** Qui *V*. | uns] *fehlt PHAS*. **29.** Car *G*. **30.** Le pel a a d. m. *H*. | puins *A*. | a] ot *P*. **31.** Si *V*.

Et li lions arriere faut,   [4224
Si pert fon cop et chiet an vain
Par delez mon feignor Yvain,
4235 Que l'un ne l'autre n'adefa.
Et mes fire Yvains antefa,
Si a deus cos antrelardez.
Einçois qu'il fe fuft regardez
Li ot au tranchant de l'efpee
4240 L'efpaule del bu defevree.
A l'autre cop foz la memele
Li bota tote l'alemele
De f'efpee parmi le foie.
Li jaianz chiet, la morz l'afproie;
4245 Et fe uns granz chaînes cheïft,
Ne cuit que tel effrois feïft
Que li jaianz fift au cheoir.
Ceft cop voftrent mout tuit veoir
Cil qui eftoient as creniaus.
4250 Lors i parut li plus ifniaus;
Car tuit corent a la cuiriee
Si con li chien qui ont chaciee
La befte tant que il l'ont prife.
Einfi corurent fanz feintife
4255 Tuit et totes par anhatine
La ou cil gift gole fovine.
Li fire meïfmes i cort

4232. Et] Car *HGS*. | en trauers *H*. 33. et paffe *G*. 38. Ain:
que il *PAS*, E. q. cil *H*. 39. fefpee *H*. 40. Tote l'e. *V*. | du bus *P*, d
cors *S*, *fehlt V*. | deffeure *H*. 42. Li a boutee *P*. | l'al.] en la boiele *A*
43. lefpee *PGA*. 44. lacroie *A*, le ploie *S*, laproche *P*. 45. Que funs g
ch. i ch. *A*. 46. croi *V*. ! que *fehlt PG*. | tel] graindre *H*, gregnor *PG*.
effroiz *VG*, effroi *A*, efcrois *P*. 47. Com *V*, *der danach einschiebt*: Li leon:
cuide mort ueoir. Son conpegnon et fon fegnor. 48. Iceft *V*, Ce *HG*
Cel *A*, Tel *S*, Le *P*. | uoudrent *V*, uaurrent *P*, uuelent *H*, uoloient *GAS*.
ml't *fehlt V*. | tuit] *fehlt GAS*, tot *hinter* veoir *V*. 49. De caus qui erent *A*.
creftiaus *PS*. 51--58 *fehlen V*. 51. Que *H*, Lors cor. tuit *G*. | criee *S*
52. Come *GA*. | chiens *HG*. | ont] a *HG*. 53. La uenifon *P*. | quil *P*, que
ele *G*. | l'ont] l'a *H*, eft *G*. 54. i keurent *P*, coroient *H*, corirent *A*
55. aatine *PAS*; *G*: La ou cil gift par aeftines. 56. fouines *G*.

[4250.

Et totes les janz de fa cort,

Cort i la fille, cort la mere.

4260 Or ont joie li quatre frere

Qui mout avoient mal fofert.

De mon feignor Yvain font cert

Qu'il nel porroient retenir

Por rien qui poïft avenir, ·

4265 Si li prïent de retorner

Por deduire et por fejorner

Tot maintenant que fet avra

Son afeire la ou il va.

Et il refpont qu'il ne les ofe

4270 Afeürer de nule chofe,

Qu'il ne fet mie deviner

S'il li doit bien ou mal finer;

Mes au feignor itant dift il

Qu'il voloit que fi quatre fil

4275 Et fa fille praingnent le nain,

S'aillent a mon feignor Gauvain

Quant il favront qu'il iert venuz,

Et comant il f'eft contenuz

Viaut que li foit dit et conté.

4280 Car por neant fet la bonté

Qui ne viaut qu'ele foit feüe.

Et cil dïent: „Ja n'iert teüe

4258. tote la gent *H.* | fa] la *GAS.* **59.** i] il *P, fehlt A.* la f.] fa f. *P,* fa mere *S.* | cort] c. i *A,* c. il *V*(+1), auec *P,* et *G*(—1),*S.* | la m.] fa m. *P,* fa fille *S.* **60.** Li .iiii. frere ont ioie fine *S.* **61.** m.] *vor* fof. *GA,* tant *V.* **62.** cert] ferf *P.* **63.** Que *V,* Mais il *P.* | ne *VPA.* | paurrent *P.* **64.** chofe q. puift *V; P:* .Y. pour riens qui auenift *P.* **65.** le *V.* | du *P.* | demorer *G.* **66.** dormir .. repofer *G.* **67. 68** *fehlen V.* **67.** que il *G.* | avra] a *P*(—1). **68.** Fet f. *G* (la *fehlt,* —1); *P:* Ailleurs en fon af. va. **69.** Et fi r. uoir *P,* Mes il lor dit *V.* | que ne les *V,* que il nes *GAS,* que il nofe *P.* **70.** por *A.* | cefte *H.* **71.** Quil] Il *PHA,* Nil *S,* Car il *G.* | mie] pas *G.* | deuenir *P,* adeuiner *V.* **72.** Si li P, Se il *G,* Sil *HAS.* | puet *PG,* porra *H.* | ou bien *AS.* | trouuer *S,* aler *G,* uenir *P.* **73.** dit *V.* **74.** Quil voloit] Q. uoldroit *G,* Que il ueut *VH.* **77.** eft *A.* **78.** fert *HS.* | combatus *A.* **79.** q. li] *vor* et *A,* quil li *PS,* que il *HG.* **80.** Que *PH.* | prant fa *H.* **81.** ne] *vor* foit *HA; P:* Quant nule fois ne iert feue. **82.** Et] *fehlt A.* | il *PGS.* | dirent *P.* | que ia *A.*

Cefte bontez; car n'eft pas droiz.   [1275.
Bien ferons quanque vos voudroiz;
4285 Mes dites nos que nos porrons
Dire quant devant lui vandrons.
De cui nos porrons nos loer
Quant nos ne vos favons nomer?"
Et il refpont: „Tant li porroiz
4290 Dire quant devant lui vandroiz
Que li Chevaliers au Lion
Vos dis que je avoie non.
Et avuec ce priier vos doi
Que vos li dites de par moi
4295 Qu'il me conoift bien et je lui,
Et fi ne fet qui je me fui.
De rien nule plus ne vos pri.
Or m'an eftuet aler de ci,
Et c'eft la riens qui plus m'efmaie
4300 Que je ci trop demoré n'aie;
Car ainz que midis foit paffez
Avrai aillors a feire affez
Se je i puis venir a ore."
Lors f'an part, que plus n'i demore.
4305 Mes einçois mout priié li ot
Li fire au plus bel que il pot
Que fes quatre fiz an menaft.
N'i ot nul qui ne fe penaft
De lui fervir fe il vofift,

4283. quil *HG*, que *P.* **84.** Nos *A.* | eft fet *G.* | ce que *HAS.*
85. M. or d. q. *G.* | nos] moi *P.* | poons *S*, dirons *P*; *H*: M. tant demander
nos uolons. **86.** Sire *PH.* | ferons *H.* **87.** nos nos poons loer *G.* **88.** Se
nos *HS*, Nons (*so*) *V.* | fauomes *V.* **89.** cil *V.* | li r. *H*(+1). | T.] uos *G*,
che *PAS.* **91.** le ch'r *G.* **92.** dit *V.* | quenfi auoie a *A*, que il auoit a *V.*
95. Av. ice *A.* | dire *VG.* **96.** cui *V*, or qui *P*, pas qui *A.* | je me] ie *PA*,
comme *S.* **97.** nule r. *GS.* **98.** Cor *H*, Il *A*, Quil *S.* | me *S.* | couuient
PGAS. **99.** Car *V*, Que *G.* | dont p. mefmai *G.* **300.** De ce q. *G.* | je
ci] *fehlt G*, ie *VP*, crieng que *S.* | t.] tant *G.* | nen aie *V*, ni aie *P*, ai *G.*
1. Qeinz q. miedis *A.* 2. aill.] *vor* af. *A.* 5. m. p.] deprie *V.* 6. fires *alle*
Hss. | au *fehlt H.* | quil *VGAS.* | fot *A.* 7. Quil *H.* 8. a *A*, auoit *S*,
euft *V.* | nul] cel *V.* | qui] *fehlt VS*, mout *P.* | fen *PGA.*

4310 Mes ne li plot ne ne li fift [4302.
Que nus li feïft conpaignie:
Seus lor a la place guerpie.
Et maintenant que il f'efmuet,
Tant con chevaus porter l'an puet
4315 S'an retorne vers la chapele.
La voie fu et droite et bele
Et il la fot mout bien tenir.
Mes ainz que il poïft venir
A la chapele an fu fors treite
4320 La dameifele et la rez feite,
Ou ele devoit eftre mife.
Treftote nue an fa chemife
Au feu liiee la tenoient
Cil qui a tort li ametoient
4325 Ce qu'ele onques panfé n'avoit.
Mes fire Yvains vient, fi la voit
Au feu ou an la viaut ruiier,
Et ce li dut mout enuiier.
Cortois ne fages ne feroit,
4330 Qui de rien nule an doteroit.
Voirs eft que mout li enuia,
Mes buene fiance an lui a
Que Deus et droiz li eideront

4310. li ne *PG*, lui ne *S*. | ne li (lui *G*) ne *PG*. **11.** portaft *G*.
12. Si *S*, Lors *G*. | la fille *A*; *P*: Lors fen ua la pl. a guerpie. **13.** Et]
Tout *P*. | maintenant] puis *G*. | il] il dilec *G*. | f'an m. *HS*, fe m. *A*.
14. con] que *P*. | lan] le *HGAS*. **15.** Sanz retorner *G*, En retournant *P*.
16. eft d. et ml't eft b. *A*, Va la v. qui ml't ert b. *G*, Que la v. iert ml't
dr. et b. *P*, Que ml't eftoit et d. et b. *H*. **17.** Que *G*, Que il *A*. | fot]
fet *P*, fauoit *A*; *H*: La uoie et bien la fot t. **18.** que il] q. il i *V*, quil i *PG*. |
puïft *V*. **19.** an *fehlt A*. **20.** rez] roy *P*; *S*: La pucele et la flambe atraite.
23. tenoit *S*. **24.** a grant tort *G*, a t. fus *PA*, defeure *V*. | metoient *VPG*, me-
toit *S*. **25.** Sus ce *A*. | quonques *A*, que p. onq. *V*. **26.** uint fe le uoit *A*,
bien le fauoit *GS*; *V*: Et cil refgarde fi la uoit, *M*: Et m. f. Y. fan uenoit.
27. ou] la *V*. | uiaut] doit *A*, deut *PS*. | ruer *VPHGA*, iugier *S*; *G*: Quen
la uoloit el feu ruer. **28.** Tot ce *H*, Se tou ne *S*. | mout] *fehlt S*,
forment *HA*. | greuer *H*, penfer (*so*) *A*. **30.** de riens nee *V*, nule rien *G*. |
an *fehlt A*. **32.** efperance *A*. | lui] ce *V*, dieu *P*. **33.** droiz] foiz *V*. |
aideroit *HA*.

Chriftian von Troyes II. Yvain. 12

Qui a ſa partie ſeront: [4326.
4335   An cez conpaignons mout ſe fie
       Et ſon lion ne rehet mie. \⁓ ·
       Vers la preſſe toz eſleiſſiez
       S'an va criant: „Leiſſiez, leiſſiez
       La dameiſele, janz mauveiſe!
4340   N'eſt droiz qu'an re ̃ne an forneiſe
       Soit miſe, que forfet ne l'a."·
       Et cil tantoſt que ça que la
       Se departent, ſi li font voie.
       Et lui eſt mout tart que il voie
4345   Des iauz celi que ſes cuers voit · ⅰ   ⅆ
       An quelque leu que ele ſoit;
       As iauz la quiert tant qu'il la trueve,
       Et met ſon cuer an tel eſprueve
       Qu'il le retient et ſi l'afrainne
4350   Si con l'an retient a grant painne
       A fort frain le cheval tirant.
       Et neporquant an ſoſpirant
       La regarde mout volantiers,
       Mes ne fet mie ſi antiers
4355   Ses ſoſpirs que l'an les conoiſſe,
       Ainz les retranche a grant angoiſſe.
       Et de ce granz pitiez li prant

4334. en ſa *H.* | ſeroit *HA.*   **35.** Et en *V.* | tel compeigne *G,* ſon com-
pegnon *VPA,* ſes aides *H.* | mout] *fehlt V.*   **36.** Le bon leon *V',* Et ſes leons
PH, Et tel compeigne *G.* | nel *H,* quil ne *V.* | rehet] rechet *PA,* het *VG.*
38. Se muet *A.*   **40.** re] rez *VH,* ſeu *A;* *P:* Neſt d. que dedens le ſ.,
G: Il neſt pas droiz que en ſ.   **41.** qui *G,* car *A.* | meſſait *P.*   **42.** que la
que la *P,* quiſt ca quiſt la *A.*   **43.** et li *S;* *P:* Si deſcent ſi li ſirent uoie.
44. Celui eſt tart *A,* Et ſi li reſt t. *G.* | reuoie *A;* *S:* Et l. eſt t. quil u. (‒ ·2).
45. As *V.* | chele *PG.* | qui *P.* | dou cuer *GS,* de c. *A,* aidier *P.*   **46.** quel
S(—1), queconques *G, fehlt A.* | que il *G,* u que ele onques *A,* quele onq. *H;*
P: Du cuer en quel lieu quele ſoit.   **47.** As iauz] Des euz *G,* Aſſes *AS,*
fehlt V. | quiert] reſgarde *V.* | que *V.*   **48.** Ja niert ſes cuers *G.*   **49.** Que
il ſe *V,* Si le *A.* | deſtreigne et quil *G.* | ſi *fehlt V.* | refraine *V,* le freigne *G,*
lenf. *A.*   **50.** Si c. an *H,* Si que en *S,* Si com le *PA,* Et ſi le *G.* | detient *G.*
51. Au *PHAS.* | le] ſon *H,* du *P.*   **54.** ſi] tous *P.*   **55.** Les *GS.* | que en *A,*
ſi con *S,* con ne *P.* | le *PA.*   **56.** reſtraint *V,* detranche *G,* retient *AS.* | a]
par *V.*   **57.** len prent *V'.*

Qu'il ot et voit et fi antant [4350.

Les povres dames qui feifoient

4360 Grant duel antr'eles, fi difoient:

„Ha! Deus, con nos as obliëes!

Con remandrons or efgarees

Qui perdomes fi buene amie

Et tel confoil et tel aïe

4365 Qui a la cort por nos eftoit!

Par fon confoil nos reveftoit

Ma dame de fes robes veires.

Mout changera or li afeires,

Car n'iert mes qui por nos parot.

4370 Mal et de Deu qui la nos tot!

[Mal et par cui nos la perdrons!

Que trop grant domage i avrons.]

N'iert mes qui die ne qui lot:

„„Ceft mantel ver et ceft forcot

4375 Et cefte cote, chiere dame,

Donez a cele povre fame!

Que voir, fe vos li anvoiiez,

Mout i fera bien anploiiez;

Que ele an a mout grant fofreite."„

4380 Ja de ce n'iert parole treite;

Car nus n'eft mes frans ne cortois,

Ainz demande chafcuns einçois

4358. Quil noit et ot *P*, Que il ot *G*, Quil fet bien *A*, Si uoit bien et ot *S*. | fi *fehlt AS*. | et v. et fi a.] que toute la gent *G*. **59.** Et les *G* (qui *fehlt*). | femes *AS*. **60.** Grant duel antr'eles] Enteles grant d. *A*, Mlt tres grant d. *P*, Eftrange d. *HGS*. | fi] et *A*, et fi *PHGS*. **62.** or] *vor* rem. *PA*. | remenrons *H*, remanons *V*. **63.** Quant nos *GA*, Que n. *S*. | perdomes] perdons *A*, perdromes *H*, perdrons *GS*. | aie *GA*. **64.** amie *G*. **65.** Com por nos a la c. *V*. **67.** pennes *A*. **68.** M. nos ch. *H* (or *fehlt*). | noftre af. *G*, ce nos a. *A*. **69.** Quil *PHG*. | mes *nach* Car *A*. | neft *HG*. | nos] li *P*. | paroft *H*. **70** (*fehlt P*). toft *H*. **70. 1. 2** *fehlen V*, **71. 2** *fehlen A*, **71** *fehlt S*. **71.** Honis foit (nos *fehlt*) *P*. | perdon *G*. **73.** Nil ert qui *G*. **74** (*fehlt V*). Et ceft *H*. | veir] uar *S*, uert *G*, uies *A*, *fehlt H*. **75.** Icele robe *V*. | douce *G*. **76.** cefte *HAS*. | povre] franche *PHGS*. **77. 78** *fehlen V*. **77.** Ca v. *A*, Car chertes *P*. | vos] *fehlt P*. **78.** Il *A*. | feroit *A*. **79.** Que] Car *GAS*, Et *H*. **80.** Ja] Mais *A*, mais *vor* parole *S*. | de ce] *fehlt GA*. | nen iert *A*, nen fera *G*. | retraite *A*, faite *PHS*. **81.** Car] Que *PHG*.

Por lui que por autrui ne fet   [4375
Sanz ce que nul meſtier an et.“

4385 EINSI ſe demantoient celes,
        Et mes ſire Yvains iert antr'eles,
      S'ot bien oïes lor conplaintes
      Qui n'eſtoient fauſſes ne faintes,
      Et vit Lunete, agenoilliee
4390 An ſa chemiſe deſpoilliee
      Qui ſa confeſſe avoit ja priſe
      Et Deu de ſes pechiez requiſe
      Merci et ſa coupe clamee,
      Et cil qui mout l'avoit amee
4395 Vient vers li, ſi l'an lieve amont
      Et dit: „Ma dameiſele, ou ſont
      Cil qui vos blaſment et ancuſent?
      Tot maintenant, ſ'il nel refuſent,
      Lor iert la bataille arramie.“
4400 Et cele qui ne l'avoit mie
      Ancor veü ne eſgardé
      Li dit: „Sire, de la part De
      Veigniez vos a mon grant beſoing!
      Cil qui portent le faus teſmoing
4405 Sont ci vers moi tuit apreſté;
      S'un po eüſſiez plus eſté,
      Par tans fuſſe charbons et çandre.
      Venuz eſtes por moi defandre,
      Et Deus le pooir vos an doint
4410 Einſi con je de tort n'ai point

4383. Por ſoi *GA*, A ſon oes *P*(+1). | por] a *P*. | autre *GA*. **84.** En-
cor ſoit *A* (nul *fehlt*). | nen *GA*. **85.** demenoient *P*. **86.** iert] *fehlt S*, cſt *G*.
87. Ot *S*, Qui ot *P*. | oy bien *P*. | les *PGAS*. **90.** ch. a deſp. *P*. **91.** Qui]
Et *H*; *P*: Sauoit la ſa c. prinze. **92.** Et] A *PHAS*, a deu *vor* req. *G*.
94. mout] tant *P*. **95.** Vint *V*. | v. li] auant *G*. | la *GAS*. **96.** Ma d. ſet il *G*.
97. Tot *fehlt P* (ſe il ne). | acuſent *PGS*, reſuient *A*. **98.** T.] *fehlt P*. | m.]
orendroit *A*. | ſe nel *V*, ſe il ne *P*, ſil ne *S*, ſil ne ſen ſuient *A*. **99.** Lor
eſt *G*, Auront *V*. **401.** regarde *HGAS*. **2.** diſt *PG*. | „Sire] que *V*(--1). |
parde *G*. **3.** Bien v. *V*, Soies *A*. | mon] mlʼt *S*. | grant *fehlt V*. **5.** cil *S*. |
v. moi] *fehlt V*, *vor* ſont *H*. | tout a. *S*, iloeques aſſamble *V*. **6.** pl. e.]
encor eſte *A*(+1), demore *S*. **7.** Par els *G*, Ja *S*. | en ch. et en c. *S*.
10. Si c. ie ni ai de t. p. *A*.

Del blafme don je fui retee!" [4403.
Cefte parole ont efcoutee
Li fenefchaus et fi dui frere.
„Ha!" font il, „fame, chofe avere
4415 De voir dire et de mantir large!,
Mout eft ore fos qui ancharge,
Por ta parole fi grant fes.
Mout eft li chevaliers mauvés
Qui eft venuz morir por toi:
4420 Il eft feus et nos fomes troi.
Mes je li lo qu'il f'an retort
Einçois qu'a noauz li atort."
Et cil refpont cui mout enuie:
„Qui peor avra, fi f'an fuie!
4425 Ne criem pas tant voz trois efcuz
Que fanz cop m'an aille veincuz.
Mout feroie mal afeitiez
Se je toz fains et toz heitiez
La place et le chanp vos leiffoie.
4430 Ja tant con je fains et vis foie
Ne m'an fuirai por tes menaces.
Mes je te lo bien que tu faces
La dameifele clamer quite
Que tu as a grant tort fordite;
4435 Qu'ele le dit et je l'an croi,

4411. El *V*, De *P*. | ie fui *G*, il mont *A*. | blafmee *P*. **12.** Cele *V*.
ot *H*, a *P*. **13.** et li d. *GA*, il et fes *H*. **14.** Ha dift *H*, A feme font il *A*. |
amere *GA*. **15.** Faufe a v. *A*. | v. d.] mentir *G*. | et *fehlt VA*. | a m. *A*. |
m.] faufer *G*. **16.** ore] *fehlt PGAS*, po *H*. | fages *H*. | qui pour toi *PGAS*. |
encauce *S*. **17.** Et por *G*, Ne por *AS*. | tes paroles *A*. | fi grans *P*, tel *GS*,
tes *A*. **18.** niais *V*. **19.** uenus eft *PH*. | morir] *nach* Qui *GA*. **20** (*fehlt S*)
Quil *PH*, Qui *G*. **22.** que a *PHG*. | anui *PA*, mal *S*. | retort *S*, tort *PHG*.
24. av. paor *V*. **25.** Ne dout *P*. **26.** cops *V*, caut *A*. | uoiffe *AS*. **27.** Mout]
Trop *V*. | feroie] feroie *HGAS*. | mal] ore mal *P*(+1), or *G*(—1), ore *H*,
que mal *S*(+1). | quafeitiez *HG*, que afotis *A*. **29.** Se ie en la pl. vos l.
G(+1). **30.** Itant *A*, Ne ia tant *P*. | con] come *PHS*, que *A*. | je] *fehlt*
PHS. | fains et vis] uis et f. *H*, fains y *P*. **31.** tel *H*, ces *A*, uos *V*.
32. M. or *A*. | lo bien] confeil *PH*, comant *GS*, dirai *A*. **33.** claimme *A*.
34. a tort fi *A*. | fozdite *V*, foudite *A*. **35—40** *fehlen V*. **35.** Car ele *A*,
Ele *PS*. | le *fehlt A*. | et fi le *S*.

Si m'an a plevie ſa foi   [4428.
Et dit ſor le peril de ſ'ame
Qu'onques traïſon vers ſa dame
Ne fiſt ne diſt ne ne panſa.

4440 Bien croi ce qu'ele dit m'an a,
Si la defandrai ſe je puis;
Que ſon droit an m'aïe truis.
Et qui le voir dire an voudroit,
Deus ſe retient devers le droit

4445 Et Deus et droiz a un ſe tienent;
Et quant il devers moi ſ'an vienent,
Donc ai ge meillor conpaignie
Que tu n'as, et meillor aïe."
Et cil reſpont mout folemant

4450 Que il met an ſon nuiſemant
Treſtot quanque li pleſt et ſiet,
Mes que ſes lions ne li griet.
Et cil dit qu'onques ſon lion
N'i amena por chanpion,

4455 N'autrui que lui meſler n'i quiert;
Mes ſe ſes lions le requiert,
Si ſe defande vers lui bien;
Qu'il ne l'an afie de rien.
Et cil reſpont: „Que que tu dies,

4436. Et ſi ma p. *A.*   **37.** diſt *G.* | ſus le priſt de ſame *S*(—1).
38. Ne d. ne ſ. *G.* | ne porpenſa *S.*   **40.** ce qu'ele] quanquele *H.*
42. Que] Et *P*, Quen *G*, En *AS.* | an m'aïe] et en moi le *GAS.*   **43. 44**
fehlen V.   **43.** le droit *A*, ſe d. *S.*   **44.** ſe retint *H*, eſt adies *A.* | enuers *S.*
45. Et] Que *P.* | a un] amis *P*, a lui *VA.* | ſen *H.* | tient *G.*   **46.** il] cil
dui *V.* | enuers *AS.* | ſe *A*, *fehlt V.* | tienent *A*; *G*: Qui a ma partie ſe
tient.   **47.** Dont *VAS*, Dons *H*, Don *G.* | ai je] aie *S*, nai ge *G.*   **49.** cil
li *AS* (mout *fehlt*). | fierement *V.*   **50.** Que il le *S*(+1), Il le *A.*   **51.** Tre-
ſtant *A.* | quanquil *PA.* | li pl. et ſ.] onques li plet *A.*   **52.** Mes] Crient *P.*
ſes] li *HA.* | li] lor *H.*   **53.** Et chil diſt *P*, Dont li d. *A*, Et dit lui *S.* |
le leon *V.*   **54.** compagnon *PA.*   **55.** N'autrui] Nautre *VG*, Ne nul *S.* |
que lui] de lui *G*, *vor* ne *V*, fors li *S.* | meſler] metre *HA*, meillor *G*, *nach*
N'a. *V*, ſeul *S.* | nen *P*, ne *VGAS.* | requiert *S.*   **56.** ſes] cis *V.* | les *H.*
57. deffandent *H.* | de *A.*   **58.** Que *V.* | ne l'an] nel *S*(—1), nes en *H*,
nes *G*, ne les *A.* | aſſeure *G.*   **59.** Cil reſponent *H.*   quoi quen *P.*

4460 Se tu ton lion ne chafties   [4452.
      Et tu nel fes an pes efter,
      Donc n'as tu ci que demorer,
      Mes reva t'an! fi feras fan;
      Que par tot ceft païs fet l'an
4465 Comant ele traï fa dame,
      S'eft droiz que an feu et an flame
      L'an foit randue la merite."
      „Ne pláce le faint Efperite!"
      Fet cil qui bien an fet le voir,
4470 „Ja Deus ne m'an let removoir
      Tant que je delivree l'aie!"
      Lors dit au lion qu'il fe traie -
      Arriere et que toz coiz fe gife,
      Et il le fet a fa devife.
4475 LI lions f'eft arriere trez.
      Tantoft la parole et li plez
      Remaint des deus, fi f'antrefloingnent.
      Li troi anfanble vers lui poingnent,
      Et il vint ancontre aus le pas,
4480 Que defreer ne fe voft pas
      As premiers cos ne angoiffier.
      Lor lances lor leiffe froiffier
      Et fi retient la foe fainne,
      De fon efcu lor fet quintainne,
4485 S'i a chafcuns fa lance freite.

4461. Et fe *H*, Et ne le *A*. **62.** Dont *VA*. **64.** Car *S.* | tot le *VA*. an *HAS*. **65.** chefte *PGAS*. **66.** Ceft d. qel f. et en la fl. *V*. **68.** Ja ne *GS,A*(+1). | le] *fehlt GS*, au *V*(−1). | fainte *GS*. **70.** me *PG*. | let] laift *S*, doint *H*. | removoir] ioie auoir *P*; *V*: Or ne me left ia dex mouoir, *A*(+1): Que ie de ci puiffe rem. **71.** T. com *S*. **72.** dift *P*. | au] le *S*. que *V*. **73.** Arrieres *HGA*, En fus *V*. | que] *fehlt HAS*. | toz] *fehlt G*, treftous *PS*. **74.** cil *HAS*. | li *A*. | fift *S*. **75.** Quant li *GS(A)*. | eft *G*, fu *S(A)*. | arrieres *H*, arriers *G*; *A*: Q. arrier fu li l. tr. **77.** Remaint] Remeft *HGAS*. | des] daus *H*, deuz *P*. **78.** anfanble] *vor* p. *PGS*, contre lui *vor* p. *A*. **79.** uient *PA*, reuint *G*. | anc. aus] contre tout *S*, uers els tot *A*, treftout *G*. **80.** Qui *H*, Car *AS*. | uelt *A*. **81.** Au premier cop *V*, As premerains cops *P*. | nangouffier *P*. **82.** lance *A*. | laiffent *P*. | brifier *G*. **83.** Et fi] Et il *HGAS*. | retint *PG*. **84.** a fet *VA*. **85.** lor l. *S*, la foie *GA*.

Et il a une pointe feite   [4478.
Tant que d'aus un arpant f'efloingne;
Mes toft revient a la befoingne,
Qu'il n'a cure de lonc fejor.

4490 Le fenefchal an fon retor
Devant fes deus freres ataint,
Sa lance for le cors li fraint,
Sel porte a terre maugré fuen;
Et cop li a doné fi buen

4495 Qu'une grant piece eftordiz jut
Ne de rien nule ne li nut.
Et li autre dui fus li vienent,
As efpees que nues tienent
Li donent granz cos anbedui,

4500 Mes plus granz reçoivent de lui;
Que de fes cos vaut li uns feus
Des lor toz a mefure deus;
Si fe defant vers aus fi bien
Que de fon droit n'an portent rien

4505 Tant que li fenefchaus relieve
Qui de tot fon pooir li grieve,
Et li autre dui mout fe painnent
Tant qu'il le grievent et formainnent.
Et li lions qui ce efgarde

4510 De lui eidier plus ne fe tarde,
Que meftiers li eft, ce li fanble.

4486. cil *V*. | painte *S*, empainte *P*. **87.** que .ii. arpanʑ bien *G*.
88. Puis r. toft *G*, Ml't r. t. *A*, M. t. r. *S*. | reuint *VHGAS*. | en *S*. | fa *A*.
89. Car *V*. | not *PGAS*. **92.** La *V*. | fur le dos *AS*, for lefcu *G*, feur le
col *P*. **93. 94** *stellt um H*. **93.** Seul *G*, Quel *H*. | a t.] ariere *S*. **94.** Et]
.J. *H*. **95.** Une *H*. | eftanduz *H*, pafmes *V*. | jut] tint *P*. **96.** Que de *V*,
Conques *H*. | riens *VHS*. | nule r. *H*. | li nut] reuint *P*; *A*: Mes petit li
greua et n. **98.** Qui les *A* (que *fehlt*). | nues que *V*. **99.** Si li . . andui *G*.
500. gregnors *V*, grinnor *A*. **1. 2.** *fehlen V*. **1.** Car *P*. | des fuens v. li
uns touz f. *G*. **2** (*von 2. Hand auf frei gelassener Zeile H*). toz] tout *P*.
3. v. lui *A*. | ml't *S*. **4.** ni leffe r. *V*. **5.** T. com *S*, Atant *V*. **6.** le *G*.
7. dui mout] dui *AS*, auec li *PH*, forment *V*. | fan *HS*. | repainent *AS*;
danach schiebt G ein: As efpees que nues tienent. **8.** Si que le *V*, Qui
ml't li *A*. | formontent *A*; *G schiebt danach ein*: Son efcu et fon hiaume
empeignent. **9.** q.] quant *S*. | regarde *A*. **10.** targe *AS*. **11.** Car *G*. i ce me *A*.

Et totes les dames anfanble [4504.
Qui la dameifele mout aimment
Damedeu fovant an reclaimment
4515 Et fi li prïent de buen cuer
Que fofrir ne vuelle a nul fuer
Que cil i foit morz ne conquis
Qui por li, f'eft el chaple mis.
De priiere aïe li font
4520 Les dames, qu'autres baftons n'ont.
Et li lions li fet aïe
Tel qu'a la premiere anvaïe
A de fi grant aïr feru
Le fenefchal qui a pïé fu
4525 Que aufi con ce fuffent pailles
Fet del hauberc voler les mailles
Et contreval fi fort le fache
Que de l'efpaule li efrache
Le tandron atot le cofté.
4530 Quanqu'il ataint, an a ofté
Si que les antrailles li perent.
Ceft cop li autre dui conperent.

Or font el chanp tot per a per.
De la mort ne puet efchaper
4535 Li fenefchaus qui fe tooille
Et devoute an l'onde vermoille

4512. les dames toutes *PGAS*. **14.** Sov. d. *G*, Et fov. dam. *A*. | ml't fov. *H* (an *fehlt HA*). **15.** Et li p. de ml't *V*. **16.** Q. il ne foefre *V*, Q. il ne confente *A*. **17.** ne foit *PA*, ni foit *S*. | ne m. ne pris *GA*. **18.** eft *V*. | el chaple] an painne *H*. **19.** Les proieres aye li f. *P*. **20.** qautre *VA*, autres *S*. | bafton *VA*; *P*: Que les dames faites li ont. **21.** Mais *S*. | li] fes *P*. **22.** A cele *A*, Tele *P* (la *fehlt*). **24.** deuant fu *V*. **25.** Car aufli *V*, Et a. *A*, Quautrefi *S*, Quauffi *P*, Aufi *H*. | con ce] come che *P*, com fe *V*, com fe ce *H*. **26.** Li abati toutes *G*. *Danach interpolirt V*: Et parmi la char iufquas os. Li met de fes ongles les cros. **27.** Contre le terre *A*, Dou hauberc et *G*. | fort *fehlt A*. **28.** des efpaules S. | arache *HG*. **29.** Le] Un *S*, Une *A*. | tendron *V*, tanrun *H*, tenroit *P*, braz *G*, troncon *S*, pieche *A*. | a treftout *G*, ouoec *V*. **30.** Quanquil en at. *A*, Quanque il tient *P*, Quanque il pot *V*. | len *PH*, *fehlt A*. | porte *A*. **31.** Que totes lente en p. *A* (*so*). **32.** Ce *HA*, Chel *PA*. | dui aut. *S*. | comprerent *A*. **33.** il en ch. p. *V*. **35. 36** *fehlen V*. **36.** deuolte *G*, deuulte *H*, deuoltre *A*, dew'ltre *S*, retourne *P*.

Del fanc qui fors del cors li faut.   [4529.
Li lions les autres afaut,
Qu'arriere ne l'an puet chacier
4540 Por ferir ne por menacier
Mes fire Yvains an nule guife,
S'i a il mout grant painne mife;
Mes li lions fanz dote fet
Que fes fire mie ne het
4545 S'aïe, cinçois l'an aimme plus,
Si lor paffe fieremant fus
Tant que de fes cos fort fe plaingnent
Et lui reblefcent et mahaingnent.
Quant mes fire Yvains voit blecié
4550 Son lion, mout a correcié
Le cuer del vantre et n'a pas tort,
Mes del vangier fe painne fort,
Si les va fi eftoutoiant
Qu'il les mainne jufqu'a noiant
4555 Si que vers lui ne fe defandent
Et que an fa merci fe randent
Par l'aïe que li a feite
Li lions qui mout fe defheite;
Car an tanz leus eftoit plaiiez   [4552.
4560 Que bien devoit eftre efmaiiez.   [4551.
Et d'autre part mes fire Yvains

4537. f. chaut *PGA*. | fors del] de fon *II*, du *PGA,S*(—1). **38.** Les
autres li leons *P*. **39.** Quarrières *IIG*, Arriere *S*. | nes en *V*, ne le *PGA*,
nel *S*(—1). **42.** Si y a *P*, Et fi *GA* (mout *fehlt*). **43.** Car *V*. | ml't bien
le *V*. **44.** nel *VAS*. **45.** Si li aide *A*. | ainz *G*(—1). | laime *A*(+1).
46. Et fi lor cort *V*. | durement *A*. **47.** chil de *PH* (fort *fehlt*). | fon afaut
GAS. **50.** m. en fu corcie *A*, fi fu corocie *G*, le cuer ot irie *S*. **51.** et]
fehlt VP; *GAS*: Et (Seft *A*) angoiffeus (angouffiet *S*) fi na (neut *S*) pas t.
53. 54 *fehlen G*. **53.** Si les bat *P*, Si lor vet *H*, Et requiert *S*, Ses main-
nent *A*. | fi eftoutemant *IIS*, fi eftroitemant *PA*. **54.** Que il les mainne fi
uilmant *II*, Et uont batant fi laidement *A*, Que nont pooir ne tant ne quant *V*.
55. Si que] Que *II*, Si *S*, Dont *V*. | cnuers *V*. | ne] point ne *IIS*, mes *V*.
56. Et que a *II*, Et fi qua *S*, En *V*. | ml't toft fe *V*. **57.** Por *GA*.
58. m.] fi *A*. **59. 60** *stellt um II*. **59.** Qui *G*. | tant *PS*, mains *V*, .ii. *II*. |
blecies *S*(*A*); *A*: Car autant eftoit bl. (—1). **60.** Que bien] Bien *P*(—1),
Que ml't en *A*, Ml't en *V*. | pooit *PGS*, puet *A*.

Ne reftoit mie treftoz fains, [4554.

Ainz avoit el cors mainte plaie;

Mes de tot ce tant ne f'efmaie ,

4565 Con de fon lion qui fe diaut.

Or a tot einfi com il viaut

Sa dameifele delivree

Et f'ire li a pardonee

La dame treftot de fon gre.

4570 Et cil furent ars an la re .

Qui por li ardoir fu efprife;

Car ce eft reifons et juftife

Que cil qui autrui juge a tort

Doit de cele meïfmes mort

4575 Morir que il li a jugiee.

Or eft Lunete baude et liee

Quant a fa dame eft acordee,

Si ont tel joie demenee

Que nule janz fi grant ne firent;

4580 Et tuit a lor feignor ofrirent

Lor fervife fi com il durent,

Sanz ce que il ne le conurent;

Et nes la dame qui avoit

Son cuer et fi ne le favoit

4585 Li pria mout qu'il li pleüft

A fejorner tant qu'il eüft

Refpaffé fon lion et lui.

Et il dit: „Dame, ce n'iert hui

4564. tot *fehlt H.* | t.] pas tant *H*, point *S.* **65.** Fors *S.* **66.** Or a il tot co que *A.* **67.** La *PGAS.* **68.** Que fire *P*, Et firor *H*, Et tote fire p. *A.* **69.** La] Sa *P*; Li a fa d. de *A*; *H*: La dame(ifele *unterp. u.* treftot *überfchrieben*). **70.** en .i. re *V*, ens el re *AS.* **71.** lui *G.* | emprife *V.* **72.** Que ce *PH*, Ice *V*, Cou *S.* | eftoit *S.* | et] de *PHA.* **73.** j. aut. *V.* **74.** chelui *PHS.* | meifme *VP.* **75.** ont j. *G.* **76.** et baude *A.* **78.** Si a *A*, Et fi ot *V* (tel *fehlt*). **79.** Quainz *H.* | nules *P.* | fi g.] itel *V*, tele *G.* | uinrent *P.* **81.** Lors feruifes *S.* | com fere d. *V.* **82.** Sauf *A*, Mais mie *S.* | il] *fehlt S*, pas *GA.* | nel *PA.* | rec. *PAS.* **83.** Et nes] Neïs *HG*, Ne *PS*, Et *V.* | la d.] cele *V.* | qui] auffi qui *P*, qui tout *S*, qui fon cuer *V.* **84.** S. c. mes elle ne f. *A*, Si que ele ne le f. *V.* **85.** Lem *S*, Se li *A*(+1). | qu'il] que *S*, fe *VA*, fa *P.* | lui *VPAS.* **86** (*fehlt P*). demorer *G.* **87.** Refpaffer *P*, R. *vor* et *S*, Repofe *G.* **88.** il li *S* (ce *fehlt*). | dift *PG.*

Que je me remaingne an ceſt point
4590 Tant que ma dame me pardoint
Son mautalant et ſon corroz.
Lors finera mes travauz toz." -
„Certes", fet ele, „ce me poiſe.
Ne taing mie por tres cortoiſe
4595 La dame qui mal cuer vos porte.
Ne deüſt pas veer ſa porte
A chevalier de voſtre pris
Se trop n'eüſt vers li meſpris."
„Dame", fet il, „que qu'il me griet,
4600 Treſtot me pleſt quanque li ſiet,
Mes ne m'an metez plus an plet!
Que l'achoiſon ne le forfet
Ne diroie por nule rien
Se çaus non qui le ſevent bien."
4605 „Set le donc nus ſe vos dui non?"
„Oïl, voir, dame!" „Et voſtre non
Seviaus, biaus ſire, car nos dites!
Puis ſi vos an iroiz toz quites."
„Toz quites, dame? Non feroie.
4610 Plus doi que randre ne porroie.
Neporquant ne vos doi celer
Comant je me faz apeler.
Ja del chevalier au lion
N'orroiz parler ſe de moi non.
4615 Par ceſt non vuel que l'an m'apiaut."

4589. me *fehlt GAS.* | demore *V.* | iceſt *GS,* itel *A.* **91.** Ses mauta-
lens et ſes *VG.* **92.** Ne *V.* **93.** Sire *V.* **94.** Je ne *PS.* | mie p. t.] pas
celi a *V.* | tres] *fehlt (V)PS; A:* Neſt pas madame bien c. **95.** Ce meſt
uis *A.* | maugrez *V.* **96.** Bien uos deuſt ouurir *A.* **98.** nauez *V.* | lui *VG,*
uos *A.* **99.** que que *V,* coi quil *P.* **600.** Il me ſiet tot *G,* Tot me pleſt *A.* |
quanquil *P,* quanques *A,* ce que *H.* | il uos *A.* **1.** Or *S.* | me *GAS.* | plus]
pas *HS,* mie *A.* **2.** Car *AS.* | et *HGA.* **3.** dirai iou *P.* **4.** Sa *PGAS.* |
cels *G,* ceuls *V,* ceus *A,* cez *H.* **5.** Le ſet *P.* | dont *V.* **6.** uoir *fehlt*
G(—1). **7.** S. non *G,* Se uos pleſt *H.* | b. *fehlt G.* | car] *fehlt H.* | nos]
me *PAS; A:* B. ſire uiax car le me d., *S:* B. ſ. fait el cor me d. **8.** P. *fehlt G,*
Del ſouſplus en *A.* | iroiz] ales *P,* ſoies *A.* | treſtoz *G.* **9.** Treſtoz *G* (dame
fehlt). | nel *HA,* ie nel *GS.* **10.** randre] *vor* que *A,* paier *V.* **11.** Ne pour
chou *P.* | doi] quier *PG,* puis *A.* **13.** de *A.* **15.** ce *V.* | q. en *A,* que on *P.*

„Por Deu, biaus fire, ce qu'efpiaut   [4608.
Que onques mes ne vos veïmes
Ne voftre non nomer n'oïmes?“
„Dame, par ce favoir poez
4620 Que ne fui gueires renomez.“
Lors dit la dame de rechief:
„Ancor f'il ne vos eftoit grief
De remenoir vos priëroie.“
„Certes, dame, je n'oferoie
4625 Tant que certainnement feüffe
Que le buen gre ma dame eüffe.“
„Or alez donc a Deu, biaus fire,
Qui voftre pefance et voftre ire
Vos atort fe lui pleft a joie!“
4630 „Dame“, fet il, „Deus vos an oie!“
Puis dit antre fes danz foef:
„Dame, vos an portez la clef
Et la ferre et l'efcrin avez
Ou ma joie eft, fi nel favez.“
4635 A tant f'an part a grant angoiffe,
       Si n'i a nul qui le conoiffe
Fors que Lunete folemant
Qui le convea longuemant.
Lunete fole le convoie,
4640 Et il li prie tote voie
Que ja par li ne foit feü
Quel chanpion ele a eü.
„Sire“, fet ele, „non iert il.“

4616. P. d.] *fehlt V, vor* ce A. | fet ele ce V. | ice G. **18.** non
parler G; V A: Ne de uos p. nen o. **19.** par] pour P; A: D. fait il p. ce
faues. **20.** Q. grans ne f. ne r. A. **21.** dift PG. **22.** Sire G. | fe V.
23. demorer V. **24.** Dame fet il ge V. | noferoie] nel feroie HGAS.
25. Jufque PGAS. | c.] de uerité V, a ce termine fuffe G. **26.** b. cuer H,
gre de A. **27.** Or en al. a V. **28.** Que P. | pefance] dolor V. **29.** Sil
li plaift uous at. PHS. **31.** Lors A, Et V. | dift PHAS. **33.** La ferrure P.
34. Ou mes cuers V. | fil ne P. **35.** par gr. V. **36.** Si] Se H, Ne GAS,
fehlt P. | nul] chelui P. **38.** conuoie GAS. | feulement S. **39.** GS: Me
fire .V. li comanda, A: Et il lores li c. **40.** GS: Que a nului ne die ia,
A: Quele en nul liu nel deïft ia. **41. 42** *stellt um* G. **41.** Ne GAS. | lui G.
42. chl'r A. | a] ot H, ait A. **43.** dit V.

Après ce li repria cil   [1636.
4645   Que de lui li refovenift
Et vers fa dame li tenift
Buen leu f'ele an venoit an eife.
Cele li dit que il f'an teife,
Qu'ele n'an iert ja oblicufe
4650   Ne recreanz ne pereceufe.
Et il l'an mercie çant foiz,
Si f'an va panfis et deftroiz
Por fon lion que li eftuet
Porter, que fiure ne le puet.
4655   An fon efcu li fet litiere
De la moffe et de la fouchiere.
Quant il li a feite fa couche,
Au plus foef qu'il puet le couche,
Si l'an porte tot eftandu
4660   Dedanz l'anvers de fon efcu.
Einfi an fon efcu l'an porte
Tant que il vint devant la porte
D'une meifon et fort et bele.
Ferme la trueve, fi apele,
4665   Et li portiers overte l'a
Si toft qu'onques n'i apela
Un mot après le premerain.
A la refne li mift fa main,
Si li dit: „Biaus fire, or avant!

4644. cil] il *GAS*.   **46.** Que uers *P*, Et a *A*. | la *P*.   **47.** fele ve-
noit *HG*, fi len v. *P*.   **48.** Cele li] Et cele *H*, Et ele *GS*.   **49.** Quele
niert ia fi *V*, *Q*. en eft ml't *S*, *Q*. en iert m. *A*, Que ele en eft *G*. | cufen-
ceneufe *GA*, entalenteufe *S*; *P*: Que ia nen iert iour pereceufe.   **50.** Ne
ia nen fera *GA,S* (feroit); *P*: Ains en iert ml't enfienteufe.   **51.** Et chil *PHS*.
52. Quil *A*.   **53.** que li] cui il *A*, qui li *P*, qhil li *HG*.   **54.** qui *G*, car
il aler ne p. *V*.   **55. 56** *stellt um A*.   **55.** De *A*.   **56.** et] *fehlt P*. | feu-
chiere *P*, feugiere *V*, flekiere *S*, fauiere *A*.   **57.** li] *fehlt P*. | a] ot *HGS*,
lot *P*. | fa] fi la *P*.   **58.** que *V*, fil *S*. | li *V*.   **59.** Or *A*. | enteftu *A*.
60. En la penne *S*.   **61** (*fehlt P*). an] for *VS*. | cheual *V*.   **62.** uient *P*;
A: Tant deuant lui qhil uit la p.   **63.** ml't forte *PH*.   **64.** Ferme ert la porte
a. *G*, Fermee le treuve f'ap. *P*, Et le portier a lui a. *V*.   **65.** Et la porte
ouerte li a *V*.   **66.** n'i] y *PA*; plus ni hucha *S*.   **68.** Et a *V*. | mift] tent *PHG*. |
fa] la *HGA*.   **69.** Si li dift *P*, Et dift *G* (—1). | frere *A*. | an prefant.

4670 L'oſtel mon ſeignor vos preſant   [4662.
     Se il vos i pleſt a deſçandre."
     „Ceſt preſant", ſet il, „vuel je prandre;
     Car je an ai mout grant meſtier
     Et ſi eſt tans de herbergier."

4675 A tant a la porte paſſee
     Et vit la meſniee amaſſee,
     Que tuit a l'ancontre li vont.
     Salué et deſçandu l'ont:
     Li un metent ſor le perron
4680 Son eſcu atot le lion,
     Et li autre ont ſon cheval pris,
     Si l'ont an une eſtable mis,
     Et li autre ſi com il doivent
     Ses armes pranent et reçoivent,
4685 Et li ſire la novele ot.
     Tot maintenant que il le ſot
     Vient an la cort, ſi le ſalue;
     Et la dame eſt aprés venue
     Et ſi fil et ſes filles totes,
4690 Et d'autres janz i ot granz rotes,
     Sil herbergierent a grant joie.
     Mis l'ont an une chanbre coie
     Por ce que malade le truevent,
     Et de ce mout bien ſe repruevent
4695 Que ſon lion avuec lui metent.
     Et de lui garir ſ'antremetent
     Deus puceles qui mout ſavoient
     De cirurgie et ſi eſtoient

4671. i] *fehlt P.* | a] a chi *P.* **72.** Ce *H.* **73.** Que *HS.* | je an] ien *P.* | mout] ml't tres *P,* bien *V.* **74.** Et il *A,* Et ſeſt bien *V.* **76.** voit *HGAS.* | meſon *V.* | aſſamblee *S,* priuee *A.* **77.** Et *PS,* Qui *HGA.* **79.** Li un] Si li *PGAS.* | montent *V.* | ſus *V.* | .i. *PHGS.* **80.** ſon l. *PGS.* **81.** le ch. *V.* **83.** Li eſcuier *H.* **84.** Les *V.* | baillent *S.* **85.** Qant *H, fehlt A.* | en ot *A.* **86.** Si toſt 9ind onques le ſ. *A.* **87.** Vint *GA.* **88.** La d. eſt auuec lui v. *A.* **90.** Et *fehlt H.* | dautre gent *A.* | ml't gr. *H.* **91.** Si le *H,* Si lont *VA.* | herbergent *HG,* herbergie *VA.* | ml't gr. *G.* **93.** le uoient *A.* **94.** b.] *fehlt A.* tres b. *G.* | prueuent *G,* repenoient *A.* **95. 96** *stellt um A.* **95.** Et *A.* **97.** Des *A,* Trois *V.* **98.** cirurgie] ſirurgie *V,* ſurgie *P*(—1), mirgie *G*(—1), medecine *A,* mecines *H,* maladie *S.*

Filles au feignor de leanz.   [4691

4700   Jorz i fejorna ne fai quanz
Tant que il et fes lions furent
Gari et que raler f'an durent.

MES dedanz ce fu avenu
Que a la Mort ot plet tenu

4705   Li fire de la Noire Efpine,
Si prift a lui tel anhatine
La Morz que morir le covint.
Après fa mort einfi avint
De deus filles que il avoit

4710   Que l'ainznee dift qu'ele avroit
Treftote la terre a delivre
Toz les jorz qu'ele avroit a vivre,
Que ja fa fuer n'i partiroit.
Et l'autre dift que ele iroit

4715   A la cort le roi Artu querre
Aïe a defrefnier fa terre.
Et quant l'autre vit que fa fuer
Ne li foferroit a nul fuer
Tote la terre fanz tançon,

4720   S'an fu an mout grant cufançon
Et panfa que f'ele pooit
Einçois de li a cort iroit.
A tant f'aparoille et atorne,
Ne demore ne ne fejorne,

4725   Ainz erra tant qu'a la cort vint.
Et l'autre après fa voie tint

4700. feiornent *V*. *Danach interpolirt P*: Fefte li font petis et granz.
1. fon lion *A*. 3. M. autretant *A*. 4. a *fehlt A*. | morz *A*, court *S*. | ot .i. *A*.
5. Au fignor *A*. 6. Sot pris *A*, Car a lui prift *S*. | a lui] la mort *G*. | tel]
une *A*. | anhatine] aatine *VPGAS*. 7. La Morz] A lui *G*. | li *HAS*. 10. Li
ainz nee *S*. | dit *VP*. 11. a deuife *A*. 12. quil *G*. | fera uiure *A (so)*. 14. Et
cele *V*, Et ele *G*, Li autre *A*. | dit *VPG*. 15. artur *VP*. 16. deffendre *GA*.
18. Ne le *A*. 19. Point de *A*. 20. Si en fu en gr. *GAS*. | foupecon *A*,
enfrichon *P*. 21. Et dift *H*. | que fe ele *H*, que e. *S*, fe e. *A*. 22. uen-
roit *PHS*, feroit *G*. 23. 24 *fehlen V*. 23. Tantoft *H*; *S*: La pucele
efrant fat. (—1). 24. Plus ni arefte ne f. *A*. 25. 26 *stellt um V*. 25. Si *V*,
Et *G*. | ala *G*, oire *A*. | quele a cort *P*, que a c. *S*. 26. Et cele *G*.

Et quanqu'ele pot fe hafta,　　　　　　[4719.
Mes fa voie et fes pas gafta;
Que la premiere avoit ja fet
4730　A mon feignor Gauvain fon plet,
Et il li avoit otroiié *]
Quanqu'ele li avoit proiié.
Mes tel covant antr'aus avoit
Que fe nus par li le favoit
4735　Ja puis ne f'armeroit por li,
Et ele l'otroïa einfi.

A tant vint l'autre fuer a cort,
Afublee d'un mantel cort
D'efcarlate et de frois ermine,
4740　S'avoit tierz jor que la reïne
Eftoit de la prifon venue
Ou Meleaganz l'ot tenue
Et treftuit li autre prifon,
Et Lanceloz par traïfon
4745　Eftoit remés dedanz la tor.
Et an celui meïfmes jor
Que a la cort vint la pucele
I fu venue la novele
Del jaiant cruël et felon
4750　Que li chevaliers au lion
Avoit an bataille tué.
De par lui orent falué
Mon feignor Gauvain fi neveu.
Le grant fervife et le grant preu
4755　Que il lor avoit por lui fet
Li a tot fa niece retret

4728. Que G. 29. Car VA. 32. Che quele PGS. 33. tex couen
'A, tel couenant G. | ot G. 34. Q. nus hom nule riens nen fot G, der da-
tach einschiebt: Et fe nus par lui le fauroit. Ja aide par lui nauroit.
36. cele A. | li otroie GAS. 37. uient P. 39. et] fehlt VHGS. | de frois
rmine] de fres hermine V, de frefhce h. (so) A, forre dermine HGS. 40. .iii.
orz GAS. 41. Jert PH. | reuenue PH, effue A. 42. meleagranz V, mela-
;ans P. | la H, lauoit P. 44. lancelot GA. 45. ens en la S. 46. Et a V. |
neifmes] meifme AS. 48. Eftoit VS. 53. fon nev. A. 54. La g. A, Et le V,
gr. fehlt). | honor A. 56. auoit fa niece V, a fa n. tout PAS, a la pucele G.

Et dift que bien le conoiffoit,
Si ne favoit qui il eftoit.

4760 CESTE parole a antandue
Cele qui mout iert efperdue
Et trefpanfee et efbahie,
Que nul confoil ne nule aïe
A la cort trover ne cuidoit
Quant toz li miaudre li failloit;
4765 Qu'ele avoit an mainte meniere
Et par amor et par proiiere
Effaiié mon feignor Gauvain.
Et il li dift: „Amie, an vain
M'an priiez, car je nel puis feire;
4770 Car j'ai anpris un autre afeire
Que je ne leifferoie pas."
Et la pucele eneflepas
S'an part et vient devant le roi.
„Rois", fet ele, „je ving a toi
4775 Et a ta cort querre confoil.
N'an i truis point; mout m'an mervoil
Quant je confoil n'i puis avoir.
Mes ne feroie pas favoir
Se je fanz congié m'an aloie.
4780 Et fache ma fuer tote voie
Qu'avoir porroit ele del mien
Par amors f'ele an voloit rien;
Que ja par force que je puiffe,

[474⁹

4757. 58 fehlen V. 57. dit PG. 58. Sil PS, Ne H. 59. Cele VA.
ot H. 60. m. fehlt S. | ere V, eft G, ert toute S. 61. T. et ml't A
62. nul penfer G. | et A. 63. t. ne pooit V, trouee nauoit S. 64. Pui
que HA. 65. Car ele ot S. 68. dit V. 69. M'an p. car] Emproies quar F
Me p. que HGS. 70. Car] Que HGS. 71. le faroie A. 72. Et cele tot V.
enele pas G, enes les p. A, ifnel le p. Γ. 73. uint GA. 74. uing A
uieng H, uieg V, uieig G, uieng PS. 75. prendre V. 76. Nen t. poin
P(—·1), Point nen tr. A. | mout] fi HG, ge V. | m'an m.] men efmerueil A
mefm. S. 77. ne V; Q. tos li mons li feut auoir A. 78. 79 fehlen S
79. congié] confeil GA. 80. Bien A. | tout de uoir S. 82. amor PGS.
an fehlt H. | auoit A. | bien HAS. 83. Que] Mes HGAS. | ja] fehlt GA
vor que S. | que] ou Γ(—1), tant com G. | iç onques p. A.

Por qu'aïe ne confoil truiffe,   [4776.
4785 Ne li leirai mon heritage!"
„Vos dites", fet li rois, „que fage.
Andemantres que ele eft ci
Je li confoil et lo et pri
Qu'ele vos left voftre droiture."
4790 Et cele qui eftoit feüre
Del meillor chevalier del monde
Li dit: „Sire, Deus me confonde
Se ja de ma terre li part
Chaftel ne vile ne effart
4795 Ne bois ne terre n'autre chofe!
Mes fe uns chevaliers f'an ofe
Por li armer, qui que il foit,
Qui vuelle defrefnier fon droit,
Si vaingne treftot maintenant!"
4800 „Ne li ofrez mie avenant,"
Fet li rois, „que plus i eftuet.
S'ele viaut, porchacier fe puet
Au mains jufqu'a quarante jorz
Au jugemant de totes corz."
4805 Et cele dit: „Biaus fire rois,
Vos poez eftablir voz lois
Teus con vos pleft et buen vos iert,
N'a moi n'ataint n'a moi n'afiert
Que je defdire vos'an doive,
4810 Si me covient que je reçoive

4784. confoil] fecors *V*; *P*: Et que confeil ayeue truife; *G*: Por ce
que ie aie tr.; *A*: Tant que ie puiffe auoir aie. **85.** V. fetes *G*. **87.** Et
dementres *PH*, Entrementiers *A*. **88.** Li lo ge et conf. et *V*, Je li requier *G*. |
et fi li pri *GAS*. **89.** Que ele me l. ma dr. *G*. **90.** ele *G*. **92.** Li dift *G*,
Li refpondi *A*, Refpont *PHS*. | fire *fehlt A*. **93.** Se ge *V*. **94.** Vile ne terre
ne ef. *G*. **95.** Ne *fehlt S*. | bois] borc *V*. | terre] plain *H*, canp *A*, cite *V*,
uille *G*, riuiere *S*. | ne autre *HA*. **96.** nus *PGAS*. **97.** Entrer en chanp *V*. |
quex que *G*, ques que *P*, v que *S*. **99.** Si i u. tot̃m. *A*. **800.** m.] pas *G*.
2. Sel *V*, Que fel *G*. | v.] *fehlt S*, mix *P*, plus *H*. | et porch. *V*, p. et *A*(+1),
p. ne *S*. **3.** .xiiii. *H*. **5.** Leinznee *GA*. | dit lues fire *P*, refpont fire *V*.
6. teus lois *A*. **7.** pleft] fiet *V*. | et con vos fiet *G*. **8.** n'ataint] napent *PG*,
ne pent ne af. *A*(—1). **9.** doie *GS*. **10.** Si eft refons *G*. | recroie *G*, joj
otroie *A*.

Le refpit f'ele le requiaut."   [4803
Et cele dit qu'ele le viaut
Et mout le defirre et demande.

Tantoft le roi a Deu comande,   [4806.
4815 Si f'eft de la cort departie
Et panfe qu'an tote fa vie
Ne finera par tote terre   [4807.
Del chevalier au lion querre,
Qui met fa painne a confeillier
4820 Celes qui d'aïe ont meftier.

EINSI eft an la quefte antree
Et trefpaffe mainte contree,
Qu'onques noveles n'an aprift
Don tel duel ot que maus l'an prift.
4825 Mes de ce mout bien li avint
Que chiés un fuen acointe vint
Ou ele eftoit amee mout,
Si paroit mout bien a fon vout
Qu'ele n'eftoit mie bien fainne.
4830 A li retenir miftrent painne
Tant que fon afeire lor dift.
Et une autre pucele anprift
La voie qu'ele avoit anprife,
Por li f'eft an la quefte mife.
4835 Einfi remeft cele a fejor
Et cele erra au lonc del jor
Tote fole grant anbleüre.

4811. f'ele le requiaut] fele le requiert *HGAS*, puis quele le ueult *V*.
12. Ele dit *V*, Et el d. *G*. | quele le] quel le *HG*, que bel li *A*. | reqieult *V*,
requiert *H*, quiert *G*, ert *A, der danach interpolirt*: Quant ie ne puis confel
auoir. Del refufer neft pas fauoir.   **13—20 fehlen** *V*.   **13.** Et fi *H*,
Car m. *A*. | le] *fehlt G,P* (—1). | et ml't *G*.   **15. 16 fehlen** *H*.   **16.** Et] Si *P*. |
penfa *S*. | que *A*.   **17.** finerai *A*.   **19. 20 fehlen** *A*.   **19.** Et *PS*. | a] en *PS*.
20. Cele *S*. | qui en ont grant *G*.   **21.** A tant *V*, Lors fen *A*. | an] de *A*.
22. trefpaffa *P*.   **23.** nouele *VA*.   **24.** Don *fehlt AS*. | en ot *S*. | mal *PG*,
grans mal *A*.   **27.** Dom *H*, Que *A*. | amee] acointe *H*.   **28.** Si paroit] Si
parut *G*, Si aparoit *S*, Si aparut *A*, Si perchurent *P*, Saparcut *H*. | mout]
fehlt PAS, len *H*.   **29.** Que ele *PH* (bien *fehlt*).   **30.** refpaffer *V*.   **33.** La
quefte *V*.   **34.** a la uoie m. *G*.   **35.** remaint *V*.   **36.** cele] lautre *HS*. | le
lonc du j. *P*, a grant baudor *GAS*.   **37.** anbleure] aleure *HGAS*.

Tant que vint a la nuit ofcure,   [4828.
Si li enuia mout la nuiz.

4840 Et de ce dobla li enuiz
Qu'il plovoit a fi grant defroi
Con Damedeus avoit de quoi,
Et fu el bois mout an parfont.
Et la nuiz et li bois li font

4845 Grant enui, et plus li enuie
Que li bois ne la nuiz la pluie.
Et li chemins eftoit fi maus
Que fovant eftoit fes chevaus
Jufque pres des cangles el tai,

4850 Si pooit eftre an grant efmai
Pucele an bois et fanz conduit
Par mal tans et par male nuit
Si noire qu'ele ne veoit
Le cheval for quoi fe feoit.

4855 Et por ce reclamoit adés
Deu avant et fa mere aprés
Et puis toz fainz et totes faintes
Et fift la nuit oreifons maintes
Que Deus a oftel la menaft .

4860 Et fors de cel bois la gitaft,
Si pria tant que ele oï
Un cor don mout fe refjoï;
Qu'ele cuide que ele truiffe
Oftel, mes que venir i puiffe,

4865 Si f'eft vers la voiz adreciee
Tant qu'ele antre an une chauciee,

4838. que le nuit li uint *P*. 39. Que *S*. 40. fes enuis *A*. 41. gr.
efpoir *A*. 43. Et fi *S*. | ml't ens el b. p. *A*. | an *fehlt S*. 44. li bois
et la n. *V*. 45. efmai *S*. | et] mais *PGA*. 46. Q. la nuiz ne li bois *HAS*.
48. li ch. *G*. 49. J. bien p. del uentre *A*. | el] en *PH*. 50. Si eftoit en
ml't *G*. 51. P. feule fans *P*. 52. male] noire *HGAS*. 54. palefroi *S*. |
for quoi fe] for coi ele *A*(+1), for coi *S*, for quele *VHG*. 56. Damedeu et *A*.
57. 58 *fehlen V*. 57. Apres a reclame les *A*. 58. dift *H*. 60. f.] que *G*. |
ce b. *H*. 61. cria *H*. 63. Et (Car *AS*) la cuide ele (bien *S*) quele tr. *PAS*.
64. mes q.] de que *A*, ou ele *G* (i *fehlt*). 65. efdrechie *P*. 66. a. an]
uint a *A*, uit *S*. | la ch. *A*.

Et la chauciee droit l'an mainne   [485;
Vers le cor don ele ot l'alainne;
Que par trois foiz mout longuemant
4870 Sona li corz mout hautemant.
Et ele erra droit vers la voiz
Tant qu'ele vint a une croiz
Qui for la chauciee iert a deftre,
Et la panfa que pooit eftre
4875 Li corz et cil qui l'ot foné.
Cele part a efperoné
Tant qu'ele aproche vers un pont
Et vit d'un chaftelet reont
Les murs blans et la barbacane.
4880 Einfi par avanture afane ·
Au chaftel, fi f'i adreça
Par la voiz qui l'i amena.
La voiz del cor l'i a atreite
Que foné avoit une gueite
4885 Qui for les murs montee eftoit.
Tantoft con la gueite la voit,
Si la falue et puis defçant
Et la clef de la porte prant,
Si li oevre et dit: „Bien veigniez,

4867. l'an] la *PGAS*. **68.** le uois *PG*. | dont oi *AS*. **69.** Car *AS*.
par *und* mout *fehlt G* (t. foies). | hautement *V*, clerement *P*. **70.** Corna *V*. | o
le cor *S*. | mout] *fehlt S*, et *H*. | clerement *V*, longuement *A*. **71.** erra] ala *AS*
adrece *G* (dr. *fehlt*). | vers] a *H*. *Statt* 4871 *hat P drei Verse*: Et ele err.
droite la uoie | Et fe hafta tant toute uoie | Et fi fadrecha uers la uois
72. uers une *A*. **73.** for] uers *A*. | chauciee] uoie *V*. | iert] eftoit *V*, ier
nach Q. *PGAS*. **74.** Ele *VG*, La *S*, Yluec *PH*. | penfe *A*, panfoit *H*. | qu
bien *S*. | poift *H*. **75.** cil] *fehlt V*, icil *S*, celui *A*. | l'ot] lauoit *V*, la *H*
le *AS*. | sóne *AS*, corné *G*. **76.** Ele cele *A* (a *fehlt*). | cuert et *S*. | efperóne *AS*
77. aprocha *PHA*. | a *A*. **78.** uoit *V*; *GAS*: Sor une bretefche (brefte que *S*
parfont. **79.** Le *V*, Vit les *GAS* (bl. *fehlt*). | mur haut *V*. | barbicane *P*
barbaquene *G*. **80.** Aufi *G*. | affene *VPG*. **81—84** *fehlen V*. **81.** fe f
adreca *AS*, enfi afena *H*, qui la lamena *G*. **82.** Par] *fehlt P*. | qui l'i] f
fi *A*, du cors li *P*. | adreca *A*. **84.** Car *A*. | fonee *S*. | ia la g. *A*; *P*: E
la auoit il une gaite. **85.** Q. defus le caftel eft. *A*, La gaite for le mur e. *V*
86. Si toft *S*, Tot maintenant que il la v. *V*. **87.** La damoifele fi d. *V*.
puis] *fehlt PA*(—1). **89.** offre *S*; Si loeure et li dift *G*.

4890 Pucele, qui que vos ſoiiez!   [4880.
      Anquenuit avroiz buen oſtel.“
      „Je̓ ne demandoie hui mes el,“
      Fet la pucele, et il l'an mainne.
      Aprés le travail et la painne
4895 Que ele avoit le jor eü
      Li eſt de l'oſtel bien cheü;
      Car mout i eſt bien aeiſiee. ꞓ᾿ · ꞓ
      Aprés mangier l'a areſniec⸗ ⸗ ⸗
      Ses oftes et ſi li anquiert
4900 Ou ele va et qu'ele quiert.
      Et cele li reſpont adonques:
      „Je quier ce que je ne vi onques
      Mien eſciant ne ne conui;
      Mes un lion a avuec lui,
4905 Et l'an me dit, ſe je le truis,
      Que an lui mout fiër me puis.“
      „Gié,“ fet il, „l'an report teſmoing,
      Que a un mien mout grant beſoing
      Le m'anvea Deus avant ier.
4910 Beneoit ſoient li ſantier
      Par ou il vint a mon oſtel!
      Car d'un mien anemi mortel
      Me vanja, don ſi lié me fiſt
      Que tot veant mes iauz l'ociſt.
4915 A cele porte la defors
      Demain porroiz veoir le cors
      D'un grant jaiant que il tua

4891. Car anuit ares *P*, Auroiz enq. *G*.   **92.** demandoie] demande
P(—1), demant *HGAS*. | hui] huis *P*, enuit *HAS*, en nuit *G*.   **93.** cil *A*.
95. la ior *S*, la nuit *GA*. | eue *H*.   **96.** Si *H*. | du chaſtel *V*, doſtel *PGAS*,
a loſtel *H*. | ml't bien *PG*. | auenu *AS*, uenue *H*.   **97.** Que *HG*. | fu *V*. ¦ her-
bergie *G*.   **98.** ſoper *HA*.   **900.** quele en *G*.   **1.** Et ele li *V*, La pucele *S*.
3. .I. chl'r *A*. | quenui *H*.   **5.** on *PHS*. | ma *PS*. | que ſe gel *VG*.   **6.** Car *V*. |
m. ſ. *vor* an *G*, m. *vor* an *AS*.   **7.** Ge *VPGA*, Jou **S** | il] cil *HAS*. | en *G*. |
port bien *GA*; *P*: Je ſait il teſmoing autre tel.   **8**—**11** *fehlen P*.   **8.** Car *GA*. |
moi a .i. *V*. | mien] *fehlt V*, *nach* gr. *A*. | mout] tres *S*.   **9.** Lamena *A*.
mainena *HS*. | ici lautre ier *A*.   **11.** eu mon *G*.   **12.** Que *V*; *P*: Len port
qua men anemi mortel.   **13.** uencha *HG*. | ſi] ml't *A*.   **14.** Et tout *P*, Car
il v. *A*. | touz ueanz *G*. | ociſt *A*.   **15.** par def. *A*.   **16.** Por. dem. *GAS*.

Si toſt que gueires n'i ſua."   [4908

„Por Deu, ſire," dit la pucele,

4920   „Car m'an dites voire novele

Se vos ſavez ou il torna

Et ſ'il an nul leu ſejorna!"

„Je non," fet il, „ſe Deus me voie!

Mes bien vos metrai a la voie

4925   Demain par ou il ſ'an ala."

„Et Deus," fet ele, „me maint la

Ou veraie novele an oie!

Car ſe jel truis mout avrai joie."

EINSI mout longuemant parlerent

4930   Tant qu'an la fin couchier alerent.

Quant vint que l'aube fu crevee,

La dameiſele fu levee

Qui an mout grant porpans eſtoit

De trover ce qu'ele queroit.

4935   Et li ſire de la meiſon

Se lieve et tuit ſi conpaignon,

Si la metent el droit chemin

Vers la fontainne ſoz le pin.

Et ele de l'errer ſ'eſploite

4940   Vers le chaſtel la voie droite

Tant qu'ele i vint et demanda

As premerains qu'ele trova,

S'il li ſavoient anſeignier

Le lion et le chevalier

4945   Qui antraconpaignié ſ'eſtoient.

4918. Que onques gueres *V*. **19.** He dex *V*. | ſait *PGA*. **20.** m'an] m *HGAS*. | voirᵉ] uraie *V*, de lui *G*. **22.** Ne *G*. | ſe en nul *GA*, ſe il n. *V*. **23.** Le *A*. | me ſaut uoie *A*(+1). **24.** M. iou *S*. | menrai *P*, metes *A*. ; a] an *HAS*. **25—28** *fehlen G*. **27.** Ou je *PHAS*. veraie] uraie *PS*, uoire *HA*. **28.** mout] gen *V*; *A*: C. ml't meſt tart que ie le uoie. **29.** E. uont long. parlant *A*. **30.** qua *G*; *A*: Puis ſen uont couchier maintenant. **31.** Ainz que l'a. par fuſt c. *V*. **32.** Fu la d. *VA*, Et la dame ſe *G*. | ſeſt *S*. **33.** porpens] eſpans *H*, penſee *GA*, penſer *S*. **34.** quere ce q. uoloit *A*. **35.** Fors *A*. **37.** el] en *P*; *A*: Si le mainne uers le ch. **38.** De *V*. | ſor *A*. **39.** cele *GS*. | laler *A*. | ſ'eſploite] eſploite *HGA*. **41.** i *fehlt VPHAS*. | et] ſi *V*. **42.** As premiers gens *P*, As premiers *A*, Au premier *VG*. | que ele *VGA*. | encontra *G*. **43.** Si *P*, Se *G*. **45.** eſtoient *VS*.

Et cil dïent qu'il li avoient   [4936.
Veü trois chevaliers conquerre
Droit an cele piece de terre.
Et cele dit eneflepas:
4950 „Por Deu, ne me celez vos pas
Des que vos tant dit m'an avez,
Se vos plus dire m'an favez!"
„Nenil", font il, „nos n'an favons
Fors tant con dit vos an avons,
4955 Ne ne favons que il devint.
Se cele por cui il ça vint
Noveles ne vos an anfaingne,
N'iert ci qui plus vos an apraingne.
Et fe a li volez parler,
4960 Ne vos eftuet pas loing aler;
Qu'ele eft alee Deu proiier
Et meffe oïr an cel moftier,
Et fi i a tant demoré
Qu'affez i puet avoir oré."
4965 QUE que il parloient einfi,
       Lunete del moftier iffi,
Si li dïent: „Veez la la!"
Et cele ancontre li ala,
Si fe font antrefaluëes.
4970 Tantoft a cele demandees
Les noveles qu'ele queroit.
Et cele dit qu'ele feroit
Un fuen palefroi anfeler,

4946. il *G.* | qu'il li] quil lor *H*, que il *VA.* | lauoient *V.* **47.** Veuz *H.*
48. D. *fehlt VS.* | cefte *A*, icele *VS.* | place *V.* **49.** Et la pucele en. *V.* |
dift *PG.* | enes] enne *G*, ifnel *P.* | le] les *A.* **50.** Lor dit ne *V.* | ne le me
c. p. *S.* **51.** Puis *PS.* **53.** fet *V.* | ne *G.* | fauommes *A.* **54.** auommes *A.*
55. Nes ne *H*, Nos ne *PGAS.* | quil *H*, quil fe *G.* **56.** Fors que cele *V.* |
par *A.* | coi *S.* | il *fehlt V.* **57.** Nouele *A.* **58.** Neft *AS.* | ci] nus *HS.* | plus]
ia *P*, les *HA*, chi le *S.* | an] *fehlt S*; *G*: Ceft cele quen fet lentrefeigne.
60. couient *HG*, *fehlt A*(—2). | pas loins *P*, plus loig *GAS*, aillors *H.*
61. 62 *fehlt V.* **61.** al. an ce moftier *H.* **62.** Et] Por *H.* | a *A.* | et deu
proier *H.* **63.** Et fi a ia *PAS.* **65.** Quoi que il p. *P*, Que quil laparl. *H.*
66. Li mere *A.* **68.** contre lui a. *G*, c. li fen ua *A.* **70.** celes *S.* **72.** cele]
lautre *P.* | dift *G.*

Car avuec li voudroit aler, [4964

4975 Si la manroit vers un pleiſſié
La ou ele l'avoit leiſſié.
Et cele de cuer l'an mercie.
Li palefroiz ne tarda mie.
An li amainne et ele monte.

4980 Lunete an chevauchant li conte
Comant ele fu ançuſee
Et de traïſon apelee
Et comant la rez fu eſpriſe
Ou ele devoit eſtre miſe,

4985 Et comant il li vint eidier
Quant ele an ot plus grant meſtier.
Einſi parlant la convea
Tant qu'au droit chemin l'avea
Ou mes ſire Yvains l'ot leiſſiee.

4990 Quant juſque la l'ot convoiiee,
Si li diſt: „Ceſt chemin tandroiz
Tant que an aucun leu vandroiz,
Ou novele vos an iert dite,
Se Deu pleſt et ſaint Eſperite,

4995 Plus voire que je ne la ſai.
Bien me ſovient que jel leiſſai
Ou pres de ci ou ci meïmes,
Ne puis ne nos antreveïmes
Ne je ne ſai qu'il a puis ſet;

5000 Que grant meſtier eüſt d'antret
Quant il ſe departi de moi.
Par ci aprés lui vos anvoi,

4974. apries li S. | uoloit *GA*. **75.** lan *HS.* | menra *AS.* | uers le *G*, droit ou *V*. **76.** La] *fehlt HGA,S*(—1). | leiſſié] conuoie *HGA*. **77.** del *S*. **78.** Ses *G*. | targe *AS*. **79.** ele y *S*. **80.** an] *fehlt PS*. **81.** acuſee *PA*, apelee *G*; *S*: C. ſa dame lot retec. **82.** Coment de t. reſtee *G*. **83. 84** *fehlen A*. **83.** li flame ert *S*. **85.** cil *HS.* | la *V*. **87.** contant *V*. **88.** quel *P*. | dr. ſentier *G*. | lenuoia *VA*. **90.** iuſques la lot *A*, ele li ot *S*, uit quele lot *P*. **91.** dit *V*. | tenez *G*. **92.** Juſque .. uenez *G*. **94.** ſainte *PA*. **95.** la ſai] len ſai *HGA*, laiſſai *S*. **96.** men *PH.* | ie *A*; *S*: Mais iou ſai bien que iou l. **97.** Bien *H*. | pres de *fehlt V*. | ci iloec ou *V*. **98** (*fehlt PA*). Onc *V*. **99.** Ne] Mais *P*. **5000.** Que] Car *V*, Mais *S*. | auoit *A*. **1.** parti ſans m. *A*(—1).

Et Deus le vos doint trover fain,   [4993.
Se lui pleſt, anuit ou demain!

5005 Or alez! A Deu vos comant;
Que je ne vos ſiurai avant,
Que ma dame a moi ne ſ'ireiſſe."
Maintenant Lunete la leiſſe:
Cele retorne et cele an va

5010 Sole tant que ele trova
La meiſon ou mes ſire Yvains
Ot eſté tant que il fu ſains,
Et vit devant la porte janz,
Chevaliers, dames et ſerjanz

5015 Et le ſeignor de la meiſon,
Ses ſalue et met a reiſon
S'il ſevent, que il li apraingnent
Noveles et qu'il li anſaingnent
Un chevalier que ele quiert.

5020 „Qui eſt?" ſont il. „Cil qui ja n'iert
Sanz un lion, ç'ai oï dire."
„Par foi, pucele", ſet li ſire,
„Il parti orandroit de nos.
Ancor ancui l'ateindroiz vos

5025 Se les eſclos ſavez garder,
Mes gardez vos de trop tarder!"
„Sire", ſet ele, Deus m'an gart!
Mes or me dites, de quel part
Je le ſiurai!" Et cil li dïent:

5003. Que *GA.* | laiſt *S.* **4.** Sil *H,* Si *P.* | ains hui que dem. *PHAS.*
5. Ales ent *S.* **6.** Car *V.* | je] *fehlt A.* | ſiurai] oi ſiuir *A,* os ſiudre *HGS.*
8. lune lautre *PHAS.* **9.** Ceſte *G̃,* Lune *H.* | ſen torne *VS.* | et *fehlt GA.* |
cele] lautre *HAS.* | erra *G,* eſra *S.* **10.** Sole et *A,* Juſqua *G,* Et uet *H.* **11.** Le
chaſtel *V.* **12.** tant eſte *GAS.* | quil *A.* | il] tous *PHS,A* (*vor* ſu). **13.** uoit *S.*
14. Dames chev. *HGA; V*: Ch's et damoiſeax gens. **16.** Sel *HGAS,* Si *P.* |
meſt *G,* miſt *S.* **17.** Se il *PS.* | ſeuſſent *A.* | quil *PA.* **18.** Et que noueles li
enſ. *V.* **19.** Dun *V.* **20.** ſont cil *A; H*: De tel meniere eſt que ia n. **21.** cei *H,*
che *P.* **24.** Encore *S.* | a.] *fehlt S,* anquit *P,* en nuit *G,* hui *A.* | laten-
deres *S,* latendiens *A.* | nos *A.* **25.** les] ſes *H,* le chemin *G.* | ſav.] *vor* les
e. *V,* uoles *S.* **26.** Ces *A.* | dou *S.* **28.** M. dit. moi de quele *G,* Or me
d. donc quel *A(—1).* | de] par *P.* **29.** ſiue *H.* | il *PGAS.* | le li *H.*

5030 „Par ci tot droit“, et ſi li prient   [502c
      Qu'ele de par aus le ſalut.
      Mes ce gueires ne lor valut,
      Qu'ele onques ne ſ'an antremiſt,
      Mes lués es granz galos ſe miſt;
5035 Que l'anbleüre li ſanbloit
      Trop petite, et ſi anbloit
      Ses palefroiz de grant eſlés.
      Einſi galope par les tes
      Con par la voie igal et plainne
5040 Tant qu'ele voit celui qui mainne
      Le lion an ſa conpaignie.
      Lors a joie et dit: „Deus, aïe!
      Or voi ce que tant ai chacié,
      Mout l'ai bien feü et tracié.
5045 Mes ſe je chaz et rien ne praing,
      Que me vaudra ſe je l'ataing?
      Po ou neant, voire par foi!
      S'il ne ſ'an vient anſanble o moi,
      Donc ai ge ma painne gaſtee.“
5050 Einſi parlant ſ'eſt tant haſtee
      Que toz ſes palefroiz treſſue,
      Si l'ataint et ſi le ſalue.
      Et il li reſpont auſſi toſt:
      „Deus vos gart, bele, et ſi vos oſt

5030. et il li dient *A.* **31.** les *V.* **33. 34** *fehlen S.* **33.** Quonque: el *V,* Mais ele o. *A*(—1). | nen ſe mut *A.* **34.** M. lors *H,* Tantoſt *A.* | mut *A.* **35.** Car *S.* | quele aloit *S*(—1). **36.** Trop petite eſtre *PS,* Eſtre petite *H.* | l' ſambloit *S.* **37.** de] a *P.* | grans *S.* | eſleis] eſꝫı̅ꝯ *H.* **38.** Auſi *H.* | che- uauche *G.* | les] le *VPHA.* | lais *V,* rais *G.* **39.** Et par la *P,* Come la *S.* Come ſet par la *V.* | v. ingal *A,* v. bele *S,* terre *V* (et *fehlt*). **42.** a joie̍ ſauoie *P,* ſet j. *H.* | diſt *PG.* **43.** ce que iai *GA.* | tracie *GS.* **44.** l'aï̄ ai *P.* | chacie *GS; V:* Tant ai ſieui tant ai tr. **45.** iel *HS.* | chaz] ſieuch *P.* riens *VS.* | et r. ne] et ie *PH.* | preing *G,* preng *S,* prenc *A,* prens *V,* na- tains *P,* la taing *H.* **46.** je] *fehlt P.* | latains *V,* la teig *G,* la teng *S,* le tieg *A,* nel praing *H,* ne le prens *P.* **47.** Par ci ſan uet *H.* **48.** Se ne len mein *G,* Se ie ne len main *P,* Se ie ne le maic *A,* Se iou ne lamaing *S.* | auoec *PAS,* auecques *G.* **49.** Dont *VP.* **50.** Tant ſeſt la pucele *S.* **51.** Treſtoz *H.* **52.** Lors *V,* Quant *A.* | latainſt *S,* le rataint *A.* **53.** chil *PHAS.* | reſpondi *HA.* | tantoſt *A,* ml't toſt *H.* **54.** ſaut *H.*

5055 De cufançon et de pefance!"

„Et vos, fire, ou j'ai efperance
Que bien m'an porriiez ofter!"
Lors fe va lez lui acofter
Et dit: „Sire, mout vos ai quis.

5060 Li granz renons de voftre pris
M'a mout fet aprés vos laffer
Et mainte contree paffer.
Tant vos ai quis, la Deu merci,
Qu'a vos fui afanblee ci.

5065 Et fe je nul mal i ai tret,
De rien nule ne m'an defhet
Ne ne m'an plaing ne ne m'an manbre.
Tuit me font alegié li manbre,
Que la dolors me fu anblee

5070 Tantoft qu'a vos fui afanblee;
Si n'eft pas la befoingne moie:
Miaudre de moi a vos m'anvoie,
Plus jantis fame et plus vaillanz.
Mes fe ele eft a vos faillanz,

5075 Donc l'a voftre renons traïe;
Qu'ele n'atant d'aillors aïe.
Par vos cuide ma dameifele   [5068.
Toute defrefnier fa querele,   [5067.
Qu'une foe fuer defherete,

5080 Ne viaut qu'autre f'an antremete.
Nus ne li puet feire cuidier

5055. De uilenie *P.* **56.** fire en cui iai *A*, en cui iai ma *G.* | ai *V.* | fiance
GA. **58.** fen *A.* | lez] uers *PS.* **59.** dift *G.* | mout] ie *H.* **60.** Le grant
renon *G.* **61.** fait ml't *A*, m. *fehlt V.* | iufques ici *V.* | pener *A.* **62.** terre
trefpaffer *A.* **64.** aiouftee *V; A*: Que ie uos ai trouee ci. **65.** je *vor* ai *P.*
66. nule r. *S.* | me *VA.* | defplet *V.* **67.** me *A; S*: Ne n. p. ne m. ram. (—1).
68. Tant men f. *A,* Tuit furent *V.* | mi *VA.* **69.** 70 *stellt um S.*
69. Car *A,* Et *V.* | men *PH.* | fui *A.* **70.** aiouftee *V.* **72.** Mellor *VG,*
Affes miaudre de v. *A.* **73.** et mix *PAS.* **74.** fe je fui *A.* | eft] *vor* f. *P.*
75. Dont *VPA,* Donques *G* (nons). **76.** d'aillors] aillors *GS,* dautrui *A,*
fecors naie *H.* **77—88** *fehlen V.* **77.** ma] la *P; H*: Fors que de uos la d.
78. Auoir defrefnie *A,* De bien d.r *H.* **79.** Car fa fuer la defirete *A* (—1).
80. Ne quiert *H,* Ne uoft *G,* Na cure *A.* | que autre main i mete *A* (+1).
81. Nan *H,* Et *P.*

Que autre li poïſt eidier.   [5072
L'amor a la deſheritee   [5076
Avroiz conquiſe et achatee   [5075
5085 Et creü voſtre vaſſelage   [5077
Por deſreſnier ſon heritage!
Ele meïſmes vos queroit
Por le bien qu'an vos eſperoit,
Ne ja autre n'i fuſt venue
5090 Se maus ne l'eüſt detenue
Teus que par force au lit la treſt.
Or me reſpondez, ſ'il vos pleſt,
Se vos venir i oſeroiz
Ou ſe vos an repoſeroiz!"
5095 „Naie!" ſet il; „de repoſer
Ne ſe puet nus hom aloſer,
Ne je ne repoſerai mie,
Ainz vos ſiurai, ma douce amie,
Volantiers la ou vos pleira.
5100 Et ſe de moi grant afeire a
Cele por cui vos me querez,
Ja ne vos an deſeſperez
Que je tot mon pooir n'an face!
Or m'an doint Deus eür et grace
5105 Que je par ſa buene avanture
Puiſſe deſreſnier ſa droiture!"

5082. Qautres *GAS.* | li] lan *H.* | poïſt] peuſt *P*, puiſt *GAS.* | eidier]
auoir meſtier *GAS. Darnach interpolirt H*: Et ſachiez bien treſtot de voir. |
Se le pris an poez auoir, *und ſtellt* 83. 84 *um.* 83. L'amor a] La morra *P*,
Lenor a *H.* 84. Auez *G*, Anchois *P*, Sauroiz *H.* | rachetee *H.* 86. Par
PA. 87. meiſme *V*; *A*: Ele miſme v. req. 88. qu'an vos] quele i *H.*
90. Se] Suns *PS*, Se granz *G*, Mais uns ſorz max *H.* | ne l'euſt] l'a *H.* |
tenue *G*, retenue *PS.* 91. Tant *A.* | qui *P.* | a *A.* | la] len *P.* | tret *V.*
92. men *PH.* | ſe *V*, ſi *P.* 94. an] vous *PHAS.* 95. Naie] Nenil *PG*,
Certes *V*, Nai ſoing *H.* | diſt *S.* | dou *V*, por *A.* 96. ſen *H.* 97. ni *S.*
98. ferai *A.* 99. Tot par tot *V.* | la *fehlt* (ou il uos) *A.* 100. Et *fehlt*
A,S(—1), Sele *G* (gr. *fehlt* —1). | gr. choſe a faire *A.* 2. Onques ne v. en
deſperez *V.* 3. ne *A.* 4. me *PHAS.* | pooir *S*, et cuer *PH*, c. et corage *A.*
6. Tout enſi *S* (deus *fehlt*). | entre d. *A.* | cheminerent *V*.

EINSI antr'aus deus chevauchierent   [5099.
Parlant tant que il aprochierent
Le chaſtel de Peſme Avanture.
5110 De paſſer outre n'orent cure,
Que li jorz aloit declinant.
Au chaſtel vienent cheminant,
Et les janz qui venir les voient
Treſtuit au chevalier diſoient:
5115 „Mal veigniez, ſire, mal veigniez!
Ciſt oſteus vos fu anſeigniez
Por mal et por honte andurer.
Ce porroit uns abes jurer.“
„Ha!“ fet il, „janz fole et vilainne,
5120 Janz de tote mauveſtié plainne
Et qui a toz biens as failli,
Por quoi m'avez ſi aſailli?“
„Por quoi? Vos le ſavroiz aſſez
S'ancore un po avant paſſez!
5125 Mes ja nule rien n'an ſavroiz
Juſque tant que eſté avroiz
Laſſus an cele fortereſce.“
Tantoſt mes ſire Yvains ſ'adreſce
Vers la tor et les janz ſ'eſcrïent,
5130 Treſtuit a haute voiz li dïent:
„Hu! hu! maleüreus, ou vas?
S'onques an ta vie trovas
Qui te feïſt honte ne let,
La ou tu vas t'an iert tant fet

5107. Tout einſi *S* (deus *fehlt*). | entre d. *A*. | cheminerent *V*. **8.** et t. quil *A*. | ſapr. *V*. **9.** Dou *V*. **11.** Car *A*, Et *P*. **12.** El *PGAS*, Ce *H*. | uindrent *V*. | cheuaucant *S*, apriſmant *H*, meintenant *GA*. **13.** la gent *S*. | le *AS*. **14.** au cheuauc⁹ *S*. **16.** Icis lieus *V*. | ſu] eſt *P*. **17.** honte] duel *G*. **18.** puet uns eueſques *AS*. | endurer *A*(+1). **19.** He *P*. | gent *vor* fet *S*. | et] *fehlt PA*. **20** *fehlt P*. **21. 22** *stellt um A*. **21.** Et] *fehlt HGAS*. | as] a *P*, auez *HGAS*. **22.** mas or *V*● | ſi] uous *S*. | acoilli *A*. **24.** Se uos un poi outre *A*. | ales *PG*. **25. 26** *fehlen VS*. **25.** ja] *nach* rien *H*; *A*: Je cuic que ml't bien le ſ. **26.** Juſqua t. queſte i a. *G*, Mes ancois eſte i a. *A*. **27.** Laſus] Amont *P*, *fehlt HGAS*. | cele] c. haute *HGAS*. **29.** la gent *VG*. | ſ'eſc.] leſc. *HGA*. **30.** et tr. *V* (li *fehlt*). | haute] nne *G*. | crient *P*. **31.** Ha ha *V*, Ou uas *G*.

5135 Que ja par toi n'iert reconté."   [5127.
„Janz fanz enor et fanz bonté,"
Fet mes fire Yvains qui efcoute,
„Janz enuieufe, et eftoute,´
Por quoi m'afauz, por quoi m'aquiaus?

5140 Que me demandes, que me viaus,
Que fi aprés moi te degroces?"
„Amis, de neant te corroces",
Fift une dame auques d'aage,
Qui mout eftoit cortoife et fage,

5145 „Que certes por mal ne te dïent
Nule chofe, einçois te chaftïent
Se tu le favoies antandre,
Que laffus n'ailles oftel prandre,
Ne le porquoi dire ne t'ofent;

5150 Mes il te chaftïent et chofent.
Por ce que efmaiier te vuelent.
Et par coftume feire fuelent.
Autel a toz les forvenanz
Por ce que il n'aillent leanz.

5155 Et la coftume fi eft teus
Que nos n'ofons an noz ofteus
Herbergier por rien qui avaingne
Nul preudome qui de fors vaingne.
Or eft for toi del foreplus:

5160 La voie ne te defant nus.
Se tu viaus, laffus monteras,

5135. por *A.* | raconte *VA.* **37. 38** *fehlen G.* **37.** lefcoute *V.*
38. enuieufe] maleuree *P,* maleureufe *A,* trop mauaife *S.* | et] gent *H,* et
trop *S.* **39.** Por coi crie *A,* Et tu uaffaus *S.* | mafaut *A.* **40.** Or me de-
mande q. me uaut *A.* **41.** Qui fi *PHA,* Queinfi *V.* | deuant moi *A.* | de-
gretes *P.* **42.** por n. *A.* | coureches *P.* **43.** Fet *GA,* Dit *V.* | dauques
dage *S.* **45.** Q.] *fehlt V, nach* Certes *GA,* Car *S* (cert. *fehlt*). | nul mal *S.* |
ne] nel *PGA,* ne le *VS.* **46.** Biaus amis *S.* | ainz *V*(—1). **47.** tu i uoloies *V.* |
48. leffus *H,* laienz *V.* | nales *S*; *A*: Ancois ne naille o. p. **49.** Et nepor-
quant d. nel *G,* Et por cou d. nel uous ofent *S.* **51.** ne te *S*(+1),
ten *H.* **52.** Et *fehlt* (le fuel.) *GS*; *P*: Et a chafcun f. le f. **53.** Ainfu't *A*;
P: Autel atour as f.; *G*: Laffus en la tor au uenanz. **54.** n'a. auant *A.*
55. c. eft cha hors t. *PH.* **56.** nos uos *G*(+1). | an] a *HAS.* **58.** ceenz v. *G.*
59. 60 *fehlen V.* **59.** des ore p. *PAS.* **60.** deffens plus *P.*

[5154.

Mes par mon los retorneras.“

„Dame“, fet il, „fe je creoie

Voftre confoil, je cuideroie

5165 Que j'i eüffe enor et preu;

Mes je ne favroie an quel leu

Je trovaffe oftel huimés.“

„Par foi“, fet ele, „et je m'an tes,

Qu'a moi riens nule n'an afiert.

5170 Alez quel part que buen vos iert!

Et neporquant grant joie avroie

Se je de leanz vos veoie

Sanz trop grant honte revenir,

Mes ce ne porroit avenir.“

5175 „Dame“, fet il, „Deus le vos mire!

Mes mes fos cuers leanz me tire,

Si ferai ce que mes cuers viaut.“

Tantoft a la porte f'efquiaut

Et fes lions et fa pucele.

5180 Et li portiers a lui l'apele,

Si li dit: „Venez toft, venez!

An tel leu eftes affenez,

Ou vos feroiz bien retenuz,

Et mal i foiiez vos venuz!“

5185 EINSI li portiers le femont

Et hafte de venir a mont,

Mes mout li fet leide femonfe.

Et mes fire Yvains fanz refponfe

Par devant lui f'an paffe et trueve

5190 Une grant fale haute et nueve,

5964. gi V. **65.** ie P. | ge i auroie G(+1), i aueroie A, ien aroie S. |
enor] los A. | et preu] peɪdu P. **67.** troueroie V, retrouaffe H. | anuimes A,
anuit mais PS. **68.** Sire V. | cele H. | et fehlt GS(V). | me A; V: il en
eft pes. **69.** nule r. G, r. nee V. **71.** Nonp. ml't lie feroie V. **73.** tr.
fehlt A (ca rev.). **74.** nen S. **76.** Se G. | faus P, ẽns H. | leanz] amont G.
77. viaut] ausgelassen P. **78.** Ml't toft V. | a] uers PHAS. | uoie G. | faquet
PHGA. **79.** fa] la H. **80.** lui] foi HGA. **81.** dift PG. | toft] ens V.
82. An] Quan H, Qua AS, A G. | mal port G, bon p. AS. | affenez] ofte-
lez V, ariuez HGAS. **83.** Vos i f. A. | recheus S. **86.** de monter S, mout
daler V. **87.** fet] fift HGAS. **90.** f. tote noeue V.

S'avoit devant un prael clos   [5183

De peus aguz, reonz et gros,

Et par antre les peus leanz

Vit puceles jufqu'a trois çanz,

5195   Qui diverfes oevres feifoient.

De fil d'or et de foie ovroient

Chafcune au miauz qu'ele favoit.

Mes tel povreté i avoit

Que defliiees et defçaintes

5200   An i ot de povreté maintes,

Et as memeles et as cotes

Eftoient lor cotes defrotes

Et les chemifes au dos fales.

Les cos grefles et les vis pales

5205   De fain et de mefeife avoient.

Il les voit et eles le voient,

Si f'anbrunchent totes et plorent

Et une grant piece demorent,

Qu'eles n'antandent a rien feire,

5210   Ne lor iauz ne pueent retreire

De terre, tant font acorees.

Quant un po les ot regardees

Mes fire Yvains, fi fe treftorne,

Droit vers la porte f'an retorne,

5215   Et li portiers contre lui faut,

Si li efcrie: „Ne vos vaut,

5191. Et uoit V. | dedenz GS, *hinter* p. A. | pre S, parc A, uergier G. enclos AS. **92.** p. a. et granz G, p. de caifne et grans A, p. de chaifne agus PS **93.** parmi le palais V. **94.** Voit S. **96. 97,** *dann* **5205.** *fehlen* V, *der folgendermassen ordnet:* 195. 206. 198. 198ª (*interpolirt*: Que a grant mef-chief les ueoit). 199. 200. 201. 202. 203. 204. 207. **98.** M. tele pouerte S M. entreus t. pouerte G (i *fehlt*). **99.** Et V. **200.** de] par V; GAS: Er i auoit ce fachiez m. **1. 2** *stehen* G *hinter* 3. **4.** 1. en .. en V, les . les P. | coutes GA, coftes V, couftes S, codes H, keutes P. ˙ **2.** Par eft. lor manches routes G, Paroient par leur cotes routes P. **3.** les] lor V, des G. au col G, as cols P, as cos H, as caus A, des dos S. | pales H. **4.** flam: GAS. | megres G. **5** *fehlt* V. **6.** Il le V. **7.** fembroignent A. **10.** nen HA. **11.** De plorer G. | font tant S. | adolees A. **12.** efgardees GS. **13.** fen PGS. | retorne GAS. **14.** Tout dr. G. | fe ret. A, fe torne G, dolant et morne S. **15.** li crie en haut S. **16.** Sire uaffal riens S. | dex uos faut G.

Que vos n'an iroiz or, biaus meftre!   [5209.

Vos voudriiez or la fors eftre,

Mes, par mon chief! riens ne vos monte;

5220 Ainz avroiz eü tant de honte

Que plus n'an porriiez avoir;

Si n'avez mie fet favoir

Quant vos eftes antrez ceanz;

Que del riffir eft il neanz."

5225 „Ne je nel quier", fet il, „biaus frere!

Mes di moi, par l'ame ton pere!

Dameifeles que j'ai veües

An ceft prael, don font venues,

Qui dras de foie et orfrois tiffent?

5230 Oevres font qui mout m'abeliffent,

Mes ce me defabelift mout

Qu'eles font de cors et de vout

Megres et pales et dolantes;

Si m'eft avis, beles et jantes

5235 Fuffent mout fe eles eüffent

Iteus chofes qui lor pleüffent."

„Je", fet il, „nel vos dirai mie.

Querez autre qui le vos die!"

„Si ferai ge quant miauz ne puis."

5240 Lors quiert tant que il trueve un huis

Del prael ou les dameifeles ·

Ovroient, et vint devant eles,

Si les falue anfanble totes

5217. Car *VS.* | iftres or b. *PGS*, ifteres b. m. *A.*   **18.** or] ia *A.* | aillors
e. *V.*   **19.** ma foi *A.* | nen ne uos m. *A*, ne uos i m. *H* (r. *fehlt*).   **21.** pores
ia *S*; *P*: Que uous plus nen porres a.   **22.** On le uous fera ia fauoir *P.*
23. uenus *PHGA.*   **24.** Car *PAS.* | iffir *PS*, aler *G*, retorner *A* (il *fehlt*). |
ert mes *V.*   **25.** Ne ie ne q. *PH*, Nel te requier *V*, Nen q. mie iffir b. dous
fr. *S.*   **26.** me *A.* | ta mere *V.*   **27.** ai *G.*   **28.** ce *V*, cel *PS*, El *A.* | parc *A*,
chaftel *H.* | eles v. *A.*   **29.** de foie et doffrois *P*, de foies a or *A*, dorfrois et
foie *S*, de f. oeurent et t. *G.*   **30.** Et o. *H* (ml't *fehlt*). | membel. *GS.*   **31.** ce
me defemb. *G*, ice me dehete *V*, ce ne mabelift pas *A.*   **33.** Poures et
megres et d. *V.*   **34.** uis que *PH*; *A*: Neporquant ml't b.   **35.** F. fe a
plente *A*, F. m. fa pl. *S.*   **36.** Teles *PG.* | com *V.* | lor pl. *weggewischt V.*
37. ne uous *PA*, ne le *V.*   **38.** autrui *PHS.* | que *G.*   **39.** miauz] ie *S*,
mais *P*.   nen *P.*   **40.** q.] fet *V*, ua *G.* | quil *PS*(—1). | luis *PHG.*   **42.** vient *GS.*

Et fi lor voit cheoir les gotes   [523]

5245 Des lermes qui lor decoroient
Des iauz fi com eles ploroient.
Et il lor dit: „Deus, f'il li pleft,
Ceft duel qui ne fai don vos neft
Vos oft del cuer et tort a joie!"

5250 L'une refpont: „Deus vos an oie,
Cui vos an avez apelé!
Il ne vos iert mie celé
Qui nos fomes et de quel terre.
Efpoir ce volez vos anquerre."

5255 „Por el", fet il, „ne ving je ça."
„Sire, il avint mout grant pieç'a,
Que li rois de l'Ifle as Puceles
Aloit por aprandre noveles
Par les corz et par les païs,

5260 S'ala tant come fos naïs
Qu'il f'anbati an ceft peril.
An mal eür i venift il,
Que nos cheitives qui ci fomes
La honte et la painne an avomes,

5265 Qui onques ne le defervimes.
Et fachiez bien que vos meïmes
I poez mout grant honte atandre
Se l'an reançon n'an viaut prandre!
Mes tote voie einfi avint

5270 Que mes fire an ceft chaftel vint,

5244. Et il *VG.* **45.** degotoient *GAS.* **46.** fi c. e.] com eles les *A*
et tenrement *S.* **47.** Adont dift il *P*; dift *G.* | fe *GAS,* fi *P.* **48.** C
G, Chel *P,* Ceftui *A.* | qui] *fehlt A,* que *HGS,* qui ge *V.* | vos] *fehlt I*
il *S.* **49.** des cuers *PS,* par tans *G.* | uos doint *G*; *V*: Sil li pleft uo
atort a i. **50.** Sire font el *V,* S. fet ele *G,* Celes dient *AS.* | d. ten *G*
51. Cui] Que *PHGAS.* **52.** Il] Si *V,* fehlt *HGAS.* | iert] fera *HGAS.*
mie] noient *A,* mefui *G.* **54.** nos uolez *GAS.* **55.** fet] dift *P.* **56.** Bea*u*
fire *S* (ml't *fehlt*), S. font elles *S* (il a m. *fehlen).* | auient *A.* **59.** le pai
PGA. **62.** An] *A HAS.* **63.** Car *A,* A *S.* **64.** Le duel *G.* la paine
le mal *HGAS,* le duel *P.* **65.** Q' *P.* | le] les *V, fehlt P* (deferueifmes)
66. bien fachiez *PHAS.* **67.** pores *A.* | m. bien *S.* **68.** l'an] *fehlt PGAS*
an *nach* viaut *H.* | uiaut] uolez *GA,* uoelent *S.* | emprendre *P,* rendre *GA*
69. totes uoies fi *AS,* t. uois iffi *G.* **70.** li rois *GS,* cil *A*(—1). | ce *V.*

[5263.

Ou il a deus fiz de deable,
Si nel tenez vos mie a fable!
Que de fame et de netun furent.
Et cil dui conbatre fe durent
5275 Au roi, don dolors fu mout granz;
Qu'il n'avoit pas dis et huit anz;
Si le poïffent tot porfandre
Aufi com un aignelet tandre.
Et li rois qui grant peor ot
5280 S'an delivra au miauz qu'il pot,
Si jura qu'il anvoieroit
Chafcun an tant com il vivroit
Ceanz de fes puceles trante,
Si fu quites par cefte rante.
5285 Et devifé fu au jurer
Que cift treüz devoit durer
Tant con cil dui maufé durroient.
Et a cel jor que il feroient
Conquis et vaincu an bataille,
5290 Quites feroit de cefte taille
Et nos feriiens delivrees,
Qui a honte fomes livrees
Et a dolor et a mefeife.
Ja mes n'avrons rien qui nos pleife.
5295 Mes mout dis ore grant anfance,

5271. au d. *A*, de deables *G*, a d⸱. *S*. **72.** Si ne le *V*, Che ne *I'*, Ne le *G·IS*, Ne nel *H*. | uos *fehlt V*. | fables *GS*. **73.** Car *AS*. | et *fehlt V*. netun] nuiton *G*, muton *S*, luiton *VA*; *P*: Que de f. uraiement f. **74.** Ychil *PG*. | dui] *fehlt A* (deurent). **75.** m.] trop *H*. **76.** Qui *GS*. | .xvii. *A*, paffe .xv. *G*. **77.** cuidierent *A*. | tuit *G*, treftot *V*(+1). **78.** .i. nauelet *G*. **80.** Se *PGA*. | plus toft q. *V*, fi com il *H*. **81.** que il ammeroit *G*, quil lor amenroit *AS*. **82.** C. iour *P*. | com] que *S*. | il v.] uis feroit *H*, drois f. *PGAS*. **83.** Au mains *V*. **84.** Si fuft *PH*, Enfi fina *A* (q. *fehlt*). | cele *V*, itel *G*, droite *A*. **85.** Si fu d. *A*. | deuifie *H*. | a *H*, anjrer *A*; *PG*: Et (Si *G*) fu iure au deuifer; *S*: Et fift iurer et d. **86.** Et *MA*. | fes *S*. | deuroit *V*. **87.** que *A*. | cift *A*, li *PHS*. | uiuront *A*. **88.** ce *HS*. | feront *A*; *G*: Et maintenant . . **89.** Vaincu et conq. *S*, Conquis ou tue *P*. **90.** Si fuft quites *P*, Quite feront *A*. | cele *V*. **91.** Et lors ferom nos *G*, Et lores ferons *A*, Adont feriemes *S*. **92** (*fehlt P*). doulor *G*, dolors *S*. **93.** martyre *GS*, torment *A*, trauail *P*. | malaife *S*. **94.** qui] quil *P*. **95.** Mes *fehlt G*. | di *HS*, ai or dite *G*.

Qui parlai de la delivrance;   [5288.
Que ja mes de ceanz n'iftrons.
Toz jorz dras de foie tiftrons,
Ne ja n'an ferons miauz veftues.
5300   Toz jorz ferons povres et nues
Et toz jorz fain et foif avrons;
Ja tant gaeignier ne favrons
Que miauz an aiiens a mangier.
Del pain avons a grant dangier,
5305   Au main petit et au foir mains;
Que ja de l'uevre de noz mains
N'avra chafcune por fon vivre
Que quatre deniers de la livre.
Et de ce ne poons nos pas
5310   Affez avoir viande et dras;
Car qui gaaigne la femainne
Vint fouz, n'eft mie fors de painne.
Et bien fachiez vos a eftros
Que il n'i a celi de nos
5315   Qui ne gaaint vint fouz ou plus.
De ce feroit riches uns dus!—
Et nos fomes an grant poverte,
S'eft riches de noftre deferte
Cil por cui nos nos traveillons.
5320   Des nuiz grant partie veillons
Et toz les jorz por gaeignier;
Qu'an nos menace a maheignier
Des manbres, quant nos repofons,

5296. parla A, paroil HS.   **97**. De c. jam. nifterons A.   **98**. draz V,
mais PGAS. | ouuerrons PGAS.   **299. 300** fehlen GAS.   **99**. Que V. | n'an]
ne P. | mes v. V.   **301**. foif et f. G.   **2**. Ne ia A. | g.] fehlt A, cheuir H.
nen V, ne nos H. | gaaignerons A.   **3**. Quant m. auomes GS. | au P.   **4** (fehlt V).
dongier H.   **5**. Petit au main PS; GA: P. au foir et au m. m.   **6**. Car S,
Ne VG. | de fes PS.   **7**. Nen a. A. | por] de V, a A. | fon] lui P.   **9**. por-
rons P.   **10**. Av. v. afes S. | robes ne dr. V.   **11**. 12 fehlen G.   11. Et V.
12. 13. 14 fehlen V.   **13**. Mes H.IS. | fach. bien tout G.   **14**. chele PGA.
15. Quil ne gaaigne P, Et ge gaaig V. | .v. folz H.   **16** fehlt G.   **17**. a gr. S,
ci an HA.   **20**. De nuit GA.   **21—24** fehlen GA.   **21**. tot le ior V, les
iours tous P.   **22**. Quil PH, On S.

Et por ce repofer n'ofons. [5316.

5325 Mes que vos iroie contant?
De mal et de honte avons tant
Que le quint ne vos an fai dire.
Mes ce nos fet anragier d'ire
Que mout fovant morir veomes
5330 Chevaliers riches et prodomes
Qui as deus maufez fe conbatent.
L'oftel mout chierement achatent
Einfi con vos feroiz demain;
Que treftot feul de voftre main
5335 Vos covandra, voilliez ou non,
Conbatre et perdre voftre non
Ancontre les deus vis deables."
„Deus, li verais efperitables,"
Fet mes fire Yvains, „m'an defande
5340 Et vos enor et joie rande
Se il a volanté li vient!
Des or mes aler m'an covient
Veoir les janz qui leanz font,
Savoir quel chiere il me feront."
5345 „Or alez, fire! cil vos gart
Qui toz les biens done èt depart!"
LORS va tant qu'il vint an la fale,
N'i trueve jant buene ne male
Qui de rien le mete a reifon.

5324. Por riens refufer nel of. *S.* **25—28** *fehlen V.* **25.** Mes *fehlt A.* | plus c. *A,* acontant *S.* **26.** De h. et de m. *HA.* **27.** ne v. en os *S,* ne v. fauons *G,* nen fauommes *A.* **28.** Et *H.* | efragier *P,* erragier *A,* efmai- ier *S.* | fire *A.* **29.** Et *V.* | maintes foiz *H.* **30.** Des ch̨ *G.* | riches] iue- nes *H,* armes *P,* darmes *GS.* | et] *fehlt G; A:* Dames puceles et p. **31.** Quas *G.* | deables *G,* diables *A.* **32.** Hoftel *A.* | trop *PA.* | durement *VG,* ricement *A; S:* Trop ch. l'o. ach. **33.** Aufi *PHA.* | que *A.* **34.** Car *A.* | treftoz feuls *VGS.* | par *V.* **35.** eftera *A.* **38.** Et dix *PGAS.* | urais *P,* uoirs *GAS,* uoirs rois *H.* **39.** me *A.* **40.** Et dø̨ *S,* Et *G* (vos *vor* rende), fi uos *vor* r. *A.* | honneurt *P.* | et] *fehlt S.* **42.** me c. *V.* **43.** Et v. *H.* | les] ches *P, fehlt H;* la gent *V.* **44.** q. ioie *S.* **45.** cil] et dex *G,* dius *A.* **46.** d. a fa part *H.* **47.** uient *PAS; G:* Lors fen monte droit . . **48.** troua *GS.* **49.** de r.] *fehlt A.* | les *PH.* | mefiffent *A; S:* Q. de mal ne de bien le m. a. r. *(so).*

5350 Tant trefpaffent de la meifon   [5342.
Que il vindrent an un vergier.
Ainz de lor chevaus herbergier
Ne tindrent plet ne ne parlerent.
Cui chaut? que bien les eftablerent
5355 Cil qui les cuidoient avoir.
Ne fai f'il cuidoient favoir,
Qu'ancore ont il fegnor tot faiu.
Li cheval ont avainne et fain
Et la litiere jufqu'au vantre.
5360 Et mes fire Yvains qui f'an antre
El vergier, aprés lui fa rote,
Voit apoiié defor fon cote
Un riche home qui fe gifoit
Sor un drap de foie, et lifoit
5365 Une pucele devant lui
An un romanz ne fai de cui.
Et por le romanz efcouter
S'i eftoit venue acoter
Une dame, et c'eftoit fa mere
5370 Et li fires eftoit fes pere,
Si fe pooient efjoïr
Mout de li veoir et oïr;
Car il n'avoient plus d'anfanz,
N'ele n'avoit mie feize anz

5350. trefpaffe *A*, trefpaffa *G*, trefpa *S*(—1. ' par *V*. 51. Q. defcendent *V*.
52. Onques des (de *A*) ch. *GAS*. 53. ne nan *H*. 54. que] car *V*, quant *A*.
cil les *A*. | oftelerent *AS*; *P*: Et fachies bien l. e. 55. les cuiderent *S*, lun
en quident *PH*. 56. quil *V*, fe il *GA*. | cuidierent *HAS*. | le uoir *P*, uoir *GA*.
57. Encor *PG*. | a il cheual *H*, eft leur feigneur *P*. 58. Affez orent *GAS*.
59 (*fehlt P*). la] *fehlt GAS*. | eniufquau *H*, iufques au *A*, deffi quau *GS*.
60. Et] *fehlt PGAS*. | qui f'an] lors fen *H*, el uergier *PGAS*. 61. El v.]
Et *P*, La pucele *GS*, Et puceles *A*. | li *H*, *fehlt A*. | toute fa route *P*,
farroute *V*, faroute *GS*. 62. Apuye uoit *PAS*, Apoiez fu *G*. | defus *A*. 63. Un
prodomme *PGAS*. 66. An *fehlt V*. | roumant *AS*. | ge ne *V*. 68. acoder *H*,
efcouter *AS*. 69. et eftoit *P*, et feftoit *H*, ceftoit *A*, et ce fu *V*, mes ciert *G*,
qui ert *S*. 70. Et li prodons *PG*. | reftoit *A*, ce ert *G*. 71. Se fen *V*, Et
fe *P*. | porent *H*. | ml't e. *H*, m. ioir *A*. 72. Mout de li] De li et *V*, De
li bien *H*, M. del *G*, M. fe delitent *A* (veoir et *fehlt*). | del oir *GA*. 73. Que *G*.
74. N'ele] *fehlt A*, Et fi *S*, Ne *PH*. | n'avoit mie] n'a. pas *P*, not mie plus
de *H*. | .xvii. *PA*, .x. *GS*.

5375 Et l'eftoit fi tres bele et jante   [5367.
Qu'an li fervir meïft f'antante
Li deus d'amors f'il la veïft,
Ne ja amer ne la feïft
Autrui fe lui meifmes non.

5380 Por li fervir devenift hon,
S'eiffift de la deïté fors
Et ferift lui meïfme el cors
Del dart don la plaie ne fainne.
Se defleaus mires n'i painne.

5385 N'eft droiz que nus garir an puiffe   —
Tant que defleauté i truiffe.   /
Et qui an garift autremant,
Il n'aimme mie leaumant.
De cefte plaie vos deïffe

5390 Tant que huimés fin ne preïffe,
Se li efcouters vos pleüft;
Mes toft deïft tel i eüft,
Que je vos parlaffe d'oifeufe;
Car la janz n'eft mes amoreufe,

5395 Ne n'aimment mes fi com il fuelent,
Que nes oïr parler n'an vuelent.
Mes or oez, an quel meniere,
A quel fanblant et a quel chiere
Mes fire Yvains fu herbergiez!

5375. Et fi eft. *GS*, Si e. *A*. | fi tres] fi *PGA*, et *S*, ml't *H*. | et] et fi *PA*, et ml't *H*. **76.** li amer *VS*, lui deuft *G*. | metre *G*. **77** (2. *spätere Hand auf leer gelassener Zeile H*). fi *PS*, fe lui uaufift *V*. **78.** Que *S*. | li f. *S*; *V*: Amer. ne ia ne li f. **79.** Autrui] Amer *V*. | fe] fa *P*. | lui *zu* li *durch Wegwischen H*. | meifme *AS*. **80.** lui amer *V*. | deuenoit on *G*. **81.** Sil fuft *G*, Si fuft *A*. | fa *PHA*. | daite *A*. **82.** lui] foi *AS*. **84.** mires] amanz *GAS*. **85.** Il neft hom *V*, Neft *H* (dr. *fehlt*, — 1). | qui *V* (nus *fehlt*). | pener i *H*. **86.** Puis que *P*, Jufque *H*, J.ᵉ *S*. | i] ni *P*. **89.** cele *V*, ces plaies ml't *H*. **90.** Tant que] T. qua *H*, Jufques a *P*(+1), Ne *G*. | huimes] .I. mois *P*, iamais *A*, une *H*. | fin] finer *G*. | ne] ⊕en *S*, an *H*. | queiffe *G*, ueniffe *H*. **91.** Se leftoire bien *H*. **92.** M. t. aucun en *S*, M. aucuns de uos *A*, M. t. tex de uos *G*. **93.** de fonge *H*; *G(A)S*: Qui deïft ceft parole oifeufe. **94.** Que *PH*, Quil ni a mes gent *G*. | mes] mie *VS*. | amoronge *H*. **95.** Et *V*, Il *G*. | mie *A* (il *fehlt*). **96.** Car *AS*. | parl. o. *S*. **97.** oiez *V*; *GS*: M. einz noiftes me (la *S*) meniere; *A*: M. noieftes onques m. **99.** fu] eft *HGA*.

5400 Contre lui faillirent an piez   [5392.
      Tuit cil qui el vergier eftoient
      Tot maintenant que il le voient,
      Si li dïent: „Or ça, biaus fire!
      De quanque Deus puet feire et dire,
5405 Soiiez vos beneoiz clamez
      Et vos et quanque vos amez!“
      Je ne fai fe il le deçoivent,
      Mes a grant joie le reçoivent
      Et font fanblant que mout lor pleife
5410 Que herbergiez foit a grant eife.
      Meïfmes la fille au feignor
      Le fert et porte grant enor,
      Con l'an doit feire fon buen ofte:
      Treftotes fes armes li ofte
5415 Et ce ne fu mie del mains
      Qu'ele li leve de fes mains
      Le col et le vis et la face.
      Tote enor viaut que l'an li face
      Li pere fi con l'an li fet.
5420 Chemife ridee li tret
      Fors de fon cofre et braies blanches
      Et fil et aguille a fes manches,
      Si li veft et fes braz li coft.
      Or doint Deus que trop ne li coft
5425 Cefte lofange et cift fervife!

5400. faillent tuit *A.* 1. en loftel *V.* **2.** Et *H.* **4.** quanques *PA.*
6. quanques *A.* | auez *HS.* **7. 8** *fehlen V.* **7.** Se ne fai ge fil *H.* **8.** M.
ml't belement *A.* **9.** que mout] q. il *PGA*, quil *S*(—1). **10.** Quil foit h². *H*,
Et hᵉ. lont *S.* **11.** Meifme *A*, Et neis *P.* **13.** Com an *H*, Que om *A.* | ueut *V.* |
a fon *HG.* **14.** Et totes *G*, Et treftotes *AS* (li *fehlt*). **16.** li leve] meifmes
PG, meifme *AS.* | de] a *G.* **17.** Li leue le col *P*, Le col li apleigne *G*,
= aplane *S*, = (li *fehlt*) aplanie *A.* | fa *A.* **18.** Et tote *S*, Grant *A.* | que
on *PA*, con *S*; *V*: Ne ueut chofe quen ne li f. **19.** Ses *V.* | fires *PGA.* |
com on li *S*, c. len i *V*, que len li *A*, com ele *PH.* **20.** rifdee *H*, delie *AS*,
et braies fors *G.* **21.** F. *fehlt G.* | du fien *S*, dun *PA*(—1),*G.* | et br.] de-
liees *G.* | br. bl.] blanches braies *P* (*ohne Reimvers*). **22.** Et dou fil a coudre
fes *G. Danach interpoliert P:* Lachier et bien toft fen auanches. **23.** Si]
Puis *P.* | les braz *AS*, cele *G.* **24.** Or criem ge *V.* | tr.] chier *G.* | ni efcot *V.*
25. Cele *S*, A la *V.* | befoigne *S.* | ceft *G*, cil *A*, cel *S*, au *V.*

A veſtir deſor ſa chemiſe   [5418.
Li a baillić un buen ſorcot,
Et un mantel ſanz harigot,
Ver, d'eſcarlate, au col li met.

5430 De lui ſervir tant ſ'antremet
Qu'il an a honte et ſi l'an poiſe.
Mes la pucele eſt tant cortoiſe
Et tant franche et tant deboneire
Qu'ancor an cuide ele po feire.

5435 Et bien ſet qu'a ſa mere pleſt
Que rien a feire ne li leſt,
Don ele le cuit loſangier.
La nuit ſu ſerviz au mangier
De tant de mes que trop i ot.

5440 Li aporters enuiier pot
As ſerjanz qui des mes ſervirent.
La nuit totes enors li ſirent
Et mout a eiſe le couchierent,
N'onques puis vers lui n'aprochierent

5445 Que il ſu an ſon lit couchiez.
Et ſes lions jut a ſes piez
Si com il ot acoſtumé.
Au main quant Deus ot alumé
Par le monde ſon lumineire

5450 Si matin com il le pot feire,
Qui tot fet par comandemant,

5426. Au *V.* | deſoz *V.* | la *S.*   **27.** Li apareille *V.* | buen] biau *P*,
nueſ *H.*   **28.** Et boin *S.* | ſanz] a *GA.* | haligot *PG*, aligot *VS.*   **29.** Vert *S.* |
li pent *V.*   **30.** tant] *vor* de lui *A*, ml't *GS.* | ſe preſent *V.*   **31.** Que len
la bote *H.* | ſi l'an] ml't li *P*, tant li *A.*   **32.** tant] ſi *P.*   **33.** Et *fehlt*
V(—1). | fr.] cointe *G.* | t. . . ſi *S*, ſi . . ſi *H.*   **34.** li c. *A*, nan c. *H*, ne
le c. *G* (ele *fehlt*). | preu *HG.*   **35.** Q' *P.* | que *AS.* | la *G.*   **36.** Q.] *fehlt V*,
Et *G.* | Riens nule *V*, bien *GA.* | ne] ml't *G.*   **37.** D. el le cuide *S*, D. bien
le c. *A.*   **38.** Le ſoir *G*, Laiens *A.*   **39—42** *fehlen GAS.*   **39.** De mes
tant *P*, De tanz mes *H.* | t. en y *PH.*   **40.** A ⬤porter *V.*   **42.** Cele nuit
tote honor *V.*   **44** (*fehlt S*). puis] *fehlt V.* | vers] a *PGA.* | ne ſapr. *V*, ne
parlerent *G*, ne tochierent *A.*   **45. 46** *stellt um S.*   **45.** Car il *S*, Quil
ſe *V.*   **46.** ſes] li *HGAS.* | vint *P.*   **47.** ot] lot *P.*   **48.** rot *H.* | adiourne *S.*
49. tot le mont *V.*   **50.** matin] main *GAS.* | com il] quil ne *S.* | pot] ſot *V*,
puet *P*, pot plus *GAS.*   **51.** Et *GS.* | deuiſement *GAS*; *V:* Se leua ſanz com.

Se leva mout ifnelemant   [5444.
Mes fire Yvains et fa pucele,
S'oïrent a une chapele
5455 Meffe qui mout toft lor fu dite
An l'enor del faint Efperite.
M ES fire Yvains aprés la meffe
    Oï novele feleneffe
Quant il cuida qu'il f'an deüft
5460 Aler, que riens ne li neüft;
Mes ne pot mie eftre a fon chois.
Quant il dift: „Sire, je m'an vois,
S'il vos pleft, a voftre congié",
„Amis, ancor nel vos doing gié",
5465 Fet li fire de la meifon.
„Je nel puis feire par reifon;
Qu'an ceft chaftel a eftablie
Une mout fiere deablie
Que il me covient maintenir.
5470 Je vos ferai ja ci venir
Deus miens ferjanz et granz et forz.
Ancontre aus deus, foit droiz ou torz,
Vos covandra voz armes prandre.
S'ancontre aus vos poez defandre
5475 Et aus andeus vaintre et ocirre,
Ma fille a feignor vos defirre
Et de ceft chaftel vos atant

5452. Lors fe l. ifn. *GS,A* (tot maintenant); *V*: Ml't toft et m. if.
53. fa] la *PAS*. **54.** Si oient *AS*. **55.** m. ifnel fu *G*, m. fu ifn. *A*. **56.** del]
de *PAS*. | fainte *GAS*. **57.** meffes *P*. **58.** Pour les nouueles feleneffes *P*.
60. Raler *V*. | et *A*. | rien *HS*. | euft *S*. **61.** M. il ne (nen *S*) pot (puet *S*)
eftre *AS*, M. ne fu pas fet *G*. **63.** Si *P*, Se *VG*. **64.** Encor fet il *V*. |
ne *PGA*. **66.** Jel nel *A*, Je ne *P*. **67.** Qu'an] En *HGAS*. **68.** fiere]
trefgrant *GS*, grande *A*. **69.** Quil me couient a m. *HGAS*, Que uos couendra
m. *V*. **70.** Si *A*. | cha ci *S*. **71.** miens] grans *PGS*. | ferjanz] geanz *GAS*.
et] ml't *PHS*. | granz] fiers *PS*, durs *G*. **72.** deus] *fehlt PG*. | droiz] *fehlt*
H(—1), ou dr. *PG*. | ou] foit *S*; *V*: Enc. aus deus tot cors a cors (*kein
Reim*), *A*: V ce foit drois ou ce foit tors. **74.** Senuers *A*, Se uers *G*. |
uolez *V*, ofez *GA*. **75.** Et cel andous *P*, Et faus deus *A*, Et ambedeus *S*. |
aus *fehlt G*(—1). | les poes oc. *A*. **76.** a feignor] et fenors *H*. **77.** apent *A*,
ci uos rent *S*.

L'enors et quanqu'il i apant". [5470.

„Sire", fet il, „je n'an quier point.

5480 Ja Deus einfi part ne m'i doint,

Et voftre fille vos remaingne,

Ou l'anperere d'Alemaingne

Seroit bien faus f'il l'avoit prife,

Qui mout eft bele et bien aprife!"

5485 „Teifiez, biaus oftes!" dit li fire.

„De neant vos oi efcondire;

Que vos n'an poez efchaper.

Mon chaftel et ma fille a per

Doit avoir et tote ma terre

5490 Cil qui porra an chanp conquerre

Çaus qui· vos vandront afaillir.

La bataille ne puet faillir

Ne remenoir an nule guife.

Mes je fai bien que coardife

5495 Vos fet ma· fille refufer;

Que einfi cuidiez reüfer

Outreemant de la bataille.

Mes ce fachiez vos bien fanz faille

Que conbatre vos i eftuet!

5500 Por rien efchaper ne f'an puet

Nus chevaliers qui ceanz gife.

Ce eft coftume et rante afife

Qui trop avra longue durее;

Que ma fille n'iert mariee

5505 Tant que morz ou conquis les voie."

5478. Lonor *VGS.* | et de *G.* **79.** dift *S.* | uoeil *V*, ruis *A.* **80.** iffi *G*, ici *S.* | (part *fehlt*) ne la me *PGAS.* **81.** Mes *GAS.* **82.** Car *GAS.* **83.** Sil lauoit nen feroit ia pire *GAS.* **84. 85** *fehlen PGAS.* **84.** Car cortoife eft et *V.* **86.** oi] uoi *P.* **87.** Car *A.* **88.** a per] aurez *H (ohne Reim).* **89.** Doit auoir] Et ma fille *H.* **90.** Cil qui porra] Qui les porra *GAS(P),* Se cez poez *H.* | an chanp] andeus *GAS(P); P:* Qui andous les porra c. **91.** Çaus qui] Qui ia *PH,* Car ia *GA,* Et ia *S.* **92.** nen *S.* **96.** Que einfi] Q¹ fi *P,* Q' fi *G,* Queinfi *S,* Por ce *H,* Por tant *A.* | uous cuidies *PHGS,* uos uoles *A.* | efcufer *PGS,* encufer *A,* efchaper *H.* **98.** ice *G* (v. *fehlt*); *V:* Sach. ueraiement f. f. **502.** Car ceft *V,* Chefte *P.* **3.** Q' *P.* | maura *GS.* | longue] eu *A.* **4.** Ne *GAS.* **5.** conquis et (ou *AS*) mors *GAS,* conquis andous *P.*

„Donc m'i covient il tote voie   [5198.
Conbatre maleoit gre mien;
Mes je m'an fofriffe mout bien
Et volantiers, ce vos otroi.
5510   La bataille, ce poife moi,
·Ferai quant ne puet remenoir."
A tant vienent hideus et noir
Amedui li fil au netun.
Et n'an i a nul qui n'et un
5515   Bafton cornu de cornellier,
Qu'il orent fet aparellier
De cuivre et puis liier d'archal.
Des les efpaules contreval
Furent armé jufqu'as genouz,
5520   Mes les chiés orent et les vouz
Defarmez et les james nues
Qui n'eftoient mie menues.
Et einfi armé com il vindrent
Efcuz reonz an lor mains tindrent,
5525   Forz et legiers por efcremir.
Li lions comance a fremir
Tot maintenant que il les voit;
Qu'il fet mout bien et aparçoit
Que a cez armes que il tienent
5530   Conbatre a fon feignor fe vienent;

5506 (*fehlt* P). Dont VGA. | me GA, men S.   **8.** Et V, Si men f.
ie G.   **9.** la uos o. G, ce poife moi A, en moie foi S.   **10.** ie uos otroi A,
fi com ie croi V. **11.** quant] que H. | nen S. **12.** uindrent GAS. | hifdeus]
chif.... P. **13.** Andui li dui P. | au] dun HS, dou G, a P. | nuitun PS,
nuiton G, luiton VA. **14.** Et] *fehlt* H, Si P. | n'an i] ni PHGAS. | nul] nul
daus .ii. H, nul fol G, un feul S, celui PA. | qui] *fehlt* G. | nait bafton G.
15. Qui eft cornuz G. | cornilier VP, dure taille GAS. **16.** Qui furent S, Et
f. G. | fet] fez H. | en (a A) cornoaille GAS; P: Quil auoit fait encornillier.
17. coiure VG, cheuure A. | p.] bien VA. | lie GAS. | darcal AS. **19.** iufqau G,
iufqua PAS, iufques V. **20.** Et G. | chieres GAS, uis V. | or. *fehlt* GAS. |
uis touz GS, euz tos A.   **22.** Ont AS, Sont G. | et *fehlt* GAS.   **23.** Et
fehlt GAS. | fi defarmez V. | c. il] contre lui G, tuit ire AS.   **24.** for les
(lor H) chies PHS. **25.** por] a V. **28.** Car il VA, Si G. fet] *fehlt* A, conoit G. |
mout *fehlt* VG, et *fehlt* A. | aparceuoit A. **29.** Et por les GAS. | tindrent A
30. Que conb. A, Por c. S, Ca fon f. conb. | fe *fehlt* GAS. | uindrent A.

Si fe herice et crefte anfanble,   [5523.
De hardemant et d'ire tranble
Et bat la terre de fa coe
Et f'a talant que il refcoe

5535 Son feignor ainz que il l'ocïent.
Et quant il le voient, fi dïent:
„Vaffaus, oftez de cefte place
Le lion, que mal ne nos face!
Ou vos vos clamez recreant

5540 Ou autremant, je vos creant,
Le vos covient an tel leu metre
Que il ne fe puiffe antremetre
De vos eidier ne de nos nuire.
Seus vos venez o nos defduire!

5545 Que li lions vos eideroit
Mout volantiers fe il pooit."
„Vos meïfmes qui le dotez,"
Fet mes fire Yvains, „l'an oftez!
Que mout me pleft et mout me fiet,

5550 S'il onques puet, que il vos griet,
Et mout m'iert bel fe il m'aïe."
„Par foi", font il, „ce n'i a mie;
Que ja aïe n'i avroiz.
Feites au miauz que vos porroiz

5555 Toz feus fanz aïe d'autrui!

5531. 32 *fehlen V.* **31.** hireche et croift *S.* **32.** De mautalent *A.*
33. Si *V.* **34.** Si a *G,* Et a *A,* Quil a *P,* Que talant a *H.* **36.** Et *fehlt*
GA. | chil *PHS.* | le *fehlt VG.* | uoient ce *G,* uienent *V.* | fi li *VGAS.*
37. Vaffal *V.* **38.** Vo *A,* Voftre *PHGS.* | qui *PH.* | mal ne f. *GS,* nous
manache *PH.* **39.** randez *H.* | recreans *VH.* **40.** Ou autremant] Quau-
trement *PH,* Car a. *AS,* Ou fe ce non *G.* | je] ce *PHG,* cel *S.* | creans *V,*
acreanz *H(P).* **41.** couint *A.* **42.** Quil *P(—1).* | fem *S.* **43.** ne] et *HA.*
44. Seul *H,* Sor *V,* Se *G,* Si *S,* A *A.* | uos nos *A.* | ueniez *V(+1),*
uolez *G,* couient *HAS.* | a nous *PGS,* feul *A.* **45.** Car li *AS,* Voftre *V.*
47. meifme *A.* **48.** fi loftes *GAS.* **49.** Car *AS.* | 1. mout] il *V.* | 2. m.]
fi *A.* **51.** Et *fehlt A.* | mout] *vor* bel *G.* | m'iert] meft *HGS,* me *P,* ert
a moi *A.* | bel] *fehlt A,* boen *GS,* plaift *P.* | fil *A.* **52.** ce] or *P.* | a]
eft *H.* **53. 54** *stellt um PGAS.* **53.** Que] *fehlt A,* Car *S.* | n'i] nen *P.* |
aueres *A.* **54.** au] le *PGAS,* del *H.* | poez *GAS,* faurez *V.* **55.** Toz]
Vos *GS.*

Eſtre devez ſeus et nos dui.   [5548.

Se li lions iert avuec vos,

Por ce qu'il ſe merlaſt a nos,

Donc ne ſeriiez vos pas ſeus.

5560   Dui ſeriiez contre nos deus,

Si vos covient, ce vos afi,

Voſtre lion oſter de ci,

Mes que bien vos poiſt orandroit."

„Ou volez vos" fet cil, „qu'il ſoit?

5565   Ou volez vos que je le mete?"

Lors li moſtrent une chanbrete,

Si dïent: „Leanz l'ancloez!"

„Fet iert des que vos le volez."

Lors l'i mainne et ſi l'i anſerre.

5570   Et an li va maintenant querre

Ses armes por armer ſon cors,

Et ſon cheval li ont tret fors,

Si li baillent, et il i monte.

Por lui leidir et feire honte

5575   Li paſſent li dui chanpion;

Qu'aſeüré ſont del lion

Qui eſt dedanz la chanbre anclos.

Des maces li donent granz cos,

Que petit d'aïe li fet

5580   Eſcuz ne hiaumes que il et;

5556. Eſtre devez ſeus] Solz i deues eſtre *P*, Vos deuez ſeus eſtre *H*,
I deues eſtre *S*, I deues entrer *A*, Vos couient eſtre *G*(—1). | ambdui *S*.
57—64 *fehlen V*.   **57.** eſt *G*.   **58.** ce] tant *P*. | a] o *A*; *G*: Ml't toſt ſe
melleroit a nos.   **58. 59** *stellt um S*.   **59.** Dont *P*. | ſ. mie ſ. *S*.   **60.** Dui
ſ. encontre *S*(+1), Ains ſer. d. *A*(+1).   **61.** Si *G*. | iel *P*, ie *A* (*fehlt S*).
uoſtre merchi *S*.   **63.** Mais bien *P*, Et bien *G A*, Encor *S*. | il or. *S*, tot o.
PGA.   **64.** vos] *fehlt A*. ' cil] il *PGA*. | donc q. *A*.   **65** (*fehlt A*). Et
ou *G*. | volez vos] uos pleſt il *HS*. | iel *G*.   **67.** Et *A*, Il *P*. li dient *G*.
laiens le metes *P*, la le metez *G*, que leans le mete *A*.   **68.** F. eſt *G*, Or
ſoit *V*, Volentiers *S*. | puis *AS*. | vos *fehlt S*. | comandez *G*.   **69.** met *V*. |
et cil *G*, et ſi *A*, ſi *S*. | lenferre *GA*(—1).   **70.** Et lan *G*, Et cil *V*. | fet *GAS*.
73. Si *H*. | liurent *S*, amainnent *A* (i *fehlt*).   **76.** Qui aſſeur ſont *AS*,*G* (ſ. a.).
77. Car d. la c. ert *S*, Q. en la c. eſtoit *G*.   **78.** De mace *A*. | granz] tex *H*.
79. Si que *AS*. | petite *PA*, poi *S*. | aie *PA*. | lor *V*, i *A*.   **80.** haubers *VS*,
arme *A*.

Car quant for le hiaume l'ataingnent, [5573.
Treftot li anbuignent et fraingnent.

Et li efcuz peçoie et font
Come glace; teus cos i font

5585 Que fes poinz i puet an boter.
Mout font andui a redoter.

Et il, que fet des deus maufez?
De honte et de crieme efchaufez
Se defant de tote fa force.

5590 Mout f'efvertue et mout f'efforce
De doner granz cos et pefanz.
N'ont pas failli a fes prefanz;
Qu'il lor rant lor bonté a doble.
Or a le cuer dolant et troble

5595 Li lions qui eft an la chanbre;
Que de la grant bonté li manbre,
Que cil li fift par fa franchife,
Qui ja avroit de fon fervife
Et de f'aïe grant meftier.

5600 Ja li randroit au grant feftier
Et au grant mui cefte bonté,
Ja n'i avroit rien mefconté
S'il pooit iffir de leanz.
Mout va reverchant de toz fanz,

5605 Ne ne voit par ou il f'an aille.

5581. 82 *fehlen V.* **81.** for le] an fon *HAS*; *G*: Et quant fon h. li at. **82.** Tot *H.* | enbrunent *G*, anbarrent *HAS.* | anfreignent *H.* **83.** Et fon *A*, Que fes *V.* | efcu pecoier f. *A.* **84.** glace] clage *S*, haubers *V.* | tros *HS.* **85. 86** *fehlen V.* **85.** fon poing *H.* | len *G.* **86.** andui] lor cop *H.* **87.** def] de *P*, as *V.* **88.** De duel *GA.* | dire *G*(—1),*AS* (eft efc.). **89.** Si fe *GS.* | a ml't grant f. *GS*, deuant une porte *V.* **90.** Si *V.* | ml't *fehlt* *V*(—1). | fenforce *A.* **91.** nuifans *A.* **92.** Ne faillent pas *P*, Ne f. mie *GAS.* a fes] alors *P.* **93.** Que il *G.* | lor rant] lorent *P.* | la bonte *H*, la monte *S*, a m. *A*, et m. *G.* | au *V*, et *G*, et a *A*, et le *S.* **94.** Ml't *GAS.* | ot *S.* | le] fon *PH.* | et trifte *G.* | tourble *VAS.* **95.** la] ● *P.* **96.** Car *A.* | la b. li rem. *GAS.* **97.** f. de fon feruife *A.* **98.** Que *PS.* | ja] il *P*; *A*: Que il eut ia de fa franchife. **600.** Il *G.* | rendra *S*, rendift *GA.* | au] a *P.* **1.** Ou *GA.* | au] a *PA.* | ml't grant *A*(+1). **2.** Que *A.* | euft *G,A* (r. *fehlt*, —1). **3.** poift *GA.* **4.** refgardant *VA.* | en uoz f. *V*, par leanz *G.* **5.** Mes *VA.* | fet *G.* | f'an *fehlt S*(—1).

Bien ot les cos de la bataille   [5598.
Qui perilleufe eft et vilainne,
Et por ce fi grant duel demainne
Qu'il efrage vis et forfane.
5610 Tant va cerchant que il afane
Au fuel qui porriffoit foz terre,
S'i grate tant qu'il f'i anferre
Et fiche jufque pres des rains.
Et ja eftoit mes fire Yvains
5615 Mout traveilliez et mout fuanz;
Car il trovoit les deus truanz
Forz et felons et adurez.
Mout i avoit cos andurez
Et randuz tant com il plus pot,
5620 Ne de rien grevez ne les ot;
Que trop favoient d'efcremie,
Et lor efcu n'eftoient mie
Tel que rien an oftaft efpee,
Tant fuft tranchanz et aceree.
5625 Et por ce fe pooit mout fort
Mes fire Yvains doter de mort.
Mes adés tant fe contretint
Que li lions outre f'an vint,
Tant ot defoz le fuel graté.
5630 S'or ne font li felon maté,
Donc ne le feront il ja mes;
Car au lion triues ne pes

5606. Et oit *V*. **7.** ert *V*. **9.** efrage] anrage *HG*. **10.** T. v. regardent *A*, reuerchant *PG*, Et fi ua tant *V*. | quil *PGA*. **11.** fuil *H*, foil *P*, fueil *G*, foeil *V*, feul *A*. | iffoit *A*, eftoit *S*. | for *G*, defous *AS*, pres *PHG*. **12.** Et (gr. *fehlt*) tant *H*, Tant i grate *G* (garde *A*), il grata *S*. | que il fenferre *A*, quil larache et defferre *H*. **13.** pres iufque a *S*. **14.** Car l' (*fehlt S*—1). **16.** Que *PG*, Et *H*. | ml't *PHGS*. | troua *GA*. | truanz] iaianz *HGAS*. **17.** endurez *G*. **18.** M. av. ia *GAS*. **19.** rendu t. quil onques *A*. **20.** Nonques *G*. | de r.] encor *V*. | greue *S*, greuer *A*, blechies *PH*. | nes *G*. | pot *A*. **21.** Car *AS*. | feurent de lef. *S*. **22.** efcuz *V*. **23.** Tels *VGA*. **24.** ne *H*, ni *S*. | aduree *S*, afilee *P*. **25.** Por che fi fe *PH*. | cremoit *S*. **26.** dauoir le mort *S*. **27.** M. tout ades fe *S*. | contretient *A*. **28.** Tant que *A* (f'an *fehlt*). paruint *G*. **29.** Qui t. *A*. | de *G*(—1), for *S*. **30.** gloton *H*, lion *A*. **31.** Dont *V*, Donques *P*. | nel *S*. | ja] *fehlt P*. **32.** triue *PG*, *fehlt H*. | ne] ne panront *H*.

N'avront tant come vis les fache. [5625.
L'un an aert et fi le fache
5635 Par terre auffi com un ploton.
Or font effreé li gloton,
Si n'a home an tote la place,
Qui an fon cuer joie n'an face;
Que cil n'an relevera ja,
5640 Que li lions aterré a,
Se li autre ne l'i fecort.
Por lui eidier cele part cort
Et por lui meifmes defandre,
Qu'a lui f'alaft li lions prandre
5645 Lués qu'il avroit celui ocis
Que il avoit par terre mis;
Et fi ravoit plus grant peor
Del lion que de fon feignor.
Mes or iert mes fire Yvains fos,
5650 Des qu'il li a torné le dos
Et voit le col nu a delivre,
Se longuemant le leiffe vivre;
Car mout l'an eft bien avenu.
La tefte nue et le col nu
5655 Li a li gloz abandoné,
Et cil li a tel cop doné
Que la tefte del bu li ret
Si foavet que mot n'an fet.
Et maintenant a terre vient
5660 Por l'autre que li lions tient,
Que refcorre et tolir li viaut.

5633. Ne n'a. *H.* | il tant *PGAS.* | con *HG*, que *PAS.* **34.** Un *G.* | fi errache *V.* **35.** l'ar] A *P.* | einfi *V.* | plunion *V*, mofton *H*, mouton *GA*, monton *S.* **36.** efmaiet *A.* **37.** Mes *P*, Et *GAS*, Nil *H.* **38.** Q. a *S*, Qua fon pooir *A.* | ne *V.* **39.** Car *PA*, Et *HS.* | ne *PHA.* **40.** Qui *S.* | li lionos *G.* **41.** li] le *HAS.* **43—48** *fehlen V.* **43.** fecorre *H.* **44.** Qu'a] Sor *G.* | ne left *H.* | corre *H.* **45.** Lues] Des *GA*, Quant il *H.* | avroit] euft *GAS*, aura *H.* **47.** ravoit] auoit *HGAS.* | plus grant] graignor *HA.* **49.** Des *H, fehlt GAS.* | eft *PHS.* | ia mes *AS*, ml't me *G.* | fos *V*, foz *G.* **51.** Et il *G* (nu *fehlt*). | a] et *H.* **53.** Car] Que *HG*, Or *A.* | m. li eft *PGS*, li eft m. *A.* **56.** il *PHA.* **57.** bus *P.* **58.** fouef *S*(—1). **59.** a lautre v. *A.* **60.** A celui *A.* **61.** Car *V.*

Por neant eſt que ſi ſe diaut,   [565].
Que mires a tans n'i vandra.
An ſon venir ſi le navra
5665 Li lions qui ſi fu iriez,
Que leidemant fu anpiriez.
Et tote voie arriers le bote,
Si voit que il li avoit tote
L'eſpaule fors de ſon leu treite.
5670 Por lui de rien ne ſe deſheite,
Car ſes baſtons li eſt cheüz.
Et cil giſt pres come ſeüz,
Qu'il ne ſe crolle ne ne muet;
Mes tant i a que parler puet,
5675 Et dit ſi com il li puet dire:
„Oſtez voſtre lion, biaus ſire,
Se vos pleſt, que plus ne m'adoiſt!
Que des or mes ſeire vos loiſt
De moi tot quanque buen vos iert.
5680 Et qui merci prie et requiert,
N'i doit faillir puis qu'il la rueve,
Se home ſanz pitié ne trueve.
Et je ne me defandrai plus,
Ne ja ne releverai ſus

5662. Mes pour *PHGAS*. | que] car *PA*. | ſi] tant *PHS*, trop *GA*.
63. Que] Car *S*, James *H*. | mire *PH*. nuls *V*, .Y. *S*. | a tans] meſtier *A*. |
ne *S*, ia ni *V*, mais ni *P*. | ara *PHA*. **64.** A *G*, Quen *PH*. **65.** ſi fu] ſi uint *P*,
ml't v. *H*, tant fu *S*, t. eſt *G*. **66.** Et *S*. | malement eſt *V*. **67.** totes uʒ *V*(+1);
GAS: Meſire .Y. ar. (auant *S*) le b. **68.** Et *PG*. | que il lav. ia route *GS*,
quil li a. defrote *A*. **69.** Leſpaule deftre *P*, L'e. et toute *GAS*. | du bus
(bu *G*) traite *PGAS*. **70.** Que celui *G*, Del iaiant *AS*. | de r.] point *GAS*.
71. Que *PHG*. | li *G*. **72.** Et cil] Et *V*, A terre *GAS*. | giſt] ciet *A*. | pres]
fehlt VGAS. | come ſeuz] come ſauz *G*, conc ſerus *P*, comme .i. ſeus *A*,
tous eſtendus *S*, toz marriz et confuz *V*. **73.** Que *G*, Si *V*. | ſe *vor* m. *V*. |
craulle *P*. **74.** i] *fehlt P* (que bien). **75.** diſt *HGAS*. | li] le *P*, *fehlt G*. |
pot *HAS*, pooit *G*. **77.** Sil uos plaiſt *P*, Je uos pri *G*, Deſour moi *S*. | ni *S*. |
madoiaſt *A*(+1). **78.** Que de deſor *P* (mes *fehlt*), Voſtre lyons que *G*, Car
biaus ſire *A* (loiaſt), Car ſil uous plaiſt *S*. | ſ.] il *G*. **79.** De moi *fehlt G*,
ot *A*. | ce que *H*, faire quanque *G*. | iert] en iert *G*. **80.** Et] *fehlt G*, Cil *P*,
Mais *S*. | crie *GAS*. | merci quiert *G*. **81.** Ne *GA*. | puis qu'il] quant il
GAS, cil qui *PH*. **83.** Ne *VA*. | je] ſi *GS*. | deſſent or *GAS*. **84.** ia mais
ne *A*, ia men *S*(−1), ia ne me *G*,*P*(+1). | leuerai *GAS*.

5685 De ci por force que je aie,   [5677.
Si me met an voſtre menaie.“
„Di donc“ ſet il, „ſe tu otroies
Que vaincuz et recreanz ſoies?“
„Sire“, ſet il, „il i pert bien,
5690 „Veincuz fui maleoit gre mien
Et recreanz, ce vos otroi.“
„Donc n'as tu mes garde de moi,
Et mes lions te raſeüre.“
Tantoſt vienent grant aleüre
5695 Totes les janz anviron lui
Et li ſire et la dame andui,
Si li ſont joie et ſi l'acolent
Et de lor fille l'aparolent,
Si li dient: „Or feroiz vos
5700 Dameiſiaus et ſire de nos,
Et noſtre fille iert voſtre dame;
Car nos la vos donons a fame.“
„Et je“, ſet il, „la vos redoing.
Qui l'a, ſi l'et! je n'an ai ſoing,
5705 Si nel di je pas por deſdaing.
Ne vos poiſt ſe je ne la praing;
Que je ne puis ne je ne doi.
Mes, ſ'il vos pleſt, delivrez moi
Les cheitives que vos avez!

5685. por force] pour che *PGS*, mais *A*. | que je] que meſtier *P*, que merchi nen *A*, que m. *G*, m. nen *S*. | naie *G*. **86.** Et ſi *S*, Tot *A*, Dou tout *G*. | me met] fui *G*. | uo *S*. **87.** Or me di *V* (ſ. il *fehlt*). | cil *IIA*. | ſe] que *PGAS*. **89** (*fehlt G*). **90.** Que u. *VAS*(+1). | ie maloit *P*. **91.** ce] ie *S*, iel *P*. **92.** Dont *VA*, Donques *P*. | mes] plus *A*, or *S*, *fehlt P*. **94.** A tant *A*. | uinrent *S*, ſen uient *G*. **95. 96** *stellt um V*. **95.** Tote la gent *G*. **96.** Et li] Li *VGAS*. | ſires *VP*(+1),*AS*. | ambedui *V*, il dui *P*, auec lui *G*, o l. *A*. **97. 98** *fehlen A*. **97.** Li ſont grant ioie *IIS*, Si le beſent *V*. **98.** li par. *II*. **700.** Sires et d. *VG*. **1.** ma ſ. ert la *V*. **2.** Que *V*, Et *G*. | donrons *HA*. **4.** l'a] lait *V*, uialt *HS*. | ſi ſoit (*so*) *G*. | ruis point *A*. **5. 6** *fehlen V*. **5.** Et ſi *A*, Sel *S*. | ne *S*, nen *PII*, ne le *A*. | je pas] *fehlt A*, ie riens *PII*, mie *S*. **6.** Se (Sil *S*) uous plaiſt *PGS*, Biaus ſire *A*. | ſe] que *GAS*. **7.** Q.] *fehlt S*, Mes *G*. | je ne] ie ne le *S*, prendre ne la *V*. | neil *A*. | ne ſi ne d. *A*, ne ne d. *S*(+1), ne d. *V*. **8.** ſ'il] ſe *PG*. **9.** Les puceles *G*.

5710   Li termes eft, bien le favez,   [5702.
  Qu'eles f'an doivent aler quites."
  „Voirs eft", fet il, „ce que vos dites,
  Et je les vos rant et aquit;
  Qu'il n'i a mes nul contredit.

5715   Mes prenez, fi feroiz favoir,
  Ma fille a treftot mon avoir,
  Qui eft mout bele et jante et fage!
  Ja mes fi riche mariage
  N'avroiz fe vos ceftui n'avez."

5720   „Sire", fet il, „vos ne favez
  Mon effoine ne mon afeire,
  Ne je ne le vos os retreire.
  Mes ce fachiez, quant je refus
  Ce que ne refuferoit nus

5725   Qui deüft fon cuer et f'antante
  Metre an pucele bele et jante,
  Que volantiers la receüffe
  Se je poïffe ne deüffe
  Cefti ne autre recevoir.   [5722.

5730   Mes je ne puis, fachiez de voir,   [5721.
  Si m'an leiffiez aler a tant!
  Que la dameifele m'atant,
  Qui avuec moi eft ça venue.
  Conpaignie m'i a tenue

5735   Et je la revuel li tenir,
  Que que il m'an doie avenir."

5711. raler *V.* | **13.** *P:* Et ies uous rent fans contredit. **14.** Qu'il]
Car *V.* | point de c. *A; P:* Et treftoutes les uous aquit. **16.** a] o *VS,* et
PA. | ml't grant a. *V*(—1). **17.** Qui] Q'le *G,* Ele *A.* | mout] *fehlt V.* | bele] *fehlt*
S. | et jante] gentils *V,* et riche *HG,* et cortoife *S.* **18.** *S:* James en fi
boin m. *S; A:* Si eft de ml't gentil parage. **19.** fe c. ne nauez *G; A:* Jamais uoir tel dame naures. **21.** Ma befoigne *V.* **22.** ie nel uueil or pas r. *G.*
23. M. bien fachiez *GA,* Mes ie fai bien *H,* Et quant ueez *V.* | quant] que
VHGAS. **25.** et] ne *PA.* **27—30** *fehlen V.* **27.** Ml't uolentir fel *A.*
29. 30 *umgestellt H.* **29.** Cefte *GAS.* **30.** Je ne p. ce *PH; A:* Ce f.
uos treftot de voir. **31.** Mes l. men *V.* | aler] efter *S,* em pais *PHG.*
32. Car *GAS.* **33.** eft *nach* Q. *GAS.* **34.** Et c. ma *VA.* **35.** la] la
li *G,* li *A.* | li] *fehlt G,* bien *A.* **36.** me *A.*

„Volez, biaus fire? Et vos comant?   [5729.

Ja mes, fe je ne le comant

Et mes confauz ne le m'aporte,

5740 Ne vos iert overte ma porte;

Ainz remandroiz an ma prifon.

Orguel feites et mefprifon

Quant je vos pri que vos preigniez

Ma fille, et vos la defdeigniez."

5745 „Defdaing, fire? Non faz, par m'ame!

Mes je ne puis efpofer fame

Ne remenoir por nule painne.

La dameifele qui m'an maine

Siurai; qu'autremant ne puet eftre.

5750 Mes, f'il vos pleft, de ma main deftre

Vos plevirai, fi me creez,

Qu'einfi con vos or me veez

Revandrai fe je onques puis,

Et prandrai voftre fille puis   [5746.

5755 Et ferai quanque buen vos iert."

„Dahet", fet il, „qui vos an quiert   [5747.

Ne foi ne ploige ne creante!

Se ma fille vos atalante,   [5749.

Vos revandroiz haftivemant.   [5751.

5760 Ja por foi ne por feiremant,

Ce cuit, ne revandroiz plus toft.

5737. et] *fehlt S*, or *V* (couanz).   **38.** fe je ne le] fe iel ne uous *P*, nul ior fel ne *S.* | comanz *V.*   **39.** ne uos ap. *V.*   **40** (*fehlt P*). la p. *GA.* **41.** A. uos retendrai en p. *V.*   **42.** dites *V.* | mefproifon *S.*   **44.** uos ne la deig. *A,G* (la *fehlt,* —1).   **45.** Ne deig *G.* | nel *H,* fi *G.*   **47.** Ne demorer *GA.*   **48.** mamaine *S*, ml't maimme *H.*   **49.** car il ne puet autre e. *A.* **50.** Mes] *fehlt A* (Se il), *S*(—1). | f'il vos pleft] ie uous iur *P.*   **51.** Vos plevirai] Et uous pleuis *P.* | men *PHS.*   **52.** Que fi *P,* Que einfi *V,* Si *GS.* ore *GS, fehlt V.*   **53.** Reuanrai ca fe *H.* | je onques] ionques *H,* onques *S.* **54.** Si *A.* | pr.] *vor* puis *S.*   **55** (*fehlt H*). Quel que ore que bon *P,* Quele hore que il (qui *S*—1) boen *GAS.*   **56.** Dehais fait il *P,* Dahe ait f. il *G,* Dehait donques *A,* Et d. *S,* Et maudehet *V.* | vos an] uos *G,* mius uos *AS,* el uos *H.* | requiert *S.*   **57.** Ne qui foi ne ploige an requiert *H, der nach* **58** *interpolirt:* Receuez la por bele et gente.   **60.** Ne *GS.* | par .. par *V.* **61.** Je cuit ne *P,* Ne cuit que *GA,* Ne *S.* | reuenries ia *S,* reuignies *A,* ueniffiez *G,* uendries *P.*

Or alez! Que je vos an oſt   [5754
Toz creantes et toz covanz.
Se vos retaingne pluie ou vanz
5765 Ou fins neanz, ne me chaut il.
Je n'ai pas ma fille ſi vil
Que je par force la vos doingne.
Or alez an voſtre beſoingne!
Que tot autant, ſe vos venez,
5770 M'an eſt con ſe vos demorez."

A tant mes ſire Yvains ſ'an torne,
Que el chaſtel plus ne ſejorne,
Et ſ'an a devant lui menees
Les cheitives deſpriſonees
5775 Que li ſire li a bailliees
Povres et mal apareilliees;
Mes or ſont riches, ce lor ſanble.
Fors del chaſtel totes anſanble
Devant lui deus et deus ſ'an iſſent.
5780 Je ne cuit pas qu'eles ſeïſſent
Tel joie com eles li font
De celui qui fiſt tot le mont,
S'il fuſt venuz de ciel an terre.
Merci et pes li vont requerre

5762. car *AS*. 63. Treſtoz *II*. | creantes] creans *S*(—1), ploiges *II*.
covanz] creanz *II*. 64 (*fehlt P*). Si *VS*, Et ſi *G*. | retenoit *A*, tieigne et *G*.
et *HG*. *Danach interpoliren GAS*: a) Et (Laide *A*) tempeſte (tempietes *S*) et
granz (grant *S*) orages (orage *AS*). b) Se uos nen auez boen corage. c) Et (*fehlt
A*) grant couoitie (couuoitier *S*, conuoitiſſe *A*) ne men chaut. d) *G*: Biaus douz
amis ſe dex me ſaut = *AS*: Car (*fehlt A*) ſoi que (q. ie *A*) doi a dieu le
haut. 65. Ou fins neanz] Sil (Se *A*) eſt (neſt *A*) neanz (noauz *G*) *GAS*,
Ou gelee *V*, Ou uous uoles *P*. 66. Nai mie *P*, Ne tieng pas *S*. | en por
uil *A*; *II*: Ja ma ſ. naurai ſi u. 67. je] ia *P*. | par] a *AS*. 69. Car *GA*. |
aut. meſt ſe v. *V*. | uenez *VPHA*. 70. remenez] demoures *A*; *V*: Come ſe
uos en demorez. 71. Tantoſt *PII*. 72. Qui el *II*, Enz el *GS*, Del c. que *A* (ni).
73. Ains en a *S*. | auoec foi *II*. 74. Les puceles *VA*. 75. Et *IIGS*. | oſ *V*.
78 (*fehlt S*). Et des dames *G*. 79. d. lui *vor* ſ'an *G*. | en iſſ. *V*, les mainne *A*,
der danach interpolirt: Or ſunt getees fors de paine. Quant eles del praiel ſen
iſſent. 80. Ne ne *IIS*, Ne ie ne *P* (p. *fehlt*), Ne *GA*. | cuidiez *G*, cuident *A*.
81. Tele *A*, Si grant *G*. | eles (li *fehlt*) *GS*, de ce lui *A*. 82. De] A *II*, Au *S*,
Por *GA*. | ſeignor *S*. 83—98 *fehlen V*. 83. venuz] *vor* an *P*, *fehlt G* (—2). |
dou *GAS*. | an] a *AS*. 84. P. et m. *G*. | ſont *G*, uindrent *II*. | querre *H*.

5785 Totes les janz qui dit li orent   [5777.
     Tant de honte com il plus pôrent,
     Si le vont einfi convoiant;
     Et il dit qu'il n'an fet neant.
     „Je ne fai," fet il, „que vos dites,
5790 Et fi vos an claim treftoz quites;
     Qu'onques chofe que j'a mal taingne
     Ne deïftes, don moi fovaingne."
     Cil font mout lié de ce qu'il öent
     Et fa corteifie mout loent,
5795 Si le comandent a Deu tuit
     Quant grant piece l'orent conduit.
     Et les dameifeles li ront
     Congié demandé, fi f'an vont.
     Au partir totes li anclinent
5800 Et fi li orent et deftinent
     Que Deus li doint joie et fanté
     Et venir a fa volanté
     An quelque leu qu'il onques aut.
     Et cil refpont que Deus les faut,
5805 Cui la demore mout enuie.
     „Alez!" fet il. „Deus vos conduie
     An voz païs fainnes et liees!"
     Maintenant fe font avoiiees,
     Si f'an vont grant joie menant;
5810 Et mes fire Yvains maintenant
     De l'autre part fe rachemine.
     D'errer a grant efploit ne fine
     Treftoz les jorz de la femainne

5785. Treftotes l. g. qui loirent *G*.   **86.** quil onques porent *A*, come
il li firent *G*.   **87.** Quil . . iffi *G*.   **88.** Mes *H*.   **89.** Ne f. uoir *G*.   **90.** Si *G*,
Car ie *A*. | ie toz *PH*, ie treftoz *G*.   **91.** qui *GS*, dont *A*. | j'a] ien *H*, ie *A*,
a *GS*, ie a *P*(+1).   **92.** me *P*.   **94.** reloent *GAS*.   **95.** Or *H*.   **96.** Que *H*.
97. ont *P*.   **99.** departir t. lencl. *VA*. | enclinent *S*(+1).   **800.** lefo-
rent *S*, laorent *G*. | deftin'ent *S*(+1).   **1.** damedex *V*. | donaft *S*(+1). | d.
fante *V*.   **2.** fa fauuete *P*.   **3.** quelque] quel *S*, conques *A*, quel cumques *P*. |
que il *PS*. | onques *fehlt P*. | foit *G*.   **4.** il *AS*. | leur r. *S*(+1), lor dit *V*,
lor dift *A*. | (que) d. li oftroit *G*.   **5.** Car *AS*. | li demorers *A*. | m.] li *AS*.
7. uo *A*. | fauues *P*.   **8.** auanciees *AS*.   **9.** faifant *A*.

Si con la pucele l'an mainne,
5815 Qui la voie mout bien savoit
Et le recet ou ele avoit
Leiſſiee la deſeritee
Deſheitiee et deſconfortee.
Mes quant ele oï la novele
5820 De la venue a la pucele
Et del chevalier au lion,
Ne fu joie ſe cele non,
Que ele an ot dedanz ſon cuer;
Car or cuide ele que ſa ſuer
5825 De ſon heritage li leſt
Une partie ſe li pleſt.
Malade ot geü longuemant
La pucele et novelemant
Eſtoit de ſon mal relevee,
5830 Qui duremant l'avoit grevee
Si que bien paroit a ſa chiere.
A l'ancontre tote premiere
Lor eſt alee ſanz demore,
Si les ſalue et enore
5835 De quanque ele ſet et puet.
De la joie parler n'eſtuet,
Qui fu la nuit a l'oſtel ſeite.
Ja parole n'an iert retreite;
Que trop i avroit a conter.
5840 Tot vos treſpas juſqu'au monter
De l'andemain qu'il ſ'an partirent.

5814. Si con] La u *A.* | l'an] le *PG.* **16.** Vers le chaſtel *V.* **17.** deſ-
conſortee *A.* **18.** deſiretee *A.* **19.** lues quel *V.* | il *S.* **20.** lauenture *S.*
21. 22 *umgestellt A.* **22.** cele] de li *V.* **23.** cele *A.* **24.** Qor penſe ele
bien *V.* **26.** ſe] ſil *P.* | lui *V.* **27.** La dame *G.* | ot eſte *A.* **28.** et *fehlt*
GA. **30.** longuement *GAS.* **31.** quil *G.* | bien] *nach* par. *G.* | paroit] parut
PAS. **33.** Lors *S,* Li *HA.* | uenue *VA.* **34.** Et ſi *AS.* | le *HA.* | et] et
ſi *H,* et les *P.* | lenore *H.* **35.** quanques ele *P,* treſtout quanque ele *S,* quan-
quele onques *H,* quanques onques *A.* | ſet et] ſet ne *H,* ſot ne *P,* ſaire *A,*
fehlt S. **36.** ne puet *A.* **37.** ſu] *vor* a *HGA.* | nuit] *fehlt A.* | a l'oſtel]
nach Qui *S,* a oſtel *V,* a ſon oſtel *A.* **38.** Niert ia ci p. r. *G.* **39.** Qar *GA.*
41. Des *G,* A *AS, fehlt H.* | que il *H,* que *V.*

Puis errerent tant que il virent   [5834.
Le chaſtel ou li rois Artus
Ot ſejorné quinzainne ou plus.
5845 Et la dameiſele i eſtoit
Qui ſa ſeror deſeritoit;
Qu'ele avoit puis mout pres tenue
La cort, ſ'atandoit la venue
Sa ſeror qui vient et aproche.
5850 Mes mout petit au cuer li toche;
Qu'ele cuide qu'ele ne truiſſe
Nul chevalier qui ſofrir puiſſe
Mon ſeignor Gauvain an eſtor.
Ne il n'i avoit mes qu'un jor
5855 De la quarantainne a venir.
L'eritage ſole a tenir
Eüſt deſreſnié quitemant
Par reiſon et par jugemant
Se cil ſeus jorz fuſt treſpaſſez.
5860 Mes plus i a a feire aſſez
Qu'ele ne cuide ne ne croit.
An un oſtel bas et eſtroit
Fors del chaſtel cele nuit jurent
Ou nules janz ne les conurent;
5865 Car ſe il el chaſtel geüſſent,
Totes les janz les coneüſſent,
Et de ce n'avoient il ſoing.
L'andemain a mout grant beſoing
A l'aube apariſſant ſ'an iſſent,

5842. Puis ont erre tant *P*, Tant ceuauchierent *A.* | uinrent *S.*
43. Les *A*, .I. *HS.* **44.** demore *H.* | et *V.* **47.** Que ele *V.* | puis mout
pres] ml't pres *V*, pres la cort *HAS*, puis ſa c. *G.* **48.** La cort] Mes
pres *G*, Ml't pres *S*, Puis ſi *H*, Quele ot *A.* | atendoit *HGS*, atendu *A.*
49. ſuer *GA.* | qui toſt *A.* | et ſi *G.* **50.** M. p. a ſon c. *G.* **51.** Car
bien *S.* | ne cuide *PGA.* | quele] que lcn *HGA.* | ne] *fehlt PGA.* **53.** leſtor *V.*
54. Nil ni *H*, Ni *S.* | m. *fehlt H.* | que .i. ſeul *HS.* **55.** quinzainne *HA.* |
auenir *A*, paruenir *H.* **56.** ſeul a *V*, quidoit *S*; *H*: La querele tot ſanz
mentir. **57.** Deſr. leuſt *S.* **60.** puis i ot *A.* **62—67** *fehlen V.* **62.** A
loſtel qui nert mie e. *A.* **63.** illuques uinrent *A.* **64.** nule gent *G.* | ne les]
nes *P*, ne le *A*, ne *G.* | reconnurent *PG.* **67.** Mais *A.* | de riens el norent *S.*
68 (*fehlt P*). A lendemain que nuls nes uoit *V*; Fors de loſtel a gr. *H.*

5870 Si fe reponent et tapiffent   [586

   Tant que li jorz fu clers et granz.

   JORZ avoit paffez, ne fai quanz,
    Que mes fire Gauvains f'eftoit

   Deftornez fi qu'an ne favoit

5875 A cort de lui nule novele

   Fors que folemant la pucele,

   Por cui il fe devoit conbatre.

   Pres a trois liues ou a quatre

   S'eftoit de la cort deftornez

5880 Et vint a cort fi atornez

   Que reconoiftre ne le porent

   Cil qui a toz jorz veü l'orent

   As armes que il aporta.

   La dameifele qui tort a

5885 Vers fa feror tot an apert

   Veant toz l'a a cort ofert,

   Que par lui defrefnier voudroit

   La querele ou ele n'a droit,

   Et dit au roi: „Sire, ore paffe.

5890 Jufqu'a po fera none baffe

   Et li derriiens jorz eft hui.

   Si veez bien, comant je fui

   Garnie a mon droit maintenir.

   Voir, fe ma fuer deüft venir,

5895 N'i eüft mes que demorer.

   Deu an puiffe je aorer,

   Quant ele ne vient ne repeire.

5871. fu biax *HA.* **72.** J. i ot *A*, J. orent efte *G.* **73.** Et *G*
74. Herbergiez *H.* | (fi *fehlt*) que len *V.* **75.** De l. a c. *H.* **77.** uoloit *HS.*
78. Preft *A.* **79.** treftournes *PH.* **80.** Puis uint au ior *A.* **81.** Q. retor-
nerent *A* (*so*). **82.** Icil *G.* | a] *fehlt* P(—1),*HGA.* | coneu *HA.* **83.** Des *G.*
85. trop *PHA.* | an apert] defapert *H.* **86.** toz] toute *G* (a *fehlt*). | la] li *P.*
cort] cor *H.* **87.** par li *S*, por li *A.* **89.** Et] Si *P.* | dift *PG.* | heure *V.*
90. Il fera ia la *V.* **91.** deefrains *P*, daariens *G*, daerrains *VA.* | iert *H.*
92. Or uoit an bien *H.* | que ie me fui *GAS.* **93.** Or me couient *H.* | de
mon droit tenir *G*, de m. ior t. *AS.* **94.** Voir] *fehlt PHAS*, Et *G.* | i deuft
AS. | reuenir *PH.* **95.** Ele neuft *V.* | m.] *fehlt V*, plus *A.* **96.** Mes deu
p. *V.* **97.** Que *V.* | el *PHG.* | ne ne *PHG.*

Bien i pert que miauz nc puct feire,   [5890.
Si f'eft por neant traveilliee.

5900 Et j'ai efté apareilliee
Toz les jorz jufqu'au derriient
A defrefnier ce qui eft mien.
Tot ai defrefnié fanz bataille,
S'eft or bien droiz que je m'an aille

5905 Tenir mon heritage an pes;
Que n'an refpondroie ja mes
A ma feror tant con je vive,
Si vivra dolante et cheitive."
Et li rois qui mout bien favoit

5910 Que la pucele tort avoit
Vers fa feror trop defleal
Li dit: „Amie, an cort real
Doit an atandre par ma foi
Tant con la juftife le roi

5915 Siet et atant por droiturier.
N'i a rien del corjon ploier;
Qu'ancor vandra treftot a tans
Voftre fuer fi come je pans."
Ainz que li rois eüft bien dit,

5920 Le chevalier au lion vit
Et la pucele delez lui.
Scul a feul venoient andui,

5898. Bien pert *A*, Or uoi bien *V*. | quele ne p. mal f. *A*. **99.** f'eft]
fui *H*. **900.** Et ie me fui *A*. **1.** Treftoz *G*. | darrien *G*, deerrain *VS*, deef-
rain *P*, daerain *A*. **2.** Au darrenier *G*. | que ie clain *AS*. **3.** Tote . . la b. *G*.
4. Si eft bien *VAS*, Seft or mais *P*, Seft deformes *G* (je *fehlt*). | me raille *P*.
5. Dedenz *GAS*, En *P*(—1). | herbergage *A*. | a *S*. **6.** Que ie *PH*, Car ie
GAS, Si *V*. | ne *PAS*. | refpondre *G*. | ia] *fehlt PHAS*. **7.** tant que joj
uiue *A*, pour riens qui uiue *P*. **8.** v.] remanra *A*, foit *V*(—1). | laffe et *A*.
Nach **9** *interpolirt G*: Por ce que ele fe tenoit. **11.** trop] et *S*, ml't *A*.
12. dift *PG*. | mamie *P*, ma fuer *V*. | an] a *HAS*. **13.** len *VA*. **14.** que *S*.
li iugeor *AS*. **15.** Jugent por le *AS*. | droiturie] droit tenir *VG*, droit
atenir *S*, d. auenir *A*. **16.** del] de *P*; *VGS*: Encor eft li iors a uenir;
A: Encor a del ior a uenir. **17.** Quancor] Encor *VGAS*. | uendroit *V*. | fi
com ie pens *PG*. **18.** Voftre feror *VPGS*, Vo fuer *A*. | enfi *A*, ci fi *H*. | com
VS; *PG*: . . treftout a tans. **19.** Tantoft *A*. | ot *A*. | bien] ce *PHA*. **21.** ouoe-
ques lui *V*. **22.** andui] il dui *P*.

Que del lion anblé fe furent;
Si fu remés la ou il jurent.

5925 LI rois la pucele a veüe,
Si ne l'a pas mefconeüe,
Et mout li plot et abeli
Quant il la vit; car devers li
De la querele fe tenoit
5930 Por ce que au droit antandoit.
De la joie que il an ot
Li dift au plus toft que il pot:
„Or avant, bele! Deus vos faut!“
Quant l'autre l'ot, tote treffaut,
5935 Si fe treftorne, fi la voit
Et le chevalier qu'ele avoit
Amené por fon droit conquerre,
Si devint plus noire que terre.
Mout fu bien de toz apelee
5940 La pucele et ele eft alee
Devant le roi la ou il fift.
Quant devant lui fu, fi li dift:
„Deus faut le roi et fa mefniee!
Rois, f'or puet eftre defrefniee
5945 Ma droiture ne ma querele
Par un chevalier, donc l'iert ele
Par ceftui, la foe merci,
Qui m'a feüe anjufque ci;
S'eüft il aillors mout a feire,

5923. Car *PGAS*. 24. Et .. dont il uinrent *A*. 26. defconeue *PGA*.
27—30 *fehlen V.* 27. pleft *G.* | embeli *GAS*. 28. uit] uoit *PGS.* | car]
que *H*. 29. tenoit] pandoit *H*. 30. q. ele fe tenoit *G*; *AS*: Et quant il le
pucele uoit. 31. ele *G*. 32. dit *V.* | bel que *V*. 34. Q. cele *H.* | toute
en *PH*. 35. Ele treftorne *P*, Lor fe retorne *A*, Et fi fe torne *H*. 37. por]
a *PH*. 38. Sen *V*; *GS*: Quele auoit cerchie par la terre, *A*: Cerkie en
auoit mainte terre. 39. fu *fehlt S.* | bel *PGAS.* | et de *S.* | de toz] dou
roi *GA*. 40. et ele] fen *V*, puis *A.* | leuee *G*. 41. 43 *zusammengezogen*
P in: Deuant le roy et fa maifnie. 41. le uit *H*, el falift *G* (la *fehlt*).
42 (*fehlt P*). d. l. uint *AS*, fu d. l. *H.* | dit *H*. 43 *P s. nach* 40. 44. fe *S*.
45. et *G*(—1). 46. un] nul *P.* | dont *VPAS.* | ert *G*. 47. la] qui *HGAS*.
48. Qui ma fieui *V*, Quamene ai *P*, Men a feue *HG,S* (guie), Eft uenus o
moi *A.* | defques *PGAS.* | ichi *P*. 49. il *fehlt V.* | aillors affez *V*, ml't ail. *PH*.

5950 Li frans chevaliers deboneire;   [5942.
     Mes de moi li prift teus pitez
     Qu'il a arriere dos gitez
     Toz fes afeires por le mien.
     Or feroit corteifie et bien
5955 Ma dame, ma tres chiere fuer,
     Que j'aim autant come mon cuer,
     S'ele de mon droit me leiffoit
     Tant qu'antre moi et li pes foit;
     Car je ne demant rien del fuen."
5960 „Ne je", fet ele, „rien del tuen,
     Que part n'i as ne ja n'avras.
     Ja tant preechier ne favras
     Que rien aies por preechier.
     Tote an porras de duel fechier."
5965 Et l'autre refpont maintenant,
     Qui affez favoit d'avenant
     Et mout eftoit fage et cortoife.
     „Certes", fet ele, „ce me poife
     Que por nos deus fe conbatront
5970 Dui fi preudome con cift font,
     S'eft la querele mout petite.
     Mes je ne la puis clamer quite;
     Que trop grant foffreite an avroie.

5951. ot ml't *S.* | tel pite *V*, t. pitie *A*, grant p. *S.*   **52.** arrieres dos *H*, fes aferes *G.* | gete *V*, gitie *A*, laiffie *S.*   **53.** Tot fon afaire *AS*, Et treftoz leffiez *G.*   **55.** douce fuer *VA.*   **56.** Cui *G*, Qui *S.* | autretant com *V.* **57.** Se ele mon *HGA.*   **58.** foit] oit *G*; *H*: Ml't feroit bien fel le feifoit. **59.** Car] Que *PHA.* | je] li *P.*   **60.** Ne ie nen *V*, Ne ie ne *PG*, Ne ie uoir *H*, Et ie ne *A.* | fet ele] ueul f. el *PG*, ai *V*, demanc *A.* | rien] *fehlt PHG*, noient *V.*   **61.** Que rien ni as *G*, Q. tu nas riens *P*, Tu ni as rien *HS*; *A*: Car tu ni auras rien nen as.   **62.** porchacier *A.*   **63. 64** *stellt um S.* **63.** Que *fehlt S.* | en aies *H*, emportes *P*(+1), en port *G*, ni aras *S.* | prefchier *H*; *A*: Nen ferai rien p. pr.   **64.** an *fehlt V.*   **65.** Et cele *A.* **66.** affez] *nach* favoit *H*, auques *P.* | auenant *V*, *G*: Q. ml't ert bele et auenant; *A*: Com cele qui ot cuer uaillant; *S*: Une parole bien feant. **67.** Car *A.* | ert *G.* | preus et c. *V*, bele et c. *G*(—1).   **68.** ce] ml't *GAS,P* (men).   **69.** Quant *AS.*   **70.** Si p. c. cil dui *A.*   **71.** mout] fi *V*, affes *A.*   **72.** Por ce *V.* | len *A.*   **73** (*fehlt A*). Car *GS.* | trop] ml't *HS.* | foffreite] meftier *PHGS.*

Por ce plus bon gre vos favroie   [5966.
5975 Se vos me leiffiiez mon droit."
„Certes, qui or te refpondroit",
Fet l'autre, „mout feroit mufarde.
Maus feus et male flame m'arde
Se je te doing, don miauz te vives!
5980 Einçois afanbleront les rives
De Sainne et fera prime nonef
Se la bataille nel te done."
„Deus et li droiz que je i ai,
An cui je me fi et fiai   [5976.
5985 Toz tans jufqu'au jor qui eft hui,
An foit an aïe a celui   [5977.
Qui par aumofne et par franchife   [5979.
Se porofre de mon fervife,
Si ne fet il, qui je me fui,
5990 Ne ne me conoift ne je lui."

T ANT ont parlé qu'a tant remainnent
  Les paroles et fi amainnent
Les chevaliers anmi la cort.
Et toz li pueples i acort
5995 Si com a tel afeire fuelent
Corre les janz qui veoir vuelent
Cos de bataille et d'efcremie.
Mes ne f'antreconoiffent mie
Cil qui conbatre fe voloient,

5974. Por ce] Et *V*. | plus bon] plus graat *G*, ml't bon *I'*, meillor *HAS*. | uos en *V*.   **75.** rendies *PGA,S* (le mien).   **76.** ore refp. *G*.   **78.** larde *A*.   **79.** je] ia *A*, iai *P*. | te] tan *HGAS*. | lais *A*. | nes dont tu *S*, dont tu mialz *HG*.   **80.** arriueront *S*. | lor armes (*so*) *A*.   **81** (*fehlt P*). faine *I'*, feine *G*, lautre *A*; *H*: De la dunoe et de feone.   **83—90** *fehlen V*.   **84.** man fi et ferai *H*, ma fiance ai *G*(—1).   **85** (*fehlt H*). Tous iours *S*. | quil *P*.   **86—90** *zweite, spätere Hand auf leer gelassenem Raum H*.   **86.** an] *fehlt A*. | a ceftui *P*, a icelui *A*; *danach interpolirt H*: E fe lou deffende denui.   **87.** por . . por *G*. | aumofne] amors *H*, pitie *P*.   **88.** poroffri *H*.   **89. 90** *umgestellt G*.   **89.** Et fi ne fet q. *G*. | me] *fehlt P*(—1).   **90.** Ne il ne *S*(+1), Nil ne *H*, Si ne *G*.   **91.** dure *AS*. | tant] li *H*.   **92.** en mainent *P*.   **94.** chafcuns por ueoir *G*. | i acort] apres court *P*.   **96.** Corent *G*. | la gent *V*.   **97.** Cops defpees *V*. | efcremie *H*.   **98.** fantreconurent *HA*.   **5999—6114** *fehlen V*.   **99.** Et cil *G*, Icil *S*, Cil dui *A*. | uoelent *GAS*.

6000 Qui mout antramer fe foloient. [5992.
Et or don ne f'antraimment il?
„Oïl“ vos refpong et „nenil.“
Et l'un et l'autre proverai
Si que reifon i troverai.

6005 Por voir, mes fire Gauvains aimme
Yvain et conpaingnon le claimme
Et Yvains lui, ou que il foit.
Nes ici, f'il le conoiffoit,
Feroit il ja de lui grant fefte

6010 Et fi metroit por lui fa tefte
Et cil la foe auffi por lui
Ainz qu'an li feïft grant enui.
N'eft ce amors antiere et fine?
Oïl, certes. Et la haïne

6015 Don ne reft ele tote aperte?
Oïl; que ce eft chofe certe
Que li uns a l'autre fanz dote
Voudroit avoir la tefte rote
Ou tant avoir fet li voudroit

6020 De honte que pis an vaudroit.
Par foi, c'eft mervoille provee
Qu'an a an un veiffel trovee
Amor et Haïne mortel;
Deus! Meïfmes an un oftel

6025 Comant puet eftre li repeires

6000. Et qui *GS*, Car *A*(—1). | fuelent *GAS*. 1. donc *PHA*, dont *GS*.
2. Et il li refpondent n. *G*, Et ie uous di bien que n. *S*, . . fans mentir *A*.
3. Que *GA*, Car *S*. | li uns lautre prouera *A*. 4. trouera *A*. 6 (*fehlt P*). con-
paignon] poi ami *A*. 7. lui que liu quil foit *A*. 8. Neïs ci *H*, Neïs *A*,
Nis icil *S*, Ne fai *G*. | fil le] fe il le *PG*, fe ci le *A*. | reconoiffoit *G*(+1),
fauoit *P*. 12. Anchois *P* (grant *fehlt*); *A*: Ainz quil euft nul point danui.
13. Ne eft *G*(+1). | loiaus et *A*. 14. Et] mes *G*. 15. 16 *fehlen G*. 15. Dont
PAS. 16. que ce] et fi *A*, fi *S* (bien certe); *P*. Que cheft cofe toute a
certes (—1). 17. Car *S*, Et *A*. | luns a a l'a. *G*. 18. Vaufit *A*. | gorge *P*,
gole *A*. 19. Ou] Et *A*. | fait auoir *S*, de honte *H*. | li] en *P*. 20. De
honte] Auoir feite *H*. | an] *fehlt H*, li *S*. 22. Que len a *H*. | an un veiffel]
en un uaffal *S*, aucun uaffal *G*, enfanble *H*. 23. Damor et h. .i. tor
tel *G*. 24. Deuls *S*, Biaus fire deus *A* (m. *fehlt*).

A chofes qui fi font contreires?   [6018.
An un oftel fi con moi fanble
Ne pueent eles eftre anfanble;
Que ne porroit pas remenoir
6030 L'une avuec l'autre an un menoir,
Que noife et tançon n'i eüft
Puis que l'une l'autre i feüft.
Mes an un chas a plufors manbres,
Que il i a loges et chanbres.
6035 Einfi puet bien eftre la chofe:
Efpoir Amors f'eftoit anclofe
An aucune chanbre celee
Et Haïne f'an iert alee
Es loges par devers la voie
6040 Por ce que viaut que l'an la voie.
Or eft Haïne mout an coche;
Qu'ele efperone et point et broche
Sor Amor quanque ele puet,
Et Amors onques ne fe muet.
6045 Ha! Amors, ou es tu repofte?
Car t'an is! fi verras quel ofte
Ont for toi amené et mis
Li anemi a tes amis.
Li anemi font cil meïfme
6050 Qui f'antraimment d'amor faintifme;
Qu'amors qui n'eft faufe ne fainte

6026. A (As *A*) .ii. chofes *GAS.* | fi] *fehlt GAS,* tant *H.*   **27.** A *A.*
29. Car *AS.* | remenoir] auenir *P.*   **30.** avuec] auoeques *H.* | an un menoir] en
un manir *P,* un feul foir *H.*   **31.** Car *S.* | i auroit *AS.*   **32.** Por *G,* Des *A,*
Se *P* (que *fehlt,* — 1). | li uns *A,* lune et *S.* | fauroit *A,* i feroit *S.*   **33.** Mes]
Car *GS.* | un chas] chafcun *G,* un cors *P,* un cuer *S.* | chambres *A.*   **34.** Que
il] Car il *A,* Quil *S,* Que len *H.* | a] a et *A,* fet *H.* | angles *A.*   **35.** p. ele
eftre entreclofe *A.*   **36.** quamors *H.* | eftoit *AS.*   **37.** a celee *A.*   **38.** en
eftoit alee *AS,G* (en *fehlt,* —1).   **39.** Es] As *H.* | chambres *G.*   **40.** quel *HG,*
quele *S.* | que viaut] *fehlt P*(—1). | que en *A,* con *S,* que on ne *P.*   **41.** en
choce *A.*   **42.** Quant ele *S.* | et p. et] ml't et *A,* et fi *S.*   **43.** amors *H.* |
quanquele onques *A.*   **44.** Et *fehlt AS.* | onq. *vor* Am. *S.* | remuet *A.*   **45.** He
GAS.   **46.** Car uieng fors *S.*   **47.** Sont *H.*   **48.** cel *H,* lor *A.*   **49, 50** *stellt
um GS.*   **49.** ci m. *A.* | meïfmes *G.*   **50.** fantremet *H.* | damors f.ᵉ *G.*
51. Amors *S.*

Eſt precieuſe choſe et ſainte.　　　　　　[6044.

Ci eſt Amors avugle tote
Et Haïne ne revoit gote;
6055　Qu'Amors deſandre lor deüſt
Se ele les reconeüſt,
Que li uns l'autre n'adeſaſt
Ne ſeïſt rien qui li peſaſt.

Por ce eſt Amors avuglee
6060　Et deſconfite et deſjuglee
Que çaus qui tot ſont ſuen a droit
Ne reconoiſt et ſi les voit.

Et Haïne dire ne ſet,
Por quoi li uns d'aus l'autre het,
6065　Ses viaut ſeire meſler a tort,
Si het li uns l'autre de mort.

N'aimme pas, ce poez ſavoir,
L'ome qui le voudroit avoir
Honi et qui ſa mort deſirre.
6070　Comant? Viaut donc Yvains ocirre
Mon ſeignor Gauvain, ſon ami?
Oïl, et il lui autreſi.
Si voudroit mes ſire Gauvains
Yvain ocirre de ſes mains
6075　Ou ſeire pis que je ne di?
Nenil, ce vos jur et afi.
Li uns ne voudroit avoir ſet
A l'autre ne honte ne let
Por quanque Deus a ſet por home
6080　Ne por tot l'anpire de Rome.
Or ai ge manti largemant;

6053. Ci] Si *PH.* | anugle tote] aſez trop glote *H.*　**54.** ne] ni *H.*
55. lor] li *PAS,* le *G.*　**56.** le *GS, fehlt A*(—1).　**58.** peſaſt] greuaſt *HA.*
59. deſgainglee *A.*　**61.** Que] Et *P.* | cez *HS.* | tot] *nach* ſont *AS,* tuit *H.* |
a] par *H; G:* Car cil qui conoiſſent lor d.　**62.** ꟗes *G.*　**64.** d'aus] ſi *G,*
A (vor li), *S (vor* h.).　**65. 66** *fehlen A.*　**65.** Si *S.*　**66.** Et *S.*　**69.** et]
fehlt P. | ſa] de ſa *P; G:* H. et q. le uelt deſtruire.　**70.** Coment a or d. *G,*
Vaudroit dont dans *A.* | cure *G.*　**71.** Mon] Son *P.*　**72—75** *fehlen A.*
74. de] a *P*(—1).　**76.** Nenil] Oïl *S.* | ce] iel *P.* | et] *fehlt H*(—1).　**79.** quan-
ques *PA.*　**81.** ge] *fehlt H.* | laidement *P,* ml't leidement *H.*

16*

Que l'an voit bien apertemant [6074.
Que li uns viaut anvaïr l'autre
Lance levee for le fautre,
6085 Et li uns viaut l'autre blecier
Por lui leidir et anpirier,
Que ja de rien ne f'an feindra.
Or dites! De cui fe plaindra
Cil qui des cos avra le pis
6090 Quant li uns l'autre avra conquis?
Car f'il font tant qu'il f'antrevaingnent,
Grant peor ai qu'il ne maintaingnent
Tant la bataille et la meflee
Qu'ele iert de l'une part outree.
6095 Porra Yvains par reifon dire
Se la foe partie eft pire,
Que cil li et fet let ne honte,
Qui antre fes amis le conte,
N'ainz ne l'apela par fon non
6100 Se ami et conpaignon non?
Ou f'il avient par avanture
Que cil li reface leidure
Ou de que que foit le formaint,
Avra il droit fe il fe plaint?
6105 Nenil, qu'il ne favra de cui.
Antrefloigné fe font andui
Por ce qu'il ne f'antreconoiffent.
A l'afanbler lor lances froiffent,
Qui groffes ierent et de frefne. ·А·

6082. Car en *AS.* | tot ap. *G.* **83.** uint *S.* **84.** La l. l. f. f. *G.* **85.** uet li uns *G*, li uns l'a. v. *PH.* **86.** Et *PH.* | lui leidir] laidir *A*, feire honte *H.* | et] et por *A.* | correcier *HGS.* **87.** Car ia nus ne fen ref. *A.* **88.** die *PGS.* **90.** luns *PA*, *fehlt G.* | aura l'a. *PA.* | mort e conquis *G.* **91.** fentrataignent *A.* **92** (*fehlt S*). Grans paours eft *P*; *A*: Paour ai quil ne fe mahaignent. **93.** Et que tant nait longe duree *A.* **94.** Quele iert] Quel foit *H.* | dune *G*(—1); *A*: La bataille que foit outiee. **95.** Y. porra *A.* **96.** empire *S.* **97.** il *P.* | a *A.* | ne] et *GA.* **98.** Que il por fon ami aconte *A*, Q. il p. le fien a. c. *S.* **99.** Non ne lapicle *A.* **101.** Et *GAS.* | rauient *P*, auint *S.* **2.** Que cil] Que il *A*, Quil *H.* | reface] ait fet nule *H.* **3.** Ne *A.* ' de quanque *S.* | fouruaint *P.* **4.** droit] tort *P.* | fe] fem *G.* **8.** les *PS.*

6110 Li uns l'autre de rien n'arefne;   [6102.
Car f'il antrarefnié fe fuffent,
Autre afanblee feite eüffent.
Ja n'eüft a lor afanblee
Feru de lance ne d'efpee.

6115 Antrebeifier et acoler
S'alaffent ainz que afoler;
Qu'il f'antrafolent et mehaingnent.
Les efpees rien n'i gaaingnent
Ne li hiaume ne li efcu

6120 Qui anbuignié font et fandu,
Et des efpees li tranchant
Efgrunent et vont rebouchant;
Car il fe donent mout granz flaz
Des tranchanz, non mie des plaz,

6125 Et des pons redonent teus cos
Sor les nafeus et for les cos
Et for les fronz et for les joes
Que totes font perfes et blocs
La ou li fans quace defoz.

6130 Et les haubers ont fi deroz
Et les efcuz fi depeciez,
N'i a celui ne foit bleciez.
Et tant fe painnent et travaillent,
A po qu'alainnes ne lor faillent;

6135 Si fe conbatent une chaude
Que jagonce ne efmeraude

6110. de r. *vor* l'a. *A.*   **11.** fe *G.* | entraparle *S.*   **12.** fet *G*, ni *S.*
13. neuffent a laf. *H*, ni euift autre af. *S.*   **14.** ne l. ne efpee *P.*
16. que mehaignier *V*, quentrafoler *G.*   **17.** Sil *P*, Or *A.*   **20.** enbugni *A*,
anbarre *H*, empiriet *S*, brifie *G*, *fehlt V.* | et] et fret et *V.* | porfendu *VG*,
confundu *P.*   **22.** Efgunent *G*, Efgrainnent *A*, Engroignent *P.* | rebuiffant *V*,
rebrofchant *P*, redoifant *A*, trefbufcant *S.*   **23—32** *fehlen V.*   **23.** fe]
fen *P.* | mout] fi *H.*   **25.** ponz *G*, poins *P*, puings *A*, puins *S.* | fi donent
grans *S*, fi fierent g. *A.*   **26.** Sor] Par *A.* | cos] dos *PHA.*   **29.** quaffe *A*,
caffe *G*, choit *P*(—1).   **30.** li hauberc font *AS.* | tot *A.* | defros *AS.*   **31.** li
efcu *AS.* | defpeciez *G.*   **32.** qui foit *A.*   *Vor* **33** *interpolirt V*: De totes
parz li fancs lor faut. Tant fe font au premier affaut. Entreledi et formene.
Que ledement fe font mene.   **34.** Qua *GS.* | qualaine *S*, aleines *G*, que
li cuer *A*, qefpees *V.*   **36.** iargonce *G*, efcharboucle *A.*

N'ot ſor lor hiaumcs atachiec,   [6129.
Ne ſoit molue et eſquachice;
Car des pons ſi granz cos ſe donent
6140 Sor les hiaumes que tuit ſ'eſtonent
Et par po qu'il ne ſ'eſcervelent.
Li oel des chiés lor eſtancelent;
Qu'il ont les poinz quarrez et gros
Et forz les ners et durs les os,
6145 Si ſe donent males groigniees
A ce qu'il tienent anpoigniees
Les eſpees qui grant aïe
Lor font quant il fierent a hic.

QUANT grant piece ſe font laſſé
6150   Tant que li hiaume font quaſſé   [6142.
Et li hauberc tot deſmaillié,
(Tant ont des eſpees maillié,)
Et li eſcu fandu et fret: [6143.
Un po ſe font arriere tret,
6155 Si leiſſent repoſer lor vainnes
Et ſi repranent lor alainnes.
Mes n'i font mie grant demore,
Ainz cort li uns a l'autre ſore
Plus fierement qu'ainz mes ne firent.
6160 Et tuit dïent que mes ne virent
Deus chevaliers plus corageus.

6137. Ni ot deſor *S.* | les *PGA*, *fehlt S.* | hiaume *S.* | atagie *A.*
38. molue] muelu *P*, ſendue *G.* | eſcaſchiee *G*, eſrachie *A*, arachiee *H*;
V: Que tot naient ius trebuſchie; *S*: Que ne ſoit a terre glacie. **39.** Car]
fehlt VS, Et *A.* | des] *fehlt A*, de *G.* | puis *G*, puins *S*, poins *P*, eſpees *V*,
fehlt A. | ſi tres gr. *A*, tels *V.* | ſentredonent *AS.* **40.** Que deſous les h.
ſ'e. *S.* | eſt. *A.* **41.** Et que *V.* | por *A.* | qu'il *fehlt V.* **42** (*fehlt A*). del
chief *V.* **43—48** *fehlen V.* **43.** Il *G.* **44.** Et les n. durs et ſorz les os
GAS. **45.** ml't grans *S.* | gorgiees *G.* **47.** Les] Lors *P.* | qui] de *G.* | grant]
lor *A.* **48.** A faire ſouuent enuaie *A.* **49.** Tant *A.* **50.** Si que lor *V.*
51. 52 *fehlen H.* **51.** li] lor *V.* | tot] tuit *PGA.* **52.** Tant ont feru tant ont
m. *V.* **53.** Et] *fehlt VGAS.* | Li eſcu font *G*, Et li e. refont *A*, Lor e.
ſ. *V.* | fandu et] tuit *A.* **54.** Un' po] Tantoſt *S.* | arrieres *H.* **57.** ne *S*,
il ne *A.* | pas *A.* | grant] de *V.* **58.** Ainz] *fehlt A.* | recort *S*, recuet *vor*
ſore *A.* | a *fehlt S.* **59.** con mes *A*, qonques *V*, quancois *S.* **60.** quainz
GS, qonc *V.* **61.** plus] ſi *VA.*

„Ne fe conbatent mie a geus,   [6152.
Einçois le font treftot a certes.
Les merites ne les defertes
6165 Ne lor an feront mes randues."
Cez paroles ont antandues
Li dui ami qui f'antrafolent,
S'antandent que les janz parolent
Des deus ferors antracorder;
6170 Mes la pes ne pueent trover
Devers l'ainznee an nule guife.
Et la mainfnee f'eftoit mife
Sor ce que li rois an diroit;
Que ja rien n'an contrediroit.
6175 Mes l'ainznee eftoit fi anrievre
Que nes la reïne Genievre   [6166.
Et li chevalier et li rois   [6168.
Et les dames et li borjois
Devers la mainfnee fe tienent,   [6169.
6180 Et tuit le roi proiier an vienent
Que maugré l'ainznee feror
Doint de la terre a la menor
La tierce partie ou la quarte
Et les deus chevaliers departe
6185 Qui fi font de grant vaffelage;
Que trop i avroit grant domage
Se li uns d'aus l'autre afoloit
Ou point de f'enor li toloit.

6162. La bataille neft mie gieus *V*. **63.** Einz le font afez trop *H*. **64.** ne] et *HG*. **65.** an *fehlt GAS*. | ia mes *GAS*, ia *PH*. **66.** Les *V*, Car *A*. **67.** home *G*. **68.** Entendent *GS*, Sentendent bien *P*, Et f'ant. *H*. | la gent *V*, il *PH*. **70.** la pes] *vor* tr. *G*. | ne] ni *HGS*; *A*: Mais en ne poioit ontrouner (*so*). **72.** Mais *S*; *A*: Mais pui9 uee eftoit mie. **74.** Ne *GAS*. **75.** eft *G,P*(—1). | fi] trop *G*. | enriure *S*, encreue *A*, entiere *P*. **76.** ganieure *H*, genoiure *S*; *A*: Ne mais que la r. griue. **78** *fehlt PHGAS*, *wofür interpoliren PGAS*: Qui ml't eftoit (ert *A*) frans (preus *S*, fages *A*) et cortois, *H aber vor* **77**: Et cil qui fauoient lor lois. **79.** Enuers la puifnee *A*. | lainfnee *S*(—1). **82.** de lautre *S*(—1). **85.** Que *PH*, Car *S*. | fi] mout *H*, m. *vor* gr. *A*, trop *PGS*. **86.** Et *PHGAS*. | trop] ml't *A*. **87.** luns *V*. | des .ii. *V*, *fehlt A*. | empiroit *V*, conqueroit *A*. **88.** Ou] Et *PG*, Ne *HAS*.

Et li rois dit que de la pes   [6179

6190   Ne ſ'antremetroit il ja mes;

Que l'ainznee ſuer n'an a cure,

Tant par eſt male criature.

Totes cez paroles oïrent

Li dui qui des cos ſ'antraupirent –

6195   Si qu'a toz vient a grant mervoille,

Que la bataille eſt ſi paroille

Que l'an ne ſet a nul avis

Qui a le miauz ne qui le pis.

Et nes li dui qui ſe conbatent,

6200   Qui par martire enor achatent,

S'eſmervoillent et eſbaïſſent;

Que ſi par igal ſ'anvaïſſent

Qu'a grant mervoille chaſcun vient,

Qui eſt cil qui ſi ſe contient

6205   Ancontre lui ſi fieremant.

Tant ſe conbatent longuemant

Que li jorz vers la nuit ſe tret,

Et ſi n'i a celui qui n'et

Les braz las et le cors doillant,–

6210   Et li ſanc tuit chaut et boillant

Par mainz leus fors des cors lor bolent

Et par deſoz les haubers colent.

6189. diſt *PG.* | de] a *P.*   **90.** ſentremetra *PH.*   **91.** Car *V.* | lainz
nce feror *G,* cele de ſa feur *S.* | na *G.*   **92.** Que trop *V.*   **93.** Et totes *VS.* |
oient *S,* ooient *V*(+1); *A:* Et tot oent ce quil parolent.   **94.** des coſ] de caus *P,*
les cous *G,* granz cops *V,* des cors *HA.* | ſentrefierent *G,* ſentrefoulent *A,* ſen-
treloient *S,* ſe donoient *V.*   **95.** Si] Et *P, fehlt V.* | toz] aus *V.* | vient] eſt
PGAS. | a] mſ't a *V,* mſ't *A,* ſi *G, fehlt S*(–1).   **96.** Que] Et *PH.*   **97.** Car *V.* |
a] par *PH,* en *GS.*   **98.** Qui] Li ques *S.* | a] ait *PA,* na *H,* en a *G,* en ait *S.* |
ne qui] ne *AS,* ou *G.*   **99.** Et nes] Nes *P*(—1), Mes *HGAS.* | icil *G.* | ſi
ſe *HAS.*   **200.** Que *H,* Et *A.* | los ach. *A.*   **1.** S'eſmerv.] Se m. *HG,* Merv.
ſoi *A.*   **2.** ingal *AS.*   **3.** A *A.* | a chaſcun *PHG.*   **94.** eſt cil] cil eſt *HAS.*
qui ſe contretient *PH.*   **5.** Enuers lautre *A.*   **6.** Si *PGAS.*   **7.** a la nuit
ſatrait *V.*   **8.** Et ſi] Et il *AS,* Ne il *PH.* | celui] nul deuls *V.*   **9.** Le
VPHS. | braz] cors *VP.* | las et] et tout *G.* | le clos (dos?) *S,* les cox *A,* les braz
VP. | duillanz *VP.AS,* deuant *G.*   **10.** Que (Et *A*) li ſancs *VPG.AS.* touz chauz
(chaus ſres *V*) et buillanz *VPGAS.*   **11** (*fehlt V*). En *S.* | maint *S,* diuers *A*(+1). |
leu *S.* | par les (le *GS*) cors *PGS.* | lor bolent] ſeſpant *S.*   **12.** Qui *H,* Que *P,*
fehlt VS. | deſus *G.* | le *S,* lor *V.* | hauberc *S,* hiaumes *GA.* | coulant *S.*

N'eſt mervoille ſe il ſe vuelent   [6203.
Repoſer, car formant ſe duelent.
6215 Lors ſe repoſent anbedui
Et ſi panſe chaſcuns par lui
Qu'or a il ſon paroil trové,
Conbien que il et demoré.
Longuemant einſi ſe repoſent;
6220 Que raſanbler as armes n'oſent.
N'ont plus de la bataille cure
Que por la nuit qui vient oſcure
Que por ce que mout ſ'antredotent.
Cez deus choſes au ſus les botent
6225 Et ſemonent qu'an pes ſ'eſtoiſent;
Mes einçois que del chanp ſ'an voiſent
Se feront bien antracointié,
S'avra antr'aus joie et pitié.

MES ſire Yvains parla cinçois,
6230   Qui mout eſtoit preuz et cortois.
Mes au parler nel reconut
Ses buens amis; car ce li nut
Qu'il avoit la parole baſſe
Et la voiz roe et ſoible et quaſſe;
6235 Car toz li ſans li ſu meüz
Des cos qu'il avoit receüz.
„Sire", fet il, „la nuiz aproche!

6213. Ne neſt *P*, Nil neſt *H.* | pas merueille *V.* | ſil *VPH.* | duelent *A*, doutent *V.* **14** (*fehlt V*). Et por cou rep. *A.* | car ſ.] *fehlt A*, que ſ. *G.* | uuelent *A.* **15—20** *fehlen PGAS.* **16.** ſi] puis *H* (por). **17.** Conbien que il] Comant quil li *H.* **19.** einſi] andui *H.* *V interpoliirt nach* **20**: Ainz ſont ambedui eſmaie. Mes bien ſe ſont entreſſaie. **20.** Nont mes *V.* **22.** Et por la nuit *P*, Que por lennuit *G*, Car la nuis *AS.* | qui] qui lor *G*, lor *AS.* | uint *A.* | ml't o. *AS*, ſeure *G.* **23.** Et pour *PGAS.* | ice *V.* | m.] meulz *G*, forment *S*, il *V.* | ſe doutent *VS.* **24.** Icez *V*, Ciſt *G*, Et ces *A.* | choſes] *fehlt G.* | anſus] an .ii. *HS*, andoi *G*, ml't *A*, *fehlt V.* | les] *fehlt AS*, ſe *G.* debotent *V*, redoutent *GAS.* **25.** Le ſenionent *S*, Ne ſen mouent *A.* | ancois *A.* | ſeſtoſſent *S*, eſtoiſent *V*, ſacoiſent *A.* **26.** dou pre *G.* **27.** Si *G.* **28.** S'a. li uns lautre paie *V.* **30.** Q. tant *S.* **31.** ne le con. *G.* **32.** car ce] et ce *HS*, ice *GA.* | li] lor *G.* **33.** Quil auoit la voiz ſoible et quaſſe *V* (*vgl. zu 34*). **34.** roe et ſoible] et ſ. *P*(—1), ſ. et r. *A*, enrouſee (*so*) *S*; *V*: Si auoit la parole baſſe (*vgl. zu 33*). **35. 36** *fehlen V.* **35.** Car] Que *H.*

Je ne cuit blafme ne reproche　　　　　[6228.

I aions fe nuiz nos depart.

6240　Mes tant di de la moie part

Que mout vos dot et mout vos pris,

N'onques an ma vie n'anpris

Bataille don tant me doufiffe,

Ne chevalier cui tant voufiffe　　　　　[6234.

6245　Conoiftre ne cuidai veoir.　　　　　[6237.

Bien favez voz cos afeoir

Et bien les favez anploiier.

Ainz ne fot tant de cos paiier

Chevaliers que je coneüffe.

6250　Ja mon vuel tant n'an receüffe

Con vos m'an avez hui prefté.

Tot m'ont voftre cop antefté."

„Par foi", fet mes fire Gauvains,

„N'eftes fi eftordiz ne vains

6255　Que je autant ou plus ne foie.

Et fe je vos reconoiffoie,

Efpoir ne vos greveroit rien.

Se je vos ai prefté del mien,

Bien m'an avez randu le conte

6260　Et del chatel et de la monte;

Que larges eftiiez del randre

Plus que je n'eftoie del prandre.

6238. Je ne] Ja ne *P*, Ja ce *H*, Ne *A*, Ja *S*. | croi *V*. | que *AS*.
39. Aions *A*, Naurons *S*, Nen arons *P*, Nen auroiz *HG*. | nuiz] la nuis *AS*,
len *H*. **40.** M. ie *G*. | uos di *V* (la *fehlt*), oi *A*. **44.** Na *G*. | cui miex *V*,
dont tant *S*, que ie *HA*. *Nach* **44** *interpolirt H* (*zweite, spätere Hand, auf
leergelassenem Raum*): Tant ueoir ne tant acointier (*vgl.* **6245** *S*). A me-
reuoilles uos puis prifier (*so*). **45.** Que uaincuz me *H*. | cuide *A*; *S*: Et co-
noiftre et acointier (—1). *Darnach interpolirt A*: Bien fauez uos conuint
fauoir. **46. 47** *fehlen S*. **47.** bien] miex *V*. **48. 49** *fehlen V, der dafür
interpolirt*: Vos men auez hui tant charchie. Que ne fai conc tant chargiez
fuffe. **48.** fot] foi *P*. | t. *vor* ne *H*; *A*: Nus ne fet mius de c. p.; *S*: Nus
hom ne fet miex c. p. **49.** Cheualier *PA*. | que] qui *S*; que ie onques ueiffe
G (+1). **50.** Qa *V*. | ne *PA*. | receiffe *G*. **52.** tempefte *V*. **54.** tant *A*. |
eftonnes *PH*. **55.** Q. autretant *A*. | nel *G*. **57.** vos] me *HA*. **58.** le mien *G*.
59. 60 *fehlen S*. **61.** Q. ml't eftes fages *A*, Ml't par e. larges *S*, Plus eftiez
haitiez *G*. **62.** Affez que n'e. *G*. | ne foie *AS*.

Mes comant que la chofe praingne,   [6255.

Quant vos pleft que je vos apraingne

6265 Par quel non je fui apelez;

Ja mes nons ne vos iert celez:

Gauvains ai non, fiz le roi Lot."

Tantoft con mes fire Yvains l'ot,

Si f'efbaïft et efpert toz,

6270 Par mautalant et par corroz

Flatift a la terre f'efpee

Qui tote eftoit anfanglantee,

Et fon efcu tot depecié,

Si defçant del cheval a pié.

6275 „Ha, las!" fet il. „Quel mefcheance!

Par trop leide mefconoiffance

Cefte bataille feite avomes,

Qu'antreconeü ne nos fomes;

Que ja, fe je vos coneüffe,

6280 A vos conbatuz ne me fuffe,

Ainz me clamaffe recreant

Devant le cop, ce vos creant."

„Comant?" fet mes fire Gauvains.

„Qui eftes vos?" „Je fui Yvains

6285 Qui plus vos aim que rien del monde

Tant com il dure a la reonde;

Que vos m'avez amé toz jorz

Et enoré an totes corz.

Mes je vos vuel de ceft afeire

6290 Tel amande et tel enor feire

6264. Q. il v. p. *G*, Q. v. uoles *A*. | je *fehlt GA*; *V*: Et comment que il en auiegne. **65.** Et coment ge *V*. **66.** Ja] Onques *V*. | m. n.] plus *AS*. | v. fera *AS*, fu *V*. **67.** Jai non G. *V*. | fil *P*. | le] au *H*. **68.** Si toft *S*. | que *A*, comme *S* (mes *fehlt*); *H*: Quant .Y. cefte nouele ot. **70.** De .. de *A*. **71.** Flatit *V*, Flati *H*. | lefpee *S*. **72.** anfanglante *H*. **73.** defpecie *VG*. **74.** Si] Et *G*, *fehlt VAS*. | del cheval] de fon ch. *S,VA* (*vor* defcent). **75.** A las *PA*, Ha *V*. | fet il] Et dit *HAS*, Et dift *P* (*alle vor* Ha). | quele *V*. **76.** Car par *A*. | tr.] com *V*. | mefeftance *A*. **78.** Quant deuant coneu ne f. *V*. **79.** Ja ainz *V*, Car *S* (recon.). **81.** clam. a *H*. **82.** les cops *V*. | ie *AS*, iel *PG*. **85.** Que *H*. | que rien] que riens *V*, com hom *P*, come *HGS*. **86.** Si *A*. | eft *VA*. **87. 88** *fehlen V*. **87.** Car *GA*.

Qu'outreemant outrez m'otroi." [628.
„Ice feriiez vos por moi?"
Fet mes fire Gauvains, li douz.
„Certes, mout feroie or eftouz
6295 Se je cefte amande an prenoie.
Ja certes cefte enors n'iert moie,
Ainz iert voftre, je la vos les."
„Ha! Biaus fire, nel dites mes!
Que ce ne porroit avenir.
6300 Je ne me puis mes foftenir,
Si fui atainz et formenez."
„Certes, de neant vos penez!"
Fet fes amis et fes conpainz.
„Mes je fui conquis et atainz,
6305 Ne je ne di rien por lofange;
Qu'il n'a el monde fi eftrange
Cui je autretant n'an deïffe
Einçois que plus des cos fofriffe."
Einfi parlant eft defçanduz,
6310 S'a li uns a l'autre tanduz
Ses braz au col, fi f'antrebeifent,
Ne de ce mie ne fe teifent
Que chafcuns outrez ne fe claint.
La tançons onques ne remaint
6315 Tant que li rois et li baron
Vienent corant tot anviron,

6291. Que out. P(+1). | outrez] outre P, uaincuz HGS, uaincu A.
92. vos *fehlt* G(—1). **94.** Certes] *fehlt* G (feriez ore, —1). | mout] trop
PGS. *Darnach interpolirt* S (*als Ersatz für* **96**): Que fe ie icou otrioie.
95. Et fe iou lamende S. | an] *fehlt* VA. **93** (*fehlt* S). certes] *fehlt* H. |
cefte onors] lamende G. | n'iert] ne fera H; V: Cefte honor certes niert ia
moie. **97. 98** *fehlen* G. **98.** h. compainz V. | ne A. **99.** Car ce G,
Ice P. | ne puet pas G. **300.** p. plus A. **1.** Je A. | forfenes S. **4.** conquis]
uaincuz HGS. **5.** Ne ie nen PHS, Si ne le V, Ne ie ne le A. | rien] *fehlt* A,
pas V. **6.** Car V. **7.** Que VHGS. | autretel S, autant V. | ne S, ne len V.
8. q. tant GA. | ferifce S. **9.** Iffi G. | eft defçanduz] font defcendu VHAS.
10. tanduz] renduz G, tendu VHAS. **11.** Les PH. | as cops P. **12.** Et V. |
por ce H. **13. 14** *fehlen* V. **13.** outre PG, uencu AS. **14.** chancons G. |
mie ne S. **16.** Vindrent A. | c. t.] tot entor A, entour et S; V: Qui la
eftoient env.

Ses voient antreconjoïr;
Et mout defirrent a oïr
Que ce puet eftre et qui il font
6320   Qui fi grant joie f'antrefont.
„Seignor“, dit li rois, „dites nos
Qui a mis fi toft antre vos
Cefte amiftié et cefte acorde,
Que tel haïne et tel defcorde
6325   I a hui tote jor cüe?“
„Sire, ne vos iert pas tcüe“,
Fet mes fire Gauvains, fes niés,
„La mefcheance et li mefchiés
Don cefte bataille a efté.
6330   Des que ci eftes arefté
Por l'oïr et por le favoir,
Bien iert qui vos an dira voir.
Je Gauvains, qui voftre niés fui,
Mon conpaignon ne reconui,
6335   Mon feignor Yvain qui eft ci,
Tant que il, la foe merci,
Si con Deu plot, mon non anquift.
Li uns a l'autre fon non dift,
Lors fi nos antreconeümes
6340   Quant bien antrebatu nos fumes.
Bien nos fomes antrebatu:
Se nos nos fuffiens conbatu
Ancore un po plus longuemant,
Il m'an alaft mout malemant.

6317. Les *V*, Si les *PGA*. | entreioir *GA*. **18.** Si defirent ml't *P*. **19.** il] i *G*, chil *PH*. **21.** dit] dift *P*, fet *HGAS*. **22.** a fi toft mis *HS*, fi a toft mis *P*, a ia fi toft *A*. **23.** Tel amor et tele concorde *V*. **24.** Qui *GA*. **25.** a] ai *H*. | eue] ueue *H*. **26.** Sire ia *HA* (pas *fehlt*). **29.** De *S*. **30.** ci] *vor* ar. *A*, or *H*. **31.** oir *AS*. **32.** Bien iert] Je fui *V*. | v. dira le v. *GAS*. **33.** Je] Sire *P*, Je qui *H*, Je fui *S*. | qui] li *GA*, *fehlt PHS*. **35.** Ne mon *GS*, Et m. *A*. | .Y. *fehlt AS*. | queft ⸿. | ici *AS*. **36.** T. que *A* (il *fehlt*), Quant il *V*. | foe grant *VA*. **37.** menquift *P*. **38.** fon n. a l'a. *H*. **39.** Et lors *PG*, Tant que *V*. | fi *fehlt VGA*. | entrequenumes *P*, entrere-coneumes *A*, fomes coneu *V*. **40. 41** *fehlen V*. **40.** Quant entrecombatu *G*. **42.** Et fe *PH*. | ein nos *fehlt PHS*. | fuffiom *V*, fuffon *P*, fuffiemes *S*. **43.** Efpoir *G*. **44.** mout] trop *PH*.

6345 Car par mon chief, il m'eüft mort   [633
     Par fa proefce et par le tort
     Celi qui m'avoit an chanp mis.
     Mes or vuel miauz que mes amis
     M'et outré d'armes que tué".
6350 Lors a treftot le fanc mué
     Mes fire Yvains et fi li dit:
     „Biaus fire chiers, fe Deus m'aït,
     Trop avez grant tort de ce dire.
     Mes bien fache li rois, mes fire,
6355 Que je fui de cefte bataille
     Outrez et recreanz fanz faille!"
     „Mes je" — „Mes je", fet cil et cil.
     Tant font andui franc et jantil
     Que la victoire et la corone
6360 Li uns a l'autre otroie et done,
     Ne cil ne cil ne la viaut prandre;
     Ainz fet chafcuns par force antandre
     Au roi et a totes les janz
     Qu'il eft vaincuz et recreanz.
6365 Mes li rois la tançon depiece
     Quant les ot oïz une piece;
     Car li oïrs mout li feoit
     Et ce avuec que il veoit
     Qu'il f'eftoient antracolé,
6370 S'avoit li uns l'autre afolé
     Et mehaignié an plufors leus.

6345. Car] Que *HGS*. **46.** P. le pechie *S*, P. la priere *G*. | mon t. *A*
47. Cele *PG*, De celui *V*, Et celi *A*. | q. en c. mot *V,A* (ma). | el ch. *H*
48. Mes ie ainc miex *S*, Mes miels veul ie *PH*. **49.** et mate (2. *Hand au͜*
Rasur) S. **50.** tres *fehlt P.* | li fans *A*, le fan *H*. | remue *P*. **51.** pui
fi *S*. | dift *G*. **52.** Ha biels fire *A*, Sire *V*, Sire compains *P*. | damedex *V*.
maift *G*. **53.** Vos *V*. **54.]** M.] *fehlt G*, Et *V*. | b.] *vor* li *V*, cou *S*. | fe
li r. artus *G*. **56.** Vaincuz *VS*. **60.** Otroie luns a l'a. *A*. **61.** Mes *V*. | cif
ne cil *H*. **62.** Ancois font tot *A*. | a f. *S*. **63.** t. fes *VHA*. **64.** outres *PHG*
66. les ot oi *V*, oi les ot *P*, oiz les ot *H*. **67.** Et *HA*. | oirs] roys *P*. | li] c͜
li *P*. | pleifoit *HA*. **68.** Encor por ce q. *V*. | av.] aufi *S*. **69.** Que il *V*.
eftoient *V*, feftrænt *G*. | acole *V*, entrafole *GA*. **70.** acole *A*, naure *G*; *S*: E͜
feftoient entrafole. **71.** Et enpirie *PS*, Et afole *G*, Empirie erent en maint *A*
Ml't leidement *H*.

„Seignor", fet il, „antre vos deus　　　　　[6364.
A grant amor! Bien le moſtrez
Quant chaſcuns dit qu'il eſt outrez.
6375　Mes or vos an metez ſor moi!
Et je l'atornerai, ce croi,
Si bien qu'a enor vos ſera
Et toz ſiegles m'an loera."
Lors ont andui acreanté
6380　Qu'il an feront ſa volanté
Tot einſi com il le dira.
Et li rois dit qu'il parṭira
A bien et a foi la querele.
„Ou eſt", fet il, „la dameiſele
6385　Qui ſa ſeror a fors botee
De ſa terre et deſeritee
Par force et par male merci?"
„Sire", fet ele, „je ſui ci".
„La eſtes vos? Venez donc ça!
6390　Bien le ſavoie grant pieç'a
Que vos la deſeritiiez.
Ses droiz ne ſera mes noiiez;
Que coneü m'avez le voir.
Sa partie par eſtovoir
6395　Vos covient tote clamer quite."
„Sire", fet ele, „ſe j'ai dite
Une parole nice et fole,
Ne me devez prandre a parole.

6372. nos deus G. 74. Que PA, Mes VG. 75. Et V. 76. Que iou S. | lamenderai PGAS, ies acorderai H. | ce] ſe P. 77. que P, que a V (vos fehlt). | honnors uous P, uoz enors H. 78. Et fehlt V. | li mondes V, li mons AS. | uos l. V. 79. lont V, li ont GAS. | andui] au roy P, tuit G, bien AS. 80. Qu'il an] Que il PGA. 81. Si c. il le deuiſera V. 82. Et il d. q. departira V. 84. Vez ſ. il a la G. 86. De ſonor AS. 87. A ſ. S, A tort V. | a V. 88. dit ele V. | ſui ie G. 89. donc ça] deca V, auant P. 90. Bien] Je HS. | grant piec'a] bien pieca HS, pieche a grant P. 91. Q. uo ſerour S. | deſeriteiez H. 92. Car S. | mes] plus PH. | noiiez] laiſſies P. 93. Car GAS; P: Vous qui uolies auoir. 94. La ſoe part H. 95. toute a clamer P, clamer tote A. 96. A ſire roys ſe ie ai PH. 97. Une reſponſe PHS. | et fehlt V. 98. Ne me prenez pas V, Volez man uos metre H, Volez me uos prendre GAS.

Por Deu, fire, ne me grevez!   [6391.
6400 Vos eftes rois, fi vos devez
       De tort garder et de mefprandre".
       „Por ce", fet li rois, „vuel je randre
       A voftre feror fa droiture
       Que je n'oi onques de tort cure.
6405 Et vos avez bien antandu
       Qu'an ma merci fe font randu
       Voftre chevaliers et li fuens.
       Je ne dirai pas toz voz buens;
       Car voftre torz eft coneüz.
6410 Chafcuns dit qu'il eft chanpcheüz,
       Tant viaut li uns l'autre enorer.
       A ce n'ai je que demorer:
       Des que la chofe eft for moi mife,
       Ou vos feroiz a ma devife
6415 Tot quanque je deviferai
       Sanz feire tort, ou je dirai
       Que mes niés eft d'armes conquis.
       Lors fi vaudra a voftre oes pis;
       Mes jel dirai contre mon cuer".
6420 Si nel deïft il a nul fuer;
       Mes il le dift por effaiier
       S'il la porroit tant efmaiier
       Qu'ele randift a fa feror
       Son heritage par peor;
6425 Qu'il f'eft aparceüz mout bien
       Que ele ne l'an randift rien

6399. men *G*. **400.** rois] fires *VG*. | fi uos] fi *VG*, fi me *H*, et fi *AS*.
1. Garder de tort *P*. **2.** prendre *S*. **4.** Car *GAS*; *P*: Et ie nai de tort
faire cure; *H*: Conques de tort feire noi c. **5.** Et fi a. *A*, Si a. ml't b. *S*.
6. Qua *S*. **8.** Ne d. mie *H*. **9.** Que *PH*, Quen *G*. | cort *G*. | bien
feuz *H*. **10.** Et chafcuns *VAS*. | chancheus *P*, encheuz *G*, uaincuz *VAS*.
12. ne uueil plus *G*. **13. 14** *stellt um V*. **14.** Car *G*. **16.** Sanz feire tort]
Outreement *P*. **18.** Or *V*, Et adonques v. il pis *A*. | uondra *V*, uaudroit *PGS*.
19. ie *PA*. | di or *H*. **20.** Il ne le deïft *H*, Qar il nel d. *G*, Et il nel d. *S*,
Que il ne deuft *A*. **21.** fift *S*, dit *HGA*. **22.** Se il *PGA*, les *S*. | peuft *P*,
pooit *A*. | tant] *fehlt PGAS*. | apaier *G*, aploier *A*, apaffijer *S*. **25—28**
fehlen V. **25.** Quele *A*, Et fi fen *P*. | eft aparceuz *G*, faparceuft *A*, aper-
chut *P*. | mout] il *P*. **26.** Quele *GAS*. | ne le *A*. | donnaft *S*. | ia r. *GS*, por r. *A*.

Por rien que dire li feüſt [6419.
Se force ou crieme n'i eüſt.
Por ce qu'ele le dote et crient
6430 Li dit: „Biaus ſire, or me covient
Que je face voſtre talant,
Mes mout an ai le cuer dolant.
Et jel ferai que qu'il me griet,
S'avra ma fuer ce qui li ſiet
6435 De ſa part de mon heritage
Li doing vos meïſme an oſtage
Por ce que plus ſeüre an ſoit."
„Reveſtez l'an tot orandroit!"
Fet li rois, „et ele an devaingne
6440 Voſtre fame et de vos la taingne!
Si l'amez come voſtre fame
Et ele vos come ſa dame
Et come ſa feror germainne!"
Einſi li rois la choſe mainne
6445 Tant que de ſa terre eſt ſeiſie
La pucele, ſi l'an mercie.
Et li rois dit a ſon neveu,
Au chevalier vaillant et preu,
Que ſes armes oſter ſe leſt,
6450 Et mes ſire Yvains, ſe lui pleſt,
Se releſt les ſoes tolir;
Car bien ſ'an puecent mes ſofrir.
Lors ſe deſarment li vaſſal,

6427. rien que] r. quen G, choſe que AS, quanque H. | li fehlt AS.
28. paor ni e. S, grant p. neuſt A. 29. Mais por A. | qu'ele le] que ele H,
quele A,P(—1). 30. diſt P (B. fehlt, —1), G. | or] il G (me fehlt, —1), A.
33. Et ie A, Et ſel V, Que iel HG. | quoi S. 34. ml't ce A(+1). | que H,
quil S, quele quiert GA. 35. De ſa] De la H, Tote ſa V. | de ſon h. PG,
de leritage V. 36. Vos meiſme doins AS, Voſtre cors li doing H, Et ſi uos
en met V. 38. tot] donc G. 39—42 fehlen V. 39. et ele en] et ele HG,
ille en S. 43. Si come ma V. 44. Li r. einſi HAS, Li r. afin G. 45. de la V.
46. Et la V. | ſi] fehlt V, et ſi G, qui H. 47. Et li rois diſt PG, Lors dit li
rois V. 49. 50 ſtellt um A. 49. ſes] lor A, les H. | tolir V. | ſe] li GS,
lor A. 50. Et a Y. que ſe lor A. 51. 52 fehlen A. 51. la ſiue P. | oſter G.
52. puecent] puet or P; G: Bien ſen puecent leſſier eſter. 53. le deſarment A,
font deſarme H.

[6446.

   Si ſe departent par igal;

6455 Et que que il ſe deſarmoient,

   Le lion corant venir voient

   Qui ſon ſeignor querant aloit.

   Tot maintenant que il le voit,

   Si comance grant joie a feire.

6460 Lors veïſſiez janz arriers treire:

   Treſtoz li plus hardiz ſ'an fuit.

   „Eſtez“, fet mes ſire Yvains, „tuit!

   Por quoi fuiiez? Nus ne vos chace.

   Ne dotez ja que mal vos face

6465 Li lions que venir veez!

   De ce, ſ'il vos pleſt, me creez

   Qu'il eſt a moi et je a lui,

   Si ſomes conpaignon andui.“

   Lors ſorent treſtuit cil de voir ——

6470 Qui orent oï mantevoir

   Les avantures au lion,

   De lui et de ſon conpaignon,

   Qu'onques ne fu autre que ciſt

   Qui le felon jaiant ociſt.

6475 Et mes ſire Gauvains li dit:

   „Sire conpainz, ſe Deus m'aït,

   Mout m'avez hui avileni!

   Mauveiſemant vos ai meri

6454. Et *VA*. | les d. *A*, ſe deſarment *G*, ſantrebeiſent *H*; Les haubers
oſtent (Si *fehlt*) *S*. **55**. Et tandis quil *G*. | ſantrebeiſoient *H*. **56**. Li encom-
mence ioie *V*. **60**. janz *fehlt A*. | arrier *V*, arriere *A*. **61**. Treſtuit *A*, Car
toz *V*. **62**. E. uos *V*(+1). **63. 64** *fehlen V*. **63**. ſ. uos qui *A*. **64**. Nel
doutes ia *P*, Ja ne doutez *GAS*. **66**. ſe uous *PG*. *Nach* 66 *interpolirt*
V: Que na talent de uos touchier. Vers moi le leſſiez aprochier. **67**. Il *A*.
o . . o *V*; *S*: Q. aime m. et ie ainc lui. **68**. Nos *A*. **69**. ſorent] ſaſeurent *P*.
treſtuit] *fehlt P*, vor de *GS*. | de] por *A*; *V*: Lors porent cil por uoir prouer.
70. Quorent oi *A*, Quant oirent *P*. | amenteuoir *A*, ramenteuoir *P*; *V*: Qui
auoient oi parler. **71**. Des *V*. **72**. Que il eſtoient conpaignon *V*. **73**. Non-
ques *V*. | autres ne fu *A*. | que ciſt] quoiſt *G*, qui ochiſt *P*(+1). **74** *setzt nach*
76 *A*. **74. 75** *fehlen G*. **74**. Le felon gaiant maleit *P*. **75**. Et lors *V* (li *fehlt*).
diſt *PHAS*. **76**. conp. *fehlt V* (damedex). | maiſt *HGS*. **77**. M.] Vos *G*,
Hui *AS*. | aues *S*. | h.] h. bien *G*, bien *H*, eu *AS*. | eſcharni *G*, anemi *AS*.
78. merci *H*.

Le fervife que me feïftes [6471.
6480 Del jaiant que vos oceïftes
Por mes neveuz et por ma niece.
A vos ai je panfé grant piece, [6474.
Et por ce eftoie angoiffeus
Que l'an difoit qu'antre nos deus
6485 Avoit amor et acointance.
Mout i ai panfé fanz dotance;
Mes apanfer ne me favoie, [6475.
N'onques oï parler n'avoie
De chevalier que je feüffe,
6490 An terre ou je efté cüffe,
Que li chevaliers au lion
Fuft nus apelez an fon non."
Defarmé font einfi parlant,
Et li lions ne vint pas lant ·
6495 Vers fon feignor la ou il fift.
Quant devant lui fu, fi li fift
Grant joie come befte mue.
An anfermerie et an mue
Les an covient andeus mener;
6500 Car a lor plaies refener
Ont meftier de mire et d'antret.
Devant lui mener les an fet
Li rois qui mout chiers les avoit.
Un cirurgiien qui favoit

6479. La bonte *V.* | me] uos me *V*, uos *G.* **80.** Quant uos le i. oc. *A.*
81. Por nos neucus et por mes nieces *A*, Ains neuftes pour de fes manaches
P(+2). **82** Ml't ai a uos penfe *GS*, Ml't ai panfe a uos *H*, Por ce ai uos
penfe a *A*, Penfe i aurai ia *V.* **83—86** *fehlen H.* **83.** eftoie ie *GS*(+1). |
en eftoie ie *P*(+2); *V*: Tant par dui eftre merueillous. **84.** Quant *V.* |
on *PS.* | me dit *V.* **88.** Que mes *V.* | parler oi *PA.* **89. 90** *fehlen V.*
90. je] *fehlt PG*(—1). **91.** Qui *H*, Cum *A.* | li] uos *V.* **92.** Fuft nus]
Fuffiez *V*, Fuft *HG*, Fuft onques *AS.* | nus par fon non *G*, par uo non *V*,
par ton n. *A*(+1), par non *S*, an forenon *H.* **93.** Des armes uont ainfli
parlant *P*, Einfi fen uont entreuls p. *V.* **95.** Mes *G.* | uient *A.* **96.** fu]
uint *HA.* | fi fe fift *A.* **97.** *G.* fefte *V.* **98.** et] ou *HA*; *V*: En enfermete
dedenz mue. **99.** couint *V.* | andeus] tous deus *P.* | aler *A.* **500.** Por lor
plaies faire faner *AS.* **1.** Meftier ont *S.* **3.** chier *VA.* **4.** cirurgiien] fur-
gien *P*, fificien *HG*, bon mire *AS.* | que *H*, que il *P*, qui ml't *AS.*

17*

6505 De cirurgie plus que nus [6493.
Lor fet mander li rois Artus.
Et cil del garir fe pena
Tant que lor plaies refena
Au miauz et au plus toft qu'il pot.
6510 Quant anbedeus gariz les ot,
Mes fire Yvains qui fanz retor
Avoit fon cuer mis an amor
Vit bien que durer ne porroit,
Mes par amor an fin morroit
6515 Se fa dame n'avoit merci
De lui; qu'il fe moroit por li;
Et panfa qu'il fe partiroit
Toz feus de cort et fi iroit
A la fontainne guerroiier
6520 Et f'i feroit tant foudroiier
Et tant vanter et tant plovoir
Que par force et par eftovoir
Li covandroit a feire pes,
Ou il ne fineroit ja mes
6525 De la fontainne tormanter
Et de plovoir et de vanter.
MAINTENANT que mes fire Yvains
Santi qu'il fu gariz et fains,
Si f'an parti que nus nel fot;
6530 Mes avuec lui fon lion ot,
Qui onques an tote fa vie
Ne voft leiffier fa conpaignie.
Puis errerent tant que il virent

6505. De cirurgie] De mirgie *II*, De plaie garir *P*, De plaies garir
GAS. | plus que nus hom *II*. **6.** Lors *PAS*. | fet liurer *V*, a mande *A*; *H*: Fift
mander rois artus adō. **7.** de *GA*, deuls *V*. **8.** lor fena *HA*; *P*: Tant que
toz deus bien les fana. **9. 10** *fehlen V*. **9.** et *fehlt A* (que il). **10.** Et
quant tous deus *P*. **12.** A tot *GA*. | cors *G*. **13.** Voit *A*. | garir *V*. | ni *H*.
14. Mes] Et *II*, *fehlt A*. | pour *PHAS*. | la dame *A*(—1). | anfin] iffi *G*
15. Sele nen a de lui m. *A*. **16.** qui *HA*, il *S*. | por li] enfi *II*. **17.** penfe
PHAS. | fen *PA,S* (iroit —1). **19.** A fa *PIIS*. **23.** couandra *GS*, command'a
A. | faire a lui *PII*. **24.** finera *GAS*. **28.** eft *G*, ert *A*. **29.** Si *fehlt AS*. | ala *V*.
conques *AS*. **30.** Mais que *P*(+1). | fon lycon anoec lui *IIAS*. **31.** Car *A*
32. uout *V*, uaut *P*, uolt *IIGAS*. | guerpir *VS*. **33.** Et *V* (uindrent).

La fontainne et plovoir i firent.   [6522.

6535 Ne cuidiez pas que je vos mante,
      Que fi fu fiere la tormante
      Que nus n'an conteroit la difme;
      Qu'il fanbloit que jufqu'an abifine
      Deüft fondre la forez tote!

6540 La dame de fon chaftel dote
      Que il ne fonde toz anfanble;
      Li mur crollent et la torz tranble
      Si que por po qu'ele ne verfe.
      Miauz vofift eftre pris an Perfe

6545 Li plus hardiz antre les Turs,
      Qu'il fuft leanz antre les murs.
      Tel peor ont que il maudïent
      Lor anceffors et treftuit dïent:
      „Maleoiz foit li premiers hon

6550 Qui fift an ceft païs meifon,
      Et cil qui ceft chaftel fonderent!
      Qu'an tot le monde ne troverent
      Leu que l'an deüft tant haïr;
      Qu'uns feus hon nos puet anvaïr

6555 Et tormanter et traveillier.“
      „De cefte chofe confeillier
      Vos covient, dame!“ fet Lunete.
      „Ne troveroiz qui f'antremete
      De vos eidier a ceft befoing

6560 Se l'an nel va querre mout loing.
      Ja mes voir ne repoferons

6534. A la V. | i *fehlt* V, G (—1), le A. **36.** Queinfint G, Car fi VAS. | fu feite GA, fleroit V, grans i fu S. | cele V. **37.** ne S. | le d. PHA. **38.** Il VA. | femble V. **39.** Doie V. **40.** Et la G (de *fehlt*). | dou c. fe d. A. **41.** Quil A, Que S (il *fehlt*). | treftoz AS. **43.** par PHG. | ele S. **44.** Or S. | amaft A. | prife A, miex S. **46.** Que leanz eftre H; A: Quil fuft la dedeuns repuns. **47.** il] tuit V. **48** (*fehlt* A). Lor ancefor V, Treftous lors ancefors P, Treftous les anc. S, Treftoutes lef honors G. | treftuit] *fehlt* PGS. **49.** Maudis foit il P. **50.** fift] *vor* meifon AS. | pais] caftel P. **51.** ceft] *fehlt* G (—1), le A. **52.** tot ceft pais V. **53.** que on PA. | doie H. | tant] plus PA. **54.** nos] le HAS. **55.** Et touz mater G. **56.** Dicefte G. **58.** troueries A. **59.** en ceft V. **60.** Se en AS, Son P. | ne le ua P, nel fait A.

An ceſt chaſtel ne n'oſerons   [6550.
Les murs ne la porte paſſer.
Qui avroit toz ſez amaſſer
6565   Voz chevaliers por ceſt afeire,
   Ne ſ'an oſeroit avant treire
   Toz li miaudres, bien le ſavez.
   S'eſt or einſi que vos n'avez
   Qui defande voſtre fontainne,
6570   Si ſanbleroiz fole et vilainne.
   Mout bele enor i avroiz ja
   Quant ſanz bataille ſ'an ira
   Cil qui ſi vos a aſaillie.
   Certes, vos eſtes maubaillie
6575   S'autremant de vos ne panſez.‟
   „Tu‟, fet la dame, „qui tant ſez,
   Me di comant j'an panſerai
   Et je a ton los an ferai.‟
   „Dame, certes, ſe je ſavoie,
6580   Volantiers vos conſeilleroie;
   Mes vos avriiez grant meſtier
   De plus reſnable conſeillier.
   Por ce ſi ne m'an os meſler
   Et le plovoir et le vanter
6585   Avuec les autres ſofferrai
   Tant, ſe Deu pleſt, que je verrai
   An voſtre cort aucun preudome
   Qui prandra le ſes et la ſome
   De ceſte bataille ſor lui;

6562. ne ne ferons *G.* **63.** Le mur *vor* paſſer *A*, Les huis *S*, Le
pont *V.* | ne] de *GA.* **64.** toz *vor* avroit *V* (fet), *vor* am. *A*, tot *vor* am. *S* (fait);
P: Noſeront nus fachies de cler. **65.** por] a *A*; *P*: Chl'rs pour celli affaire.
66. Ne ſoferoient *A.* **67.** Li plus hardiz *V.* | que uos auez *G.* **69.** Q. uos
d. uo ſ. *V.* **70.** Sen *P.* | ſembleroit *A.* **71.** *fehlt V, der dafür aus* **73** *zwei
Verse macht*: Cil qui ſi aſſailli vos a. Qui ml't uos a fort enuaie. **71.** avroiz]
ara *P.* **73.** aſaillie] enuaie *P (vgl. V zu* **71**), auilie *A.* **75.** Se aut. *G* (+1);
V: Se uos aut. nen p. **77.** Di moi *V.* | come *G.* | en *A.* **78.** a] tot *V*, an
toz leus le *H.* **79.** Certes dame *VS.* | gel *V.* **80.** Ml't vol. en penſeroie *V.*
81. gr.] ml't g. *S*, bien *V.* **82.** Dun *G.* | ranaule *S.* **83. 84** *fehlen GAS.*
85. ſofferre *H*, ſofere *G.* **86.** tant *vor* que *S.* | uerre *HG.* **87.** A *VG.* |
uo cort a *A*; *P*: Chaiens uenir aucun prodomme. **89.** De uoſtre fontaine *V.*

6590 Mes je ne cuit que ce foit hui,   [6578.
     Or fi vaudra pis a voftre oes."
     Et la dame li refpont lués:
     „Dameifele, car parlez d'el!
     Leiffiez la jant de mon oftel,
6595 Qu'an aus n'ai je nule atandue
     Que ja par aus foit defandue
     La fontainne ne li perrons.
     Mes, fe Deu pleft, or i verrons
     Voftre confoil et voftre fan;
6600 Car au befoing, toz jorz dit l'an,
     Doit an fon ami efprover."
     „Dame, qui cuideroit trover
     Celui qui le jaiant ocift
     Et les trois chevaliers conquift,
6605 Il le feroit buen aler querre;
     Mes tant com il avra la guerre
     Et l'ire et le mal cuer fa dame,
     N'a il el mont home ne fame
     Cui il fervift, mien efciant,
6610 Jus que il li jurt et fiant
     Qu'il fera tote fa puiffance
     De racorder la mefeftance

6590. croi *V.* | ne *vor* foit *G.* fai fe ce ert *A.* **91.** Or fi] Si en *G*, Si *PHAS.* ml't pis *PS.* | aueuc *A.* | voftre oes] oes uoftre oes *H (so).* **92.** li] fi *S.* redit *V.* **94.** Laiffies les gens *A*, Sachies quen chiax *P.* | mon] noftre *V.* | chaftel *A*; *H*: Car il na gent an mon oftel. **95. 96** *in H von* 2., *späterer Hand auf leer gelassenem Raum.* **95.** Qu'an] Qua *V*, Que en *A*(+1). | ne ie *G*; *H*: An cui ge aie nule atandue; *P*: Nai ie certes n. at. **96.** Qui *H.* | (ja *fehlt*) par nul deus *A.* **97.** f. ceft ma raifons *A.* **98.** Et fe uos pleft *G.* | nous i *S*; *P*: Mais ie uous pri cor i metons. **99.** Noftre .. noftre *P*; confoil] proece *V.* | fan] fens *VP.* **600.** Quau *H*, Au *P.* | toz jorz le dit en *PH*, ce me d. len *V.* 1. Puet *A.* | len *V.* *Nach* **6592** *interpolirt S*: Ja niroit a perdicions. La fontaine ne li perons. 5. f. ml't tres bon q. *A.* 6. tant que *P.* 7. Et] *fehlt P*(−1). | mal uers *H*, courous *PG*, torment *AS.* 8 (*am Fuss der Spalte in G mit* ∴). Na il fous chiel *PGAS*, Na en celt mont *H.* 9. Cui il fuieft *H* (*radirt ober* e), Que il creift *P*, Ou il euft *A*, V il neuft *S*, Na il fouz ciel (*Bourdon der vorigen Zeile*) *G.* | mon *VA.* 10. Jufque] Jufques *A*, Tant que *H*, Se *V.* | il] on *P.* | ne li iure ou *V.* 11. Qu'il] Con *P.* 12. fa *V.* | mefqueance *PHAS.*

' Que ſa dame a ſi grant a lui   [6601.
  Qu'il an muert de duel et d'enui."
6615   Et la dame dit: „Je ſui preſte
   '   Ainz que vos antroiz an la queſte,
       Que je vos pleviſſe ma foi
       Et jurerai, ſ'il vient a moi,
       Que je ſanz guile et ſanz ſeintiſe
6620   Li ferai tot a ſa deviſe
       Sa pes ſe je feire la puis."
       Et Lunete li redit puis:
       „Dame, de ce ne dotez rien
       Que vos ne li puiſſiez mout bien
6625   Sa pes feire ſe il vos ſiet;
       Mes del feiremant ne vos griet,
       Que je le prandrai tote voie
       Ainz que je me mete a la voie."
       „Ce", fet la dame, „ne me poiſe."
6630   Lunete qui mout fu cortoiſe
       Li fiſt tot maintenant fors treire
       Un mout precieus ſantueire ｎｌꞁꞁ
       Et la dame a genouz ſ'eſt miſe.
       Au ǵeu ʼde verité l'a priſe
6635   Lunete mout cortoiſemant.
       A l'eſchevir del ſeiremant
       Rien de ſon preu ʼn'i oblia
     ᵔ Cele qui eſchevi li a.
       „Dame", fet ele, „hauciez la main!
6640   Mes ne voel pas qu'aprés demain
       M'an metoiz ſus ne·ce ne quoi;

6613. ſi gɩant a] ſi gr. uers *PGA*, enuers *S*(—1).   **14.** de honte *A*,
dire *V*(—1).   **15.** diſt *PG*.   **16.** entres *PS*, entroiez *G*(+1), metez *V*, tu te
mes *A*.   **17.** te pleuirai *A*.   **18.** Et ge irar *(oder* ɪʼ) ſil uient a foi *G*.
19. ſanz ſaille *G*.   **21.** Sa] La *P*.   **22.** reſpont *PGAS*.   **23.** dot ge *H*.
24. li] la *VGA*.   **27.** Car *AS*. | ie len pr. *V*, ie lprenderai *A*.   **29.** ſ. lunete *A*.
31—**38** *fehlen V*.   **31.** Li a fait *AS*. | tot maintenant] maintenant *AS*, iſnele-
mant *H*.   **33.** eſt a genox *PS*.   **34.** de la uerite *P*(+1), de la uerte *H*, de
uertet *S*; *A*: Cui amors angouſſe et atiſe.   **36.** A *G*, Li *A*. | eſtenir *S*,
eſchari *A*. | del] le *GA*.   **37.** Point *S*, Que *A*; *P*: Bien de ſon cuer iure
li a.   **38.** eſchari *A*, eſchieri *S*.   **39.** fet el *G*, ſet il *A*, Li dit *vor* Dame *V*.
40. Mes] Je *HAS*.   **41.** Me *G*. | demandez *V*, reprocies *A*. | ſus *fehlt VA*.

Que vos n'an feites rien por moi.   [6630.
Por vos meïfmes le feroiz!
Se il vos pleft, fi jureroiz
6645   Por le chevalier au lion
Que vos an buene antancion
Vos peneroiz tant qu'il favra
Que le buen gre fa dame avra
Tot auffi bien com il ot onques."
6650   La main deftre leva adonques
La dame et dift: „Treftot einfi
Con tu l'as dit, et je t'otri,
Einfi m'aït Deus et li fainz,
Que ja mes cuers ne fera fainz
6655   Que je tot mon pooir n'an face.
L'amor li randrai et la grace
Que il fiaut a fa dame avoir,
Se je an ai force et pooir."
O R a bien Lunete efploitié;
6660   De rien n'avoit ţel covoitié
Con de ce que ele avoit fet.
Et l'an li avoit ja fors tret
Un palefroi foef anblant.
A bele chiere, a lié fanblant
6665   Monte Lunete, fi f'an va
Tant que defoz le pin trova
Celui qu'ele ne cuidoit pas
Trover a fi petit de pas;
Ainz cuidoit qu'il li covenift

6642. Car *GAS*. | en *V*. | feres *A*.   **44.** Et fil *G*.   **46.** an] par *V*,
ı *P*. | tel *A*.   **47.** aura *A*.   **48.** Si que *G*. | le bon gre] le bon cuer *H*,
lamor *PGA*. | de] de fa *P*, de la *A*.   **49.** Tot *fehlt G*. | auffi bien] en tout
fi *P*, autrefi com *H*. | come il *G*(—1). | lot *GA*.   **50.** hauca *GS*.   **51.** Et fi
li *V*. | dit *VHAS*. | tot autrefi *G*.   **52.** le dis *A*. | et je] ie le *P*. | t'otri] le
di *HGAS*.   **53.** Einfi] Et fi *P*, Que fi *H*. | cift fainz *GAS*, les fainz *VP*.
54. Q. m. c. ia nen *S*.   **55.** Q. tos iors *A*.   **56.** Le   *V*.   **58.** Se ien *PGA*,
Puis quen *H*. | ne *PA*.   **59.** L. bien *V*(+1). | efploite *H*.   **60.** De ce *G*.
61. Con] Come *HGS*, Que *A*. | que ele] quele *HS*, quel *VG*, quil *A*. | auoit
ce *VA*, nauoit *G*.   **62.** Et on *P*; *G*: Ja ert amende le forfet.   **63.** Son *V*.
64 (*fehlt P*). a] *fehlt V*. | lie] bel *GAS*.   **66.** delez *H*. | .i. pin *A*.
67. cuida *S*.   **69. 70** *fehlen V*.   **69.** le c. *A*.

6670 Mout querre ainz qu'a lui parvenift.   [6658.
      Par le lion l'a coneü
      Tantoft com ele l'a veü,
      Si vient a lui grant aleüre
      Et defçant a la terre dure.
6675 Et mes fire Yvains la conut
      De fi loing com il l'aparçut,
      Si la faluè et ele lui
      Et dit: „Sire, mout liee fui
      Quant je vos ai trové fi pres."
6680 Et mes fire Yvains dit aprés:
      „Comant? Me queriiez vos donques?"
      „Oïl voir, et fi ne fui onques
      Si liee des que je fui nee;
      Que j'ai ma dame a ce menee,
6685 S'ele parjurer ne fe viaut,   [6674.
      Que tot auffi com ele fiaut   [6673.
      Iert voftre dame et vos fes fire;
      Par verité le vos os dire."
      Mes fire Yvains formant f'efjot ʌ.
6690 De la novele que il ot,
      Qu'il ne cuidoit ja mes oïr.
      Ne pot mie affez conjoïr
      Celi qui ce li a porquis.
      Les iauz li beife et puis le vis
6695 Et dit: „Certes, ma douce amie,

---

70. M. lonc S. | ainz] eincois H. | que a A. | paruenift] uenift HAS.
71. l'or G. 73. Et V. | uint HA. | a] uers PHGA.‾ 74. Si PG. | a la] ius a A,
four la S. 75. recut A. 76. Tot errant com il le connut A. 77. Lors A.
78. Et dift P, Et fi li dit V (fire fehlt), Sire fait ele A(+1). 79. Que A.
80. dift PG. 81. Et coment G. | me querez G, queriez me H. 82. voir et
fi] fire et fi P, fire et S. 83. puis que PS. 84. Car A. | ma d. ai G. | a
ce] fi S. 85. 86 stellt um H. 86. ainfi PS. 88. l'our PHGS. | os] puis
HAS. 89. Mefire .Y. dont fefioift P. 90. nouele] meruoille HA, damoifele S(+1); P: Et le damoifele toft prift (vgl. GAS zu 92). 91—93 fehlen P.
91. ne] ne la G, ne le S, nel A(—1). | ja mes] ia GAS; H: Ce quil ia ne
cuidoit oir. 92. puet H. | mie] pas H; GAS: Lunete prift a conioir (vgl. P
zu 90). 93. 94 umgestellt H. 93. Cele qui celui G, l'or ce que ce li A. |
a] ot V. 94. Les ialz beifa H; P: Si le baife mout douchement. 6695—6711
fehlen P. 95. dift G; V: Certes fet il ma d. a.

Ce ne vos porroie je mie   [6684.
Guerredoner an nule guise.
A vos feire enor et servise
Criem que pooirs et tans me faille."
6700 „Sire", fet ele, „ne vos chaille,
Ne ja n'an soiiez an espans!
Qu'assez avroiz pooir et tans
A bien feire moi et autrui.
Se je ai fet ce que je dui,
6705 Si m'an doit an tel gre savoir
Con celui qui autrui avoir
Anprunte et puis si li repaie.
Ancor ne cuit que je vos aie
Randu ce que je vos devoie."
6710 „Si avez fet, se Deus me voie,
A plus de cinc çanz mile droiz.
Or an irons quant vos voudroiz.
Mes avez li vos dit de moi
Qui je sui?" „Nenil, par ma foi!
6715 Ne ne fet comant avez non
Se chevaliers au lion non."

EINSI parlant s'an vont adés
Et li lions toz jorz aprés
Tant qu'au chastel vindrent tuit troi.
6720 Ainz ne distrent ne ce ne quoi

6696. Certes ce ne v. puis *A.*   **99.** tens .. pooirs *V.* | et] ou *H.*
700. or ne *HAS.* **1.** Et si *A.* | en apens *S*, ia en pens *A.* **2.** Car afes *A.*
p.] liu *A*, et lieu *V.* | fens *S.* **3.** feire bien *H.* **5.** deuez *V.* | tel gre *G.*
6. Come *A.* | celi *H.* | autre *A.* **7.** et *fehlt V.* | si le *HGA.* **8.** Nencor *H.*
ne cuit ie *S* (vos *fehlt*), cuit ie *A.* **9.** Rien rendu de *A* (ie uos *fehlt*). |
ce q.] quanque *G* (doie, -- 1). **10.** Sauez *G.* | f. se] ensi *A*, dame se ie deu
v. *G.* **11.** Et *VA.* | de] encor a *V.* | .vij.c *S.* | mile *fehlt V.* ' fois *S.* **12.** Nos *V*;
H: Or en irons tost quil est droiz; *P*: Et puis dist ele alons ent. **13.** Et *H.* |
uos li *S*; *P*: Puis li demande le nom de moy (+1). **14.** ie me *V.* | nenil] naie
HA. | ma *fehlt V*; *S*: Naie sait ele par ma foi; *P*: Aues nomme nai par ma foi.
15. Ne fet *A*, Mes el ne fet *G.* | coment iai n. *G*, con uos aues a n. *A*, que
uos aiez n. *V.* **17.** parl. *vor* ades *H.* **18.** le siut apres *A.* **19. 20** *stellt*
um A. **19.** qu'au] quel *G*, que un *S*(+1). | tot droit *G.* **20—29** *fehlen*
P, der dafür interpolirt: La dame troua deuant foi. Si toft quil le puet
percheuoir. **20.** Einc *A*, Onc *V.*

El chaſtel n'a home ne fame   [670(
Tant qu'il vindrent devant la dame.
Et la dame mout ſ'eſjoï
Tantoſt con la novele oï
6725 De la pucele qui venoit,
Et de ce que ele amenoit
Le lion et le chevalier
Qu'ele voloit mout acointier
Et mout conoiſtre et mout veoir.
6730 A ſes piez ſ'eſt leiſſiez cheoir
Mes ſire Yvains treſtoz armez,
Et Lunete qui fu delez
Li dit: „Dame, relevez l'an
Et metez force et painne et ſan
6735 A la pes querre et au pardon
Que nus ne li puet ſe vos non
An tot le monde porchacier!"
Lors le fet la dame drecier
Et dit: „Mes pooirs eſt toz ſuens!
6740 Ses volantez feire et ſes buens
Voudroie mout que je poïſſe."
„Certes, dame, ja nel deïſſe",
Fet Lunete, „ſe ne fuſt voirs.
Toz an eſt voſtre li pooirs
6745 Aſſez plus que dit ne vos ai;
Mes des or mes vos an dirai
La veriţé, ſi la ſavroiz:
Ainz n'eüſtes ne ja n'avroiz
Si buen ami come ceſtui.

6721. El chaſtel] En rue AS, Es rues H, Ne ne trouent G. | n'a] not ..
a S, fehlt G. | nome G. | ne a S, na H. 22. que il A, que V. | uint (
ſa A. 23. d. ſe reſioi V. 24. Si toſt A. | que S. 25. ſa HS. 29. et v
V(—1). 30. ſe laiſſe S, ſe laiſſa P. 31. qui fu arm. GA. 33. Et A.
diſt PG. 34. Si S, Et ſi A. | et .. et fehlen V. | paine et forche PGS, (
force A (painne fehlt). | ſens VP. 35. querre] faire PGS. 36. ne le S
38. le] len P, la HAS. 39. diſt PG. 40. Ses uolantez] Sa uolente HGA
A ſa u. P(+1). | feire] fehlt VG (et toz ſes). 41. Et uaurrai ml't mais que I
Feiſſe ml't ſe V. 42. ja] ge V. | nel] ne P. 43. ſe] ſil HG. 44. uoſtre S
45—47 fehlen P. 46. M. fehlt V. | ore V. | le uos d. H, plus natendrai I
48. Onc V, Einc A.

· 6750 Deus qui viaut qu'antre vos et lui   [6738.
Et buene pes et buene amor
Tel qui ja ne faille a nul jor
Le m'a hui fet fi pres trover.
Ja a la verité prover
6755 Ne covient autre reifon dire:
Dame, or li pardonez voftre ire!
Car il n'a dame autre que vos.
C'eft mes fire Yvains, voftre efpos."
A ceft mot la dame trefaut
6760 Et dit: „Se Damedeus me faut,
Bien m'avez au hoquerel prife!
Celui qui ne m'aimme ne prife
Me feras amer maugré mien.
Or as tu efploitié mout bien,
6765 Or m'as tu mout a gre fervie!
Miauz vofiffe tote ma vie
Vanz et orages andurer!
Et fe ne fuft de parjurer
Trop leide chofe et trop vilainne,
6770 Ja mes a moi por nule painne
Pes ne acorde ne trovaft.
Toz jorz mes el cors me covaft
Si con li feus cove an la çandre,
Ce don je ne vuel or reprandre

6750. Deus qui viant] Deus velt S(—1), Des or uoell *V*, Dix doinft *P*. |
que entre *P*. | entre *A*. 51. pes] acorde *V*. 52. Itel *A*, Tele *PG*. | qui
ja] que mais S, quil *P*, qui *GA*. [a] *fehlt P*; *V*: Bone auenture et bon
honor. 53. Dix le ma *PS*. | hui] *fehlt PS, steht vor* fi *V*. 55. Ne] Ni
HGA. | reifon dire] refcondire *H*. 56. Dame p. li voftre *PHAS*. 57. 58
fehlen G. 57. Que *PH*. | ne aime autrui *A* (*so*). 58. Dame ceft Y. *A*.
60. dift *P*. 61. Bien mas *P*, Bien mas or *H*. | au] a *PAS*. | hoquelet *G*,
querele *A*, tes paroles *P*. 62. Que chelui qui riens ne me prife *P*, Seft or
einfi qa ma deuife *V*. 63. feroiz *G*, feres S. 64. Or aues *AS*. 65. Si
maues *AS*. | tu m.] ores *G*. | an gre *H*. 66. M. amaiffe *AS*. 68. fe] for *V*,
fil *H*. | de] pour S. 69. Ml't *V*. | trop *fehlt V*(—1). 71. ni S. 72. el
cuer *A*; *V*: Et li fiens cors efprent et art. 73. Come *A*. | keuue *VS*,
cueue *P*. | an] *fehlt V*. 74. Ce dont] Ce donc *A*, Certes il *V*. | ge ne me *A*,
me *G*, ne me *V*. | vuel] chaut *V*. | or] ore *HG*, dou *V*. | reprandre] aprendre *H*,
prendre *V*, plandre *A*.

6775 Ne ne me chaut del recorder   • [676;
       Puis qu'a lui m'eftuet acorder."

M ES fire Yvains ot et antant
       Que fes afeires bien li prant,

       Qu'il avra fa pes et f'acorde,
6780 Et dit: „Dame, mifericorde
       Doit an de pecheor avoir.

       Conparé ai mon fol favoir
       Et je le dui-bien conparer.

       Folie me fift demorer,   •
6785 Si m'an rant corpable et forfet.

       Et mout grant hardemant ai fet
       Quant devant vos ofai venir;

       Mes f'or me volez retenir,
       Ja mes ne vos mefferai rien."

6790 „Certes", fet ele, „je vuel bien
       Por ce que parjure feroie

       Se tot mon pooir n'an feifoie
       De pes feire antre vos et moi.

       S'il vos pleft, je la vos otroi."
6795 „Dame", fet il, „cinc çanz merciz!
       Einfi m'aït fainz Efperiz,

       Que Deus an ceft fiegle mortel
       Ne me porroit lié feire d'el!"

7675. Ne me (men S) chaut or de GS; A: Ge ferai quant faire leftuet
76. Puis qu'a] Des qua H, Quant a V. | qual court m'e. (so) S; A: Car autre-
ment eftre ne puet. 78. bien li] fi bien H, ml't bien PG, a bien S. | tent S
79. fa] mifericorde A. 80. Si V, fehlt S. | dift PHS. | ma dame S; GA
Dame fet il m. (pais et acorde A). 81. len V. 82. Comparer dui V.
fol] mal PS, non H. 83. 84 fehlen V. 83. iel A. | doi PGS, uoel H
ml't bien A. 85. Jou S. | me PA. | meffait S. 86. ait f. S. 87. Q. iofai d.
vos V. 88. Et for me uolieez V(+1). 89. vos forferai HG, mefferoie V.
90. je] ic le P(+1); G: Je fet ele uos retieig bien. 91. Pour tant P.
pariure en feroie A. 93. La H. 94 (fehlt P). Se il A, Puis quil V.
ie le G, gel l'A. 95. ml't grans m. S; G: D. .v.c m. en rens. 96. Ein-
fint G, Et fi HS, Que fi P, Iffi V, Si A. | maift H. | li fains A; G: Einfint
maift fainz iuliens. 97. Na homme fous le chiel mortel P. 98. peuft A,
puift S, feift pas fi H (feire fehlt); P: Pour femme feift plus grant duel.

OR a mes fire Yvains fa pes,

6800   Si poez croire qu'onques mes

    Ne fu de nule rien fi liez,

    Comant qu'il et efté iriez.

    Mout an eft a buen chief venuz;

    Qu'il eft amez et chier tenuz

6805 De fa dame et ele de lui.

    Ne li fovient de nul enui,

    Que por la joie les oblic

    Qu'il a de fa tres douce amie.

    Et Lunete reft mout a eife;

6810 Ne li faut chofe qui li pleife

    Des qu'ele a feite pes fanz fin

    De mon feignor Yvain, le fin,

    Et de f'amie chiere et fine.

DEL chevalier au lion fine

6815 CRESTIIENS fon romanz einfi;

    Qu'onques plus conter n'an oï

    Ne ja plus n'an orroiz conter

    S'an n'i viaut mançonge ajofter. '

[6787.

6799. Or ai *V.* **800.** Si] *fehlt P,* Et *HA,* Cou *S,* Or *G.* | poez croire] Saichies de uoir *P,* facies bien *A,* puet il dire *G.* | que onques *PA.* **1.** fui *A.* riens nule *PG.* **3.** M. eftoit *A.* **5.** femme *S.* **6.** or de nelui *H.* **7.** Car *VA.* | par *PHAS.* | fa ioie *AS,* la grant i. *G.* | loblie *G,* lantroblie *H.* **8.** Que il *H* (tres *fehlt*). | tres chiere *PGAS.* **9.** Et lunete tient il ml't aife *P.* **10.** Ne uoit ch. q. li defplaife *V.* **11.** Quant ele *G.* | quil *PS.* | fet la *HA P*: Que ele la a gre ferui. **12.** la fin *GAS; P*: De mefire .Y. lairons chi. **13.** fa dame *V* (et *fehlt*), fa feme *A.* **14.** De fi uaillant rommans ne fine *P.* **15.** romans *HS,* romant *A.* | et enfi *A,* iffi *G; V*: Toz li romanz fachiez ici; *P*: Chertains foient rommancheour. **16.** Nonques *H.* | parler *VA.* | n'an oï] en nul iour *P.* **17.** o. parler *A; P*: Nen oyrent ne ia norront. **18.** aconter *GA; P*: Se menchonnes trouuer ni uont. **Subscriptio:** *V*: Ci faut li romans dou cheualier au leon. *P*: Explicit yuag Explicit. *H*: Explycit li cheualiers au lyeon. Cil qui lefcrift guioz a non. Deuant noftre dame del val. Eft fes oftex tot a eftal. *G*: Ci fenift li romanz dou cheualier au lyon. *A*: *nichts.* *S*: Explicit li rommans du cheualier au lyon.

        Ci faut li rommans du lion

        Et de .Y. fon chier compaignon (*so*)

        Li fages hons fi nous raconte

        Que on puet bien acroiftre .i. conte

Mais il fait ml't boin enploier
Son tans a dame dieu proier
Et cil treuue boine cancon
Qui dieu conquiert par fa lecon
Or prions dieu de paradis
Quil des mains as enemis (*so*)
Nous gart par fa fainte pite
Et fe li uiengne en uolente
Quil nous maint en fa compaignie
Amen amen chafcuns en die
Jhefus de honte nous deliure.

———————

Anmerkungen.

1. Vgl. den Anfang von Fergus, der eine Reihe wörtlicher Anklänge bietet.

Artus. Der Name heifst lat. *Arturus,* daher afr. *Artur,* Nom. *Arturs,* im Rou, LdCorn. Vgl. Beneit, Chron. 39053 und s. Cligés, Einl. LXXII. Daraus entwickelt sich *Artu,* Nom. *Artus,* s. ebenda LXXIV, vgl. Th. Pohl in Rom. Forsch. II, 576 f., wo Brut 8966 hinzuzufügen ist.

Bretaingne, natürlich *la grande,* England. König von Kleinbrittannien (Armorika) ist Hoël.

5. 6. Der Reim ist sprichwörtlich geworden, vgl. Renart le Contrefait (F. Wolf) S. 5: *Et estoit une pentecouste, Une feste en l'an qui mout couste.* Renart 17885: *Ce fu entor la pantecoste, Icele feste qui tant coste* (= Martin, III, S. 333. Varianten. 14[a. b.]). Gille de Chin, hgg. Reiffenberg, V. 54: *a un iour de pentecoste, C'est une feste qui mout coste.* Octavian (Vollmöller) 49: *Ce fu un iour de pentecouste, C'est une feste qui molt coste.* Lai du Corn 5: *Li bons rois Arzurs* (so) *teneit A Karliun, cum l'em diseit, Une feste ki mout couste A un iour de pentecoste.* Rigomer 15920: *a closes* (so) *pentecoste Tenra se cort quantiel q'il coste.* Girart v. Rossillon, hgg. Mignard, S. 108: *a Paris a une penthecoste Tint Charles tres grant court, ne li chaut que li coste.* Veilchenroman S. 293: *Che fu a une pentecouste, Que on despent et que mout couste.*

doit clamer „immer nennt" sieh Weber, Diss. 1879 S. 7 f.

Pentecoste sollte der Abstammung nach ϱ haben; doch ist es durch Anlehnung an *coste* zu ϱ geworden; s. Belege aus XVI. Jhd. und heutige Mundarten bei Littré. G. Paris, Rom. X, 58, weist auf gothisches *paintekuste.* — Die Zeit des Pfingstfestes ist typisch für solche Versammlungen; z. B. Brut II, 94: *si li* (dem Artus) *fu loé Qu'a la pentecoste en esté Feīst son barnage assambler.*

7. *Carduel,* neben *Carlion* die gewöhnliche Residenz des Königs. Dafs der Ort in *Gales* (Wales) liegt, ist hier ausdrücklich gesagt, ist auch sonst zu lesen, z. B. im Fergus 20, 20, hat bis jetzt einer sichern Identifizirung widerstanden. San-Marte Gottfried S. 237 hält es für eine Verwechslung mit *Carlion* (Caerleon, lat. *Castrum Legionum,* in Monmouth gelegen), was unbedingt zurückzuweisen ist. Carduel und Carlion sind zwei verschiedene Städte, von Dichtern auseinandergehalten, die sich der gröfsten Genauigkeit in topographischen Dingen befleifsigen. Martin im Fergus S. XIX identifizirt es mit Carlisle in Wales und verweist auf die Chron. rythm. in Chronica de

Mailros, ed. Bannatyne Club 1835 S. 228: „*Rex (Dauid) Carduillae fertur obisse senex*". Mir ist das Buch unzugänglich und so weifs ich nicht, welcher Art die dort gegebene Begründung dieser Bestimmung ist. Ein Carlisle in Wales kann ich nicht finden; ich kenne blofs die bekannte Stadt dieses Namens in Cumberland. Dieses heifst nun allerdings *Cardueil*, vgl. das Wort in diesem Sinne bei Jordan Fantosme, Ortsregister von Fr. Michel S. 700. *Car* heifst, wie bekannt, lat. *castrum*; in der ältern Form *kaer*, *caer*. Wie verhält sich aber *lisle* zu *dueil*, *doil*? Darüber teilt mir Kollege Windisch folgendes mit: „Ich halte *Cardoil*, *Cardueil* für korrumpirte [wohl durch Dissimilation der beiden *l* entstandene] Formen. Der alte Name von *Carlisle* lautet *Caer-luel* (Spurrell Dict. schreibt *Caerliwelydd*). Darin ist *Caer* das bekannte cymrische *caer*, altirisch *cathir*; *luel* und *liwelydd* aber ist die Umgestaltung des alten einheimischen Namens für den Ort, der in den Itinerarien *Luguvallo*, *Lugubalia*, *Lugubalum* lautet. Interessant ist eine Stelle in Beda's Vita des St. Cuthbert (cap. 27), die Wright, The Celt, the Roman, and the Saxon, 3. ed. S. 156. Anm. citirt: *Venit ad Lugubaliam civitatem, que a populis Anglorum Luel vocatur*. Das *s* in *Carlisle* mufs einer falschen Etymologie seinen Ursprung verdanken." Der Name *Gales* dürfte also hier in der ursprünglichen Bedeutung, wo es noch das ganze, von den brittischen Cymren bewohnte Land bezeichnete, gebraucht sein. — Benecke zum Yvain 32 und 263 schliefst, die Stadt liege in der Nähe des Waldes von Broceliande, mithin in der franz. Bretagne, was gegenüber der klaren Aussage *Carduel en Gales* unbedingt abzuweisen ist. Wegen der örtlichen Schwierigkeiten betreffs des Waldes von Breceliant s. zu 189.

16. *li deciple de son covant*] „die Jünger aus ihrem Orden", wie Tobler Holl³ richtig erklärt und mit Rosenroman 19394, Trouv. belges II, 188 belegt, während *covent* (vgl. nfz. *couvent*) in diesem Sinne „Klosterorden" Trouv. Belg. I, 86 und Rem. Am. 1397 belegt wird. — *son* bezieht sich auf *amors* 13. Also wie z. B. der Orden Benedikts seine Jünger hat, so auch Amors Orden.

19. V(aria). L(ectio). l. *Que a*] Qua H, *Car* GAS u. s. f. | *lont ia tuit* HFAS. — Vgl. dieselbe Klage über den Niedergang des Amorordens 5394 f.

31. *a vis* s. 479.

37 f. Nach der Ansicht der Britten ist Artus nicht gestorben, sondern lebt fort auf der Zauberinsel Avalon. Christian deutet dieses Fortleben, indem er es auf seinen Namen bezieht.

57. *Calogrenanz* wird danach auch sonst unter den Artusrittern genannt, so Claris 20387 u. s. f., Jaufré Rayn. I, 49, Flor. Flor. 963, vgl. *Calogrenain* in Meraugis 230. Unklar ist, ob *Calobrenan* in Flamenca 675 hierher gehört; doch heifst der Name an der entsprechenden Stelle von ℜ gleichfalls *Kalebrant*. Ein Galogrenant findet sich in der Queste du Graal, s. Birch-Hirschfeld S. 46. — Die übrigen Namen *Sagremor*, gew. *le desreé* genannt und *Dodinet* oder *Dodinel*, mit dem Beinamen *le sauvage*, fehlen selten in den Artusromanen.

61—68 zeigt keine besonders glatte Satzverbindung. Da *si* 63 nur einem vorausgehenden Satze koordinirtes anreiht, so mufs 62 Nach-(Haupt-)Satz zu 61 sein, mithin Komma nach 61 *contoit*; *et* 62 führt dann den Nachsatz ein (s. Diez III, 345. 2⁰)), wie ein deutsches „so". 65 *Que* ist von dem voraus-

gehenden *si* 64 abhängig, also ein Folgesatz (tilge das Komma nach *anblee* 64).
Dann ist alles glatt bis auf *fors que* 67, das sich mit dem vorausgehenden
logisch unmittelbar nicht verbinden läfst. Eine leichte Änderung von *sus* in
nus: *Fors que Calogrenanz sanz plus Sailli an piez contre li nus* hilft gar
nicht, da die Negation *ne* vor dem Zeitwort unter allen Umständen stehen
müfste. So mufs denn in die gesicherte Überlieferung irgend ein Sinn hinein-
gelegt werden. Dann verbinde man *fors que* mit 65 *ainz que nus là poïst
veoir* in folgender Weise: 'sie kam so heimlich auf sie zu, dafs sie bereits
unter ihnen war, bevor noch irgend einer sie hatte erblicken können, aufser
(nur) dafs C. ohne weiteres vor ihr aufstand', der sie also allein erblickt
hatte. Man erwartete eigentlich: *fors que Calogrenanz* (ergänze *la vit*) *qui
sailli*. Dieses hat F zu seiner Änderung veranlafst, während P dieselbe
Schwierigkeit an ihrer Wurzel angriff.

70. *afiteus*] Drei Handschriften haben das Wort entweder nicht verstanden oder doch fremdartig gefunden, trotzdem es nicht so selten ist. Wir
haben vor allem ein Subst. *afit = affĕctum*, das seiner Bedeutung entweder
nach der guten Seite (vgl. Chardri S. Dorm. 26, P. Plet 1278) gebraucht
„Neigung, Liebe" bezeichnet, oder, und dies ist der regelmäfsige kontinentale
Sprachgebrauch, eine schlechte Bedeutung hat, mithin: „Beleidigung, Schimpf"
u. ä. heifst. Kurz berührte ich das Wort bereits Lyon. Ysopet 625 *effit*.
Man findet es bei Christian im Cligés 2948. 6589, Perc. 6827: *Ceste ranprosne
et cest afit*, und im unechten Prolog 1094; Wilh. v. Eng. S. 80: *Ja por afit ne
por leidange,* Trojarom. 20095 (vgl. 20071). — Dazu kommt ein Zeitwort *afiter*
entweder vom fertigen *afit* abgeleitet, oder *afetier*, wenn es direkt auf lat.
affĕctare zurückgeht, was sich so lange nicht entscheiden läfst, als bis man
das Zeitwort mit betontem *a* im Reim findet. Als Synonym von *leidangier*
steht *afite* an derselben Stelle im Wilhelmleben, ferner Mignards Girart S. 49.
Im Osten lautet die Form natürlich *aféfes* 2. Präs., geschrieben *aphefes* im
Dialog. anime XI, 6. Dasselbe Zeitwort steht noch im Löwenritter selbst,
wenigstens glaube ich, es mit Recht durch Konjektur wiederhergestellt zu
haben. Es ist dies 1351, s. meine Anm. zu der Stelle. Das Zeitwort fiel
mit *afaitier = *ad-factare* zusammen, als vortoniges *ai = ẹi, ẹ* geworden
und war dadurch dem Untergang geweiht, wenn es sich nicht nach den betonten (*i*)-Formen modelte.

71. *Calogrenant*] Der Vokativ in der obliquen Kasusform durch Reim
gesichert. Zwar braucht man nur mit AS zu lesen 72: *Mout par estes preuz
et vaillanz*; allein eben unser Yvain zeigt dieselbe Erscheinung (im Widerspruch zu meiner etwas zu apodiktischen Behauptung, Cligés LXXV) an
anderen Stellen, vgl. 601. 1548, immer bei Eigennamen.

72. *saillant* ist durch VPH gegen *vaillant* FGAS gesichert. Das
Wort ist von Keu beabsichtigt mit Bezug auf *saillir* 68.

80—82 fasse ich ironisch auf; sonst könnte es als Frage erklärt werden,
worauf 83 die Antwort gäbe.

104. *doit avoir tancié*] 'hier darf man nicht zanken'. S. Tobler,
Gött. G. A. 1875, S. 1063: „man mufs den unpers. Gebrauch von *il i a* mit
einem Part. Perf. kennen: *i a fait* = lat. *fit, i a sauté = saltatur*".

105. Tobler hat bereits H[3] an dem Reflexivum (*s'espont*) von H Anstofs genommen und auf V hingewiesen, der statt *s'espont* : *respont* H bietet:
respont : *despont*. Die Handschriften, und schon der ja gedruckt vorliegende
G, zeigen das Richtige. V und H haben beide, jeder anders und jeder schlecht
geändert. Denn *espondre* heifst = immer *exponere ald* „Etwas erklären,
auslegen" oder „E. einräumen". Dagegen *s'apondre* = *se adponere*, „sich
zurecht machen, bereiten". Vgl. Manekine (Suchier) 5035: *A ceste parole s'apont
Li miex enparlés et respont*, wonach richtig gebessert ist 3553: *A ce mot li
autre s'apondent* (Cod. *respondent*) *Et asses briement li respondent*, und derselbe Beaumanoir nochmals Salu 791: *A ceste parole s'apondent Tuit ensanle,
si li respondent*. Vgl. noch *s'apondre à qu* Charrete 5992: *Ni a nul qui a
lui s'aponde*. In andern, sich jedesmal aus der Grundbedeutung ergebenden
Verwendungen findet man das sehr verbreitete Wort bei Godefroy. — Aber
auch V's *despont* ist falsch; denn *despondre* heifst eigentlich „auseinandersetzen", meistens nur „erzählen", was an dieser Stelle, wo er auf Keu's Ausfall scharf erwidert, nicht gerade pafst.

107. HFS lassen den Kalogrenant sehr geschickt zuerst sich an die
Königin wenden, ohne den Keu anfangs einer Beachtung zu würdigen. Erst
mit 110 zieht er gegen ihn los. Allein VPGA sichern durchaus meinen
Text, womit auch $\mathfrak{H}$, $\mathfrak{E}$ ($\mathfrak{N}$ fehlt), $\mathfrak{S}$ stimmen.

116. 117. Sprichwörtliche Redensart; vgl. Rosenroman 9661: *li femiers
Qui de puir est costumiers*. — *taon*, bei H *toon*, gleich lat. *tafanus*, klass.
lat. *tabanus* ist die „Vieh-Bremse", wozu *poindre* eigentlich nicht pafst; denn
dieselbe hat keinen Stachel, sondern nur Stechborsten, die sie in die Haut
einläfst, worauf das Saugen losgeht; doch die Wirkung kommt einem Stich
so nahe, dafs auch wir uns von der Bremse ebenso wie von der Mücke
stechen lassen. $\mathfrak{H}$ 206 sagt: *der humbel der soll stechen*. *malot* „Hummel"
findet sich, trotzdem es nicht der Schriftsprache angehört, bei Littré (nach ihm
Sachs) mit der sicherlich falschen Erklärung: *nom du taon* (!), *dans quelques
provinces*. 209 übersetzt $\mathfrak{H}$: *der hornuz sol diezen*. $\mathfrak{N}$ läfst hier einen grofsen
Absatz, $\mathfrak{S}$ gerade diese Sprichwörter aus, $\mathfrak{E}$ gibt nur 116 wieder = 98: *A
brok omang men forto stynk*. Jedenfalls hätte $\mathfrak{H}$ besser gesagt, *der hornûz
der sol stechen* und *der humbel der sol diezen*, da die Rollen dann richtiger
verteilt wären. Godefroy *malot* sagt mit mehr Recht: *guêpe, bourdon, frelon*,
indem er vorsichtig die ganze Familie gleich anführt. Das „Brummen" weist
mit Sicherheit auf die Hummel, *Bombus*, heute von ihrem Lärmen *bourdon*
genannt und von der wilden, im Vergleich ganz selten und geräuschlos auf-
tretenden Hornisse (*Vespa crabo*), dem *frelon*, durchaus verschieden. Vgl.
die einzelnen Patoiswörterbücher, deren Verf. zwar meistens sich sehr vorsichtig ausdrücken, weil das Volk selbst die verschiedenen Arten nicht genau
scheidet.

118. *Enuieus*] So V allein, P hat es im Innern; bei FGAS fehlt das
unumgängliche Subjekt, die Nutzanwendung der drei vorhergehenden Bilder.
VP, dann die Verbindung *enuieus, enuier* sichern die in den Text aufgenommene
Lesart. H bietet das grammatisch unmögliche, sonst dem Sinne nach auch
wenig passende („treulos", „schurkisch" ist hier zu stark) *felons*, dem auch
Toblers scharfsinnige Besserung *fel om* nicht helfen kann.

132. *ataïne* und *aatine* schwanken in den Handschriften, vgl. zu Cligés 2879. Sonst hat H immer *anhatine*; vgl. Löw. 4255. 4706.

146. Verbinde *Que* mit *ainz* 144.

149. 150. Aufser der Überlieferung wird mein Text noch durch 169. 170 gestützt.

150. *randez*, ganz wie 170.

158. *qui*] H². ³ hat *qu'i*, wogegen Mussafia mit Recht *qui* vorzieht. Es handelt sich nicht um die Richtung, sondern um das flüchtige Wesen dieser Dinge.

163 hat Tobler durch eine prächtige Emendation den sinnlosen Text von H verständlich gemacht, indem er *an son oir* in *au son oïr = à l'ouir le son* 'beim Hören den Schall' ändert. Allein die Überlieferung zeigt, dafs H allein das ursprüngliche *venir* in *oïr* geändert hat, welches *venir* sich auf *vient* 157 bezieht. — Da ferner H obendrein eigenmächtig *cil* in *sil* geändert hat, so ergibt sich für 163. 164 eine ganz andere Stellung zu 165. 166. Bei der Toblerschen Fassung sind die ersten zwei Zeilen Vordersatz zu dem kondit. Nachsatz 165. Dagegen der überlieferte Text läfst 163. 164 als selbständigen Satz erscheinen. Das Folgende ist dann die Erklärung, wie dies Festhalten geschieht.

167. *vantre* hat bekanntlich im Altfrz. sehr oft die allgemeine Bedeutung 'Leib, Körper' (das Innere desselben).

169. l. *antandre,*

184. Tobler hält es für nötig, hier auf die konstante altfrz. Bedeutung von *quel que* = „welch auch" (und nie wie neufrz. „etwelch, einig") aufmerksam zu machen.

189. *Broceliande*] Dieser Wald von Broceliande oder wie er später immer heifst, Breceliande, ist durch Christian zum Gemeinplatz geworden. Eine grofse Litteratur hat Holland in der gehaltreichen Note S. 152—156 seines Buches über Christian von Troyes beigebracht. Füge jetzt hinzu A. Maury, *Les forêts de la Gaule* (mir nicht zugänglich). Die bekanntesten Stellen sind die Episoden in Hugo Merys Turnir des Antichrist S. 2 ff. und in Waces Normannenchronik II, S. 283 ff. Beide geben sich, der erstere ausdrücklich auf unsres Christian Gewährschaft hin, in den Wald von Breceliande, und während der erste alles so antraf wie es Christian geschildert, klagt der zweite über den erbärmlichen Schwindel. Hugo, damit noch nicht zufrieden, läfst in demselben Gedicht Perceval dasselbe Abenteuer bestehen (S. 60). Allein eine Vergleichung der beiden Stellen zeigt, dafs Hugo nie dort gewesen, und von der Lage des Zauberwaldes eine sehr unklare Vorstellung hat. S. 2 liest man: *Tant fis en l'ost* (des Königs von Frankreich) *de demorance Que de Bretaigne* (Armorika) *fut partiz Li rois de France, et fu bastiz Li acorz de la grant discorde Que li rois si con l'an recorde Avoit al conte de Bretaigne. Por ce que n'iert pas trop lointaigne La forest de Berceliande.* Darnach läge der Wald in der Nähe des Weges, den das aus Armorika zurückkehrende Heer nach Frankreich nahm. S. 60 heifst es von den Rittern: *Orent chevauchié tote nuit Par bois et par forez oscures Querant deporz et aventures Par Cornouaille et par Irlande Qu'il vindrent en Bercelliande.* Es ist klar, dafs Hugo nie dort gewesen und einzig auf

Christians Pfaden wandelt. Wace dagegen II, 6395 f.: *E cil devers Breche-*
liant Dont Breton vont sovent fablant (also Volkssagen), *Une forest mult*
longue e lee, Qui en Bretaigne est mult loee. La fontaine de Berenton
Sort D'une part lez un perron. Aler soloient veneor A Berenton par grant
chalor, E a lor cors l'eve espuisier E le perron desus moillier. Por co
soleient pluie aveir: Issi soleit jadis ploveir En la forest e environ, Mais
jo ne sai par quel raison. La seut l'en les fees veeir, Se li Breton nos
dient veir, E altres merveilles plusors . . . La alai jo merveilles querre,
Vi la forest e vi la terre. Merveilles quis, mais nes trovai; Fol m'en
`revinc, fol i alai . . . Diesmal liegt der Wald sicher in Armorika, die
Quelle wird mit ihrem eignen Namen bezeichnet, *la fontaine de Berenton,*
eine nachweisbare Örtlichkeit in der Nähe von Ploërmel. — Sonst ist noch
der uns unvollendet überlieferte Brun de la Montagne anzuführen, wo die
Feen desselben Waldes dem neugebornen Kind, das an die Quelle (sie ist
hier nicht genannt) gebracht wird, gute und böse Angebinde schenken. — Ob
sich nun Christian den Zauberwald in Armorika gedacht habe, ist sehr fraglich.
Man muſs vielmehr schlieſsen, daſs er sich denselben in England gelegen denkt.
762 ff. wird der Weg beschrieben, den Yvain von Carduel in Wales aus ein-
schlägt: von einer Seefahrt, die Christian sonst (vgl. Cligés) erwähnt, ist keine
Rede. In der Nähe der Quelle ist Laudinens Schloſs. Artus' Weg dahin
ist nicht beschrieben (2172 f.). Nun nimmt Yvain von Laudine Urlaub *De*
retorner soi en Bretaingne (2546), von der (aus Carduel) er ja gekommen
war. Mithin läge die Quelle nicht in der Bretagne. Eine andere Anspielung
findet sich im ganzen Buch nicht. Zwar zieht man bald von, bald zu der
Quelle; aber nie kommt man auf die See. Darnach läge die Quelle in England, aber aufserhalb der Bretagne, d. h. des von Britten bewohnten Teiles.
Von sonstigen Anspielungen dürfen zwei nicht übergangen werden, die sich
beide in Claris und Laris finden. Das erste Mal (S. 18) wird Yvain eingeführt und dabei direkt auf sein bekanntes Abenteuer an der Quelle von Barenton hingewiesen: *grant hardement Qu'il a toz les iours maintenu Puis qu'il*
fu au perron venu, Seur quoi versa de la fontaine, Ou assez ot anui et
paine De foudre qu'entor li cheoit Et des arbres qu'il peceoit, Si con
Crestiens le tesmoine. Später S. 90 f. läſst der Dichter seinen Helden mit
Begleitung in den Wald von Broceliande kommen und mit dessen Feen
nähere Bekanntschaft machen, und der Wald wird bis zum Schluſs der
Episode immer wieder als Schauplatz benutzt. Die Beschreibung lautet
folgendermaſsen: 3290 f. *Lors ont un grant bois aprochié, Qu'on apele Bro-*
celiande. Trop est la forest fiere et grande Et plaine de trop grant mer-
veille, Nule autre ne s'i apareille. Laianz treuve on les aventures, Les
felonnesses et les dures. La est li chastiaux perilloux Que maintient li
fiers Orgueillox. La est li vergiers delitables Qui tant est biaus et amiables.
Laienz est la roche perdue Qui ja n'ert de coart veue. La puet on mer-
veilles trouver Qui se veult de riens esprouver. La voit l'en la forest
esbatre, La voit on les senglers conbatre. La voit on les vorpiz voler,
Ours, singes et lions voler (aler?), Biches et cers, lievres, chevriax, Connins,
lieparz et escuriaux, De bestes toutes les manieres. En la forest sont les
rivieres, La mers l'enclot de l'autre part. La sont li lai, la sont li jart,

La sont les beles praieries, Les vignes, les gaigneries. Les fees i ont lor estage. En un des biaus leus du boscage Est lor maison et lor repaire ... Nach 3313. 9934 scheint der Dichter den Wald bis ans Meer sich erstrecken zu lassen. — Eine andere, direkte, aber uneingestandene Benutzung oder Nachahmung der Christianschen Beschreibung der Wunderquelle von Barenton s. in Anm. 380.

191. *bretesche* = *brïtt+*ï̆sca* (s. meine Erklärung in ZfrP. VI, 133) heifst ein hölzernes Vorwerk, eine Art Turm, als Befestigung. $\mathfrak{H}$ übersetzt ungenau mit *burc* 279. Er meint damit die ganze *forteresce*.

192. *galesche*, Fem. zu *galois* = *gallïscu*(m), regelrecht aus *gallisca*(m). Man zählte also dort nach wälschen Meilen.

195. *baille* s. m., ist die äufsere Palissadenumfassung und der dazwischen ihr und dem Graben befindliche eingefafste Raum. Hinter dem Graben, über den eine Brücke führt, ist die *bretesche*. Dahinter erst ist das *chastel*.

212. Das erste *et* steht nur H, fehlt VPFGAS, ist also sicher nicht ursprünglich. Dann ist wohl, da jede Handschrift die fehlende Silbe auf eine andere Art ausfüllt (vgl. meine Anm. zu Cligés 2488. 3149. 3637. 4060. 5267) der Hiatus von Christian selbst gebraucht, den wir an noch recht vielen Stellen anzunehmen geneigt sein werden. Es sind ausnahmslos zwei Fälle der Art 1. eine durch vorausgehende Muta + Liquida gestützte weibliche Silbe oder 2. die Pause vor der Partikel *et*, die sonst für das Ohr verloren ginge. Lies also: *Cui Deus doint joïe et enor.* Vgl. 505. 647. 1299. 1300. 1666. 1891. 1937. (1995). 2083. (2159). 2384. 2419. 2438. 4221. 5036. 5138. 5167. 5834.

214. *table*] ein „Gong".

224. Ob *saisirent* oder *corurent au* ursprünglich, ist schwer zu entscheiden; sicher hat H allein geändert, vgl. 203.

233. Es ist dies ein mit „Buntwerk" (opp. *gris* „Grauwerk") gefütterter Mantel aus pfauen(schwanz)farbigem Scharlach (Stoff, nicht Farbe!). *Pavonaceus, it. *pa(v)onazzo* wird aber speziell vor der dunkelvioletten Farbe gebraucht. — Vgl. 1885. 5429. ebenso *mantel ver d'escarlate*. Ob *chier* mit V oder *cort* mit dem Rest der Hss. zu lesen, ist nicht zu entscheiden. 4738 wird wieder ein, diesmal gesicherter *cort mantel* angeführt, doch in anderer Gesellschaft und Lage. $\mathfrak{N}$ stimmt wieder mit V, $\mathfrak{H}$ hat wohl mit seinem *manteltn* ein *cort mantel* wiedergegeben, ebenso $\mathfrak{E}$ 202 *scho*.

247. Auf *tant* bezieht sich 248 *que*, während das sonst sehr gut gestützte *qui* (statt *qu'il*) das vorausgehende *tant de guerre* in der Luft hängen läfst.

280. *espaarz*] durch VP völlig gesichert, ist, wie die Stelle klar zeigt, Adjektiv und synonym oder wenigstens nahestehend dem vorausgehenden *sauvages*. Was heifst es? Tobler vermutet „herrenlos", indem er an *espave* denkt; allein *v* kann dann kaum fallen. P's *espa⚫s* hilft auch nicht; denn *esperart* „der leicht hofft?" ist sinnlos. — Die fremden Bearbeitungen lassen, wie immer an entscheidenden Stellen, im Stich: $\mathfrak{H}$ spricht allgemein „*aller der tiere hande .. wisent und ûrrinder* 405. 411. $\mathfrak{N}$ (Stiere und Leoparden) stimmt mit F, $\mathfrak{E}$ (Leoparden, Löwen, Bären) mit A, $\mathfrak{SD}$ ebenso. — Im folgenden kommen nur *tor* vor, also ist jede andere Tierart ausgeschlossen.

292. *çoche,* pik. *choque* = nfrz. *souche* = it. *zoccu,* das Diez auf *soccus* zurückführen will, was aus doppeltem Grund unmöglich ist. Die Verschiedenheit der *o* weist zwingend die Etymologie ab, die durch die Annahme (*ç* (*z*) aus lat. *s*) auch nicht empfohlen wird. Bis jetzt wissen wir von keinem einzigen Worte, das mit *ç* im franz. = *z* ital. beginnt, die Abstammung, da das Latein nichts ähnliches bieten kann, wir also auf fremde Sprachen gewiesen werden. Vgl. *çoper,* pik. *choper,* das heute *sopper* lauten müfste, wenn nicht die pikardische Form, wie so oft, sich siegreich eingedrängt hätte; s. zu 3097.

298. *espan,* nfrz. *empan* „Spanne", wie *dor,* pron. *dorn* „handbreit", zwei von der Hand entnommene Mafse.

304 l. *Danz.* — *ros* oder *rous* ist mir noch immer so dunkel wie damals als ich das Wort in der Einl. des Cligés LXIII f., nur um andere darüber zu hören, behandelt habe. Ich kenne nur *ros* = *rüssus,* das kaum pafst.

324. *Nient*] müfste hier einsilbig sein, wofür mir für Christian kein sicheres Beispiel vorliegt; also besser *Ne* mit HFG; *ne plus que, nient plus que* und *ne que* sind gleichbedeutend 'gleichwenig wie, ebensowenig wie'. Vgl. 837. 2789 und zweimal im Cligés, wo die Varianten stets zwischen *Ne* und *nient* schwanken.

330 habe ich zögernd die direkte Rede eingeführt, trotzdem VH (aber der wichtige P ist mit mir) die indirekte gaben. Allein 328 hatte bereits dies Gespräch begonnen und es ist Christiansche Manier, in kurzer Rede und Gegenrede vorzugehen. Dazu kommt, dafs hier jeder Schreiber auf die Idee zu ändern selbständig kommen konnte.

335. *Pere* = *Petrum* s. Cligés zu 21. Dazu bemerkt Tobler bei H[3]: „den·Titel *saint pere [patrem]* bez. Gill. de Muisi (um 1350) als einen erst in neuster Zeit dem Papste gegebenen".

339. *Ci ne aillors* in V scheint mir besser zu passen.

365. (*je te pri et quier et demant*) *que tu me consoille,* also der Imperativ statt des regelm. *consauz* (Konj. Präs.), durch Reim gesichert. Über diese Art von Anakoluth s. Tobler's Vermischte Beiträge S. 25 f. Interessant dafs H allein die Konstruktion verstanden hat; alle übrigen Handschriften geben die in späterer Zeit für den Konjunktiv eingeführte Indikativform *consoilles,* die aber der Singular *mervoille* durch *avanture* 366 gesichert, ausschliefst.

380 ff. Diese Beschreibung der Quelle von Barenton benutzt mit teilweise wörtlicher Herübernahme der Verf. des Lai de l'oiselet Z. 55—73 (S. 76 f. der Ausgabe von G. Paris).

385. 86 hat V allein das wenig passende *soir ne matin,* das der folgende Reim *d'or fin* verlangte. Alle übrigen, auch L, haben das einzig richtige *por nul iver,* womit *de fer* reimt. Des Metalls, aus dem das Becken gefertigt ist, geschieht nochmals Erwähnung 420 und hier haben alle Handschriften *del plus fin or,* weshalb H[2.3] auf Toblers Veranlassung 385. 6 die Lesart von V in den Text gesetzt hat. Die fremden Redaktionen helfen nicht. ℜ fehlt das Metall, aber auch der Winter. ℭ 328. 358 hat Gold und Winter, ebenso ℌ und ℭ, d. h. sie berücksichtigen blofs die zweite Stelle, und haben den Widerspruch ihrer Vorlage (denn sie gehen auf β zurück) nicht mit herübergenommen. L hat aber konsequent an der zweiten Stelle, da er das erste *fer* noch im Gedächtnis hatte, geändert: *Et le bassin de fer tout ron.* Ich glaube nun, dafs Christian an der ersten Stelle *iver : fer* schrieb, und dann, dieser Einzelheit nicht mehr eingedenk, das für den märchenhaften Aufputz passendere *or* einführte. Dies hat V, ebenso wie L wahrgenommen, und jeder nach einer anderen Seite hin (den Dichter selbst!) gebessert. Denn „der Baum verliert sein Laub weder am Morgen noch am Abend" ist sinnlos; das thut kein Baum. Aber die meisten Bäume verlieren ihr Laub im Winter, und daher verlangt der Sinn *iver : fer*. Dies Bedenken mufs auch inzwischen Tobler gekommen sein; denn H[3] bemerkt er: „Nicht früh noch spät, d. h. nie. Vgl. *En plusors bous* (= *bois*) *est main et soir menans* (der Tiger) *Et par chaut tens et per froide jalee* Berner Liederhsch. 389, No. 28,1; Mousket 28937 (?). 29525." Die eine Stelle kann ich nicht finden; die letzte beweist nichts; denn sie belagern faktisch die Stadt „früh und morgen". In der ersteren Stelle nun ist klar, dafs gemeint ist: „der Tiger ist dort bei Tag und Nacht, im Sommer und im Winter"; also diese Spezialisierung führt auf „nie". Wo es nicht besonders auf die Jahreszeit ankommt, mag auch *soir et main* allein genügen. Aber an unserer Stelle kann nur der prägnante Ausdruck einen Sinn haben: *soir ne matin* ist hier ein nichtssagendes Flickwort. Ich hätte β nicht verlassen sollen. Derlei kleine Unachtsamkeiten finden wir bei den sorgfältigsten Schriftstellern.

388. *dure* vom Raum: „reicht", vgl. das bekannte *tant com hanste li dure.*

395 l. *l'eve* mit H und so immer. Vgl. Cligés LXI.

425. *Perciez aussi com une bo̧z*]. Die fremden Redaktionen lassen das ihnen unbekannte Wort aus. A hat die Zeile ausgelassen, G ändert und verletzt den Reim. Ein entspr. neufr. Wort giebt es nicht. Das Wort kann afr. *bot* oder *bo̧z* lauten. Ich kenne nur ersteres, und dies bedeutet ein Gefäfs für Flüssigkeiten, meist aus Leder, also „Schlauch", neben *outre* (ein Lehnwort) = ital. *bo̧tte* mit derselben Bedeutung „Fafs". Ein zweites *bot* „Kröte" ist wegen dem offenem *o* sofort abzuweisen. Also: „durchbohrt wie ein Schlauch oder Fass", ein Vergleich der uns nichts sagt, aber doch nur deswegen, weil wir die Ein- und Vorrichtung der damaligen Schläuche nicht kennen.

426. *quatre*] *un* G, *une* V ist verlesen aus *.uu.*; der Plural ist gesichert durch den Reim 427. 8.

437. *croser* „höhlen", regelmäfsig von *cro̧s* = *crues* „hohl".

443. *mesle mesle* s. die Var. hier und Cligés 1527.

448. *despeço̧ient*] *despecier*, hier absolut gebraucht, was nicht gerade häufig vorkommt. Sonst kommt es im Löwenritter noch 3381. 6385, jedesmal trans. vor, wie das nfrz. *dépecer* ausnamslos gebraucht ist. Intrans. kommt es Rol. 837 *entre mes puinz me depeçout ma hanste* (ich setze mit K. Hofmann 835 nach 837); fünf gute Beispiele gibt Godefroy (darunter drei aus Dolopathos 12605. 12639. 12660). Vgl. mit diesem Gebrauch die doppelte Verwendung von *peçoiier, brisier, rompre, deschirer, quasser, froissier, fendre, esclicier.* — 402 war genau von derselben Sache *peçoiier* gebraucht, das HFGA auch hier haben, dabei sogar den schönen Reim *cheoient : peceoient* erreichen. Allein VP sichern positiv *despecier*, wozu kommt, das der seltnere abso-

lute Gebrauch des Verbs leicht dazu führen mufste, das in der absoluten Be
deutung ganz gewöhnliche *peçoiier* einzuführen.

Was diese reichen, oft aus einzelnen Handschriften zu holenden Reim
anlangt, habe ich mich bereits in der Einleitung zum Cligés LXVI Anmerk
darüber ausgesprochen. Ich habe die Sache bei der Durcharbeitung auch
dieses Textes stets im Auge gehabt. Selbstverständlich war der metho-
dische Weg der, genau nach den Handschriften, ohne jede Rücksicht
darauf ob der Reim reicher wird oder ärmer, die Lesarten abzuwägen.
Auf diese Weise wurde an einer grofsen Reihe von Stellen der geringere
Reim kritisch gesichert, daher der reichere als Korrektur von verbesse-
rungssüchtigen Abschreibern oder Lesern anzusehen. Völlig verfehlt wäre
es daher, umgekehrt zu sagen: Ein so sorgfältiger und gewandter Dichter
wie Christian kann nur möglichst reiche Reime angewandt haben; daher
müssen dieselben überall, ohne Rücksicht auf das Handschriftenverhältnis, eingeführt werden.

Nach 44 hat V zwei Zeilen, die des Sturmwinds Erwähnung thun,
der auch 402 eigens genannt war, wie denn auch 453. 454 das Aufhören
desselben eigens bemerkt wird, wobei merkwürdiger Weise diese zwei Zeilen
gerade in V fehlen. Da hier *α*) gegen *β*) steht, können sie ursprünglich sein.
Allein die ganze Fassung und Verbindung der Verse 445—452 erweckt mannig-
fache Bedenken.

460 l. *tanz* (vgl. Lemma der V. L.), das zwar in keiner Handschrift
steht; denn PFGS *tant oisiaus*, was mir unmöglich zu sein scheint, während
V *tant d'osiaus* hat, was gut ist.

463. *toz — coverz* hat V allein, *tot — covert* PHFG, *tot covers* A,
während S wegen des vorausgehenden Verses geändert hat *Que ne fust co-*
verte, d. h. die eben genannte *branche ne fuelle. Tot — covert* soll wohl
das Neutrum sein, also: der Baum war so dicht mit den Vöglein besetzt,
dafs an ihm kein Ast oder Zweig (eig. Blatt) sichtbar war [dafs nicht alles
mit Vögeln bedeckt gewesen wäre]. Hier kann selbstverständlich das Handschriftenverhältnis nicht entscheiden, sondern nur der Sinn und den kann ich
nur mit V so verstehen: „. . [dafs er (der Baum) nicht (dadurch, nämlich
V. 462) ganz bedeckt gewesen wäre]".

472. *a tret*] Holland hat *atret,* was keinen Sinn gibt. *a trait* ist
eine sehr beliebte Wendung, deren Bedeutung etwas elastischer Natur gewesen
sein mufs. Gewöhnlich heifst *faire qc. a t.* „Etwas gemächlich, mit Mufse zu
Ende führen" vgl. Jeh. Marcheant 60: *a loisir et a trait,* Barb. IV 234,40 *be-*
lement et tot a trait, ebenso Mont s. Michel 817: *Li evesque lor mestier*
font; A trait dient et belement. Quer del haster n'i a nient, ebenso deutlich
Dolop. 106 *chevauchier soef et a trait,* Ph. Mousket 19232 *Qui cevaucoit*
le trot a trait (während 18391 *a trait* in *atrait* „Lunte, Zunder" zu ver-
einen ist; anders wieder Yv. 2457).

474 tilge Komma nach *l'oie.*

479 l. *a vis,* das aber wie *a seür* 456 im Gefühl wohl als *éin* Wort
bereits aufgefafst wurde, also wohl auch *avis* zu schreiben.

481. *frainte* ist meine Konjektur; alle Handschriften gehen aus einander; *esfroi* FGAS und *bruit* H sind so gewöhnliche Vokabeln, das dann

icht jeder anders das Wort variirt hätte. Es muſs dort ein Wort gestanden
aben, das die Schreiber nicht verstanden. *Tempest* V ist es kaum; zudem
.cheint mir als wenn diese masc. Form nur in pikardischen und lothringischen
?exten sich fände. War es *fraint*, das als Mascul. bis jetzt nur noch einmal
m Joinville belegt ist, oder das gewöhnlichere Feminum *frainte*? Allein
etzteres ist doch nicht so selten.

484. *restrains* (mit *s* wie H 529. 530 schreibt) ist Perfekt; *destraing*
ȝ48 Präsens.

494 ist in H dreist geändert; in β^1 stand nämlich *querele entre vos* (so
Ꝑ), das H mit Beibehaltung von *vos* in jener Art ummodelte. VP sichern
ʒuerele, was schon der Sinn lehrt, vgl. 496. Die Änderung *guerre* geschah
ɪn γ.

499 f. Die sehr dunkle, aber dem Text nach kritisch gesicherte Stelle
versucht Tobler durch folgende Übersetzung verständlich zu machen: „Von
dem Schaden der augenscheinlich ist, ist um mich herum das Zeugnis meines
Waldes, der niedergeworfen ist".

505 s. zu 212.

526. *Parmi le uois* (nicht *bois*) hat V, durch *vois* der folgenden Zeile
wohl beeinfluſst. *Aler parmi le voir* „mitten durch die Wahrheit gehen =
bei der Wahrheit bleiben" belegt Tobler bei H[2. 3] mit vielen Beispielen. Ebenso
noch Ywain 1703.

527. Vgl. Amadas 475 *En descouvrant coeuvre sa honte.*

528. *sofrir* VAS gäbe reichen Reim und ist dem Sinne nach ebenso
gut wie *ferir*. Denn je gröſser der Stofs, um so kräftiger der Rückstofs, den
der Stofsende aushalten muſs.

535. VP zwangen *grosse* trotz 537 in den Text aufzunehmen; dann
haben HFGA, eben um die Wiederholung zu meiden, hier an der ersten Stelle
geändert, wie S dasselbe an zweiter tat.

546. *savoir son roi* (it. *re̦do*) erklärt Tobler Jahrb. VIII 335 zu 12,385
„wissen, wie man es anzugreifen hat", also, „wissen was man zu thun hat",
darin geschickt sein. — Vgl. Rom v. Ham S. 359 *Li quens met l'escu en
cantel, Qui bien et bel en set sen roi.*

583 ist nicht leicht aus der Überlieferung herauszuschälen. α und β
stehen einander obendrein schroff gegenüber. Mein Text ist V; während
PHFGAS *Si nos devons* (*devomes* FGA, *deussons* S) *mout* (fehlt FGAS) *en-
tramer*. — *deuomes* ist zwar christianisch, *deussiens* hat nur eine, und zwar
schlechte Handschrift. *mout* ist VPH gemeinschaftlich, also sicher. Es bleibt
also V und P völlig gleichberechtigt übrig. V ist dem Sinne nach eine bereits
vorausgehende Entschuldigung für den folgenden Vers 584; dann paſst vortrefflich *Mes* 584.

590 f. Vgl. 2181 und Barb. IV,287, 11 *Apreꝰ mengier Mout se fesoit
bon chevalier Par parole* u. s. f. Diese und ähnliche sprichwörtliche Redens-
arten behandelt Tobler ausführlich ZfrP. IV, 80 f. Er verweist auf Leroux,
Prov. II,160. 381, ZfdA. XI 114 Nr 75. Rusteb. 1,119; eine Stelle aus Vœu
du héron, Auberi Mitth. S. 120, Perc. 31048 f. — Füge hinzu Auberi in
Romv. 233,16 f. Ähnlich ist 596 *tuër Noradin.*

596. *Noradin*] VA geben *Saladin*, haben also, statt die Vorlage ab-
zuschreiben, nach dem Tode desselben, der ihnen zu Ohren gekommen, seiner
Nachfolger eingesetzt, um so den Widerspruch mit *tuër* zu beheben. Über
Nureddin Mahmud s. Cligés III. Er regirte von 1146 an und stirbt 15. Mai
1173 oder nach andern 1174? (nicht 1161 wie noch bei H³ zu lesen). Saladin
bereits im Besitz Ägyptens, erobert nach seinem Tode Syrien 1174, gerät
Ende der achtziger Jahre mit den Christen in Streit und stirbt März 1193.

597. *vengier Forré*] s. Tobler in Gött. Gel. Anz. 1875 S. 1080 f. und in
H²·³ sowie meine Anm. zu Aiol 959 und Octav. 2277. *Forré* ist ein aus dem
kärlingischen Epos bekannter Heidenkönig von Nobles oder Noples, der getötet wird und *vengier Forré* sagt man sprichwörtlich von Unternehmungen
die man in übermütigem Leichtsinn übernimmt, aber nie ausführt.

598. *panel*, noch nfz. *panneau*, „Seitenkissen unter dem Sattelbogen".

612. Die Handschriften gehen ganz auseinander. Gesichert ist durch
VPH *forsenez*. Der „Teufel" PGS nimmt sich in dem Munde der Königin
sonderbar aus. Dann blieb nur die Wahl zwischen V, das im Text ist, oder
HA *Comant? Estes vos forsenez?* Da A, der zwar mit S eng zusammensteht,
zu γ gehört, aber nach einem α-Kodex energisch durchkorrigirt ist, so könnte
sein Zusammengehen mit H die ursprüngliche Lesart sichern; V hätte dann
wie so oft, selbständig geändert.

616. *escamonie*, nfzr. *scammonée*, lat. *scammonia*, eine Convolvulusart,
Purgirmittel, hier als Etwas besonders bitteres erwähnt; vgl. Guill. d'Angl. S. 94
D'escamonie (so ist zu lesen) *et de fiel*. Genau wie an unserer Stelle ebenda
S. 98 *Or avez la sause trovee Qui est faite d'escamonie* (so zu lesen). *Langue
de vilain soit honie, Honiz soit ses cuers et sa boche!*

621. *mesdire* V ist vortrefflich; doch beachte das Wortspiel mit *mal
dire* und *maleoite*, Partic. von *maldire*.

628. 9 von der Ceremonie des Exorzismus der Besessenen.

634. *muëz* „stumm".

635—637 ironisch, wie 638 deutlich zeigt.

647. Hiatus nach 212; s. die Anm. dazu. Den Hiatus haben PHFS;
GA haben stark geändert, V vermeidet ihn zwar einfach mit *ne*, steht aber
ganz allein. *coroce* ist fast besser gestützt, als *herice*; allein bei solchen
Synonymen kann jeder Schreiber unabhängig ändern. — *reguingier* HF ist
sinnlos, scheint aber öfter mit *regrignier* verwechselt worden zu sein; so
Rou I, 588, wo der neue Herausgeber *rechignier* dem Sinne nach einsetzte.
Allein *guignier*, pik. *wignier*, prov. *guignar*, it. *ghignare*, ein gemeinrom.
Wort, heifst nur „mit den Augen winken" (it. E. modifizirt) = nfr. *guigner*.
Das Komp. *reguignier* kann nichts verschiedenes bedeuten. Bei Diez s. v.
ghignare werden verschiedene Stämme zusammengeworfen. (Etymologie, wenn
winkjan unmöglich, unbekannt). Dagegen *grignier* (s. Diez s. v. *grinar* und
Littré s. v. *grigne*) wird von den Zähnen gesagt: „knirschen", noch heute in
den meisten Patois *grigner* oder *gregner les dents*. Dasselbe heifst *regrignier* (auch ohne Zähne, absolut oder refl., wie sich auch *grignier* findet).

648 l. *reschingne*. — Über *reschignier*, pik. *reskignier* = nfrz. *rechigner*
s. Littré und meinen Exkurs in ZfrP. III, 264 f.

664. *la son fil,* nämlich *l'ame de son fil,* d. h. seine (des Artus) eigene Seele.

670. *giste* schwankt im Geschlecht, vgl. fem. Tobler Mitth., nfz. *gîte* masc.

680 l. besser *Si* mit H gegen alle, da Christian derartige Nachlässigkeiten nicht nachzuweisen sind. 573 hatte H eine ähnliche Prolepsis.

685. *Ainz que il* d. h. Ywain. — *S'il,* d. h. Keu.

689. *nus* „irgend einer" nach *se* „wenn" oder „ob", ebenso 740.

693—724 fehlen V𝕽𝕸𝕾 und enthalten eine recht unnütze Wiederholung. Nur mit 719 f. wird ein neues Moment zu 691 hinzugefügt. Tobler bei H²·³ findet sie deshalb bedenklich. Die Überlieferung kann nicht entscheiden; denn α und β stehen einander gleichwertig gegenüber. Dazu kommt, daſs V (eig. α¹) (s. Einl.) sich überhaupt im Verlauf des Textes eine fast endlose Reihe von Streichungen gestattet, daher auch hier der Verdacht gegen ihn berechtigter ist als die Annahme einer Interpolation, die bereits für β anzusetzen wäre. 𝕽 (𝕾 geht auf ihn zurück) beweist gar nichts; er gehört zur β-Familie, kürzt auch sonst, hat also auch hier unabhängig von V gekürzt. — Die Verse selbst, sowohl was Diktion als Reim anlangt, unterscheiden sich in keiner Weise von den andern Christians. Allein Tobler macht auf eine andere Schwierigkeit aufmerksam: „auch scheinen 701 (unser 703) und 703 (705) zwei Damen im Hause des Vavassor statuirt zu werden, während Calogrenant nur eine vorgefunden hat." Es ist wahr, die zwei Damen können herausgelesen werden, wie es 𝕳 that (auch P mag deshalb geändert haben); aber man braucht es nicht so zu verstehen, zuerst 1. *deport de la dameisele,* 2. *le prodome avec sa fille,* die mit der ersten identisch ist, das also eigentlich heiſsen soll: der Biedermann, der mit dem Fräulein zusammen war, das letztere also nur nähere Bestimmung. Schön gesagt ist es aber freilich nicht. 696 kommt noch eine Zeitbestimmung vor *(tierz jor),* auf die im folgenden weiter nicht Bezug genommen wird. Den Unsinn freilich 713 „schwarz wie ein Sporn" hat H allein zu verantworten.

719. *nus]* ia P.

723. *Yvains]* ist P.

757. *Long* F, *Lonc* S.

769. *Plains* P. | *des* A. | *ronce* A, *rouses* S. | *descurte* S.

776. vgl. 444. Von *toner* war früher die Rede (403). Man hat also, da beides nicht zugleich stehen kann, nur die Wahl zwischen *nege* GS oder PHFA *tone*; *gele* in V schien mir Ausschlag für ersteres zu geben.

787. *il s'atorne,* während die *buene dame* und der *prodon* gemeint sind, daher denn S geändert hat *s'atornent a bonté.* Man muſs sich denken: „wenn einmal so eine Person . . .", denn wie 790 zeigt, der Dichter denkt fernerhin nur an den *prodon.* — 785—790 fehlen V, und kein Mensch wird sie vermissen.

788 setze Strichpunkt nach *conté.*

811. 2. *remeise : breise]* dies *ei* in H ist dialektische, von Osten eingedrungene Form; denn lautlich *remẹse : brẹse = rema(n)sa : *brasa* (nicht **brasia!).*

814. *ruit,* nf. *rut* „Brunst".

829. *despendent* G.

831. *harigoter* „in Stücke hauen“, „zerfetzen“; Nebenformen *hali coter, harligoter* usf., oft neben *detaillier. desrompre* u. ä. Synonymen ge braucht. Dazu zwei Substantiva *harigot,* das Godefroy mit *aiguillette,* als „Nestelschnur“ erklärt, das aber doch nur „Fetzen, Lumpen“ heifst, oft mi „Loch“ übersetzt werden kann, genau wie *harigote.* Ersteres steht Ywain 542: *un mantel sanz harigot* (der noch im Stand war, von dem keine Lappen her unterhingen) wie Descon. 2568 *Robe ot d'eskerlate* .. *Et de vair a un sebl noir; Sans a l i g o s la roube estoit;* für das zweite vgl. *une povre cote O1 il ot mainte haligote* Barb. III, 47,249 und III, 51,374,

837 l. *Ne* s. zu 324.

882. l. *randone,* — Das Zeitwort selbst finde ich sonst nur absolu gebraucht.

887. *Et si* „und dennoch nicht“, ebenso 888.

906. *Jusqu'a* nach PFA, während VHG, eine seltene Kombination die das Wort stützen müfste, *Parmi* geben. Allein jeder Schreiber, der da Folgende noch nicht· gelesen, konnte unabhängig auf dieselbe Änderun̥ stofsen.

907. V macht das Tor selbst eng; allein das Tor war, wie es sicl für ein grofses Schlofs geziemt, breit und hoch; in diesem ist nur ei̥ schmaler Einlafs (909—912), so dafs man nach Belieben das ganze To oder das schmale Pförtchen (930) darin öffnen konnte.

908. *Si* hier = „aber“, eig. „und gleichwohl“.

912. *antrecontrer* „sich begegnen“.

914 ff. Die Einrichtung dieser Falle (sieh *arbalète* bei Littré 4⁰ un̥ sein Histor.) war den meisten Schreibern unklar, wie die verschiedene̥ Änderungen zeigen. Die *espee* macht grofse Schwierigkeiten, da wir ei̥ solche in einer Falle zu finden nicht gewohnt sind; *espee* hat nur PH, VG̥ haben *lespie,* so dafs G daraus ein Synonym zu *agueite* 914 machte, währen̥ VS die Vorrichtung, die von der Feder zurückgehalten wird und dann los schnellt, „den Späher“ nennen. Der Punkt, bei dessen Berührung die zurück gehaltene Feder frei wird, heifst der „Schlüssel“ 919; *lués* 918 gehört zu 91̥ *Que.* — Was nun diese *espee* anlangt, die also die Funktion der schneidende̥ Falltür vergleichsweise anzeigt, so ist dies ein scharfes Messer, das dḁ darunter befindliche Opfer durchschneidet, wie in der bereits von Tobler H̥ angezogenen Stelle aus des Aniaus 2120, die ich hier nach der Handschrif̥ anführe, da sie bei Hippeau kaum verständlich ist:

> *Une fenestrele i avoit*
> *De bele assise et entaillie,*
> *Et si estoit mout bien taillle*
> *Au soil; et quant ele asanbloit*
> *A l'uel, li pertruis resanbloit*
> *Estre li traus d'un pellori.*
> *Vos ne savrés se ne le di,*
> *Por coi la fenestre i fu faite.*
> *La fenestre fu amont traite;*
> *Ele coroit en haveüre.*

Par engien tient. Con rateüre
Descendoit (das Fenster), *qui* (wenn Jemand) *l'engien gardoit.*
Et quant il (*l'engien*) *chaoit, si fremoit*
Dedens d'un engien petitet,
Qui estoit fais comme un loquet.
Et puis que fust aval colee,
Ne fust ele a force levee
Por vint homes sans depecier.
A l'engien uns rasoirs d'acier
A une caïne d'argent
I pendoit, qui si durement
Trencoit (*Trancant* Hs.), *que ce n'estoit pas jus.*

Was hier „Rasirmesser" heiſst, heiſst bei PH das „Schwert", bei VS „der
Spion". — Allein so glatt ist die Sache doch nicht; denn 917, wo die Wirkung dieser *espee* angegeben wird, fehlt das richtige Wort, nämlich
tranche, so daſs das in den Text aufgenommene *espee* ziemlich unsicher
würde; man müſste dann *l'espie* als Term. tech. an dessen Stelle setzen. Und
doch zeigt das folgende, um dessentwillen ja überhaupt die Falle zur Vergleichung angezogen worden, wie die dort der *espee* entsprechende Vorrichtung
alles durchschneidet (940 und besonders 947. 952). So habe ich denn *espee*
stehen lassen.

918. *destant* oder *desçant* sagen hier dasselbe; auch paläogr. ist *c* und
t oft nicht zu scheiden; vgl. 945.

920. „mag die *riens* noch so sachte dran rühren".

921 fg. Die Überlieferung ist so verworren, daſs aus ihr allein nichts
herauszubringen ist. 921. *desoz*] VHF haben *desus*, G *desor*, A *en son*, sicher
falsch, da die *trabuchet* unten sein müssen, damit man hier auf dieselben
trete, vgl. 925. Es muſs also *desoz* lauten, was ich denn durch Konjektur
eingesetzt habe, da PS dafür in der nächsten Zeile *soz* geben. Nun aber:
dui trabuchet oder *uns trabuchez*, das ist die Frage. VFGA hat éine Schlag-
stelle, H,PS haben zwei; man sollte nun meinen, daſs α+γ gegen β sicher
entscheidet, da β' eben geändert hat. 925 wird diese Vorrichtung *cez
engins* genannt in VH; alle andern haben *cel engin*, was für éin *trabuchet*
passen würde, daher der Plural für V auffällig ist. Der Sing. bei PS stört
dagegen trotz der zwei *tr.* gar nicht, da dann *engin* „die Vorrichtung", „der
Mechanismus" heiſst. ℜℭℌ lassen die *tr.* ganz aus; sie reden nur von
einer „Schlag- oder Falltür", was ja auch in allen franz. Handschr. steht.
Nun heiſst es aber im folgenden (929. 930), daſs ganz genau in der Mitte der
Durchgangsstelle der Boden sicher war; dann müssen aber auf jeder Seite eine,
also zusammen zwei Fallstellen da gewesen sein.

942. *marchier* trans. „E. betreten, auf E. treten".

949. 950. *mes que tant que* „nur soviel daſs".

955. *an tel meniere* „in der eben beschriebenen Weise", nicht auf das
folgende zu beziehen. Denn dadurch, daſs Yvain zur Erde fiel, lieſs er den
Ritter, den er bereits am hintern Sattelbogen hielt, los.

961. *Si que mesire .Y. fu pris* A.

963—966. Die prachtvolle Ausschmückung dieses Torverliefses, die in V𝕰𝕾 fehlt, nimmt sich in PHFGAS𝕽𝕳 sonderbar aus. Doch vgl. die prächtige Decke des Bettes 1041. 1042. Das schlimmste ist, dafs der V. 965 ganz unverständlich ist; denn *et paintes les meisieres* hängt in der Luft, daher A resolut ändert. G: *Dorees et peintes les m.* hat +1 und ist ebenso ohne Verbindung.

964. *cielée* einige Handschr. haben *celée*, also regelmäfsig lautlich von *cælatus*, während *cielé* vom fertigen *ciel* gebildet ist. S verstand dann *celée* = *celata* und umschreibt es mit *couverte*.

972. *Cou quil estoit* P.

977. VHFGAS scheinen *Si lesmaia* zu haben; P hat *S.* (Fleck) *sesmaia,* was schon H² vorschlug. 𝕽 hat: „ da fürchtete sie sich zuerst sehr vor ihm".

881. *depechies* PHFA.

988. 1. *diauz.*

990. *ocirre ou prandre*] Bis auf A haben alle Handschr. gedankenlos *prendre* in *pendre* geändert, was aber kein Gegensatz ist. Tobler in H² hat bereits *prendre* wegen 995 verlangt. Man beachte, dafs *prendre* in vielen Mundarten (NO., O.) *penre* lautet, was Schreiber aus anderen Gegenden fälschlich mit *pendre* wiedergaben.

1034. 1035. Vgl. den Ring des Gyges in Plato's Republik; s. die Kommentare. Holland gibt in dieser Anm. und zu 2600 eine ziemliche Litteratur an, doch stimmt unter den franz. Texten nur RdTroie 1663 ff. darin überein, dafs der Ring unsichtbar macht.

1036. *ne que* „ebensowenig wie".

1068. 1. *enuieuse*

1073. Vgl. 1135 f. 1145.

1101. *triege*] Dies hab ich gegen die beste Überlieferung (VPHA *siege*) in den Text eingeführt nach FGS, was sich, die Notwendigkeit des Sinnes zugegeben, nur durch die Annahme rechtfertigen läfst, dafs mehrere Schreiber unabhängig das ihnen unbekannte Wort in derselben, weil auf der Hand liegenden Weise verbessert haben; denn durch *piege* war ein *siege* von selbst gegeben. Von einer Belagerung kann schlechterdings keine Rede sein; denn die Burgbesatzung zieht ohne weiteres die Thore in die Höhe und dringt in den Raum ein; ebenso wenig werden bei einer Belagerung Fangeisen oder Fallen aufgestellt (dies fühlte H, der an *siege* denkend, unpassend *paveillon* einführte); wohl geschieht dies bei der Jagd in gewissen Fällen. *Triege* ist nur ein T. t. der Jagd, dessen genaue Bedeutung ich nicht angeben kann. Fantosme 1270: *Rogier d'Estutevile nus ad trovez al triege,* Rou I, 60, 612: *Rou fu forz e hardiz, a Paris tint sun siege. Cels dedenz eust pris cum l'um prent bisse al piege, Ne fust Seigne si grant, par uns il unt lur triege* sind zu unbestimmt; nur an letzterer Stelle ergibt sich etwas wie „freier Weg, Kommunikationsmittel". Rou II, 447, 10558 steht zwar in A: *As trieges faiseit retenir*; aber hier ist sicher *As tristres* zu lesen, worüber DuCange s. v. *trista* die gewünschte Auskunft gibt, vgl. noch Froissart Paradis 26, 869. 28, 923. Auf „Weg, Stadtviertel" (vgl. *trüge* bei Fleury La Hague) führt auch die bei DuCange s. v. *triare* 1⁰. angeführte Stelle. Dagegen völlig mit unserer Stelle übereinstimmend ist Renart 8601 (= Martin

I, 177, 623): *El bois n'ot ne sente ne triege, Ou il n'eust cepel o piege O trebucet u laz tendu O rois ou roisel estendu*, wo drei Hss. gleichfalls das ihnen unverständliche Wort in *siege* geändert haben. Daraus ergibt sich mit Sicherheit, dafs *triege* ein Pfad oder eine Fährte (Wildspur) ist, der mit Fallen u. ä. besetzt wurde. — Die fremden Redaktionen haben die Stelle einfach ausgelassen. Vgl. noch meine Bemerkung zu Rou II, 612 in ZfrP. I, 148 und Diez E. W. II^c (s. v. *trieu*), dessen Etymologie *trivium*, das *trige* oder *trege* gegeben hätte, nicht befriedigt. Vgl. Schuchardt, ZfrP. IV, 125.

1105. *le suel*] *lessuil* G.

1144. *Que que laloient r.* A.

1148. *crestiien* „Mensch", wie in andern romanischen Sprachen.

1166 f. Vgl. die von Holland aus Erec 6850 f. beigebrachte Stelle, wo eine aus erfreulichem Anlass veranstaltete Prozession ähnlich aussieht; dabei finden sich *croiz, textes* und *encensiers* beisammen. Vgl. noch besonders Rou I, 70, 861 fg. und viele andere Stellen. *Texte* sind die Evangelienbücher, kostbar ausgestattet, in prachtvollen Einbänden.

1172. *la cheitive ame*] die Var. von G: *la lasse dame* (d. h. *d'ame*) ist vielleicht das ursprüngliche und von V arg mifsverstanden.

1174. *escris* A.

1177. *Et*] *Quant* G.

1179. *uns*] *.j.* P, d. h. *une grans olz* „Heer". — *toauz*] *tooil*+*s*, früher *to-eil* (*to-eĩ*), vgl. 1189; dazu ein Zeitwort *tooillier, toeillier* (vgl. 4535), dessen Bedeutung sicher „beschmutzen", und refl. *se t.* „sich im Schmutz wälzen" lautet. Wenn die beiden Wörter zusammenhängen, wogegen sich lautlich nichts einwenden läfst, müfste *tooil* „Schmutz oder Pfütze" o. ä. heifsen. Dafür kann ich nur Beneit I, 209, 3643 anführen, wo es „Blutlache" heifst: (sie töten einander), *La est si granz li ferreïz Qu'em ne vit mais si faiz tooilz, La sunt en sanc desqu'as genoilz.* „Gemetzel" heifst es daher 19908. *Ci out touil, ocise et fule.* Ähnlich ebenda 37445: *Idunc quant Normant recovrerent, En sanc erent vers les jenoiz. Ainz que partist icil tooilz,* usf. Vgl. Renart, Suppl. S. 346, wo die Var. *chaples* sich findet. Die Grundbedeutung findet sich noch Thomas v. Garnier, Hip. S. 44: *Plus sunt* (die falschen Prälaten) *fuiant del ròs, quant il est en tueil.* Allein meist hat das Wort einen weitern Sinn; vgl. Peler. Renart R. St. I, 426, 345 *touel* (: *conseil*), wo = „Verlegenheit", „schwierige, verwickelte Lage". So noch *estre en toel* Ph. Mousket 20699. 20979. 28520. Ph. Remi, Salu 276. So ist das Wort im Yvain 1189 gebraucht. Die Stelle bei Jubinal, Jongl. S. 65: *un boutoncel de toeil* läfst irgendwelche Präzisirung nicht zu. An unserer ersten Stelle wird es ungefähr „Gedränge, Auflauf" bedeuten. „Eile" heifst es bei Jehan und Blonde 5658. — Man vgl. noch *tooilleiz, tooillement* mit ähnlichen Bedeutungen. Über den Stamm und die Grundbedeutung ist zu vgl. Diez I. s. v. *tovaglia* (den Burguy abschreibt), Gachet, Scheler Dict. 1. Aufl. s. v. *touiller*, zurückgenommen zu Baud. Condet S. 500, s. zu J. Condet II, 355 und Froiss. Gloss. s. v. *touel, toueillier*, und Dict. 2. Aufl. (Littré ohne etymologischen Versuch.) Ich bemerke dazu, dafs ich ein Verb *toaillier* (also prov. **toalhar*) nicht kenne, an dessen Existenz überhaupt nicht glaube und dafs es, da es von *toalha* „Handtuch oder Serviette" kommen soll, eher „waschen"

oder „reinigen" heifsen würde. *Toalha* hat damit überhaupt nichts zu thun;
unser Wort verlangt eine Ableitung *-iculum, -iculare.*

1180. *chauz*] Dafs dem Aberglauben nach die Wunden eines Getöteten,
wenn der Mörder in seiner Gegenwart ist, zu bluten anfangen, ist bekannt.
Man wundert sich nur, dafs es nach so langer Zeit noch „warm" ist; es ist
genug des Wunders, wenn es noch „frisch" oder „klar", d. h. noch nicht
geronnen ist. Die Hss. gehen sehr auseinander: *chaut* haben mit Ausnahme
von G, der stark ändert, alle, so dafs man nur zwischen *fres* V und *cler* HG
schwanken kann. Nach PFA könnte man ändern: *Que li sans toz fres* (oder
clers) et vermauz.

1192. *Si* P.

1198. *se plaignent* PHFGAS.

1199. *et cil et* HFS.

1212. *doi*] *sai* PGAS.

1214. *Ainz*] *Ainc* F, *Ein* G, *Ains* AS. — Dieses *ainz* = *anche* (s. Diez) ist
dem östlichen Dialekt eigen, heifst sonst *ains,* ältere Form *ainc,* daraus durch
Anhängung des adverbiellen *s* entstanden und lautlich mit *ainz* = *ante+s* zusammengefallen. Sieh meine Anmerkung zu Cligés 5198.

1251. 1. *enui;*

1253. *faire a mescroire* „verdächtig sein", vgl. 1335: *mescroire qu*
„gegen J. Verdacht fassen".

1265. *quachez*] Es läfst sich nicht bestimmen, was ursprünglich im
Text gestanden; *anglet* FA ist gemeinverständlich, *clotet* „ein kleiner, an den
Wänden eines Saales abgetrennter Raum" (s. Godefroy) pafst wenig, steht
blofs G; *trachet* V ist mir unbekannt, vielleicht aber richtig; *quachet,* neufrz.
cachet in PH pafst besser und bietet reichen Reim; ich habe es daher dem
unbekannten Wort vorgezogen, ohne vorgreifen zu wollen. *quachet* ist Di-
minutiv von *quache* subst. fem., gleichbedeutend mit seinem Fem. *quachete,*
neufrz. *cachette,* also „kleines Versteck, Winkel".

1286a—d in VA sind interpolirt; der Leichnam ist noch nicht be-
graben; dies geschieht erst 1341, also nachdem die Zofe, die ja dem Be-
gräbnis beiwohnen mufste, ihn bereits verlassen hatte. Während der Ceremonie des Begräbnisses spielt sich V. 1356—1405 ab; daher 1406 *Quant an
ot anfoï le mort.*

1299. Hiatus s. zu 212.

1300. H². ³ hat H so geändert: *Lors se deront et si* (statt *se) dessire;*
aber alle Hss. haben *se,* nur V läfst es aus, daher sein Text nach 212 (sieh
Anm.) ursprünglich sein könnte. Doch ist mir wahrscheinlich, dafs die
Symmetrie des zweimaligen *se* beabsichtigt ist, wobei „sich eine Sache zer-
reifsen" vollkommen tadellos ist. Hier ist der Dativ des Interesses sogar
recht eigentlich gebraucht: „sich" = auf ihrem eigenen Leibe. Dann ist H
besser, da dann *se deront* und *se descire* reine Synonyma sind, zu denen beiden
der folgende Akk. *trestot* als Objekt gehört. Bei V ist *se dehurte* „sie
schlägt sich selbst".

1303. *a quoi que tort* = *ad quidquid *tornet* „wie immer es ausfallen
möge"; vgl. 1592

1322. *dire*] Tobler verlangt *faire* mit Bezug auf 1320[b] und 1326, wo H (ebenso PF) *faites* hat. Allein an erster Stelle haben alle Hss. (mit Ausnahme von F) *dire*; die zweite ist interpolirt; an der dritten VG wieder *dire*, was sich gar wohl halten läfst. Da er ja hinter dem Fenster sitzt, so mag er zuerst der Schlofsfrau zurufen wollen, vgl. *soiiez an pes* „seid still" mahnt daher die Zofe. Dazu pafst auch der Gegensatz in 1323. 1324 zwischen *penser* und *dire* besser als zu *faire*. — 1326 gäbe F, der freilich allein steht, eine vortreffliche Fassung. — 1327 : 1328 ändere gegen die Überlieferung *come sage : gage*, da im zweiten Verse der Plural sinnlos ist, im ersten aber nach *con* entweder dem Sinne nach der Nom. oder nach romanischer Art der Akk. stehen kann; s. meine Anm. zu Chev. 2 esp. 4598 und ZfrP. II, 165. 176, vgl. Diez Gr. III[3], 51 fürs italienische. Suchier ZfrP. VI, 446 erwähnt davon einen speziellen Fall, wo der Ausdruck mit *com* im Ausruf steht, wie Yvain 3199.

1338. *prandre male confesse* „eine schlimme oder schwere Absolution in der Beichte erlangen" belegt Tobler bei H[3] in der hier vorliegenden übertragenen Bedeutung mit ähnlichen Stellen.

1339. *ATANT* l. *A tant* (ebenso 1727 u. s. f.).

1347. *en travers* „völlig (durch und durch)" Tobler bei H[3], belegt durch Angier, Greg. 1783. 2288.

1349. l. *d'enui*,

1351. *afitant*] s. meine Anm. zu 70. Das Wort steht zwar blofs in H und ich habe es wahrlich nicht wegen des reichen Reimes, den ich grundsätzlich nicht suche, in den Text gesetzt; allein *degabant* V pafst nicht zu *gas* und *rampronant* FGAS nicht zu *ranpones* der folgenden Zeile. So hat denn H auch hier wieder allein das den übrigen Schreibern unbekannte Wort bewahrt.

1354. *Les r.* G (—1).

1355. *el*] *en* G. — *estre a sejor* heifst hier „im Herzen bleiben, haften oder stecken bleiben". — *batant* neben *fres*, mit ihm fast gleichbedeutend, vgl. neufrz. *battant neuf.* Anders steht *batant* 4090; s. d.

1356. *çucre*] Zwar scheint *miel* G zu *bresches* besser zu passen, als · *çucre* V; allein dies letztere allein erklärt *cuer* in PHS, das dann von FA in *covine* weiter geändert worden ist.

1358. „durch ihr Reich ihren (gewöhnlichen) Streifzug gemacht hat."

1361. *S'aimme*, d. h. Yvain (Subj.).

1378—1390 ist eine schwierige Stelle, der bei der Dunkelheit und Gesuchtheit der Gedanken und der (mir wenigstens) fremden Pointe trotz der vielen Hss. schwer beizukommen ist. Ich habe in Ermangelung eines besseren Tobler's Herstellung, wie sie im Aniel[1] S. 28 zu finden, in den Text genommen, wenn sie mich auch nicht ganz befriedigt. (Man beachte, dafs derselbe die Stelle in der 2. Auflage einfach unterdrückt hat.) Nach Tobler nun ist *Si* 1385 das bekannte adversative, das einen neuen Satz anreiht, der im Gegensatz zu dem vorangehenden steht. Bei Tobler ist nur nach 1385 *point* ein Punkt gesetzt. Ich kann einen *Si*-satz nur als einen parataktischen, verbundenen verstehen, habe daher, um diese innigere Beziehung anzudeuten, statt des Kolons, welches den Satz unabhängig machen würde, ein Semikolon gesetzt. — Anstatt meine Bedenken gegen diese Textfassung im einzelnen zu entwickeln, will ich, selbst eine solche versuchend, gleich hinzufügen, dafs auch sie nicht völlig befriedigt. I. 1377 „denn die Liebe hat sich dem Yvain (diesmal) ganz hingegeben". (Deshalb) sucht sie alle Orte, in denen sie sich früher ausgebreitet hatte, ab und zieht sich von dort zurück (gleichsam als wenn sie alle einzelnen dort zerstreuten Teilchen ihrer selbst auflesen, sie zusammenziehen und sie wieder an sich zurücknehmen würde). Denn jetzt (wo sie sich ganz dem Y. hingibt) will sie keine andere Herberge und keinen andern Wirt haben, als den Yvain, und daher handelt die Liebe sehr richtig, wenn sie sich von schlechten Orten (wo sie bisher sich aufgehalten; über diese s. 1386—1390) zurückzieht, damit sie sich so ganz dem Y. hingeben könne. Denn sie will nicht, dafs anderswo auch nur der kleinste Teil von ihr zurückbleibe, und so (nicht: gleichwohl! man kann mit V selbst *Einsi* lesen; es ist die Beendigung des letzten, sehr breit getretenen und verwässerten Gedankens) läuft sie denn alle gemeinen Lokale (in denen sie sich bis jetzt aufgehalten) ab. — Die *vils ostels* sind die *mauvés leu* in 1382. Allein an der ersteren Stelle war die Hervorhebung der schlechten Eigenschaft des *ostel* nötig; hier spielt man einfach darauf zurück. Man kann deswegen sehr gut mit V ebenso allgemein lesen: *Einsi cerche les suens ostels.* — Selbstverständlich hat Amor auch gute *ostels*: an die denkt der Dichter hier nicht und man darf ihn nicht in seinem Gedanken stören, wenn man früge, ob Amor sich auch von dort zurückzieht. 2. Man kann es bedauern, dafs die Liebe diese merkwürdige Eigenschaft hat und sich in dem gemeinsten Winkel ebenso leicht niederläfst, als in dem anständigsten Hof; diesmal aber ist sie an einen ihrer würdigen Ort gekommen u. s. f. Dabei ist nur die Verbindung zwischen 1385 und 1386 mit dem ewigen *si* zu farblos. Ich möchte daher mit V lesen: *C'est;* denn es beginnt ein neuer Gedanke: *c'est* ist der Vordersatz zu dem 1391 stehenden, mit *Mes* eingeleiteten Gegensatz. Hier der so aufgefafste

Text: 1377   *Qu'Amors s'est tote a lui randue.*

                        Les leus ou ele iert espandue

                        Va reverchant et si s'an oste.

                1380   *Ne viaut avoir ostel ne oste*

                        Se cestui non, et que preuz fet

                        Quant de mauvés leu se retret

                        Por ce qu'a lui tote se doint.

                        Ne viaut qu'aillors et de li point;

                        Einsi cerche les vius osteus.

(oder ebenso gut: *Einsi cerche les suens osteus.*)

                1386   *C'est granz honte, qu'Amors est teus*

                        Et quant ele si mal se prueve

                        Qu'an tot le plus vil leu que trueve

                        Se herberge tot ausi tost

                        Com an tot le meillor de l'ost;

                1391   *Mes or est ele bien venue,* u. s. f.

1397. *De honte]* „vor Scham".

1402. *suie* „Rufs", sprichwörtlich als das Nonplusultra der Bitterkeit.

1403 : 1404. *ceu : leu.* Ich verweise hierüber auf meine Bemerkung im Cligés LXIII. Dazu kommt nun noch Mussafia's Bemerkung im Literatur-

blatt I, 259: „die Schreibung *ceu* : *aleu* scheint mir nicht so gut wie der Hs.
cue (*çue*) : *alue*; *ŏ* ergibt doch *ue*; vgl. *çue* mit *avuec*, *poruec*, *senuec*".
Ferner Ellinger, Syntax d. Pron. bei Chr. S. 28: „Im V. 1405 (= unserm
1403) finden wir eine Form *ceu*. Dies könnte man allenfalls als eine Nebenform des alten *ço* ansehen. Aber da sich dieses sonst bei Chr. nicht findet,
dürfte *ceu* identisch sein mit der Form *cel* V. 1517 (= unserm 1515): *Dom
il ne fera ja proiere, Ne autres por lui, puet c el estre.* Cel ist wohl entstanden aus dem lat. *ecce illud* [l. *ecce illum*]. Es kommt auch im Rol. vor:
V. 1789 *Co dist li reis, cel corn ad lung haleine* (allerdings bessert hier
Gautier: *cil corns*). Anders denkt sich Horning die Entstehung des *cel* in
puet cel estre (Rom. St. IV, 250): *Ne pourroit-on pas supposer qu'au lieu
de „puet cel estre" on ait dit primitivement „puet ce estre" et que pour éviter
l'hiatus, on ait été amené à confondre „ce" et „cel"?* Mebes (Garnier de
P. Ste.-Max. S. 55) sieht in dem *cel* ein Fem. im neutralen Sinne aus „*cele*"."
Um mit dem letztgenannten anzufangen, sei bemerkt, dafs hier ganz unge-
höriges zusammengeworfen wird. Wenn auch *cel* in *puet cel estre* wirklich
Neutrum wäre, was nicht sicher ist (in Hss. findet sich hie und da *p. cele
estre* ausgeschrieben, sieh z. B. G zu Yvain 1515; vgl. Diez, Gr. III, 48), so
hat es doch mit *cel corn* nichts zu thun, wo es adj. ist, mag man Nom. oder
Akk. setzen. Hier kann es sich nur um *cel* als Neutrum handeln, also kon-
kurrirende Nebenform (ebenso wie *cest*) von *ço*, indem *ecce illum* und *ecce
istum* ebenso gut Neutra sind wie *ecce hoc*, oder *hoc* allein. Auf diese
Neutra hat zum 1. Mal Mall, Cumpot S. 108 aufmerksam gemacht; zu seinen
Stellen füge ich hinzu: *cel* Bencit Chron. 9319, Liv. de Man. 40. Brandan 1708.
Dieses (nur NW. und England nachweisbare) Neutrum *cel*, das nun später
ceu hätte geben sollen, ist bei Chr. unmöglich, erstens weil er überhaupt kein
-*l* vokalisirt, zweitens, weil hier selbst die Analogie der Formen -*l+s = us*,
auf die *s*-lose Form übertragen, unmöglich ist, da das Neutr. *cel* eben nie
eine Form *cels* geben kann. Wenn sich in Texten wie Ezechiel *cel* sporadisch
statt des regelmäfsigen *ceu* findet, so erklärt sich das leicht, da er auch *dols*
statt *dous*, -*ols* statt -*ous* schreibt. — So bleibt denn nur *ceu* übrig, das nur
ecce hoc sein kann, und man kann höchstens mit Mussafia schwanken, ob man
statt *ceu* nicht etwa besser *ç u é* schriebe. Allein dies ist aus zwei Gründen
schwierig; einmal weil, wenn ich richtig beobachtet habe, es überhaupt
kein franz. Wort gibt, wo *ǫ* im Auslaut diphthongirt, es also nur entweder
çuéc oder *cǫu*, pik. *chǫu* lauten, kann (dieses wird regelmäfsig *céu*, ganz gew.
im verwandten, weil östlichen Bernhard) ganz wie *fuéc* oder *fóu*; zweitens,
weil das Reimwort, wie es die Überlieferung sichert, *leu* ist, das sicher nicht
lué lauten kann, während man ein *alué* (das ich nicht kenne, wohl *aluéf*,
alués und nur *alǫu*, später *aléu*) für möglich zu halten scheint. (Andere
Gegenden haben eine starkbetonte Form *cen*, *chen*, die sich mundartlich bis
heute erhalten hat.) Diesen allen gegenüber steht die unbetonte Form *ce*,
das die Funktion von *o* übernommen hat. Ebenso scheiden manche Texte
zwischen betontem *jou* und tonlosem *je*. — Aufser der Überlieferung spricht
gegen *aleu* der Sinn: es war im vorausgehenden immer nur von · *leu* „Ort"
die Rede: 1378. 82. 88. 97 oder *ostel* 1380. 85 und *herbergier* 1389.

1419. l. *l'aimune*, wie sonst aufgelöst wurde.

1435 hat A mit seinem *Orandroit* so verstanden, wie H¹, als Frage: *Orendroit?* *Ai je dit que sages?* Der Sinn aber ist hier etwas verschieden: „Mit vollem Recht hafst sie mich gerade jetzt mehr als irgend Etwas auf der Welt. In Bezug auf „gerade jetzt" hab ich wohl recht; [wie es später sein wird, kann Niemand wissen, vgl. 1437. 38]; denn das Weib ist das wandelbarste Geschöpf unter der Sonne". Wie hier *orandroit* betont ist, so ist *espoir* 1439 betont; man konnte der gröfseren Deutlichkeit halber beide Worte in Gänsefüfschen setzen.

1442. *dangier* = *dominiarium* „Gewalt".

1447. *voloir* reflexiv gebraucht, wie *estre, cuidier* u. ä.; s. Diez III³, 192 f.

1450. *Ancore* „sogar obendrein noch meine Feindin", nicht nur, wie es vorher einfach hiefs, diejenige, die Amor zu lieben befiehlt.

1465. *je li voi* mit unterdrücktem *les* (d. h. *chevos*).

1469. *A tot ce que* „Bei alle dem dafs" ist konzessiv.

1488. *Don ne,* sonst auch zusammen *donne, done,* geschwächt *dene, den* geschrieben, ist = lat. *nonne* und verlangt stets bejahende Antwort.

1504. *assener*] man erwartet den Begriff: „nochmals", was in *rassener* F liegt oder in der folgenden Zeile durch *refeïst* auszudrücken wäre.

1507. *deviser* eigentlich „auseinandersetzen" heifst hier „beschreiben".

1515. *puet cel estre* s. zu 1403.

1523 f. „er schlägt es ebenso hoch an, wenn . . ., als wenn . . ."

1530. „und (wenn) er so in Sicherheit gehen könnte".

1532. *devant* ist Adverb; *li* gehört zu *venir;* also *il li vient devant,* wie in: *il li cort sore* oder *sus.*

1536. *coveitié* ist Subst. femininum! (nicht m., wie Godef.), also nicht wie *pensé* von *penser* etwa von *covoitier* gebildet, wie es Scheler, Trouv. belg. S. 273 erklärt; es ist = lat. *cupiditatem.* Es findet sich noch 2294. 6660, Gregorleben S. 8, Robert d. Teufel E 1c, Dolop. 221 und Beneit, Chr. 12832. Pik. lautet es wie *moitie,* ebenso *covoitie,* so im Reim Fabl. Montaiglon II, 75 (daselbst II, 5 *couvoitié,* gedruckt *convontie).* Prov. *cobeitat.*

1539. *Que* gehört zu *tel* 1536.

1543. Dazu ergänze *le,* 1544 *li.*

1549. *siegle,* ein sehr elastisches Wort. Hier bedeutet es „Erlebnisse, Schicksal", mag selbst an „Unterhaltung, Kurzweil" anklingen. Vgl. die ähnliche Stelle im Veichenroman 288: (der König) *dist Que volentiers oïst Quel siecle il avoit puis eü Qu'il ne l'avoit a cort veü.* Letzteres, nämlich „Unterhaltung, Umgang" heifst es geradezu 2801 (nicht wie H. anmerkt, „Lärm"). Doch klingt hier vielleicht der Nebenbegriff, den *siecle* oft hat, „feine Lebensart" mit an, nämlich „die dadurch J. obliegenden Trostworte", vgl. *parler* 2800. — „Lärm", d. h. zuerst wohl „lärmende Unterhaltung" oder „lärmende Menschenmenge", kann es gelegentlich ebenso heifsen, wie in der von Holland beigebrachten Stelle, 7 Weise 4653; s. Gött. Gel.-Anz., Tobler, cit. v. Holl.³

1552. Sie wundert sich nicht, wie Jemand sich in dieser Lage unterhalten könne, sondern dafs dies überhaupt möglich sein soll.

1561. *que* V. L. *qui* (*i* beim Druck abgesprungen) HF.

1572. *de ceste semainne* „während dieser Woche" mit dem allgemeinen Sinn: „nie".

1579. *Dedanz la petite chanbrete*]. Von dieser war bisher keine Rede,
nur 1565 *Or un venez aprés moi.* Gemeint ist offenbar i h r e e i g e n e Kam-
mer, daher A mit *sa* (st. *la*) Recht haben dürfte. Auch V fühlte die Schwierigkeit; er hat deshalb *une* geändert.

1580. *brete*] fem. zu *bret* „brittisch" d. h. zu den Kelten Brittanniens
gehörig. Dazu bemerkt Tobler bei H². ³: *„bret* heifst „klug", vgl. Perc. 12476
und Bartsch, Chrest.⁵ 337,35 (im Glossar unrichtig gedeutet). „Brittisch" heifst
das Wort allerdings auch, aber hier ist das gesamte Personal brittisch, Lunete
nicht mehr, als alle andern." Letzteres ist richtig, allein es kann ein Lücken-
büfser sein (vgl. V. L. zu 2416), um den Reim heraus zu bringen; solche finden
sich selbst bei dem so reimgewaltigen Christian und sind, je kürzer die Vers-
zeile, um so schwerer zu vermeiden. Ebenso sicher ist, dafs Bartsch a. a. St.
das Wort schlecht deutet, wenn er: *Femes sont mais trop nobletes Et trop
de fauseté b r e t e s* erklärte: „Falle, Schlinge". Denn *brete* s. f. „Schlinge"
existirt überhaupt nicht. Ein masc. *bret „piège, appeau",* was Hippeau abschreibt, und worauf Bartsch seine Erklärung aufgebaut haben dürfte, steht
bei Henschel, der selbst keinen Beleg hat, aber auf Rayn. II 255 s. v. *bretz* verweist, wo ein *brçt* zum „Fangen" der Vögel und ein *brçs,* 'das der belauerte
Vogel hört (daher Bartsch (P. Vidal) „Lockpfeife" übersetzt) sich finden. Es
kann ebenso von *brest* kommen; vgl. frz. *breste* bei Littré. Dazu ein franz.
Subst. *prendre au bret* (Poème sur la dame de Beaujeu, Mem. Ac. d. Ins. VIII,
585) und s. Lacurne s. v. *bret* 3. Dazu vgl. Godef. *breter* (*bret* fehlt bei ihm),
der noch ein *brest* hat, wobei er auf *brait* „Lärm" verweist, wo nichts steht.
Vgl. sp.-ptg. *brete* bei Diez Wtb. I. — „Schlinge" heifst bekanntlich frz. *broi*;
davon abgeleitet *broion,* nfrz. *brayon,* das nicht von *bret* kommen kann, wie Diez
will. — Allein kehren wir zum Adj. *bret,* Fem. *brete* zurück, dessen Etymologie und Grundbedeutung sicher „brittisch" ist, woraus sich dann später ab-
strakte Bedeutungen entwickelt haben (etwa wie im Deutschen „fränkisch",
„deutsch", „wälsch"), die dem (wirklichen oder angenommenen) Charakter der
Britten entnommen sind und daher sowohl nach der guten als der bösen Seite
gehen können. Zur ersteren gehört das von Tobler beigebrachte Perc. 12476
Gahariez Qui ml't estoit vaillanz et b r e z, wo der Zusammenhang „schlau",
„erfinderisch" (er ist ein grofser Zauberer) ergibt. „Spröde" heifst *brete*
Pastor. u. Rom. 180,69 *La blonde . . vers moi ne se fist b r e t e . . et fist mes
bons et toz mes biaus.* Als Synonym von *fol* kommt es geradezu vor Flamenca 4963 *pucelletas Que ges non son follas ni b r e t a s,* womit man Perc.
8070 *Ne sui pas de ces f o l e s b r e t e s Dont cil chl'r se deportent Qui desor
les chevaus les portent, Quant il vont en chevalerie* vergleiche, mit welcher
Stelle identisch ist die von Godefroy aus der Hs. von Montpellier s. v. *bretet*
gebrachte Variante, wo *brete* direkt „Dirne" bedeutet. Vgl. wir noch GNant. 65
Gentement le salue, il ne fu pas B r e t o n s, so sehen wir, dafs die Britten,
wenn sie einerseits für verschmitzt galten, ebenso al■ Flegel angesehen wurden
und dafs die jungen Brittinen in keinem guten Rufe standen. Vgl. Le Roux,
Prov. I 325 f. und Potvin II 270 „faul" und „schwatzhaft". Anderswo heifst
es „stammelnd", weil die Franzosen die Sprache nicht verstanden. — An
unserer Stelle, wo ein näherer Umgang Y.'s mit Lunete nicht angedeutet ist, und
vom Zusammenhang ausgeschlossen wird, (sonst wäre es = *fole brete*), läfst sich

höchstens nur der Sinn „gefällig" aus dem Zusammenhang 1581. 2. 3 heraus-
bringen. Erst im folgenden zeigt sich die Zofe (was aber erst 1584 ff. angedeutet und von 1589 ff. an ausführlich erzählt wird), als geriebene Diplo-
matin.

1581. *espens,* Synonym von *porpens,* bei Christian sehr häufig, deswegen merkwürdig, weil es Subst. verb. zu einem sonst nicht vorkommenden
also untergegangenen Verb *espenser = *ex-pensare* ist.

1603 l. *d'enui.*"

1640. *folor,* eine nicht eben seltene Nebenform des gewöhnlichen *folie.*
Dabei ist hier zwischen beiden sehr fein geschieden; *folor* ist die habituelle
Charaktereigenschaft, während *folie* die einzelnen Manifestationen, einzelnen
Handlungen derselben u. dgl. bezeichnet.

1643. *s'ancusent* oder *s'escusent?* Im ersten Falle gestehen sie dieselben
bei sich (insgeheim) zu (vgl. 1638. 39), aber handeln dagegen. Im andern
entschuldigen sie sich bei sich selbst ihrer Torheit wegen, die sie einsehen.
Mir schien das erstere wegen 1644 besser zu sein.

1648 l. *m'enuies.*"

1666 s. zu 212 (hier *ce* betont).

1667. 8. *oci-ez* : *chasti-iez* s. Cligés Einl. LXII. Doch ist die dort
geäufserte Ansicht, es reime *oci-(i)ez* : urspr. *chasti-iez* nicht so sicher. Ich
glaube jetzt vielmehr, dafs für Christian reiner Reim, und zwar *i-ez* vorlag.
Denn *castígo, as, at, ant* gibt regelmäfsig *chasti, chastíes, chastíe, chastíent*
wie *amie, mie, pie, die, ortie.* Freilich was *castīgáre* gibt, ob *chasti-ër* oder
chasti-ier, läfst sich nicht bestimmen, da kein Fall unter denselben Bedin-
gungen vorliegt. (Denn die intervokalen Konsonanten werden verschieden
behandelt, 1. je nachdem der Konsonant vor oder nach dem Tone steht, 2. je
nach der Natur des vor oder nach dem Kons. stehenden Vokals). Wenn es
also *chasti-ier* gäbe (vgl. die Reime 135. 627), so würde doch *chasti, chasti-es,
chasti-e, chasti-ons, chasti-ent* die urspr. Form *chasti-iez* bald zu *chasti-ez* gezogen haben. Anderseits wenn *chastiez, chasti-er* (wie ich glaube) ursprünglich ist, mufste daraus naturgemäfs frühzeitig *chasti'ez, chasti'er* werden, da
dabei die Analogie der Verben wie *lïer, loier* auftritt, die bald eine (lautwidrige)
Form *chastoier* eingeführt haben.

1670. *ne monte*] „geziemt sich nicht", anders 5211 *riens ne vos monte* „es
nutzt Euch nichts". Anders wieder Cligés 4166 *se tu sez que enors monte*
„wert ist".

1680. *de si preudome* zeigt den Übergang, wie *si* und ähnliche Ad-
verbien, die eigentlich nur bei einem Adjektiv stehen können, später auch
vor ein Subst. gesetzt wurden, statt dafs nach der strengen Syntax die entsprechende attributive Bestimmung dazugetreten wäre. Also hier: „ein so
biederer Mann = ein solcher Biedermann".

1684 vgl. 1740.

1696. *Li ques cuidiez vos qui* (nicht *que,* wie MS) *miauz vaille,*
vgl. Tobler Verm. Beitr. S. 102 f. und Schäfer, Doppelrelativsätze, Marb. 1884,
S. 6. 7, sowie Mussafia a. a. O.

1703 s. zu 526.

1716. „Komme mir nie vor die Augen für den Fall dafs du von ihm sprechen willst".

1726. Wohl sprichwörtliche Redensart, vgl. Barb. III, 94, 90 *Ci avez perdu un bon tere,* Rigomer 2688 *Mais neporquant son taisir pert.* Zu dem subst. Inf. vgl. Aiol 5518 *Miex vaut uns bons fuirs que melement esrer.*

1743. *a lui*] zu dem Mörder ihres Mannes, wie *lui* 1745, *celui* 1753.

1757. l. besser mit V *Lors* (st. *Si*).

1759. *se*] Tobler bessert *le.* Ich verstehe *se* „bei sich", vor ihrem inneren Forum und fasse *pleidoiier* absolut auf. Anders ist es 1783 gebraucht.

1763. Tobler verweist auf A. Schulze's „Die Wortstellung in altfranz. direkten Fragesatze" (Herrigs Archiv LXXI, 331 f.), wonach in eingeleiteten Fragesätzen das tonlose Objekts-Personalpronomen stets vor dem Verbum steht, daher er trennt: *Di donc por coi? Feïs le tu por mal de moi* usf., dem entsprechend H³ liest: *Di donc, por coi! Feïs le tu por mal* usf. — Lies daher mit Schulze: *Di donc, por quoi? Feïs le tu por* usf.

1769. *lui* mufste trotz VFGSM in den Text kommen, da es allein den folgenden Vers möglich macht; *moi* war schon im 1768 erledigt.

1807. Tilge das Komma.

1811. *E non deu* = *En non deu* PGS, wie Tobler H³ zu schreiben vorschlägt. Es ist doch kein Zufall, dafs VHFM hier in der Schreibung *E* übereinstimmen; offenbar ist der ganze Ausdruck frühzeitig formelhaft geworden und zu einer Worteinheit zusammengewachsen, *enondé* oder *enondeu,* wo *e* als Vorwort *en* nicht mehr gefühlt war, daher es die spätere Entwicklung zu *an* nicht mitmachte, daher ich doch nicht *An non deu* schreiben konnte.

1857. Tilge das· Komma.

1858. *prandre qc. an conduit* „garantiren".

1867. *encontre* „Begegnung" Subst.

1877. mufste HM gegen alle gehalten werden, vgl. 1845, 2038. 9.

1885 s. zu 233. Hier *robe forrée de ver,* sonst *mantel ver.* F liest *de vair flechié,* vgl. Ch. 2 Esp. 172 *mantel . . . trestout fouré de vair flechié,* würde also mit 233. 1845. 2038 stimmen, insofern der ganze Mantel aus Buntwerk verfertigt ist, während nach HS nur das Futter von Buntwerk ist. Was *fresche* G(A) anlangt, davon gleich, bis wir von *croie* handeln werden. Sicher falsch ist VF: *Et pene vaire,* wenn es dem vorausgehenden *robe* koordinirt sein soll; denn *pene,* nfrz. *panne* heifst nur das Pelzfutter, nie das ganze Kleidungsstück; es könnte also nur gemeint sein: *robe d'escarlate et (de!) pene vaire.* — Was ist aber *croie?* Wir finden die „Kreide" in derselben Verbindung Méon I, 263, 2274: *Un peliçon a endossé Qui est touz blans atout la croie,* Gunbaut 622: *Adonques l'a par le main pris* (die Jungfrau den Ritter), *Sel fist desarmer sans atendre. Asez fu qui a ço sot tendre, Ne m'est mestiers c'on m'en mescroie. On fait escoure fors la croie D'une robe qui bien li siet.* Diese Stellen lassen keinen Zweïel übrig, dafs man das Buntwerk mit pulverisirter Kreide behandelte, so dafs davon das Pelzwerk weifs aussah, wenn die Kreide noch daran ist, und dafs man daher, damit das Kleidungsstück nicht staube, die Kreide herausschüttelte. Ein lang getragener Pelz hatte dann die Kreide nicht mehr, daher der Zusatz *atout la croie* andeutet, dafs der Pelz neu und frisch ist. Dies besagt offenbar die

Variante GA, die daher allein das ursprüngliche sehr wohl erhalten haben kann. Vgl. 4739 *de frois ermine.*

1892. *seigniere*] HF scheinen *samiere* zu haben, was Lücking, Mundarten S. 251 in *sainiere* bessert, der also das Wort zu verstehen scheint. Ich kenne es ebenso wenig wie die Schreiber von PMS. Hippeau hat zwar *samiere, fait de samit;* aber *samit* kann nie *samiere* geben. Es muſs einen Stoff bedeuten und da könnte man Lacurne s. v. *samgnie* (wohl *saingnie* zu lesen) vergleichen: *cuissols garni(e)s de samgnies de haubergerie et estoffez souffisament,* oder vielleicht besser *saime, saimme* bei demselben, wo es ein Netz bedeutet. Dann hätten wir einen aus Maschen bereiteten, netzartigen Stoff, der für einen Geldbeutel wohl passen würde, damit Münzen durchschimmern können. Sonst hat noch Du Cange *saignetus,* eine Art Tuchstoff. Allein afrz. war das nfrz. *seine, seinne* dreisilbig: *saîne,* so daſs dieses Etymon bestimmt zurückzuweisen ist. Sollte PM *seigniere* durch *banniere* richtig synonymisch wiedergegeben haben, so wäre es ein **signaria,* wenn man auch nicht begreift, daſs man Fahnenstoff zu Geldbeuteln verwendet hätte.

1911. Übergang aus der indirekten in die direkte Rede, was sich bei Christian oft findet. Ein Schreiber mag die Anrede Yvain's vermiſst haben und so entstand die in V. L. stehende Variante und deren reicher Reim. Allein beachte dann 1908 *Ainz dit* und 1910 *Et dit;* zudem begreift man nicht, wie Jemand statt der P-Lesart hätte die von VFS einführen wollen, während das umgekehrte auf der Hand lag. 1910 ist im folgenden (1914. 5) nochmals, und zwar stärker ausgedrückt.

1913. *la chose*] eine unleidliche Wiederholung, die durch VPGAS völlig gesichert ist. H hat nicht ungeschickt *ceanz,* steht aber damit ganz allein; FM haben ganz allgemein *mout le.*

1940 ist hier bei nachfolgendem 1942 unleidlich; dann fällt aber auch der sonst ganz erträgliche 1939. Die Interpolation dieser zwei Zeilen (PH, die im γ-Exemplar umgestellt worden sind) führte dann zur Satzanknüpfung 1941 *Por ce.* Nur F behielt, trotzdem daſs er die Interpolation enthält, die alte Fassung von α.

1959 f. *s'ame qui*] „die Seele desjenigen, welcher".— Die Fassung von VF ist unmöglich; darin verflucht sie Yvain selbst, was sehr unhöflich ist. Dann ist *Chevalier* ebenso Anrede oder Titulatur, wie 1966. — Der Sinn ist klar; sie will sagen: „Was bin i c h für ein Dummkopf gewesen, daſs ich diesen blöden Tölpel hier eingeführt habe!" G (M) zeigen sehr gut, wie das Verderbnis entstand. Nun ist noch im folgenden (1962. 3) die Möglichkeit einer verschiedenen Auffassung, die sich in FGS *le* (st. *se*) in 1963 widerspiegelt. Denn hier wird mit *qui* nicht auf den Ritter weiter bezogen, sondern auf die Einführende zurückgegriffen, was nicht sehr geschickt ist. Ich verstehe die Stelle demnach so: „Tausend Donnerwetter sollen denjenigen treffen, der in das Boudoir einer schönen Frau einen Ritter bringt, wenn dieser sich nicht vom Fleck rührt und derselbe weder Mund noch Zunge noch Geschick hat, um sich mit ihr einzulassen."

1967. *qu'ele vos morde,* so oder eigentlich etwas drastischer im Veilchenroman 173 *Je quit paour avez de mordre Ou deduit de femme haes.*

1970. VMS sowie ♄ *Ascalon*, ♙ *Salados* führen auf ein *a* in der ersten Silbe, weshalb der Name wohl durch Konjektur in *Asclados* zu ändern ist.

1984. *franchise* eigentlich „die Freiheit, Unabhängigkeit, gesicherte Stellung" geht hier in die Bedeutung „Gewalt, Botmäfsigkeit" über.

1995. Vielleicht *Comant?* (ohne *Et*) nach 212.

1997. *me*] Tobler setzt H² ³ ein konjiziertes *ne* in den Text, im Widerspruch gegen die gesamte Überlieferung. *Ne* gibt auch guten Sinn; *me* ist aber so notwendig, dafs es HA selbst in 1998 nochmals eingeführt haben. Man beachte dafs *ne* die Antwort „ja, ich that Unrecht" erwarten läfst, was sicher nicht die Absicht Laudinens ist; *me* präjudizirt in keiner Weise. Es handelt sich obendrein nicht darum, ob er ü berhaupt ein Unrecht gethan, sondern ob er es der Herrin gegenüber gethan habe.

2005. *esgarder,* juristischer T. t. von der „Urteilsfällung" des Richters.

2024. *Voire voir* belegt Tobler bei H² ³ mit Dolop. 72. 359. Mitth. 25,31. Ein drittes Beispiel steht bei Lacurne. Doch kann man auch mit F trennen: „*Voire?"* — „*Voir"*.

2050. Kolon nach *antreset,* 2068 Ausrufungszeichen nach *demain!*

2060. *devinent*] das Objekt dazu ist die folgende Zeile.

2080. *baus = balbus.*

2092. *N'a or de terre qu'une toise* ist sprichwörtlich. Vgl. Liv. de Man. 124: *S'il n'a terre, por quei l'en peise? A son jor en avra sa teise.* Statt der „Klafter" findet man auch „sieben Fufs Erde": Besant 173. 2632 (s. Martins Anm.), ebenso spanisch Guill. de Castro, Moced. II, 161. *Y no han de tener mas tierra... Solamente siete pies.* Vgl. über den Gedanken im Allgemeinen Holland zu dieser Stelle.

2094. *avenir* ist hier synonym mit *convenir.*

2106. *resanble*] *re-* bedeutet hier „andererseits auch den Leuten, nicht nur dem Seneschall".

2108. „sie drängen sie zu dem, was ihr eigener Wille ist", erklärt von Tobler Aniel zu 2. Vgl. 3226. Im Laufe der Zeit verlor man das Gefühl für die eigentliche Bedeutung von *en grant* („in grofser Sorge, Gier") und es wird Adj., gleich = „begierig, lüstern, versessen auf Etwas".

2109. *preiier*] H hat hier die ältere Form *preier,* statt deren er sonst stets *proier* schreibt.

2113. *des qu'il vos siet*] vgl. 2236, hängt eigentlich in der Luft und wenn man nicht in Gedanken „so will ich mich fügen" dazu ergänzen will, so ist es blofse Höflichkeitsformel = „mit Verlaub".

2116. *enor* heifst eigentlich „Lehen"; hier „das Verhältnis des Lehensmanns zum Lehensherrn".

2120. *Si* „und doch". ●

2151. *Laudine*] der Name kommt sonst nicht mehr mehr vor. *Laudune* hat V, *Laudine* F♄, *Alaudyne* ♙. Falls, was wahrscheinlich ist, der Name mit *Laudunet* 2153 zusammenhängt, ist wohl *Laudune* vorzuziehen.

2181f. s. zu 590f.

2191. „Ein grofser Unterschied besteht zwischen . ."

2204 f. *li hera (s'an test) Qui .. crie Et .. giete. Hera* ist indeklinabel
was einige Schreiber, die das Nom.-*s* vermifsten, veranlafste, den Plural zu setzen
was 2206 schwer geht. Die Überlieferung sichert den Singular. Ich habe da⸗
Wort bereits Cligés LXVIII berührt. Diese merkwürdige Form ist bis jetzt
nirgends angeführt. Gesichert ist sie durch den Reim Charrete 5572, wo auch
das Verb durch den Reim im Singular gesichert ist. Vgl. noch die Va^{r}ianten
zu Charrete 5537: *uns hiraz* T, *un hyraut* J, *un hiraut* V (AM ändern)
5557: *li hirarz* T, *li hirauz* J, *hyraus* V, *hyrals* A (M ändert), 5615: *l.
hirauz* J, *hiraus* V, *hiraz* T, *hirals* A (M ändert), 5677: ebenso, F *hiraz*
ähnlich 5961. — Zur Sache vgl. Charrete (Tarbé) S. 151. 153. 160, Torn.
Antechrist S. 68. 69. 70, welche Stellen das Treiben der Herolde, ihr Stimmung-
machen, sowie ihre Bedeutung für die Wertschätzung der einzelnen Ritter in
voller Schärfe uns vorführen.

2205. *ban : van*] s. Lücking, Mundarten 122 und Tobler, ZfrP. III, 573;
dagegen meine Bemerkung Cligés LVI. *ban* ist „Bann“, it. *bando, van* ist
„*vannum*“.

2214. *fet*] ist hier Verbum vicarium, und nimmt das vorausgehende
dire wieder auf.

2221. *fondelmant*] „gründlich“ (übersetzt Tobler bei H² mit einem ?)
wohl von **fundale(m)*, sieh die Varianten, zu denen Thuim's Cesar neue hinzu-
fügt. S. Settegast's Glossar s. v. *fondamment*, wozu nun Godefroy mit seinen
vielen Stellen nachzusehen ist. Es bedeutet „in Strömen“, von *fundere*
„giefsen“, besonders vom Weinen und Regen gebraucht, daher *fondamment*
hier das richtige Wort sein dürfte. *fondelmant* hiefse eigentlich „schleuder-
mäfsig, wie mit einer Schleuder geworfen“, was also mehr auf die Heftigkeit
des Gusses hinweisen müfste.

2249. l. *quamois* mit H; s. Schultz, Höf. Leben II, 20 f.

2255. *par son = per summum* „über den Sattel hin“.

2261. *a „teus i ot“ =* „Manchen“. Der Ausdruck *tel (tels) i a* ist
zu éiner Worteinheit im Gefühl zusammengeschmolzen, wie Tobler, Jahrb.
VIII, 350, dann Mitth. s. v. *tel* zuerst erklärte.

2267. „weil Euch so Etwas noch nie passirt ist“, es ist das erste
Mal und einmal ist keinmal (ironisch). Wir sehen, dafs Keu dieselbe traurige
Figur in den andern Artusromanen spielt.

2273. Tilge Komma nach *mesferoie*.

2276. *des mois* „Monate lang“ = „nie“.

2278. *desarmé* ist nicht ganz gestützt; ich halte es für unbedingt nötig.

2280. 2283. *en* „darüber dafs es Yvain ist“. 2282 *il* Yvain, ebenso
2284 *s'enor*.

2294. *covoitié* s. zu 1536.

2295. 2296. Eine schlecht überlieferte Stelle; die ursprüngliche Leseart läfst sich kaum wiederherstellen. VG geben gar keinen Sinn; HF, die
ganz für sich allein stehen, lesen sich ganz glatt, erklären aber nie, wie die
Verderbnis entstehen konnte. P hat resolut auf eigene Faust geändert. A,
welches zu VG steht, ist völlig glatt und einfach, steht aber mit 2296 ganz
allein; auch aus A hätte nie die Leseart von VGS entstehen können. S vereinigt alles, was VGA gemeinsames bieten und gibt einen vortrefflichen

Sinn, falls, was ich nicht belegen kann, *conjurer à qu qc* heifsen kann „Jemanden um Etwas beschwörend angehen, ihn um Etwas bitten", wobei freilich der Begriff des Erzählens vermifst wird. Da nun V einerseits, GAS andererseits, d. h. *α* und *γ* auf diese Fassung führen, PH = *β′* eigene Wege wie so oft gehen, zu denen sich diesmal auffälliger Weise F schlägt, so hab ich dieselbe in den Text aufgenommen. Wollte man ändern, so könnte man vorschlagen: *Car mout avoit grant covoitié De l'oïr et mout le conjure Del dire* (oder *conter*) *tote s'avanture.*

2300. *entreprendre* hier synonym mit *mesprendre*, vgl. Cligés 2102, wo es in den Text hätte aufgenommen werden sollen. Tobler, ZfrP. II, 144 erklärt es mit „weglassen, übergehen, verhehlen"; doch auch seine Stelle aus Barb. IV, 144, 31 *Ge di por voir sanz entreprendre* ist vielleicht dem häufigen *sanz mentir* gleichzusetzen. Das Zeitwort hat die mannigfaltigsten Bedeutungen (Godefroy ist auch hier völlig unzulänglich), was sich aus der allgemeinen und unbestimmten Bedeutung des Etymons erklärt; meine Erklärung Ch. 2. Esp. *sans mučr et sans entreprendre* „tadeln", die Tobler a. a. O. zurückweist, stützte sich auf Gunbaut 1859: *Drois est c'uevre de vasal pere Quant il i met entente et painne. Mesire Gauvains tant se painne Et tint de son ceval le cors Q'il furni si les siens secors Que il n'i ot que entreprendre.*

2323. *mont* d. h. zu Pferde, um dem König entgegen zu gehen.

2340. Ähnlichen Feststaat zeigen die von Holland citirten Stellen Erec 2322 f., Durmart 15388 f., denen man Blanc. 3950 f., 5522 f. Dolop. 152 hinzufügen kann. Zu 2347 *cortines* vgl. Mahom. 761.

2361. Die Zeile steht aufserhalb jeder Verbindung; man mufs es als Ellipse auffassen „sie trug", ebenso 2362, wo es viel ungezwungener ist und einem abs. Akkusativ gleichkommt.

2362. 2363. *garlandesche Tote de rubiz atiriee*] Vgl. Jehan et Blonde (ed. Suchier): *En son chief* (des Ritters) *une galandesche Qui estoit de l'uevre galesce, Li lacha sa tresdouce amie;* dazu zwei Stellen bei Godefroy: *garlandesche d'or ou d'argent.* Das Wort heifst auf keinen Fall „guirlande", wie es bis jetzt immer übersetzt worden. Es ist kein Kranz aus Blumen, wie auch aus den Glossen zu Adam Kleinbrück (Jahrb. VIII, S. 91): *Continebat autem archa quam aperuerat, apices* (*ornamenta capitis; garlandesches*), *coronas* (*corunnes*), *infulas* (*chesubles*), *pilea* (*huyres, a pilo*), *galearia* (*chapeus de feutre*), *ciclares* (*garlandeche* — Scheler l. c. vermutet *ciclades*, allein dies ist ein Gewand); *feminarum autem diademata* (*garlandeches*). Es ist mithin ein „Diadem", „Krone" aus Metall.

2374. *estrier*] ob Christian, der im Reim *estrier* (s. Cligés LXXII) hat, noch die ältere Nebenform *estrié*, die einige Handschriften haben, neben der jüngern gebraucht hat, läfst sich nicht entscheiden.

2417. *vezi-ié* HFG oder *envoisié* VS? Mir schien nach dem vorausgehenden, allen Handschriften gemeinsamen *sage* befser „schlau" als „munter, aufgeräumt" zu passen, wie sich denn auch *cointe* „kundig, feingebildet" gut anschliefst. Letzteres freilich hat seine Bedeutung sehr ausgedehnt und geändert und wir finden es auch neben *gai. vesi-ié*, früher *vesei-ié* gehört zum Zeitwort *vesei-ier* (z. B. Rou 3229), vgl. *survezi-ier* Becket, Hip. S. 10. Vgl. noch die Verbindung *sage et vezié, cointe et vezié* bei Lacurne.

2434. „mögt Ihr mich brauchen oder nicht", vgl. die Var. von F. Dagegen ist VA tautologisch.

2442. 2443. Tempuswechsel: zuerst Imperfekt, dann Präs. hist.; denn sowohl *s'antredonoient* (das ich durch Konjektur wiederhergestellt habe) als *se donoient* in H ist Präsens von *donoier, dosnoier*.

2457. *atrait*] hier = die freundliche Miene beim Empfang, bei der Unterhaltung. Vgl. zu 472.

2459—2465 weicht bei mir im Text und noch mehr in der Interpunktion von H weit ab. Holl. hat 60 *qu'el* (statt *qu'an — el* statt *ele* ist Christian absolut fremd), dann Punkt nach *amer*. Er bezieht also die zwei Zeilen auf die Gecken, denen Laudine Höflichkeit erweist. Dann steht bei H Komma nach *acole* 63, so dafs der *quant*-Satz 61. 62. 63 Vordersatz ist zum Nach- und Hauptsatz 64. 65. — Allein das ganze ist allgemein, und 61 f. ist die notwendige Bestimmung zu 60; 64. 65 ist dann die Schlufsfolgerung in der Form einer Sentenz. — Zu dem hier ausgesprochenen Gedanken vgl. Jaufré (Hofmanns Ergänzung 1868 S. 198: *Ara conosc que non ai sen. Aissi va de la folla gen Que moutas sazon[s] s'esdeven C'uns fols hom se cuiara ben S'una prot domna-l vol servir, Que de s'amor aia desir, E cuia d'ella esser amatz Es aquo es fina foudatz.* (Die zweite Handschrift weicht stark ab).

2463. *Si li fet joie et acole* V, womit H auffälliger Weise übereinstimmt: *Qu'ele li fet joie et acole. Acole* ist also ein fem. Verbalsubst., mir sonst unbekannt, aber ganz regelmäfsig gebildet. Es könnte dann wohl die ursprüngliche Lesart sein.

2492. *Que* gehört zu *puis* 91 „von dem Augenblick an, wo er zurückgeht".

2497. H gibt heillosen Unsinn, zeigt aber mit seinem *deuient*, dafs er auf *de nient* („irgendwie, in irgend einem Punkte") zurückgeht, d. h. VF. P war viel geschickter, und stimmt im ersten Vers zu H, mithin zu VF, wodurch die in den Text aufgenommene Lesart völlig gesichert ist. Mit 98 steht P zu GAS 97, die das tadellose *por s'amor* bieten, das dem Sinne nach sehr gut konjizirt ist. Allein 2498 ist in V sinnlos, in andern unklar oder nichts sagend. Durch FGAS für den Anfang, durch VFAS für den Rest ergab sich meine Fassung: „wenn er einmal Herr des Königreiches (d. h. des Liebesreiches, das seine Herrin ihm bietet) geworden", d. h. wenn er der Liebe Preis errungen.

2504. *ongier*] Vgl. Cligés 4561: *Qui les corz et les seignors onge.* Über *ongier* (= neufrz. *hanter*), sieh Tobler bei H². ³, wo es bestimmt mit altfrz. *enger* (?) identifizirt wird.

2507. „Der träumt zu viel, der zu Haus bleibt".

2515. „Gutes wird durch Aufschub süfser" Tobler bei H². ³; vgl. 2517.

2521. Das in den Text aufgenomme *de tant* ist Tobler's Emendation statt des überlieferten *dedanz.* Trotzdem sie nicht durchaus notwendig ist („sie gibt gröfsere Hitze" genügt ebenso wie das freilich deutlichere „sie gibt um so gröfsere Hitze), so ist doch *de tant plus — con plus* besser und *dedanz* umgekehrt an dieser Stelle bedeutungslos.

2523. *tient*] Wenn es nicht wegen der verschiedenen Bedeutung (vgl. *tient* 22) beabsichtigt ist, mufs *tarde* V eingesetzt werden.

2569. *mantez* d. h. *vostre foi* „wenn Ihr Euer Wort brecht"; ebenso 3994.

2574. Mit Bezug auf 2750 möchte man gern die Lesart von VG in den Text setzen; aber die Häufung *jusqu'a un an jus'qua la feste s. Jehan* scheint mir unleidlich. Die Zofe hat den Haupttermin im Auge, ohne auf die durch die Oktav gelassene Latitüde zu achten. Hat doch die Herrin selbst bis Mitte August gewartet.

2576. *mat et have*] Über *have*, Synonym von *mat*, sieh meinen Exkurs ZfrP. V, 97. Es ist ein T. t. des Schachspiels, vom Matt mit dem sogenannten „*roi dépouillé*".

2594. *essoine de mon cors*] H. verweist auf Grimm, D. Rechts-Alt. 847 f. Vgl. noch DuCange s. v. *sunnis* 437b (Mitte).

2604. *tenir prison* = „gefangen sein".

2607. „unter der Bedingung dafs" = „wenn er ihn nur trägt".

2612. *vos* = lat. *volui* (hier *volsi*).

2626. *an* „man", d. h. seine Frau, vgl. 2634.

2628. *anbaussemé*, regelmäfsig ist vortoniges lat. *a* erhalten, wogegen es hinter dem Ton in Proparoxytonis fällt, daher *bálsamum = bausme* wie *cálamum = chaume, Stefanum = Estevne*.

2641 ff. Vgl. ähnliche Spielereien mit *cuer* im Cligés.

2655. *Li cuers a buene remenance*] *cuer* haben alle Handschriften bis auf V *cors*, der in den folgenden zwei Zeilen konsequent ändert. Der Zusammenhang verlangt aber *cuer*, denn das Herz ist zurückgeblieben, daher *remenance*, und da es bei seiner Herrin ist, so hat es *buene remenance*. Auch im folgenden soll nicht das Herz zum Leib zurückkehren (so V), denn sein richtiger Sitz ist eben bei der Herrin; sondern umgekehrt der verreisende Yvain soll zu seiner Herrin zurückkehren.

2658 ff. Der Sinn ist im allgemeinen klar, aber der Wortlaut mehr als dunkel. „Das Herz Yvains ist bei seiner Herrin gut aufgehoben, und sein Körper lebt in der Hoffnung, bald mit demselben wieder vereinigt zu werden. Allein solche Hoffnungen werden oft getäuscht (das ist ein allgemeiner Erfahrungssatz). So ahnt denn im vorliegenden Fall Yvain nicht, wie er in dieser seiner Hoffnung grausam getäuscht werden wird". Wie soll aber der allgemeine Gedanke: „allein solche Hoffnungen werden oft gegen alle Erwartung in der merkwürdigsten Weise getäuscht" aus 2658—2660 herausgelesen werden? Auch die Überlieferung PH haben stark auseinander. PH haben allein *Sa fait cuer*, was daher eine Korrektur in *β* bedeutet, die für uns keinen andern Wert hat, als den einer Konjektur. Daraus hat H² durch eine neue Konjektur folgendes gemacht: *S'a fet cuer d'estrenge meniere En s'esperance*, was mir völlig unverständlich ist. Tobler bei H³ kehrt zur Überlieferung H wieder zurück und liest: *S'a fet cuer d'estrenge meniere De s'esperance*, was er übersetzt: „da sein Herz ihn verlassen hat [dies mufs aus dem vorausgehenden dazugedacht werden], hat 〈〉 [wer? „der Leib" kann allein aus dem Zusammenhang erschlossen werden] aus seiner Hoffnung ein Herz seltsamer Art gemacht". Ich vermisse dann *il s'a* (wofür Christian wohl *s'est* gesagt hätte) *fet autre cuer* und, diesen Sinn zugegeben, weifs ich mit ihm nichts anzufangen. Er pafst mir nicht in den Zusammenhang. Aber V einerseits, dann GAS sichern *Si* (das F wieder in *Ce* korrigirt hat) und mit diesem *Si* muſs man auskommen. V nun: *Si fet cuers d'estrange meniere D'esperance qui* ... gibt (ohne die V eigentümlichen, sicher falschen Abweichungen in 55. 56. 57) keinen Sinn, ebensowenig G: *Si fet cuer d'estr. m. D'esperance qui* ... In F läſst sich ein Sinn hineinlegen: *Ce fait cors d'estrenge maniere. De s'esperance mout sovent Traist* . ., nur vermiſst man im zweiten Satz das Objekt. Es bleibt nur AS übrig (die ebenso wie F das durch VPHG gesicherte *qui* (59) streichen und lesen: *Si fait cuer* (A oder *cors* FS) *d'estrenge meniere De s'esperance* (oder *l'esperance*) *mout* (*bien*) *sovent Traist et fausse.* Liest man *cuer,* so heiſst es: „der Leib hofft, bald zu seinem Herzen zurückzukehren: er betrügt aber oft ein solches Herz um seine Hoffnung". Allein das Herz hatte ja keine Hoffnung (dies ist ganz zufrieden bei seiner Herrin); es hieſs im Gegenteil, daſs der verwaiste Leib hofft zu seinem Herzen zurückzukehren. Liest man aber: *Et li cors est an esperance De retorner au cuer arriere: Si fet cors d'estrange meniere De s'esperance Traïst et fausse,* so ist alles schön, aber nun haben wir zu *traïst* kein Subjekt. Man müfste höchstens „Yvain" sich hinzudenken, der ja ebenso ohne jedes Pronom 2661 Subjekt ist. Dazu kommt die Frage: wozu gehört *De s'esperance?* Zu *estrenge maniere* auf keinen Fall, es muſs also zu *traïr et fausser* gehören. Allein hier steht schon *de covant,* daher *D'esperance* VPG sicher das richtige ist: denn nun ergibt sich von selbst die Verbindung *estrenge meniere d'esperance* „eine sonderbare Art von Hoffnung, die oft ihre Zusage bricht". Vielleicht ist *d'esperance* zu *traïr* und *fausse* zu *de covant* zu ziehen, der einzige Ausweg. Denn *covant* kann ebenso subjektiv als objektiv gebraucht werden. Es wird also so ein Herz in seiner Hoffnung (die es sich selbst gemacht hat) verraten und betrogen um die ihm gemachte Zusage des Leibes. Was nun? In *fet* ein Verbum vicarium zu sehen, nützt nichts; dann müfste das folgende *cuer* oder *cors* den Artikel bei sich haben. Es muſs daher *si fet* Attributivbestimmung zu dem folgenden Wort sein und heiſst bekanntlich „so beschaffen, solch" — Ich bin am Ende. Muſs alles unter allen Umständen erklärt werden, dann schiene mir die oben angeführte Textfassung aus AS(F) mit *Si fet cuer* (ein solches, vom Leib getrenntes Herz) möglich, wenn man supplirt, daſs auch dieses Herz sich nach dem Leib sehnt: da es nun gut aufgehoben ist, also von der Herrin nicht fort will, muſs es wünschen, daſs der Leib dorthin zurückkehre. Dann ist *cors* Subjekt zu *Traïst* und es heiſst: „ein solches Herz täuscht aber der Leib oft durch eine seltsame Art von Hoffnung, um seine Zusage.

2664. *a masse* erklärt Tobler bei H[3] „zusammen" und verweist auf Charrete 2258: *les espees traient a masse,* Wilh. Engelld 168: .. *ont 8 jors esté* .. *li doi roi a masse,* Amadas 4490. Vgl. Cligés 2836: *Si vuelent une chose a masse.* Henschel hat noch Renart III, 76, 21041: *Entor son bras tortoille a masse Son mantel,* was den Ursprung der Wendung erklärt: „zu einer Masse", daſs es ein Stück bildet.

2693. *li plus* „die Mehrzahl" (*plus* als Neutrum), das ganze als Worteinheit gefaſst, so daſs dann *toz* (*totus*) als Attribut dazu tritt. Symmetrisch wäre es gewesen, wenn im Vorausgehenden das bekannte *li miauz* (wo *miauz* Neutrum) statt *li meillor* stünde.

2699 l. *celui;*

2705. *a droiture*] „geradewegs".

2721 f. Wenn mit V die zwei sonst sehr passenden Zeilen ausgelassen werden, wird die Verbindung zwischen 20 und 23 ganz glatt. Daher haben HS *Qu'il* geändert. In der jetzigen Fassung hiefse es: *sa jangle qui* „der Betrug desjenigen, welcher", wozu vergleiche die ähnliche, aber nicht ganz gleiche Konstruktion 1959. 60.

2730. *Si*] Adversativ.

2731. 32 sind heillos überliefert. Da jede Handschrift ihre eigenen Wege geht, so mufste eine Textfassung gefunden werden, die diese Verderbnis und Verschiedenheit erklärt und zugleich die Elemente derselben enthält. Dies ist, wie ich glaube, *faunoiant* in G, das sofort *uoiant, noiant, roant, uolant* usf. erklärt. — Ich verstehe die Stelle nun so: „Nicht diejenigen, die wahrhaft lieben, stehlen die Herzen! Gleichwohl gibt es Leute, die dieselben (*ceus qui aimment*) Diebe nennen. [Das thun aber nur Leute], welche in der Liebe selbst betrügen und von derselben gar nichts verstehen." — Über *faunoier* „betrügen" s. meine Anm. zu Aiol 6751.

2735. *que ne*] „auf dafs nicht".

2738. *lite*] dieses Wort verstanden VPGAS = *luite (lūcta)*, wonach also *metre luite a faire qc* heifsen müfste, „E. um die Wette thun, in E. mit Jemand wetteifern". Auch ich habe Cligés LXV das Wort so erklärt. So hat ein Glossar (Hist. litt. XXII, 29) *liter = agonisare*, und die Stelle im Cligés 3363: *A neant tance, a neant lite* (: *confite*) läfst sich wohl anders als mit diesem *liter* nicht erklären. Vgl. Tobler Aniel² XXIV. — Sollte es nicht ein anderes, davon verschiedenes *lite* geben? Erec 2011 steht: *Chascuns* (Jeder nahm sich ein kostbares Kleid) *tel com il ta vost prandre A sa lite et a sa devise.* Hier kann man ein *luite* schwer in demselben wiedererkennen. Es mufs heifsen „nach Wunsch und Wahl", daher man leicht auf ein **lĕcta* geführt wird. Den Kopisten war das Wort unbequem: *a son voloir* haben zwei geändert, zwei haben *a s'eslite*, je einer *a sa eslite* (+1) und *a eslite*. Hier hat wohl der von I. Bekker abgedruckte Kodex Unrecht und ich lese an jener Stelle *a s'eslite*. — Sonst finde ich das Wort nur noch in Prioraz's Végèce-Übersetzung 240: *tot a lor lite*. Die Stelle lautet im Zusammenhang: *Encor te dis et te demant Commant fu que li Alemant Qui sont et grant et percraü Ne ont victoire aü Sus Rumains que* (so) *sont gent petite, Mas* (aber) *firent d'aux tot a lor lite Et sormontarent et voinqurent.* Daher Wendelborn, Sprachl. Untersuchung der Reime der Végèce-Versification (Bonner Diss. 1887 S 21, S. 39) darin ein eigenes bisher unerklärtes Wort sieht, das „Gefallen, Vergnügen" bedeutet, wobei er auf unsere Yvainstelle hinweist. Prioraz ist ein Burgunder und wenn er daher dies Vokabel *lite* (darin ich doch nur ein lat. *lĕcta* sehen würde) hat, so könnte es sein Nachbar Christian auch gekannt haben. *faire qc a sa lite* „nach Wahl" = „nach Wunsch", woraus sich ein *lite* „Gefallen" entwickeln konnte. ●

2754. *paint*] sie hat jeden Tag zu Hause notirt, wohl durch Striche auf einer Wand oder was gewöhnlich geschah, durch Kerben auf einem Holzstab.

2784. *por clamor*] T. t. jur.; sie will nicht etwa ihre Rechtsansprüche gegen Yvain erheben; denn die Sache ist schon gerichtet, Yvain fällig und aufgegeben, wie das folgende lehrt.

2782. Unpersönliches *encroistre* fehlt in allen Wörterbüchern in der hier vorliegenden Bedeutung = *enuier*; sie alle kennen nur die transitive, „vermehren". Nur Diez Et. Wb. erwähnt eine Stelle aus Brut II, 215, 13329 (vor ihm schon Burguy) bei der Behandlung des ital. *increscere, rincrescere*, chw. *ancreser*.

2789 l. *Ne* s. zu 324.

2792. *morir* hier transitiv.

2795 vgl. 3532. Die unromanische oder wenigstens altertümelnde, dialektisch übrig gebliebene Konstruktion (Reflexiv mit *avoir*) kann man einem so sorgfältigen und sprachrichtigen Dichter wie Christian kaum zumuten. Es gibt zwar gewisse Handschriften, die dies überraschend oft aufweisen, wie z. B. der Kodex Par. 1450 (pikardisch) fast regelmäfsig gegen die andern Handschriften dieselbe vorzieht. Die bis jetzt von Gefsner, Chabaneau, Tobler u. a. beigebrachten Beispiele lassen sich dadurch stark vermehren. Tobler zu H³ scheint zwischen *qui joie s'a tolue* und *qui joie s'est tolue* einen Unterschied festsetzen zu wollen, indem er im letzteren Falle *qui = cui* und *joie* als Subjekt ansetzt.

2801 l. *siegle* H und vgl. zu 1549.

2820. *arçon*] identisch mit *arc* 2816.

2822. *Por ce* „deshalb dafs er noch so viel Verstand zeigte (vgl. 2819. 20), erinnerte er sich doch nicht"; es ist also dem Sinne nach = *porquant* von H; ich habe aber bisher ein sicheres *porquant* (immer nur *ne p.*) bei Christ. nicht gefunden.

2828. *Com hon forsenez et sauvage*] Nach *com* kann (vgl. zu 1322) entweder nach romanischer Syntax der Akkusativ stehen oder dem Sinne nach der Nominativ. Hier aber ist *hon forsenez* Nom. und das damit durch *et* koordinirte *sauvage* im Akkusativ; eine merkwürdige Art des Anakoluths. G hat *com hon forsené et sauvage*. Tobler H³ möchte daher gegen die gesamte Überlieferung ändern: *es boschages : sauvages*.

2835. *Et si fist il*] *faire* Verb. vic. = *n'avoit le san tot;* also: „Und Y. war wirklich geck, das wufste der Mönch recht wohl".

2846 ich kenne nicht die Brotpreise der damaligen Zeit; ich nahm aber bei der geringen Qualität die niedrigste Ziffer.

2851. *ses*] Nom. von *sec*.

2853. *Tant que le pou li sot li pains*] ein dunkler Vers, schwer festzustellen, da VH fehlen. P hat: *Tant quele pout li sout li pains*; dies heifst wohl: „so sehr der Hunger es (zu thun) vermochte, schmeckte ihm das Brod." Dem Buchstaben zunächst kommen FG: *Tant que le pou li sot li pains*, was nicht gerade leicht zu erklären ist, und wovon wir gleich zu sprechen haben werden. AM haben dies ihnen unverständliche unglücklich geändert und zwar *tout* und *mout peu*, sodafs sie das Gegenteil von dem sagen, was der Sinn „das Brot schmeckte ihm vortrefflich" verlangt. Diesen Sinn hat S durch eine gewaltsame Änderung herausgebracht. — Sicher ist, dafs die ursprüngliche Lesart durch PFG dargestellt wird. Wie it. *sapere di qc* heifst „nach Etwas schmecken oder riechen", so altf. (fehlt in allen Wörterbb.) *savoir la chose* dasselbe; z. B. *savoir l'ulleïs* Jub. Myst. II, 398. Es braucht dann *pout* oder *pou* eine gute Speise zu sein, um sowohl dem Vers einen vorzüglichen Sinn zu geben als auch die Veränderungen zu erklären, die er erfahren hat. So übersetzt es offenbar ♄ (der freilich hier ziemlich frei umstellt): *daz es ein süeziu spîse was* 3281 und es handelt sich darum, aus *pout, pou* diesen Sinn herauszuschälen. Dies ist offenbar *pültem* „Brei", bis jetzt altf. nicht nachgewiesen, wohl aber in den heutigen Patois fortlebend, so *pou* bei Joret Rom. IX, 580, *pous* Hague (Fleury) = span. *puches*, s. m. pl., it. *polta*, davon noch nfrz. *pouture*, afrz. *polture, peuture*, gew. im Neuprov. in vielen Formen. Freilich muſs es Etwas besseres gewesen sein, als die heutige Bedeutung „Schrot zum Viehmästen" d. h. „mit Wasser angemachter Brei aus Gersten-, Hafer- oder Erbsenmehl" vermuten läſst. Vgl. meinen Exkurs über *pouture* ZfrP. IV, 398.

2857. *savoir buen*, it. *saper buono* (dann analog *di buono*, hier mehr vom Geruch) „gut schmecken".

2858. H². ³ liest mit V gegen die übrigen Handschriften *à un pot*. Daſs er es nicht aus einem Glase getrunken, braucht doch nicht gesagt zu werden. Da wäre besser *un pot* „einen Krug voll", um den groſsen Durst anzuzeigen. Aber es heiſst hier einzig richtig *au pot*, nämlich „aus dem Krug" (daher M unnötig *du* änderte), den der Einsiedel nach 2838—41, vgl. 2876. 7 auf das Fenster gestellt hatte.

2865. *riens*] ebenso von Personen gesagt oder von Tieren, wie von Sachen. Vgl. 3032.

2888. *le*] Yvain. Dagegen ist es 2885 besser, keinen Subjektswechsel anzunehmen, ebenso 2887 *li* „dem Einsiedel".

2897. *Si*] adversativ.

2927 l. *demener;*

2928 l. *forsener.* Allgem. Erfahrungssatz: „denn man kann gar wohl vor lauter Schmerz (vgl. 2926) wahnsinnig werden."

2946 l. *soing!*

2948 l. *l'aïe* (ebenso im folgenden), das der Reim sichert, wenn nicht, was nicht abzuweisen ist, Christian Doppelformen zugesprochen werden.

2953. *Morgue*] vgl. die Varianten im Erec 4200 und 4202, wo neben *Morgue* steht *Morguen, Morgains, Morganz. Morgain* ist der Casus obl. zu *Morgue*, wie *Evain* zu *Eve*. Daneben eine, vielleicht daraus entwickelte Nebenform *Morgant*, Nom. *Morganz*.

2975. *mantel de soie an grainne*] Ich konnte *en gr.* zusammen als ein Wort drucken lassen; denn im Laufe der Zeit ist die ursprüngliche Gebrauchsweise *taint en grainne* abgekürzt worden, so daſs *en gr.* rein adj. den Kleidernamen nachgestellt wird.

2979. *deliiees*] s. meine Anm. zu Ch. 2 Esp. 541.

2980. *noires*] wohl besser die Lesart V oder noch besser P in den Text setzen.

2990. *menoie*] nfrz. *manier.*

3000. *Les tanples* und 3003 wieder dasselbe ist nicht sonderlich geschickt. V allein vermeidet dies durch Auslassen 2 Verse, Umstellung und Änderungen.

3012. *n'an*] vom Yvain.

3013. *ravoie*] „wieder auf den rechten Weg bringt" d. h. wieder zu seinem Verstand kommen .läfst. — Beachte *porce que ... que*, ein für den sorgfältigen Christian auffälliges Anakoluth, durch VP wohl gesichert, während H und FG durch ungeschickte Änderungen es vermeiden.

3019. *son memoire*] „sein Bewufstsein", masc. wie Cligés 2118, ebenso Aiol 349 auch neben *sen*; sieh dazu meine Anm. und neue Stellen bei Godefroy.

3020 vgl. unser „kahl wie ein Billardballen".

3045. *s'el* in VP ist für Christian unmöglich.

3053. *qu'il a*] „was Yvain hat"? Besser wohl = *qu'il i a* „was es da gibt".

3054. Alle Handschriften gehen aus einander. V fehlt; PAM führen auf ein *apele* oder *apelee*, was sich nicht gut verbinden läfst. F ist gut, steht aber ebenso allein wie H (was ich in Ermangelung des Sicheren in dem Text belassen habe); G anticipirt 3057, ist also falsch. Sicher ist *va ça et la*, wie aus 3055 *droit vers lui aler* erhellt.

3082. *quinzainne*] unsicher; an der entsprechenden Stelle 3142 fehlt jede nähere Angabe.

3085. *l'ostel*] besser als *ostel*; denn sie hat ein bestimmtes *ostel* im Auge, von dem sie 3077 gesprochen hatte. Andres 3048.

3089. *rade*] oder *roide*? Beides findet sich gesagt vom Wasser; s. meine Bemerkung zu Durmart 1398 (ö. G. Z. 1874 S. 143). Füge hinzu Aub. 100,1; Rosenroman 1,4; J Marcheant 125; Sachsenroman 221. Vgl. noch *cheval roide et isnel* Atre 2024, während *rade et isnel* ebenda 3594 steht. Meigret noch sagt in seiner Duplik gegen G. des Autels *Le Rone et mervelleuzement vit' e roedde.*

3092. *la dame*] la sale P.

3097. *çopa*] *çoper* „straucheln", nfrz. *soper, souper* (nur Patois), schrift-franz. in der pik. Form *chopper*; vgl. *açoper*, nfrz. *achopper* s. meine Anm. zu Cligés 1540; wegen Etymon vgl. it. *zoppo*. Vgl. zu 292.

3118. *alee*] „verloren gegangen", „dahin".

3124. *Si*] adversativ; H[2.3] liest: *S'i.*

3130. *Qui*] „wenn man". — Sprichwörtliche Wendung.

3149. *coreors*] nfrz. *coureurs*, sonst auch *forrier* (nfrz. *fourrier*) genannt.

3151. bei *atandent* wird der harte Subjektswechsel vermieden.

3166—68 ist in meinem Text, der nach V+H kombinirt ist, tadellos; allein er widerspricht dem Handschriftenverhältnis, da hier VPFGASM d. h. alle Handschriften aufser H, der also a priori geändert haben mufs, *tost com ne* haben. V ist völlig sinnlos. 3168 pafst gar nicht zu 3166, der zu 3164. 5 gehören mufs; allein dann hängt 3168 in der Luft. Damit stimmt P insofern, als auch hier 3166 mit dem vorigen verbunden ist; 3168 ist aber geschickt unabhängig gemacht. Dagegen ist 3169 *plus ... plus* ohne Bezug, da dann keine Vergleichung stattfindet. FGSM haben denselben Fehler V; nur A versucht in 3168 eine unverständige Änderung. — Ob man in 3166 *Plus* mit HFGAS liest oder *Si* mit VPM, ist für den Sinn gleichgültig; das Handschriftenverhältnis verlangt *Si.* Ich habe also dies mit H zusammen-

verbunden und so eine Lesart in den Text aufgenommen mit der Annahme,
dafs hier mehrere Abschreiber selbständig auf denselben Fehler
geführt wurden, dessen Veranlassung auf der Hand liegt und zwar für jeden
Kopisten in gleicher Weise; nämlich der sich von selbst darbietende Einfall,
3165 mit 3168 (statt 3166 mit 3168) zu verbinden.

3167 l. *quatre*, — H hat ein durch die Überlieferung zurückgewiesenes
aber tadelloses *En preu* (es sei denn, dafs jeder Schreiber unabhängig das
ihm unbekannte Wort dem Sinne nach umschrieben hätte). Tobler bei H[2]
belegt es mit Couron. Renart 217, wo die Rufe des Kukuks gezählt werden:
en preu cucu, Et deus cucu et trois cucu und erklärt es so: „Mit *en preu*
beginnt man die Zählung („vorwärts")". Allein sein Beispiel ebenso wie die
zahlreichen von Godefroy beigebrachten Beispiele zeigen, dafs es nicht „vorwärts", sondern: 1[0], *primo*, „erstens" oder „eins" heifst, daher es in unserer
Stelle *Et un* entspricht und ebenso von den Grammatiken und Wörterbüchern
des XV. XVI Jahrh., wo das Wort ganz gewöhnlich ist, stets erklärt wird.
Vgl. die von Lacurne citirten Borel, Monet, Cotgrave, Nicot, Trippault, Mé-
nage, Oudin, denen Godefroy noch Du Guez befügt, zu deren Zeit das Wort
noch lebte. Man könnte also höchstens sagen, es bedeute „vorwärts eins!"
Ableitung *in pro* pafst nicht; sollten es nicht die Schreiber und Notare aufge-
bracht haben, die die lateinische Formel *in primo*, abgekürzt *in pr⁰*, ebenso
mit *impro*, später volkstümlich *emprǫ, empreu* wiedergaben, wie wir z. B. ein
exoffo statt des vollen *ex officio*?

3173—3180. Das Anakoluth bleibt, mag man was immer (die Handschriften gehen stark aus einander) in den Text nehmen. Der Sinn ist klar:
„Seine Begleiter fassen beim Anblick solcher Heldenthaten Mut. Denn mancher hat ein feiges, furchtsames Herz, [welcher], wenn er sieht, dafs ein
tüchtiger Mann vor seinen Augen wacker schafft, [selbst Mut fafst]; denn
sofort stürzen sich die Scham und die Schande auf ihn und werfen ihm sein
feiges Herz aus dem Leibe und geben ihm plötzlich ein Löwenherz." Die
Sache ist so klar, dafs an dieser Erklärung nicht gezweifelt werden kann; das
von mir zwischen [ ] gesetzte mufs aus der vorausgehenden Zeile (*por lui
grant hardemant prenoient*) ergänzt werden und ergibt sich von selbst. —
Ob man 3176 *Tot* mit V oder *Que* mit allen anderen Handschriften liest,
bleibt sich gleich; bei V wird die Verbindung von 3174 inniger mit 3176;
3173 hängt dann in der Luft. Bei *Que* ist 3176 als Begründung hinzugefügt,
so dafs 3173. 3174 eng zusammengehören; wenn die Ellipse ausgefüllt wäre,
wäre alles tadellos. Also einmal*) V: 3173 A [fehlt *Qui prant hardement* =
(a)]. 3174. 5 a(α): 3176A+3177B+3179C; das andermal P: 3173A [(b)]
: 3174 a (α); 3176A+B+C. Diese Schwierigkeit beseitigt A durch seine Änderung 3176, indem er das Subjekt von 3174 hier einführt, also bei ihm 3174
A : 3174. 5 a(α): 3176B+C+D; also der Fall, dafs ein Nebensatz zu zwei
Hauptsätzen gehört, ein Gegenstück zu der bekannten Konstruktion (a) A (b)
bei hypothetischen Sätzen, häufig im Griechischen, aber auch dem Romanischen nicht fremd.

---

*) Ich bezeichne nach Nägelsbach'scher Art die einzelnen koordinirten
Hauptsätze mit A, B, C, die Nebensätze erster Ordnung mit a, b, c, jene
der zweiten mit α, β u. s. f.

3174. *antasche* = **intuscare* (so ital.), also eig. „einstecken", hier „auf sich nehmen"; so hat auch H 3173: *entaschier ovrer*. Godefroy mengt das fremde *entasser* mit unserem Zeitwort durcheinander. Das Grundwort steht Charrete 6753 *prendre en tasche*.

3179. *sotainemant*] **subitanu(m)* entwickelt *soutain* und *soudain*, wie *cubitus* = *coute* und *coude*; vgl. zu 5368. Wegen anderer Bildungen von *subitus* s. meine Anm. zu Lyoner Ysop. 2120, wo 1408 hinzuzufügen ist.

3183. 1. *l'estor*.

3184. *an la tor*] *en lestor* wiederholt P.

3195. *cercele* = nfz. *sarcelle*.

3198. *batailles*] dieselben kommen oft neben den *crenels* (nfz. *créneau*), den „Zinnen", vor und befinden sich stets oben auf einem Turm oder einer Mauer. Sie mögen also von den *crenels* (Syn. *crestels*) verschieden sein. Viollet le Duc IV s. v. *créneau* erwähnt die *batailles* nicht, die ich auch sonst nicht behandelt fand. Vgl. Cligés 2888: Alle gehen *monter as estres, As batailles et as fenestres Por veoir et por esgarder Çaus qui devoient behorder*.

3213—15 lassen sich beim Auseinandergehen der Handschriften nicht sicher wiederherstellen.

3217. *antasse*] heifst hier „verfolgen", so schon QLdR 157.

3221. *po*] PH geben *mout*, V fehlt. Beides gibt einen guten Sinn; bei *mout* meint man: „und nach seiner Rückkehr bleibt er lange im Kampfe". Ich habe trotzdem *po* aufgenommen, weil ich *an retor* wörtlich nehme: „beim Zurückreiten in den Kampf", ganz entsprechend dem *au ganchir*, beim Wegreiten, (Rückzug) aus dem Kampf (was er, um Anlauf zu nehmen, tun mufste). Bei der Lesart *mout* ist dagegen *an son retor* = *an l'estor*, was erst 3222 vorkommt.

3228. *bois d'Argone*] berühmter Wald in NO. Frankreichs, in der Landschaft Argonne (Hauptort Ste-Menehould).

3232. *nes*] notwendige Besserung von Tobler statt *ne* V; *ne* hätte nur einen Sinn, wenn *Que* Relativpronomen (bezogen auf *lances*) wäre; dies kann es nicht sein, da vorausgeht *l'an tant* (d. h. *de lances*). Die andern Hss. wurden durch *tant* verführt, in der folgenden Zeile *Com* zu ändern. — Es heifst also „man vermag ihm nicht so viel der Lanzen zu liefern, dafs er sie nicht zerstücke und eine andere verlange."

3236. *de*] man konnte ebensogut *des* in den Text setzen; vgl. *antre les Turs* 6545.

3238. *il*] Yvain.

3242. d. h. als Gefangener, was auch wirklich eintrifft.

3246. *reconoissanz*] „kenntlich", s. Tobler ZfrP. I, 19.

3275. *ruiste*] „steil" s. meine Anm. zu Ch. 2 Esp. 11692. Ich habe *ruiste* H (nicht *roiste*) geschrieben, da ich die Orthographie von H nicht antaste.

3304. *son creante*] einige Handschriften haben *son* VHG, *sa* FS (PA kennen das Wort gar nicht), vgl. Erec 6143. *son* IB, *sa* HVA (zwei ändern), Cligés 2435, wo der einzige (aber vorzügliche) S allein *son* hat, was daher in den Text zu setzen ist. Diese Nebenform *creante*, die offenbar masc. ist, mufs den Schreibern fremd gewesen sein, da sie nur das gewöhnliche *creant*

Subst. masc. kennen und gern ändern; vgl. noch in unserm Yvain 5763, wo
H allein das eine heraus-, und das zweite hineinemendirt hat.

3319. *noçoiier*] trans. „eine Frau heiraten".

3320. *Mes nes*] „aber nicht einmal". Diese Fassung hat keine einzige Handschrift; sie ist aus VPM und HFG kombinirt. *Nes* ist bei Christian
immer einsilbig, nie *neïs*.

3323. *li*] der Dame.

3328. *desheitier* hier unpersönlich.

3339. *mes que*] „wenn auch".

3368. *ple*] später *oule*, vom lat. *ōlla*.

3372. *il*] besser *tot* mit V.

3381. l. *despiece*.

3397. *ancline*] ändert Tobler in *anclina*.

3416. *s'aquiaut*] s. zu 5178.

3439. *uns brachez feïst*] Akkus. plur.; *feïst* ist Verb. vicarium = es-
crïër.

3450. *Si le gita sor son dos*] also wie ein Mensch.

3453. 4 sichere Interpolation.

3454. l. *vie*]

3478. *a repos* und **3480** *A tel repos come ce fu;*] an erster Stelle variiren
HGM mit *en*; allein es ist d i e s e l b e Konstruktion, da das zweite *a tel repos*
das erste zurücknimmt oder abschwächt: „d. h. in einer Ruhe, wie sie unter
solchen Umständen überhaupt war" = in sehr geringer oder bedenklicher Ruhe.

3485 – 89 verdorbene Stelle. Mein Text ist eine Kombination aus
HFGAS. Aber 87. 8 fehlen VP, das ist doch kein Zufall; sie werden also sicher
interpolirt sein. Die Veranlassung dazu ist *itel vie* 86, das sich auf das
Vorausgehende bezieht, von dem Schreiber aber durch die Interpolation noch
einmal an dieser Stelle erklärt worden ist. Ich würde den Text also lieber
folgendermafsen herstellen:

> 85 *Au main s'an alerent ensanble*
> 86 *Et itel vie, ce me sanble,*
> 89 *Menerent pres d'une semaine.*

Dies zeigt schon dafs 89 *Et* in VPFG fehlt. Dabei sicher VH 85 *alerent*.
89 *une* VH, ebenso sein *pres* VH; *puis* fehlt VPH, ist also sicher falsch und
aus *pres* entstanden. *Menerent* ist gesichert durch P 89, H 88, F 88. *Ves-
pree* steht nur HAM, also sicher falsch.

3493. *Mes. .Y. et son cuer mue.* M.

3494. *Quant la fonteinne a percue.* M.

3499. *apointe*] Subj. ist *espee. Apointier qc. en un lieu*, „E. spitziges
auf eine Stelle hinrichten". Genau so Méon I 270, 2502. *Plus droit qu'ele
puet l'i* (statt *li*) *apointe*, ebenso *l'i* zu lesen Octav. 4453.

3502. *qui ne descloe*] *desclore* abs. „aufgehen"; *qu'il* P transitiv.

3510. *Que* „als derjenige war, welchen".

3523. *acorsez*] pr. *acorsat* „schnell".

3524. *aorsez*] ein vielen Schreibern unbekanntes Wort, „wütend, wild",
von *ors* (*ŭrsu-*), mit welchem Wort es oft in Wortspielen verbunden vorkommt.

3527. 8 *pasme* : *blasme*] VH haben *pasma* : *blasma*, das daher gesichert
sein sollte; allein 27 ist *perron* gesichert; dann *Dejoste* das einzig mögliche
Wort. Da nun V und H, jeder selbständig, dieses änderten, mußte die
fehlende Silbenzahl durch das Perfekt erzielt werden.

3531. *dit*] Tobler H[2, 3] ändert *dist.*

3532 s. zu 2795.

3532. *Cist las*] er meint sich selbst (sehr beliebte Wendung).

3547. *tu*] 1. Pers. Konj. Präs. von *tuër.*

3550. 51. *parmi le cors el piz*] ist eine merkwürdige Ausdrucksweise;
es läßt sich nur halten als epexegetische Apposition „mitten durch den Leib
und zwar in die Brust". Nun sichern VF *M'espee* in 51 (statt 50), dann
könnte man lesen: 50 *Que il se voloit antreset* 51 *M'espee enmi* (dies müßte
emendirt werden) *son cors boter.*

3569. l. *pasmeisons*, vgl. 3521.

3576. 81. l. *diauz*, ebenso 3961.

3594. *faeisons*] „Geschick, Bestimmung, Loos" von *faer*, also = **fat-
ationem.* Auch ich kann keine andere Belegstelle als Tobler (H[3]) und Godefroy beibringen: Rusteb. II, 93.

3675. *ametre qc a qu* (das H[2] aus dem Text entfernt und durch G er-
setzt hatte) hat H allein richtig bewahrt, P dem Sinn nach richtig mit *metre
sus* wiedergegeben: „eine Schuld auf J. wälzen, ihn beschuldigen einer Sache".
Das Wort kommt 4324 vor: *qui a tort li ametoient Ce qu'ele onques pansé
n'avoit*, wo HA es erhalten, PS mit *metre sus*, V mit *metre deseure* wiedergegeben hat.

3697 (ist in V am Fuſs der Spalte nachgetragen).

3698. *chaeles*, in alten Glossaren (Tobler in Jahrb. XII, 213) mit lat.
sodes übersetzt, von dunkler Herkunft; vgl. A. Schulze ZfrP. VIII, 299 f.

3707 f. Hier benutzt der Dichter die Gelegenheit, um auf seinen Roman vom Karrenritter, den er entweder gleichzeitig in der Arbeit hatte oder
dessen liegengebliebenen Torso sein Mitarbeiter Gottfried von Leigni eben
abgeschlossen hatte, anzuspielen. Darin wird ausführlich erzählt, wie der
Ritter Meleagant an den Hof des Königs Artus kommt und die An-
wesenden zu einem Zweikampf, dessen Preis die Königin Genievre sein soll,
herausfordert. Wie immer, meldet sich auch hier zuerst der unausstehliche
Keu und Artus läſst die Königin mit dem letzteren abziehen. (Warum findet
der Kampf nicht wie sonst vor dem Hof statt, sondern insgeheim in einem
nahen Walde?). Als Artus, dem die Sache endlich doch bedenklich wird,
mit Gauvain denselben nachreitet, treffen sie nur noch das herrenlose Pferd
Keu's an, während dieser mit der Königin in Gefangenschaft geführt wird. Die
Befreiung der Königin bildet eben den Inhalt des „Karrenritters". Dies ist
der Beiname Lancelot's, dessen Entstehung gleich im Anfang erzählt wird. —
Das ganze ahmt Durmart 4185 ff. nach. — Vergl. 3918 f. und besonders
4740 f.

3709. *aprés lui*] = *aprés le chevalier.* — *l'an anvoia*] *la reïne.*

3745. *De vostre mort et de la moie*] sagt dasselbe, was 3749: *Que
nos i fussiens mort andui.* Wohl deshalb interpungirt H[2, 3] *De vostre mort;
et de la moie Ja por ce* usf. Dann ist *de la moie* und *n'an* eine bei Christian

nicht vorkommende Nachlässigkeit, abgesehen dafs diese Art von Wortstellung ganz hart und unnatürlich ist. H hat sich davon leiten lassen, dafs *de la moie* unpassend, weil sie erst im folgenden ausführt, dafs sie dann auch sterben müfste. Dabei wird übersehen, dafs der V. 3746 eben die Ausführung oder Erklärung des unmittelbar vorausgehenden *et de la moie* ist: „[denn] durch Euren Tod bin ich doch nicht erlöst." Ähnliche Bedenken, wie Holl. sie hatte, bewogen P zu der leichten Änderung *Que ja por ce n'eschaperoie.*

3749. *Que*] „als dafs".

3753. *delivre*] = *delivree*; vgl. das italienische *desto* = *destato* und s. zu 4664. 5594 und meine Anm. zu Lyon. Ysopet 520.

3814. Da V fehlt, läfst sich schwer entscheiden, ob *Des le plus bas jusqu'au greignor* ursprünglich und nur des reichen Reimes willen in *Des le plus haut jusqu'au menor* umgekehrt worden ist.

3825. *n'an*] ebensogut ist *an*; das gleiche Schwanken 4384.

3844—3848. Statt dieser fünf Zeilen hat P folgende drei: *Che ne porroit estre que duel . A nul fuer fait il ne lairoie . Que ie le uerite nen oye.*

3872. *avra*] Hilfszeitwörter können mit einander reimen; *savra* ist nur in α^1.

3893. *vaillant un oef*] so alle Hss. bis auf eine, so dafs von *v. un es* (H) keine Rede sein kann, wie ich bereits Cligés LVI bemerkt habe. Ob es in H „Biene" oder „Latte" bezeichnet, läfst die (identische) Schreibung unentschieden; der Reimvokal (e) spricht für ersteres, die Endung (s) dagegen. So verrät sich die Änderung H's schon durch sich selbst. — Tobler nun bemerkt H^3 dazu: „*es* „Biene", mit zum Stamme gezogenem *s* wird sicher durch *il m'ont avironeit si cum li es* Ezech. 85, 25. *li eis unt mies en lor boche,* ebenda 85, 26". Dafs *apem* = *es* (statt *ef*) vorkommen kann, ist für das Lothringische (s. Ezechiel und Bernhard 9,18 *de cest' eys*) zuzugeben; doch zeigen viele Schreibungen, dafs in beiden Texten ausl. -*s* stumm gewesen. Burguy's erstes Citat (I, 191 = Beneit I, 8,144) gehört nicht her; *es* heifst hier weder „Biene", noch „Buchstabe s", wie F. Michel will, sondern „Brett". Sonst kenne ich kein Beispiel; alle Stellen mit *es* oder *ez* sind stets entw. Nom. sing. (das Wort ist aufser Ezechiel stets fem.) oder Acc. pluralis. Dazu kommt, dafs im Christian *apes* = *ez* lauten müfste, wie *sapis* = *sez,* was denn auch sorgfältige alte Texte wirklich haben.

3895. *plené*] = *plané.*

3912. *desnoe*] eig. den Knoten lösen, vgl. unser „entwickeln" = „auseinandersetzen".

3918 f. s. zu 3707 f.

3932. *niece*] trotz VG: *suer* habe ich *niece* behalten; weil einmal *suer* als Casus obliquus für Christian sehr unwahrscheinlich ist (vgl. zu 5918), dann weil, wie die Erzählung lehrt, die direkt bedrohte nicht die Frau des Schlofsherrn, sondern seine Tochter (mithin Gauvains Nichte) ist. V hat also geändert; G steht bekanntlich oft unter dem Einflufs eines dieser Familie angehörenden Kodex.

3942. 1. *que il an prant*] wo *que* Objekt ist. Man sagt zwar: *il m'en prent pitiez,* wo *il* grammatisches Subjekt ist, aber nicht: *que il l'en prent,* wo dieses Subjekt eben *que* (dann *qui*) selbst wäre.

3955. *tote la gent* F.

3956. *tot*] *tuit* G.

3960. *vint*] besser ist *fu*.

3964. „denn er wollte ihnen ihren Gast zeigen"; da Mutter und Tochter zum Hause gehören, ist Yvain auch ihr Gast. H[2,3] liest *les* statt des ersten *lor* („denn er wollte sie ihrem Gaste zeigen", wobei *lor oste* schlecht pafst, dann ist besser *son oste*), weil er in H statt *lor* ein *lee* gelesen. H hat *lor* mit der bekannten, aus der Majuskelschrift übrig gebliebenen *r*-Form, die an eine vorausgehende Rundung angefügt wird.

3977. Vielleicht ist trotz VPH *Que* dennoch die Lesart von GAS ursprünglich: *Ainz l'an alez au pié cheoir!* Denn einmal sichern VGAS in der zweiten Hälfte die Wortstellung *au pie cheoir*. Wenn nun ein Schreiber durch das vorausgehende *plus* veranlafst gedankenlos den nächsten Vers mit *Que* begann, so mufste er die sprachwidrige Wortstellung *Que l'en n'aillien* einführen; denn *Que ne l'en a.* gibt eine Silbe zu viel, daher eine Silbe elidirt werden mufste. Dies wurde später von einem andern Schreiber bemerkt, der nun die Elision durch eine veränderte Wortstellung erreichte. Dabei mufs natürlich angenommen werden, dafs zwei Schreiber selbständig auf die Änderung *Que* gefallen sind.

3984 haben PH (G ebenso, aber *Ne*) die Negation nach *defende*, denen sich S beigesellt; sie stehen damit aber allein, wie denn in der entspr. Stelle 4058. 9 H völlig allein steht, da doch an dieser zweiten Stelle die Negation durch das vorausgehende *nule* leichter veranlafst werden konnte. Da nun *tant* durch PHGAS wohl als gesichert angesehen werden kann, ist die Lesart von PHS ebenso wohl als die von V ausgeschlossen, und man kann also entweder nur G in den Text aufnehmen (dabei ist 83. 84 eig. dasselbe) oder mit einer leichten Änderung aus allen Handschriften herausemendiren: *Que orguiauz an moi tant descende,* was ich in den Text gesetzt habe.

4001. *Est*] H[3] schlägt *Ert* vor, ohne Grund.

4031. A hat die Erwähnung Yvains vermifst, daher mit *Cil* ihn wieder eingeführt.

4090. *batant*] „eiligst". Sehr gewöhnliche Wendung; vgl. *vint uns messages batanz* QLdR. 92, *enveiäd ses messages tut batant* ebenda 132, *mener batant* Erec 2241, *venir batant* Rom. von Ham 239. 277, *cheminer batant* Guill. Guiart II, 2604, *aprochier batant* ebenda II, 6861, *envoier batant* Amadas 7029, *amener a pié batant* des Aniaus 517. Vgl. zu 1355.

4103. *boz*] „aufgedunsen, bauchig, wie ein Fafs"; s. zu 425.

4107. Es ist nicht zu entscheiden, ob, wie im Text steht, *D'une corgiee* (GAS) oder *D'unes corgiees* (PH) oder endlich *D'une escorgiee* V zu lesen sei. Vielleicht ist das letztere das ursprüngliche und gab, da es weniger bekannt ist (die altfranzösischen Belege sind verschwindend klein gegen das gewöhnliche *corgiee* (der Pl. auch von éiner Geifsel gebraucht), Veranlassung zu der Veränderung *corgiees* in PH. *Escorgiee* steht Meraugis 66,12. 217,5, Barb. III, 104, Ogier 5991, Percev. 18800, ein Beleg bei Lacurne aus Froiss., fehlt nach seinem sonderbaren, aber recht unkonsequent durchgeführten Plan bei God. (der nur *escorge* hat), da es neufz. noch erhalten ist als *escourgée* (mit gespr. *s*!), (bei Littré ein Beleg aus Baud. Seb. VI, 96 (das erste Beispiel ist *zu* streichen), = it. *scorregiata*, lat. **excorrigiata*, die aus Riemen gemachte Peitsche.

4117 spricht VG *Si la menront* und P *La la metroit* gegen die in den Text eingesetzte Lesung *(liverra)* von HAS. Allein dann müfste der vorausgehende Vers lauten mit V *Sa fille por sa garçonaille*, und die Verbindung ist bei folgendem *Si la merront* hart. Oder 4116 bleibt, worauf auch G hinweist und wo P mit HAS übereinstimmt, dann müfste etwa aus P ein *La metroit* (oder *metra*) *[il]* gelesen werden. 4127 hat aber PH allein *metra*, VGAS *liverra*, wie hier 4117 HAS. Letztere werden dies daher wohl aus der 2. Stelle haben, während PH hier wieder variirten. — *jaelise*] = *putage* „Hurerei" 4126 s. Tobler Rom. 11,238 und H³ von *jael*, **gadalis* = *pute* „Metze".

4123. *torchepot*] „Küchenjunge", eig. „scheur' mir den Topf!" s. Darmesteter, Mots composés S. 178 ff.

4125. Alle Handschriften beginnen die Zeile mit grofser Initiale, wiewohl der Sinn einen solchen Abschnitt an dieser Stelle kaum rechtfertigt.

4199. *son*] so trotz VGAS, da der *pel* bereits 4092 erwähnt ist.

4201. *la piaus* HG oder *la pel* VPAS? Beides richtig; denn *fausser* ist trans. und abs. gebraucht; doch ist bei ersterem kein Subjektswechsel.

4204. *roille*] „prügeln", gewöhnlich neben *batre* z. B. Ogier 6033. Méon II, 33 (Gaut. de C.). (Sollte es sich im neufz. *rouler* „prügeln" (durch Verwechselung) erhalten haben? Freilich kann urspr. *roller* leicht zu dieser Bedeutung kommen. Littré verwechselt beide Verba in seinem Historique).

4208. *desclos*] „nicht verschlossen" durch eine Rüstung.

4217. VPS sichern *brunchier* gegen *enbrunchier* HG, so dafs es nur zweifelhaft bleibt, ob *Del pel* mit V oder *trestot* mit PAS zu lesen. Da beim Hieb Yvains die Waffe angegeben ist, so lasse ich sie auch hier im Texte.

4219. *se creste*] eig. „den Kamm oder Schopf aufrichten"; dann allgemein „die Haare sträuben", wie Tobler Mitth. s. v. erklärt. Vgl. 5531.

4221. Wahrscheinlich mit VG Hiatus; s. zu 212.

4227. *estors*] Part. Pf. von *estordre*.

4246. *esfrois*] Tobler macht bei Holland³ auf Mussafia's Bemerkung in ZfrP. III, 250, Anm. 3 aufmerksam: „Ist *esfrois* in (Guill. Pal.) 4341 und 3283 dasselbe Wort (wie 1110) von „Schrecken" zu „schreckenerregender Lärm", oder liegt ein anderes, zu *froissier* zu stellendes Wort vor? Vgl. it. *fruscio*." — Sicher ist das zweite der Fall; *esfreer* gibt *esfroi*, früher *esfrei* „Schrecken", dagegen kommt *esfrois* von *esfroissier* „Krachen, Lärm". Später als ausl. *-s* in der Aussprache vor Kons. verstummte, fielen sie zusammen, umsomehr als *oi* und *oi* auch zusammengefallen waren. So findet sich denn *esfroi* im Sinne von „Lärm": Barb. IV, 337 *de la parole entent l'esfroi* (: *paroi*), Am. Am. 2987, Amadas 1375, Fergus 189,16 kann beides sein (*l'esfrois*, Nom. sing.), ebenso B. Condet 208,101; dagegen 126,1 *a esfrois* (: *escrois*, das synonym ist, s. V. L. zu unserer Stelle). Erec 3691 *si grant esfroi demenoit* (das Pferd) haben mehrere Handschriften *esfrois*; s. noch Godefroy. — Auch das einfache *frois* kommt vor; so Erec 2152, *en un frois* Cligés 1317 (*a un f.* zwei Stellen bei Godef.), *li frois des lances* ebenda 4801. Schon Scheler hatte

Band. C. 485 darin zwei verschiedene Wörter gesehen, ohne jedoch das richtige (*früstiare) getroffen zu haben.

4251. *cuiriee*] nfz. *curée*.

4280. 1 fafst Holl. als Rede Yvains auf. Dies ist kaum passend; es ist eine allgemeine Reflexion des Dichters.

4323. *Au feu*] „am Feuer" (vgl. 4327), nicht „im Feuer" = *el feu*.

4324. *ametoient*] s. zu 3675. — In V. L. bessere *a t. fus* PS.

4327. 28. *ru-er* : *enui-ier* s. Cligés LXII § 15. LXV § 18 (wo unsere Stelle nachzutragen ist). H hat dies glücklich durch sein *grever* vermieden; aber Cligés 1907. 3429 sowie das Handschriftenverhältnis lassen keinen Zweifel übrig, dafs *enuier* dem Dichter gehört.

4335. *cez conpaignons*] die eben genannten *Deus et droiz*; das ist seine erste Stütze; die zweite Hoffnung setzt er auf den Löwen. Dies haben VPGA verdorben, H läfst noch die urspr. Lesart erkennen; S hat merkwürdiger Weise allein das richtige; ein Beweis, dafs der Fehler in α^1, β^1 γ^1 selbständig gemacht worden. Die Schreiber verstanden nicht die Wendung *ne rehet* „hafst andererseits nicht" = „zählt auf ihn", „will ihn nicht missen". $\mathfrak{H}$ richtig. Tobler hat mit seinem Vorschlag in H³ *cez* das Richtige gesehen. Vgl. 4544.

4340. *re*] VH haben *rez* mit stammhaftem *s*, dies findet sich auch sonst; dagegen spricht der Reim 4570.

4345. *celt*] Laudine.

4371. 2 wird Niemand vermissen; aber sie passen ganz gut in den Zusammenhang und wenn auch 4370. 1 dasselbe sagen, so kann es im Gefühlsergufs angehen und 4372 enthält den Grund des folgenden „denn wir werden durch L.'s Tod viel verlieren, weil Niemand sich ferner unser bei der Herrin annehmen wird".

4374. *ver*] jede Handschrift anders, H läfst es aus, V fehlt, vgl. 4367. Vielleicht führt *Et cest* H auf ein verlesenes *Icest*, vgl. 4375 *Icele* V.

4376. *povre*] vgl. 4379. — *franche* ist doch die Geberin, vgl. 4381.

4406. *esté*] „stehen bleiben" = „säumen".

4418. *mauvés*] besser *niais* V.

4422. *a noauz li atort*] *Il atorne a mal* abs. unpers. „es wendet sich zum Bösen", „es schlägt zum schlimmen aus" ist synonym mit dem einfachen *torner a mal*; so findet man denn *a quoi que (il) tort* oder *atort*. — *atorner* steht trans. 4629.

4427. *mal*] ist notwendig, da *afaitié* an und für sich keinen üblen Sinn hat.

4434. *sordire qu* „anklagen, verleumden".

4442. „denn ihre Unschuld steht mir hilfreich zur Seite".

4445. „Ihre Unschuld steht zu mir, Gott steht zur Unschuld, also stehen beide zusammen".

4452. *li*] Der Seneschall spricht hier zwar im Namen seiner Genossen; aber als Hauptkläger und deren Vertreter kann er wohl in eigener Person reden. Hier und 4456. 4457. 4459 hat H allein den Plural, in 4458 freilich auch HGS.

4495. *piece*] von der Zeit.

4496. *li*] dem Yvain, da der Gegner betäubt liegt.

4502. *toz*] Tobler liest bei H[2. 3] *tot*, zieht es also zu *a mesure*; vielleicht ist *toz* doch richtig auf „ihre Hiebe bezogen: ein jeder einzelne seiner Hiebe gilt für zwei von allen den Hieben, die sie austeilen; also: sie konnten ja wechseln, einmal stärker oder schwächer hauen; aber alle Hiebe stehen in diesem Verhältnis.

4520. *bastons*] „Waffen". Im gew. Gottesurteil hatte man nur Schild und Stock, die oft zusammen erwähnt werden.

4525. *con*] hier = *con se*, wie oft.

4529. *tandron*] nfz. *tendron* eig. „ein weicher Teil (Knorpel) des Körpers überhaupt", heute nur „Brustknorpel"; aber früher auch z. B. der Nase bei Walter v. Bibl. 145, vgl. Tobler Jahrb. XII, 213 zu 482. Vgl. noch Perc. III, 26 *feruz haut el tendron de la poitrine.*

4533. *tot*] *tuit* PG.

4534. *Ni a noient de leschaper* V.

4536. *devoute*] hier steht die ältere Form = **devoltare* gegen 3511. *devoutre*, das nicht von *devolutulare* zu kommen braucht, sondern ein unorganisches *r* haben kann. Nfrz. *vautrer* geht auf einen Dialekt zurück, wo *öl* +Cs. = *au*+Cs., was bekanntlich in einem Teil der Pikardie der Fall ist. Vgl. meine Anm. zu Venus 116b.

4549. Grofse mit Gold verzierte Initiale von sechs Zeilen Länge in H.

4550. *a*] *est* P.

4551. *Le*] *El* P.

4562. *restoit*] vou *r'estre* „war seinerseits".

4570. *la re*] in VAS masc., ebenso prov. und neuprov.

4578. *ont*] Tobler bei H[2. 3] will *ot* mit V, dann *S'i ot.*

4609. *feroie*] Verb. vicarium.

4616. *espiaut*] „bedeutet" = **spĕllit* von *espelre.*

4648. *Ele li prie quil sen taise* P.

4656. *fouchiere*] nfz. *fougère* von **filicaria*, daher pik. *flekiere* S, steht dial. statt *feugiere* V oder *feuchiere* P (bekanntes Schwanken bei Liquida+*icare* wie *chargier* und *charchier*, *manche* und *mange*, *jugier* und *juchier*, *vengier* und *venchier*, *dimenge* und *dimenche*); ferner vgl. *chevel* und *chevol*, *el* und *ol*.

4664. *Ferme* fem. zu *fer* = *firmum* im Sinne eines Part. Perf., vgl. zu 3753. Tobler zu II[3] verweist auf seine Bemerkung zu meinem Lyoner Ysopet 1415, die also lautet: „Kann *fert* (in *Jus a fert a une sarruire*, was ich richtig in *L'us* usf. emendirte) für *fer* stehen? Dieses kann partic. Bedeutung haben, wie *ainz voz ostex ne me fu fers* Barb. I, 140. Yvain 4656 (unsere Stelle)." Zu diesem wohlbekannten Gebrauch bemerkte ich damals: „Gewifs, da der Ysopet viele analoge Fälle zeigt, s. 2709. 2713 und vgl. 2772 *ferme* = *fermée*" (*Trieues prirent, per soiremant Les ont fermes communnemant*)" und ich diese Formen früher selbständig in der Anm. 520 zum Ysopet behandelt und Nachträge zu Diez Gr. II[3] 152. 192. 234 f. gegeben hatte. Diesmal bringt Tobler bei H[3] noch ein Beleg (Ovid, Metam.67 *Mais il trouva la porte ferme*) bei. Seine Stelle Barb. I, 140 (= Rom. IX, 241, 377) war bereits vordem von Raynaud angeführt, richtig erklärt und auf das gleich darauffolgende *defers* in 381: *Que li siens huis me soit defers = defermé* „geöffnet" hingewiesen worden. Ich finde augenblicklich nur noch Sept Sages 86, 2194: *Et la dame a l'uis en venoit, N'i pot entrer, car fers estoit.*

4706. *anhatine*] s. zu 132.

4739. *de frois ermine*] Vgl. zu 1885.

4740 f. s. zu 3707. Nachdem Lancelot sich zweimal mit Meleagant im Zweikampf gemessen, kehrt Genievre mit Gauvain zu Artus zurück, während Lancelot durch Verrat Meleagants in einen Turm eingesperrt worden war. Dessen Befreiung durch die Schwester Meleagants bildet dann den Inhalt des Schlusses, den Christians Fortsetzer, Gottfried von Leigni, geliefert hat.

4745 in H wiederholt (einmal am Fufs der Spalte, dann oben als erste Zeile der neuen).

4753. *si neveu*] s. 4274 f.

4755. 56. *faite : retraite* P.

4784. *por que*] mit Konj. ist nicht, wie im Neufr. final, sondern = „wenn nur", „vorausgesetzt dafs".

4803. vgl. 5855.

4808. *ataint*] Synonym von *afiert*, vgl. 1803.

4847. *Et li chemins que ses chevaus* A; aber 4848 = Text.

4869. 70. *longuemant : hautemant*]. VP sichern aber *clerement : hautement*, wo also zweimal die Art des Tones bezeichnet wird. Allein es können hier zwei Schreiber unabhängig auf dieselben Änderung gefallen sein.

4880. *asane*] von *asener*.

4896. *de l'ostel*]. Meine Konjektur *de l'ostel* ist zwar nicht zwingend; denn man kann mit PG: *d'ostel mout bien* lesen oder mit (H)AS: *d'ostel bien avenu*; aber sie allein vereinigt alle Variationen der Handschriften in sich zusammen; denn nur aus dieser Lesart lassen sich die letzteren alle erklären. Ebenso Tobler bei H³, der es als Lesart von V (statt *dou chastel*) anführt.

4902. *ce que*] von einer Person, wie sonst *chose* und *rien*; vgl. 5043.

4976. *leissié*] besser dem Zusammenhang nach *convoié*; vgl. 4989. Dann müssen VPS selbständig geändert haben, wozu die Sucht nach reichem Reim dieselbe Veranlassung und Änderung bot.

5016. l. *reison*, 5027 „*Deus*

5038. *tes*] = *tais* „die Sümpfe"; vgl. 4849.

5044. *seü*] = *secutum*, die urspr. regelm. Form; später durch Anlehnung an den Inf. *siuvir* entstand *siuvi*, an *siuvre* ein *siut*.

5049. l. *je* (und so immer).

5058. Steht in H auf Rasur von erster Hand.

5065. „Und wenn ich dabei irgend ein Übel erfahren".

5071. *Si*] „gleichwohl".

5077—5080. Meine im Text stehende Fassung dieser vier Zeilen ergibt sich notwendig aus den überlieferten Handschriftenvarianten, dabei ist aber der Relativsatz 5079 von seinem Substantiv *ma dameisele* in 5077 durch die Zeile 5078 in einer kaum zulässigen Weise getrennt. V (eig. *α'*) hat hier leider wieder einmal ein ganzes Stück seiner Vorlage ausgelassen; wir müssen also mit *β¹* und *γ¹* auszukommen versuchen. Zwei Schreiber nahmen an der im Text stehenden Überlieferung, die auch in *β* gestanden haben mufs, Anstofs. A

faſst deshalb 5079 *Que = Car* auf, und änderte: *Car sa suer la desirete,*
wobei eine Silbe fehlt. Der Gedanke ist nicht übel; aber ich kenne keine
Möglichkeit (will man nicht *deserete* durch ein anderes Verb, das entw. eine
Silbe mehr oder weniger hätte, ersetzen; es ist aber durch 5083 ebenso wie
durch die Überlieferung gesichert), auf dem Weg Etwas leidliches herauszubringen; denn etwa ein: *Que (= Car) une suer le deserete,* will man doch
wissen, w e s s e n Schwester; bei *Qu'une soe suer la d.* ist eine Silbe zu viel,
bei *Que sa suer la d.* eine zu wenig. Auffällig ist die Fassung von H. Es
hat dieselbe Stellung des Relativsatzes 5079, verbindet aber 5076 mit 5077,
indem es letzteren in *Fors que de uos. La dameisele* ändert, auch 5078 *De*
bien d. sa q. leicht angreift. Dies gibt scheinbar gar keine Verbindung;
aber H[2,3] hat mit der bloſsen Umstellung von 5077. 8 sofort eine vortreffliche Fassung erhalten:

> 5076 *Qu'ele n'atant secors n'aïe*
> 5078 *De bien desresnier sa querele,*
> 5077 *Fors que de vos . La damcisele,*
> 5079 *C'une soe suer desherete,*
> 5080 *Ne quiert, qu'autres s'an entremete* usf.

Allein der Text ist, man darf es nicht vergessen, erst durch eine Umstellung,
die Konjektur ist, hergestellt; dabei weicht H in 5076. 8 von allen andern
Handschriften ab. Da nun P einerseits, GAS andererseits übereinstimmen,
so muſs nach dem Handschriftenverhältnis H g e ä n d e r t haben; während
wenn H ursprünglich wäre, es unbegreiflich bliebe, wie zwei verschiedene Schreiber unabhängig auf denselben Fehler gestoſsen wären. Mag dem sein, wie
ihm wolle, es läſst sich, da V fehlt, nicht entscheiden. Doch zeigt V schon
durch *d'aillors* 5076, daſs er mit P(A, GS) übereinstimmt gegen H, der also
urspr. *d'aillors* sicher in *secors* geändert hat, da er im folgenden *fors que de vos*
brauchte, derselbe H, der gleich im unmittelbar folgenden zwei Zeilen interpolirt und zwei andere umstellt. — Wahrscheinlich geht der Fehler höher
hinauf: eine Lücke von zwei Zeilen in α zwischen 5078—79 würde alles
erklären.

5079. l. *deserete,* 5083 *deseritee*

5094. *se reposer de qc.* „von einer Sache ausruhen" bekommt leicht
die Bedeutung „E. nicht thun, aufgeben", hier sogar „abschlagen, ablehnen":
Vgl. Rom. St-Michel 81, 2512: *Tuit li* (einem Kanonikus, der die einge-
schlossenen Reliquien trotz aller Warnungen sehen will) *dicnt qu'il se repost.*
Vgl. noch Méon II, 264, 272: *Tant li amonesta e dist Que li rois iura et pro-*
mist Que plus ne s'en entremetroit Et la chose en repos metroit.

5095. *Naie*] habe ich im Anschluſs an H, das sich leicht daraus erklärt, mit AS eingesetzt. Die Handschriften gehen zu sehr auseinander. Es
kann auch *Non je* konjizirt werden.

5104. *grace*] *forche* P (ohne Reimwort).

5107. Der Löwe ist ganz vergessen und doch hätte er auch in dem
Burgdorf Effekt machen müssen. 5446 erscheint er wieder, als wenn er nie
gefehlt hätte. Zwar mag er in der *rote* 5361 enthalten sein, aber er wird von
Niemand beachtet.

5141. *te degroces*] das seltene Kompositum ist gleichbedeutend mit *grocier*.

5167. *huimés*] ist durch VH geschützt, dann Hiatus nach 212. Sonst ist *anuit mes* tadellos.

5178. *s'esquiaut*] über *s'escoillir* s. Tobler Aniel zu 28, der bereits zu Besant 1576 das Wort berührt hatte. Synonym damit ist *s'acoillir*, beide sehr oft in dieser Art gebraucht und von Schreibern ohne Unterschied vertauscht; doch scheint ersteres ein hastiges „losschiefsen", „aufspringen" in sich noch obendrein zu fassen.

5196. Vgl. dazu die bereits von H¹ citirte Stelle aus F. Michel's *Recherches sur le commerce, la fabrication et l'usage des étoffes de soie, d'or et d'argent et autres tissus précieux en Occident*, usf. P. 1852. S. 91, wo Perc. 21379 f. und unsere Stelle citirt sind. Mit beiden ist Jaufré zu vergleichen, wo der böse Taulat die gefangenen Ritter zum Tuchweben anhält.

5205. *De mesaise queles auoient* A; S wie der Text, nur *chauoient*.

5258. *aprandre*] *enquerre* A.

5264. Zu *honte* und *painne* vgl. 5292 und 5326.

5273. *netun*] diese Form ist durch 5513, wo reicher Reim (*n'ait un*), gesichert und wird von Boucherie RdLR XVIII, 302 auf *Neptunum* zurückgeführt. Die andern Formen geben die Varianten zu den beiden Versen, womit noch Ph. Mousket 25127 *nuitun : cascun* zu vergleichen. Vgl. Leroux, Légendes S. 253 f. Das Wort kommt sehr oft vor, so noch Cristal, H Bord., Doon Mainz, Gaufr., Laris, Baud. Sebourc, Veuve, RTroie, Jerus., vgl. Littré s. v. *lutin* und Godefroy.

5278. *anelet* P.

5304. *a grant dangier*] „sehr kärglich".

5311. 12 fehlen in G (5312 auch in V, wo er aber, da 5311 vorhanden und ein Reimvers fehlt, einfach ausgelassen worden) und scheinen im schroffen Widerspruch zum folgenden zu stehen. „Wer zwanzig Sous die Woche verdient, ist ziemlich übel dran. Jeder von uns gewinnt zwanzig Sous oder noch mehr; das machte einen Herzog reich!" Da die beiden Zeilen aber durch die Überlieferung gesichert sind, so muſs eine Erklärung der Stelle gesucht werden. So viel ich weiſs, betrug damals 1 ₶. = 20 ſ, 1 ſ = 20 ₰, also 1 ₶. = 240 ₰. Von jedem Pfund, das sie verdienen, erhalten sie 4 ₰ Lohn, mithin 1,6%. Nun verdient jeder wöchentlich 20 ſ = 1 ₶., mithin bekommen sie die Woche 4 ₰ Lohn. Davon kann man nicht leben; denn sogar wer wöchentlich 1 ₶. verdient (aber nicht bekommt!), ist genug übel daran. Und dabei gibt's keine unter uns, die nicht 1 ₶. oder mehr verdiente. Davon (d. h. wenn er es ganz bekäme) müfste ein Herzog reich werden. Den Gewinn aber streicht der Fabriksherr ein".

5320. *grans parties* S.

5349. *le*] den Yvain als Führer und Hauptperson (vgl. 5357); gleich darauf der Plural.

5356. *cuidoient savoir*] Gegensatz *cuidier folie*. Vgl. 5715.

5357. *il*] die Pferde.

5361. *sa rote*] die Jungfrau mit dem Löwen; s. zu 5107.

5366. Dafs schon damals die Fräulein ihre reichliche Mufse mit Romanlesen auszufüllen pflegten, zeigen mehrere Stellen, so Ch. 2 Esp. zweimal, Durmart, bes. Rom. fç. 46 (die Holde, die am Fenster sitzt) *lit en un livre, meis au cuer ne l'entent.*

5368. *acoter*] = nfz. *acouder*, von *cubitum*, afz. *cote* und *code* s. zu 3179.

5370. *li sires estoit*] vgl. Cligés LXXV, wonach *sires* im Innern der Zeile gesichert ist; sonst gab H mit *li sire restoit* (*re* hier = „andererseits“) das Gesuchte.

5392. *tel i eüst*] „Mancher“; s. zu 2261.

5393. *duiseuses* P.

5395. *suelent*] „pflegten“ (Imperfektbedeutung!).

5395 ; 6. *deurent* : *veulent* P.

5423. *ses braz li cost*] die Aermel und das Hemd waren zwei gesonderte Kleidungsstücke. Da man nun keine Knöpfe kannte, so mufsten sie edesmal angenäht oder angeheftet werden. Vgl. die Anm. Hollands und A. Schultz, a. a. O. II, 190 f.

5428. 9 s. zu 233 und 831.

5438. *La nuit* und 5442 *La nuit* gab dem Schreiber von γ Anlafs zum Überspringen der vier Zeilen.

5483. *saus*] = *salvus* „gut versorgt“, wie Tobler bei H³ mit Amadas 7491. 7709 belegt.

5508. *se sofrir de qc.* „sich einer Sache enthalten, darauf verzichten“.

5515. *cornellier*] =*cornicularium*, anders nfz. *cornouiller*; die Frucht dieses Baumes heifst afz. *corne* (noch nfz.) oder *cornoille* (= *cornicula*) im Osten, *corneille* im übrigen Frankreich.

5521. *james*] = *janbes*, durch Reim gesichert, s. Cligés LV.

5525. *escremir*] heifst urspr. dem Stamme „schirmen“ entsprechend, nicht „fechten“, sondern „schirmen, decken“, daher trans. „J. schützen“, refl. „sich decken“, woraus sich die spätere Bedeutung ergab.

5540. *acreant* P.

5584. *cos*] durch Überlieferung gesichert statt des erwarteten *tros* HS. Man mufs dann eine ungenaue Ausdrucksweise annehmen; 5585 heifst dann „in die durch die Hiebe gemachten Löcher“.

5593. *bonté*] ironisch „heimzahlen“; s. Henschel. *monte* in den V. L. heifst „Interessen“ von einem geliehenen Kapital; s. zu 6260.

5594. *troble*] = *troblé*, noch nfz. *trouble*; vgl. zu 3753.

5604. *sanz*] von *sen* „Richtung“; wegen des z s. Cligés LXXIII, 27 ε).

5611. V. L. l. *pres* PH (G ist zu streichen).

5635. *ploton*] Was das richtige Wort ist, weifs ich nicht; jedenfalls fängt es mit *plo* . . . an. Wie der *mouton*, so kann der *plonjon* ebensowenig berechtigt sein; man begreift nicht recht, dafs er gerade auf einen Hammel oder Vogel gestofsen wäre. [Zwar heifst *plonjon* auch noch „Heuschober“, s. Du C., was schon gar nicht pafst]. Sollte nun P das richtige haben? Das ist möglich; aber ich kenne das Wort nicht. Bei Bartsch Chr. findet man an einigen sehr dunkeln Stellen *ploçon*, das aus dem Zusammenhang ebenso wie das vorausgehende *fauchiaus* als „Augenlieder“(?) erraten wird. Vielleicht helfen die Patois aus. *plot* ist ein im N. und S. sehr verbreitetes Wort,

auch der nfz. Schriftsprache nicht unbekannt, und heifst „Holzblock", „Klotz".
Dies kann nun entweder ein *ploton* geben (das unser P hat und ich in den
Text gesetzt habe) oder mit *-ionem* ein *ploçon*, das ich nicht belegen kann.
Ersteres steht bei Chambure s. v. *pioton* (*pl* = *pi*), während im Wasgau usf.
die Form *cploton* zu finden. „Er schleift ihn wie einen Klotz auf der Erde"
ist wohl der einzig angemessene Sinn.

5840. G: *Que li lionos aterre a.*

5842 f. „Um seinem Genossen zu helfen und um sich selbst zu ver-
teidigen, eilt er hin (zu dem vom Löwen niedergerissenen Riesen); denn der
Löwe würde sofort mit ihm (dem zu Hilfe eilenden) anbinden, sobald er denjenigen getötet hätte, den er zu Boden geworfen."

5859. *a terre*] Yvain ist bis jetzt nach 5573 zu Pferde gewesen.

5862. *se diaut*] der am Boden unter den Tatzen des Löwen liegende
Riese.

5867. *le bote*] Yvain den Löwen. — *toute uoies* P (+1).

5868. *Et uoit que il auoit ia route* S.   ⬩

5870. *Por lui*] wegen des hier liegenden Riesen.

5872. *pres* „in der Nähe" oder „beinahe" ist kaum richtig; denn es
steht nur PH. V läfst im Stich, da er *com feüz* mifsverstanden und für *com
fus = confus* genommen hat. Vielleicht *Et gist a terre con feüz* („tot" =
nfz. *feu*).

5727. 28 in H in umgekehrter Ordnung, aber mit Verweisungzeichen an
ihre Stelle gerufen.

5727. *Que*] hängt ab von *sachiez* 5723.

5755 ff. ist in H jämmerlich zugerichtet. Mein Text ist ganz gesichert;
nur für 5755 läfst sich nicht entscheiden, ob V oder PGAS (H fehlt) das
Ursprüngliche bieten.

5763. *Toz creantes*] vgl. zu 3304

5765. *Ou fins neanz* (H allein) ist sehr ansprechend, aber schwach gestützt. Doch erklärt es am besten, dafs GAS den Gedanken weiter ausspinnen
und spezialisiren.

5769. V. L. 1. *venez*] *alez* GS und

5770. *demorez*] *remanes* PHGS.

5769. 70. *venez : remenez* PH geben zwar reichen Reim; aber der
Sinn pafst nicht sonderlich; denn das heifst doch: „mir ist's gleich, ob
Ihr später wiederkommt oder jetzt dableibt", woraus sich der Schlufs ergibt: „wenn Ihr sie nur heiratet". Das steht im direkten Widerspruch zu
den vorausgehenden 5766. 7. 8. Mithin bleibt noch übrig a) die Lesart von
GS *alez : remanez*, also: „mir ist's einerlei, ob Ihr fortgeht oder dableibt"
=„thut was Ihr wollt" und endlich b) die Fassung von VA *venez : demorez*,
„mir ist's egal, ob Ihr wiederkommt oder es bleiben lasset (über diese Bedeutung des *demorer* s. gleich weiter unten)"=„ob Ihr sie heiratet oder
nicht", was allein dem Sinn entspricht. Ich habe mich nun für b) entschieden, weil die Frage, ob er jetzt fortgehen (*aler*) werde, durch die bestimmte
Aussage Yvains 5747. 5749 bereits entschieden ist und der Wirt ihn auch
demgemäfs 5762 gehen (*alez*) heifst. Also bleibt nur noch das Wieder-
kommen (*venir*) offen, und hierin stimmen VPHA (gegen AS) überein, wo-

mit *venez* durchaus gesichert ist. Nun brachte ein Kopist (und zwar in β; A ist, wie oft, von einem α-Kodex beeinflufst) durch die bekannte Sucht nach reichem Reime in der folgenden Zeile statt *demorez* ein seiner Meinung nach gleichbedeutendes *remanez* ein, ohne den Sinn oder eig. Widersinn (s. oben PH) zu beachten. Dies schrieben nun PH mechanisch nach, GS, also der Schreiber von γ aber, auf den Widersinn aufmerksam gemacht, hat durch die Änderung des *venez* in *alez* den vom Zusammenhang gefundenen Sinn wieder eingeführt. — *Demorer* aber heifst hier nicht „bleiben", sondern, wie oft, „ausbleiben, zurückbleiben, zögern, nicht zurückkommen", vgl. 5895. Ebenso gibt es ein entsprechendes *demorer qc* oder *qu*. V aber, weil er offenbar das einfache *demorer* im gew. Sinn „zurückbleiben" nahm, hat durch die Reflexivmachung des Verbs diese Zweideutigkeit behoben. Bei ihm ist *vos* reflexiv und wir haben so eine neue Konstruktion *se demorer de qc*, vgl. 2135.

5774. *cheitives*] ob *ch.* oder *puceles* ursprünglich, läfst sich schwer entscheiden; vgl. 5709. Jedenfalls heifst hier *cheitives* „die Gefangenen".

5857. Dem Sinn nach = „den Prozefs gewonnen".

5863. *jurent*] Yvain mit den Enterbten.

5866. *le coneussent* A.

5872. Keine einzige Handschrift hat hier eine Initiale, wiewohl der Gang der Erzählung einen Abschnitt verlangt.

5888. *La q. ou el na droit* V.

5891. *derri-iens*] in HS, gesichert 5901 durch den Reim. **Deretranus* gab ein prov. *dereiran*, frz. *dererain*, durch Dissimilation *dederain* oder durch Ausfall *dereain*, *dareain* oder nach *er* $\succ$ *re* ein *deerrain*, *deerain*, *daerain*, daraus endlich *derain* (so Psalter und Beneit). Mithin mufs *derriien* von einem **deretr-i-anus* kommen, eig. zuerst *dererien* oder wahrscheinlich (wie *anci-ien*, *cresti-ien*) ein *dereri-ien*, *deerri-ien*, *daerriien*, endlich *derriien*. Vgl. Schreibungen wie *darroien*, *darreien*, mithin wird das Bernh. und Ezech. vorkommende *dairien = dairi-ien* sein. Diese Formen auf *-ien* kommen núr im Osten vor. — Von *deretro* giebt es noch abgeleitet ein prov. und franz. *derrier*, wohl aus **dererier*, das *dereier* oder **deerier* geben mufste, aus **deretr-arium*; ferner ein prov. *deren = *deretr-enum*. Durch die Kombination *deretr-anum* und *-arium* entsteht endlich *dererenier*, *derrenier* oder *darrenier*, daraus im Laufe der Zeit *dernier*.

5911. *trop desleal*] geh. zu *tort* der vorhergehenden Zeile.

5914. *la justise*] „das Richterkollegium, die Richter".

5915. 16. *droiturier : ploier*] steht nur PH; ihm stehen VGAS mit *droit tenir* (oder ähnlich) : *venir* entgegen, mithin mufs nach dem Handschriftenverhältnis PH falsch sein; d. h. β^1 geändert haben; denn der Konsensus von α und γ ist zwingend. Allein es ist nicht abzusehen, wie aus dem leichten, jedem Wort nach verständlichen Wortlaut von $\alpha^1 + \gamma$ Jemand durch eine Aenderung das seltene Zeitwort *droiturier* und das un̈s unbekannte *corjon ploier* hätte einführen wollen. Umgekehrt liegt's auf der Hand, dafs die Schreiber ihnen unbekanntes oder fremdes ändern, wobei es freilich auffällig wäre, dafs α^1 und γ auf dieselbe Aenderung hätten fallen sollen. Nun ist A ganz offenbar von einem α-Kodex beeinflufst, G zeigt im Verlaufe des Textes stellenweise dieselbe Abhängigkeit, so dafs einzig S Mifstrauen erweckt. — Nun bedenke man aber, dafs 5916 *Encor est li jors a venir* für 3 Uhr NM., den letzten Fristaugenblick, sonderbar klingt: der Tag ist längst gekommen. Dies mag A zu seiner Änderung *Encor a del jor a venir* bewogen haben. Sonst mufste man *venir* in *fenir* ändern. — *corjon ploier* „den Riemen falten" kann man bis jetzt nicht belegen; der Zusammenhang lehrt, dafs es „einpacken um nach Hause zu gehen" bedeuten mufs. Tobler bei H³ schreibt darüber: „Aber was mag *ploier le corjon* in der Rechtssprache bedeuten? Ein der französischen Rechtsgeschichte kundiger Kollege äufsert die Vermutung, es handle sich um ein den Schlufs der Verhandlung bezeichnendes Zusammenlegen eines Riemens (Strickes), mit dem die Dingstätte gehegt war". — *Droiturier* abs. Ztw., das Tobler bei H²˙³ in *droit jugier* ändern will, ist unantastbar und synonym mit *droit tenir*; vgl. Barb. III, 455, 25 *Estés, fet el, vos estes pris! Devant l'evesque de Paris Vous covient venir droiturier.* Andere Stellen gibt jetzt Godefroy und vgl. Aiol 2755 *droiturieres.*

5918. *Vostre seror* VPGS, mithin *seror* als Nominativform durch die Überlieferung gesichert, ist wohl kaum möglich und H (A) haben allein das Richtige.

5960. L. *tuen,*

5982. Die Zeile ist Bedingungs-Vordersatz zu dem aus dem Zusammenhang zu ergänzenden Hauptsatze. Also: „Eher werden die Ufer der Seine sich vereinigen oder die None Prime (oder ebenso umgekehrt) sein, d. h. alle Raum- und Zeitgrenzen schwinden, (als dafs ich Dir Etwas zukommen lasse und Du Etwas von mir erhältst), wenn es Dir nicht durch den Gerichtskampf zufällt."

6012. *grant*] ist recht ungeschickt; besser entw. *nul* statt *grant* oder mit P (A, also wahrscheinlich auch α, fehlt es ebenfalls): *Ançois qu'an li feïst enui.*

6033. *chas*] (= lat. *capsum,* it. *casso* nur in beschränkter Bedeutung) ist nicht das „Haus" selbst, wie aus den Wendungen *chas de (la) meson,* vgl. *capsum* oder *cassum ecclesiae* bei Du Cange, sowie sein *chassum, cassus* 3., *capsa* 4. (*de casa*) und den bei Godefroy angeführten Beispielen erhellt; beachte besonders *la maison ou il demeure, ung chaps et deux chambres de deux costez et une court, vergier, airement et appartenances;* dann *maison faite en chas,* sowie *maison à chas portant planche, consistant en quatre chambres hautes et basses.* Es dürfte „gewölbter Rundsaal im Erdgeschofs", also den Hauptraum desselben bedeuten. Vgl. die Schwierigkeiten der näheren Bestimmung, was *capsus ecclesiae* eigentlich ist, im Exkurs bei Du Cange *capsum* 3., 5. Alinea. Jedenfalls heifst es, wie das lat. Grundwort lehrt, etwas in sich abgeschlossenes, vom übrigen Haus geschiedenes, daher sich dann gelegentlich andere Bedeutungen herausstellen, s. „Küche" bei DuCange *chassum.*

6041. *an coche*] Man kennt nur *metre an coche* (ein Geschofs), woraus sich dann der Sinn von *estre en coche* ergeben könnte. So erklärt denn Tobler bei H³: „auf dem Sprung, zur Tat bereit", vom Pfeil hergenommen, in dessen Kerbe (*coche,* s. Littré) die Bogensehne schon liegt". — Damit stimmt nicht ganz das hier für den „Hafs" verwendete Bild; man verlangt Etwas wie „auf dem Nacken Jemandes sitzen", „im Sattel sein"; beachte *esperone, point,* *broche sor amor, et amors onques ne se muet*, und nochmals *quel oste ont sor toi amené*, womit der jeden Augenblick zum Flug gegen Jemand in die Ferne bereite Pfeil nicht pafst, sondern der auf einem Tier herumarbeitende, dasselbe unter sich bedrückende Reiter näher liegt.

6106. Keine Handschrift hat den hier notwendigen Abschnitt.

6107. *qu'il ne*] *que il* P.

6120. *Sont enbuignie et confundu* P.

6122. *Trenchent esgrunent et v. rebuissant* V. — *rebouchant*] von *rebochier* = nfrz. *reboucher*, trans. „stumpf machen", abs. oder refl. „stumpf werden" vgl. *rebuchié* QLdR 44 = *retusus*.

6125. *pons*] *pon*, pr. *pom* „Schwertknauf", von *pomum*, später in *pont* geändert.

6129. *quace*] hier abs. = „gerinnt" von *quacier*, dazu ein Verbalsubstantiv *quaz*; es gehört (= *quatt-iare) zu *quatir* und *quachier* (= *quatticare), alle von *quatto*, pr. *quait*, rätor. *quač*, sp. *cacho*, die lat. *coactum* (Diez s. v. *quatto*) entsprechen. Nur das franz. pafst nicht, da es *quaitir* u. s. f. geben müfste; aus diesem Grunde möchte G. Paris einen deutschen Stamm vorziehen.

6135. *une chaude*] s. Tobler VBzfG. 158.

6138. *esquachiee*] = nfz. *écacher*.

6145. *groigniees*] „Schlag auf den *groing*, die Schnauze".

6162. *a geus*] „im Scherz".

6175. *anrievre*] „halsstarrig" „störrisch" leitet Tobler bei H[3] von *irrèverens* (Nominativbildung) ab.

6178. Die Stelle mufs bereits früh lückenhaft gewesen sein, indem V, H, PGAS verschieden vorgehen. Letzteres ist am schwächsten, sicher ein Flickvers; H steht ganz allein, zudem ziemlich ungeschickt zwischen Königin und König eingeschoben. Am einfachsten ist V, „die ganze Zuschauermenge", so dafs dies wohl das ursprüngliche ist; dieser Vers fiel in β aus, und wurde dann verschieden ausgefüllt.

6202. *sesuaissent* A.

6222. 23. *Que .. Que* „sowohl .. als auch".

6230. *Qui sor tous autres ert cortois* A.

6233. 4. Vielleicht ist die Ordnung von P vorzuziehen: zuerst die Stimme, dann erst deren Produkt.

6234. *ro-e*] „rauh" vom masc. *rǫu*, *rǫ* = *raucum*, vgl. *paucum* = *pǫu*, *pǫ* (*ravum* würde zwar ebenso stimmen, allein es kommt sonst im Prov. oder Ital. nicht vor, wohl aber *rauc*, *roco*); es lebt noch im nfz. *enroué; rauque* ist spätes Lehnwort.

6235. *sans*] „Blut" (nicht „Sinn").

6246. *voz*] VG, *vos* H. Bei PAS (pik.) bleibt es unentschieden.

6260. *chatel et monte* „Kapital und Zinsen".

6269. *s'esbaïst et espert toz*] vgl. Dolop. *Tote s'esbaihist et espert*. Letzteres (von *esperdre*) lebt heute nur noch in *éperdu*.

6273. *Et son escu*] gehört zu *flatist* 6271.

6275. *Quel*] so richtig, nicht etwa *quels*.

6282. *le cop*] soll „vor dem ersten Hieb“ heifsen; sonst, *les cos* mit V.

6286. Ob *dure a la reonde* oder *est* mit VA zu lesen, läfst sich nicht entscheiden, da in dieser häufigen Wendung beide Verba unterschiedslos untereinander oder mit *tient* abwechseln. ·

6317. *antreconjoïr*] „einander gegenseitig unter Freudenbezeugungen begrüfsen“.

6340 ff. Die spätere Unart der Wortspiele zeigt sich hier in einem ersten Anlauf, vgl. zu 6811.

6365. *la tançon depiece*] „beenden“, vgl. *ronpre le parlement.*

6397. 8. *parole* scheint ein beabsichtigtes Wortspiel zu sein.

6408. *toz voz buens*] vgl. 6740.

6410. *chanpcheüz*] „im Gottesurteil unterlegen“ = „schuldig“. Vgl. Charrete 329. Der Schandkarren war wie der Schandpfahl bestimmt *A ces qui murtre et larron sont Et a ces qui sont chanpcheu.* 417: *A quel forfet fu il trovez? Est il de larrecin provez? Est il murtriers ou chanpcheuz?* Vgl. GParis Rom. XII, 465, Anm. — Beachte die V. L. an unserer Stelle. Die V. L. der entsprechenden zwei Stellen des Karrenromans ist die folgende: T: *encheu — en champ cheu*, M: *en camp chauz — champeus*, A: *chanpcheu — en ch. vaincus* (V und P fehlt Anfang).

6428. *crieme*] „Furcht“.

6434. 1. *siet.*

6440. *Vostre fame*] hier wie sonst *ome*, d. h. „lehensuntertänig“, wie das folgende *de vos la taigne* lehrt.

6482. Beginnt H mit *Ml't ai panse*, und übersprang wegen des gleichen Versanfanges in 6486 die fehlenden vier Zeilen. — Der Vers ist nicht sicher herzustellen, da alle Handschriften ihre eigenen Wege gehen.

6487—92. Hier haben α und β zwei ganz verschiedene Redaktionen, von denen die erste, V, sich ganz glatt liest und die ich gerne in den Text aufgenommen hätte. Aber die Lücke (6489. 90) zeigt doch, dafs V, wie so oft, auch hier selbständig geändert hat, um die Dunkelheit auszumerzen. Denn es ist keine Möglichkeit, abzusehen, wie aus den klaren Versen von V die dunkle Fassung von β erklärt werden soll. Dazu kommt, dafs A, der nach einer α-Handschrift (nicht nach V) bearbeitet ist, mit β übereinstimmt und nur in 6492 mit seinem *par ton nom* auf α hinweist. Ich habe mithin die β-Redaktion, wie sie sich aus PG und HAS ergab, in den Text aufgenommen.

6523. *Li*] Laudinen.

6588. *some*] „Last“.

6607. *mal cuer*] vgl. *buen cuer* 6648 in H (V. L.).

6610. *fiant*] 3. Konj. Präs. von *fiancier.*

6616. *antroiz*] 5. Konj. Präs.

6634. *geu de verité*] kenne ich sonst nicht. Es ist klar, dafs es die „Verpflichtung J.'s durch Eidschwur“ ist. Die Var. (bei S ist *la* beim Druck ausgefallen) führen alle auf *verité*; H hat *de la verte*, das auch *verté* sein mufs; doch habe ich diese Form bei Christian nie angetroffen; er kennt nur *verité*. Tobler bei II³ sagt zu *de la verte* in H: „denkt hier der Dichter an das noch übliche *jouer au vert*, bei dem es gilt, den Mitspielenden „*sans* *vert"* zu eitappen oder an das in der älteren Litteratur mehrfach erwähnte Spiel *au roi qui ne ment*, das vielleicht auch *geu de la verté* genannt wurde?"

6636. *eschevir*] s. zu Cligés 2577.

6638. *Cele*] Lunete; *li*] Laudinen.

6653. *li sainz*] „der Heilige, dessen Gebeine in dem 6632 erwähnten Schrank (*saintuaire*) sich befinden".

6660. *covoitié*] s. zu 1536.

6735. *au pardon*] d. h. *et au pardon querre; pardon* ist Objekt zu *querre*, wie Tobler Aniel 5 bereits erklärt hat.

6751. *Et*] d. h. *Ait*.

6761. *au hoquerel*] findet sich ebenso (*Nos le prendrom au hoquerel*) bei Beneit Chr. 15634, sonst unbekannt ebenso wie die Grundbedeutung. Tobler bei H³ citirt blofs diese Stelle, ebenso Henschel und Godefroy. Holland verweist mit Recht auf das oftmals belegte *hoqueler* „im Spiel betrügen" und die dazu gehörigen Ableitungen, die sicher mit unserem Worte zusammenhängen. Es mufs der Name eines betrügerischen Spieles sein. Es gibt endlich ein *prendre au hoquet*, das dasselbe zu bedeuten scheint.

6772. *covast*, Subjekt ist dazu *Ce* 6774.

6774. *ne*] Tobler H². ³ schlägt *nel* vor, was auch einen guten Sinn gibt: „dasjenige, dessentwegen ich ihn (Yvain) jetzt nicht tadeln mag". Allein alle Handschriften sind dagegen, und da die Überlieferung *ne* einen ebensoguten Sinn gibt, dazu vortrefflich zur folgenden Zeile pafst, so liefs ich es stehen und übersetze: „Mein Leben lang bliebe dann in meinem Herzen der Stachel (Yvains Schuld) stecken, Dinge, von denen ich jetzt nicht wieder von neuem anfangen will". Also *reprendre* absolut.

6780. 1. Tobler bei H³ verweist hier auf das altfz. Sprichwort *De pecheor misericorde.*

6811 f. *fin*] wieder (s. zu 6340) ein bedenklicher Anlauf zu einem Wortspiel.

www.ingramcontent.com/pod-product-compliance
Lightning Source LLC
Chambersburg PA
CBHW030912270326
41929CB00008B/661